邢襄文化

主 编　尹雨晴　范爱菊

北京理工大学出版社
BEIJING INSTITUTE OF TECHNOLOGY PRESS

内 容 简 介

　　本教材是由邢台学院多名专家、学者通过总结邢襄文化教学经验、深入地域文化现场调查研究，集思广益编写而成的地方文化通识课教材，是邢台地区首次以教材形式对邢襄文化进行总结、概括和挖掘的研究成果，有效填补了邢台地域文化教材的空白。本教材内容围绕邢台地域文化发展目标，着眼于地域现场化、项目式文化育人模式，在追溯邢台历史文脉中，钩沉邢台重大历史、文化节点，普及邢襄大地具有标识性的优秀传统文化，深挖邢襄文化精神内涵，对应主题鲜明、沉浸体验感强的文化场景组织教材内容，在"透析文化现象、挖掘文化内涵、体悟文化精神、弘扬文化自信"的层级递进的模式下，满足邢台各地方高校和邢台籍朋友对本地地域文化的深入了解的兴趣需要，达到推动邢台地方院校学生文化素养提升的总体目标，实现"文化育人"的教育理念。

　　本教材结构清晰，体例合理，内容完整，对于相关知识的论证引经据典，论据充足，具有信服力，可作为普通高校地方文化专业学生的参考教材，也可作为各类热衷于地方文化研究的学者与普通大众的案头读物。

图书在版编目（CIP）数据

　　邢襄文化／尹雨晴，范爱菊主编. -- 北京：北京
理工大学出版社，2025.5.
　　ISBN 978-7-5763-5396-9

　　Ⅰ．K292.23

　　中国国家版本馆 CIP 数据核字第 2025LN4912 号

责任编辑：李慧智　　　文案编辑：李慧智
责任校对：王雅静　　　责任印制：李志强

出版发行 / 北京理工大学出版社有限责任公司
社　　址 / 北京市丰台区四合庄路 6 号
邮　　编 / 100070
电　　话 / (010) 68914026（教材售后服务热线）
　　　　　　　(010) 63726648（课件资源服务热线）
网　　址 / http://www.bitpress.com.cn

版 印 次 / 2025 年 5 月第 1 版第 1 次印刷
印　　刷 / 涿州市新华印刷有限公司
开　　本 / 787 mm×1092 mm　1/16
印　　张 / 14.25
字　　数 / 335 千字
定　　价 / 78.00 元

本书编委会成员名单

主　　编：
尹雨晴（邢台学院文学院）
范爱菊（邢台学院文学院）

副主编：（按照姓氏笔画顺序）
王亚茹（邢台学院文学院）
方　圆（邢台学院文学院）
刘诗梦（邢台学院文学院）
李倩倩（邢台学院文学院）
吴晓霞（邢台学院文学院）
赵培宏（邢台学院文学院）

参编人员：（按照姓氏笔画顺序）
卫三强（邢台学院文学院）
王　晶（邢台学院法政学院）
毕玉亮（邢台市第十二中学）
刘　佳（邢台学院文学院）
刘顺超（邢台市文物管理处）
李雪稳（邢台学院文学院）
张　婉（邢台学院文学院）
张永健（邢台市社会科学界联合会）
陈凤珍（邢台学院教师教育学院）
范氏清华（邢台学院文学院）
高邢生（邢台学院文学院）
郭鸿鸽（思源教育集团）
颜泽钰（邢台学院文学院）
潘世雨（邢台市自媒体协会）

前　言

　　在华夏文明的历史长河中，邢襄文化宛如一颗璀璨的明珠，闪耀着独特而迷人的光芒。它承载着邢襄大地数千年的深厚底蕴，凝聚着这片土地上人民的智慧与情感，是中华民族优秀传统文化的重要组成部分。为了让更多人深入了解邢襄文化的魅力，传承和弘扬这一宝贵的文化遗产，我们精心编撰了这本《邢襄文化》教材。

　　邢襄地区历史悠久，文化源远流长。早在远古的三皇五帝时期，这片土地上就创造了灿烂的文明，孕育了邢襄文化的萌芽。从殷商西周时期的形成到春秋至明清时期的繁荣，直至现代的传承与发展，邢襄文化历经岁月的洗礼和朝代的更迭，不断演变、融合、沉淀，形成了独具特色的地域文化体系。它不仅见证了时代的变迁，更在岁月的洗礼中，留下了无数珍贵的文化印记，成为连接邢襄人民过去、现在与未来的精神纽带。

　　这本《邢襄文化》教材内容丰富、涵盖广泛，全面而系统地展现了邢襄文化的各个方面。从文化的形成发展到典故传说，从泉井文化到中医文化，从姓氏文化到非物质文化遗产，从文学艺术到文化遗迹、民俗风情以及传统美食，每一个章节都如同一个窗口，让读者得以窥见邢襄文化的博大精深。

　　本教材的顺利完成，离不开众多编写者的辛勤付出和共同努力。他们凭借各自的专业知识和深入研究，为教材注入了丰富的内涵和鲜活的生命力：

　　尹雨晴：肩负着总绪论、第一章以及第三章的编写重任。在总绪论中，以高屋建瓴的视角，对邢襄文化进行了全面而精准的概述，深入剖析其历史地位与影响，为全书搭建起坚实的理论框架。在第一章里，细致梳理邢襄文化在不同历史时期的发展脉络，从萌芽期的孕育，到形成期的奠定基础，再到繁荣期的蓬勃发展，以及现代传承的创新与延续，让读者清晰地看到邢襄文化一路走来的历史轨迹。第三章则聚焦于邢台独特的泉文化与井文化，深入挖掘这两种文化背后的故事与意义，展现它们与邢襄人民生活的紧密联系。

　　吴晓霞：精心撰写了第二章"邢台的典故文化"。通过对文化起源类、历史事件类以及成语类典故的深入挖掘和生动讲述，将邢台丰富的典故文化呈现在读者面前。这些典故不仅是历史的记忆，更是邢襄人民智慧的结晶，它们以独特的方式传承着邢襄文化的精髓。

　　李倩倩：负责编写第四章"扁鹊与邢台的中医文化"。详细介绍了扁鹊这位医学巨匠的传奇人生及其卓越的医学成就，同时深入探讨内丘鹊山扁鹊祭祀这一独特的文化现象。这不仅展现了邢台中医文化的深厚底蕴，也凸显了扁鹊文化在邢襄地区的深远影响。

王亚茹：在第五章"邢襄的姓氏文化"编写中，对井氏、邢氏、赵郡李氏、清河张氏、清河崔氏等姓氏的起源、发展和传承进行了深入研究与阐述。姓氏文化是中华民族传统文化的重要组成部分，通过对邢襄地区姓氏文化的探索，让读者了解到姓氏背后所承载的家族历史和文化传承。

刘诗梦：承担第六章"邢台的非物质文化遗产"编写工作。从邢窑白瓷的前世今生，到邢台的武术文化、戏剧文化，全方位展示了邢台丰富多彩的非物质文化遗产。这些珍贵的文化遗产是邢襄人民创造力的体现，也是邢襄文化独特魅力的重要组成部分。

方圆：在第七章"文学作品中的邢襄与邢襄文学"编写中，通过对文学作品中对"古邢襄"的描绘，展现了邢襄在文学作品中的独特形象。同时，介绍古邢襄著名作家及其作品，以及刘秉忠的文学成就，揭示了邢襄文化在文学领域的深厚底蕴和独特魅力。

赵培宏：编写第八章"邢襄著名文化遗迹与古建筑"。带领读者领略邢台著名文化遗迹和古建筑的独特风貌，从古老的遗址到宏伟的建筑，每一处都承载着邢襄的历史记忆和文化价值。通过对这些文化遗迹和古建筑的介绍，让读者感受到邢襄文化的物质载体所蕴含的深厚历史底蕴。

范爱菊：负责第九章"邢台的民俗文化"和第十章"邢台传统美食"的编写，并承担统稿工作。在第九章中，通过周公与桃花女的传说，展现邢襄婚俗文化的独特魅力；介绍天河山"七夕"文化，挖掘邢台独特的爱情文化内涵；同时，对邢台节日民俗文化进行全面梳理，让读者感受到邢襄民俗文化的丰富多彩。第十章则带读者领略邢台的传统美食文化，从特色小吃到传统佳肴，每一道美食都承载着邢襄人民的生活智慧和情感记忆。范爱菊的统稿工作确保了全书内容的连贯性和一致性，使教材质量更上一层楼。

此外，卫三强、刘佳、高邢生、张婉、范氏清华、颜泽钰、陈凤珍、王晶、李雪稳、潘世雨、张永健、毕玉亮、李国恩、刘顺超、郭鸿鸽等同志在教材编写过程中也发挥了重要作用。他们积极参与讨论框架、收集整理资料、校对、注释等工作，为教材的编写付出了辛勤努力。正是大家的齐心协力，才使得这本教材得以顺利问世。

在编写过程中，我们秉持严谨的态度，查阅了大量的历史文献、研究资料，进行了实地考察和调研，力求内容准确、丰富、生动。同时，我们注重语言的通俗易懂，使教材适合不同层次的读者阅读。

希望这本《邢襄文化》教材能够成为一扇窗口，让读者透过它领略邢襄文化的独特魅力；成为一座桥梁，连接过去与现在，传承和弘扬邢襄文化的精髓；成为一把火炬，点燃更多人对邢襄文化的热爱和探索热情。让我们共同走进邢襄文化的世界，领略其博大精深的魅力，为传承和弘扬中华民族优秀传统文化贡献一份力量。

目　录

总绪论

认识中华文明的悠久历史、感知中华文化的博大精深、实践"文化育人"的教育理念，是彰显中华民族文化自信的重要体现，更是有效地推动中华优秀传统文化创造性转化、创新性发展，推进中国特色社会主义文化建设、中华民族现代文明建设的必由之路。中华民族文化具有区域性、代际性和传播性特征，要想具体深入了解中华优秀传统文化、实践"文化育人"工程，就需要我们从各个时代和各个地域出发，考察中华历史文脉、赓续中华优秀传统文化精神基因。

第一节 邢襄文化概述

邢襄文化是华夏文化大系中的始创文化之一，它创始于先秦时期的宗族聚邑，成熟于西周初期的诸侯封建，在漫长的历史文脉延续过程中形成了一系列具体而独特的文化理念和人文精神。

一、邢襄文化地域界定和"邢襄"起源

邢襄文化是产生在古代邢地上的一种地方文化，是以目前的邢台市为核心，以古代邢国与襄国县行政管辖区域为主要发展地的地域文化。古邢国和襄国县主要以太行山、滹沱河、漳河为界，包括太行山以东、滹沱河以南、漳河以北的广大地域。邢台市作为邢襄文化的重要载体，具有 3 500 余年的建城史和 610 余年的建都史，先后做过商朝、邢国、赵国、常山国、后赵五个王朝与封国的国都，素有"五朝古都"之称，具有深厚的历史底蕴和独特的地域文化特色。

邢文化最早的发源时期可以追溯到距今 5 000 年前的原始社会，当时的古邢地西依太行山东麓向东递减，浊流湍急的黄河主河道化成几条支流绵延流向东部和东北部地区，经古邢地大片地域、衡水、沧州、天津等地冲向渤海。沿途冲刷出的古巨鹿平原，在气候上湿润多雨，属于亚热带气候，动植物资源都非常丰富。

邢台地形基本呈现陆地与河流、湖泊交错的状态，其中最大的湖泊就是在很多书籍中出现过的大陆泽，也叫大麓（陆）、大麓泽，又名钜鹿泽、广阿泽等。几千年来古邢地的河、湖相连，绵延成片，直到元代末期气候干燥，水位下降，有的地方露出水面，大陆泽被分割成一个个小型湖泊，大陆泽、宁晋泊和衡水湖等湖泊才互相分离。这样河、湖众多的自然环境，一方面滋润着这片土地，使它成为人类宜居的鱼米之乡；一方面黄河故道也经常泛滥，对古邢地人民的生活和生命造成威胁，导致自神话传说时期到元朝郭守敬时期，"治水""治河"一直是邢襄大地的重要主题，也造就了邢襄大地人民自古就有的忧患意识和顽强奋斗的精神内核。

在史书上记载的最早涉及"邢台"的历史大事件是《史记·殷本纪》中记载的"祖乙迁于邢"①，即邢台在信史中第一次出现就是作为商代中兴之王祖乙的都城亮相的。而邢台之"邢"字同于商代甲骨文和金文上的"井"字，即"井"地、"井方"之"井"②。"井"地建"邑"之谓"井+阝"也就是后来的"邢"。西周前期，周公第四子姬苴被封邢侯，建立邢国，定都于邢，而考古学界言当时有邢侯祭天之台"邢侯台"。1120年宋徽宗赵佶把邢州之"邢"与"邢侯台"之"台"合称，改当时的龙冈县为邢台县，才有了行政设置上的"邢台"之名。另有一说法是说"邢台"之"台"源于赵成侯所建"檀台"。据《史记·赵世家》记载，赵成侯"二十年，魏献荣椽，因以为檀台"。

二、邢襄文化的界定

在悠久的历史发展过程中，邢台数度易名：井方、邢、邢国、信都、襄国、巨鹿郡、龙冈、邢州、顺德府等。从这些变换的名字中我们可以体会到邢襄大地几度沧海桑田，而在这漫长的形成发展过程中，可分为多个发展阶段：邢襄文化的萌芽期（上古三皇五帝时期）、邢襄文化的形成期（商周时期）、邢襄文化的繁荣期（春秋战国时期至明清）、邢襄文化的近现代传承。而在这些不同的发展阶段，又根据古邢地的命名不同可分为邢文化和襄文化。

邢文化发源时期可以追溯到距今5 000年前的神话传说时期，在漫长的岁月中它时隐时现于"五帝"传说之中。学者们把邢文化的起源附着于"井"字③。而最早的"凿井"传说就是从黄帝开始的，即"黄帝凿井"④之说。因为邢台多泉多水的特点，"治水"成为整个邢文化体系中一个标志性特征，无论是尧舜禹时期的大陆泽，《水经注》中的泜水、漳水，还是郭守敬治理邢州古城的水系，都体现了古代邢地人民开发利用自然资源的勤劳和智慧。

商王朝的"祖乙迁邢"开启了邢台作为都城的历史，即使商王朝再次迁都，但从武丁的王后妇姘的地位来看，当时的"井方"依然是殷商重要且关系亲密的方国。西周建立以后，周成王为了表彰周公的辅佐之功和达到"藩屏周"（即"封建亲戚，以藩屏周"，就

---

① ［汉］司马迁. 史记［M］. 北京：中华书局，1973：101.

② 庞小霞. 释井——兼论甲骨文、金文中井（邢）方、井（邢）氏、井（邢）国之关系［J］. 中国历史文物，2008（6）.

③ 庞小霞. 释井——兼论甲骨文、金文中井（邢）方、井（邢）氏、井（邢）国之关系［J］. 中国历史文物，2008（6）.

④ ［明］徐光启. 农政全书［M］. 北京：中华书局，1956：356.

是周天子通过分封同姓诸侯和部分异姓诸侯，让他们在各地建立诸侯国，作为周朝的屏障，来保卫周王室)① 的目的，分封周公旦的第四子姬苴为邢侯，建立邢国，定都于邢。直到春秋末期卫国灭邢，邢国灭亡，邢地归入卫国；公元前 631 年城濮之战，卫国成为晋国的附庸国，古邢地也随之并入晋国。后来楚国大夫申公巫臣投奔晋国以后，被晋国国君封至邢邑，也曾被称为邢伯或邢侯，但自此邢文化开始融入晋文化中，沾染了某些晋文化的特点。

襄文化时期分为三个阶段。前期属于晋文化时期，中期归入赵文化，后期自邢地设置襄国县或襄国郡后又独立出来。随着晋国六卿逐渐执掌晋国政权，古邢地划归赵氏，直到赵简子选定赵襄子作为继承人之后，古邢地成为赵襄子的采邑，古邢地改称襄国，真正开启了襄文化时期。襄国作为赵襄子开疆拓土的根据地，为赵国的建立打下了牢固的基础，公元前 403 年赵烈侯与韩、魏一起三国分晋，建立赵国，襄国相应地也归于赵国。自此，襄文化则开始隐没于赵文化之内，也就隐入"燕赵文化"中，成为"燕赵文化"内的一个分支。秦始皇统一六国后，设置信都县，属巨鹿郡，之后汉、魏、后赵、北齐、北周、隋等，或设襄国县，或设襄国郡，均以"襄国"命名，因此从晋出公十七年（前 458 年）赵襄子被立为赵简子的继承人②到唐朝初年改襄国郡为邢州的 1 000 多年应该为"襄文化"时期。

618 年，李渊建立唐朝，改襄国郡为邢州，自此大部分时间邢地以邢州命名。1120 年（宋宣和二年），宋徽宗赵佶改龙冈县为邢台县，隶属信德府。自此行政建制上便有了"邢台"之名，后来间或也有改名，但大多数时期以"邢"名之。

邢襄文化在数千年的历史演变中，不断融合、发展、创新。从上古三皇五帝时期华夏先祖的重要活动区域，到夏商初期的井方氏、有苏氏的活动地域，再到商代祖乙迁邢、西周邢国封建，邢襄文化逐渐形成了独立完备的文化体系。在春秋战国时期，邢襄文化又经历了与周边文化的交融与碰撞，不断丰富和发展，一次次绽放出耀眼的辉煌，积淀了绚丽多彩的优秀传统文化，也孕育了"邢襄文化"尊礼尚德、深明大义、豪爽刚健、包容并蓄、艰苦奋斗、爱国团结等文化精神品格。这种文化特征不仅体现在邢襄儿女的勤劳、智慧、刚毅、果敢上，还深深融入邢台这座城市的精神风貌之中。邢襄文化作为一种地域文化，与中华文化起源同步，是中华文化不可或缺的重要组成部分。

第二节　邢襄文化的历史地位和影响

邢襄文化，即邢台的历史文化，是一种地域文化，也是邢台这座城市及其周围所辖区域的各类文化。邢襄文化历史悠久、源远流长，在中华民族历史文脉的发展历程中具有重要的历史地位与广泛的影响。

---

① ［唐］孔颖达. 春秋左传正义［M］. 北京：北京大学出版社，1999：418–419.
② 参考自［汉］司马迁. 史记：卷四十三［M］. 北京：中华书局，1959：1793.

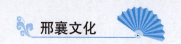

一、历史地位

邢襄大地悠久璀璨的历史文化在中华优秀文化中有着重要的历史地位，有着多方面的表现。

第一，华夏始创之源，民族正统之基。邢襄大地处于太行东麓、冀州之南、黄河故道流经之地，遍布的河流、温润的气候、肥沃的土地为原始先民提供了丰富的物质生活条件，也使邢襄文化成为华夏始创文化之一成为可能。邢襄文化的萌芽阶段为距今 4 000～5 000 年前。邢台地区一直有"黄帝氏族曾居于邢台轩辕岗，教民凿井筑邑"① 之说，《世本》亦有"黄帝凿井，聚民为邑"之说；隆尧县修订的《唐山县志》记载，《帝王世纪》《城冢记》《大明一统志》等书所记"柏仁（人）城，尧封唐侯所都之地"，《尚书·尧典》记载的尧帝令舜"纳于大麓，烈风雷雨弗迷"，《史记·夏本纪》所记大禹治水"导河、积石，至于龙门……北过降水，至于大陆"等，这些历史事件或传说都跟邢襄大地有着千丝万缕的联系，而它们都是被史家和统治上层认同的五帝时期的正统历史。

夏商初期，邢台是井方氏、有苏氏的活动地域，商代第二代先公昭明长期活动于邢台泜河流域，商王祖乙九祀而择沃野迁都于邢，使"祖乙迁邢"成为正史记录中邢襄文化体系的起点，距今有 3 500 多年的历史。自此邢地经历商朝五王，作为商都达 138 年之久。此后井方之女妇妌出嫁武丁，邢地成为商王室重要的诸侯国。商代末期，纣王升邢伯为邢侯，并扩建邢地的沙丘苑台，邢台成为商代畿辅之地、拱卫之国。

第二，文化体系完整，内涵丰富深厚。邢台具有 3 500 年的悠久建城史和灿烂文明，是先商之源、殷商之都、邢侯之国。这样的历史使邢台成为河北省历史上第一座"城市"，并作为殷商、邢国、赵国、常山、后赵等五朝古都，亦作为国、都、州、郡、府、路、道、地区、市的治所，邢台的生命力从数千年前延续至今，这在国内少见，是当之无愧的中华历史名城。

邢襄文化体系涵括了地理、政治、经济、民俗、手工业、商业、水利、宗教、学术等各类文化，具体包括尧山文化、鹊山文化、沙丘文化、邢窑白瓷文化、百泉文化、商都牛城文化、黄巾文化、七夕文化、太行文化、运河文化、梅花拳文化、义和团文化、郭守敬科技文化、抗大革命文化、邢台姓氏文化、开元佛教文化、武松文化、李唐帝陵文化、邢州学派文化、汉牡丹文化等多个文化分支，形成了完整且内涵丰富的文化体系。

悠悠岁月、滔滔长河孕育的勤劳智慧的邢襄儿女创造出璀璨夺目的邢襄文化，在四五千年历史长河中形成了开放包容、自强不息、崇德尚武、慷慨悲歌的文化特征和品性。邢襄文化作为一种地域文化，独具一格，她与中华文化起源同步，属于中华文化的始创文化之一，是中华文化不可或缺的重要组成部分。

二、邢襄文化的影响

邢襄文化作为华夏民族的始创文化和中华文化的重要组成部分，对中华文化的形成和发展产生了深远影响。

---

① 李相臣，陈欣，孙秀茹等. 邢襄文化的品牌塑造对区域经济发展的促进研究［J］. 邢台职业技术学院学报，2018（6）.

首先，邢襄文化对中华文化有着巨大的贡献。邢襄文化具有兼收并蓄的包容性、自成一家的完整性、绵延不绝的继承性、品质独特的内涵性等特性，在数千年的发展历程中，形成了自强不息、崇德尚武、慷慨悲歌等文化精神和品格，都深深地融入中华文化之中，成为中华民族精神的重要组成部分，对中华文化品格的形成具有重要的贡献。

其次，邢襄文化对邢襄的发展具有强大的推动作用。邢襄文化在历史发展中对邢台地方经济、社会、文化等方面的发展产生了积极推动作用。邢襄地处河北省南部，西依太行山脉、南临漳河，自西而东呈山地、丘陵、平原阶梯状排列的独特地形，使其自古就是兵家必争之地，具有重要的战略地位；遍布的泉水河流推动了邢台农业和水利业的发展，其便利的交通条件既有利于商贸流通和物资集散，同时也为邢台市的手工业发展和对外经济交流提供了有利条件；邢台市丰富的矿产资源和多样的地形地貌为其经济发展提供了有利条件；西部山区有着丰富的矿产资源，商周时期古邢地的青铜制造业就相当发达，邢侯簋等青铜器文物的出土及《麦尊铭》的记载就是最好的例证。

目前，邢台市丰富的自然景观和历史文化遗产，促进了当地文化旅游产业的发展。如扁鹊庙、天河山、前南峪生态观光旅游区等，这些景点吸引了大量游客前来观光旅游。邢台市拥有国家级重点文物保护单位 11 处、省级重点文物保护单位 74 处、市级文物保护单位 50 处。这些文物古迹不仅丰富了邢台的文化内涵，也促进了当地文化旅游业的发展。邢襄文化中的许多非物质文化遗产，如梅花拳、太极拳、邢台太平道乐等，不仅得到了保护和传承，还成为邢台文化的重要品牌，吸引了众多游客前来体验和欣赏。

最后，邢襄文化对民族精神的塑造有着重要的贡献。源远流长的邢襄文化中曾出现过许多历史典故和英雄事迹，展现了邢台人民的英勇和坚韧精神。"麦盉"与"臣谏簋"铭文中记载的"邢侯搏戎"反映了邢侯率军抵御北方的戎狄对西周王朝的侵扰，保卫周王朝的北方疆土和边境人民的生活安全，维护西周统治区域的稳定与和平，展现了邢襄儿女抗击外族侵略的爱国主义精神。《史记·刺客列传》记载的"豫让刺赵襄子"中，豫让为了报答智伯的知遇之恩，不惜自残身体，多次冒险行刺赵襄子，既展现了豫让一诺千金的忠诚义举、勇敢无畏的自我牺牲精神和"士为知己者死"的原则坚守，也体现了赵襄子冷静理智、宽容大度和尊重人才义士的品格。豫让的这种忠诚以及为了信念不惜牺牲一切的侠义精神，在古代社会被视为一种高尚的品德，成为后世传颂的典范，激励着人们坚守忠诚和正义、激励着一代又一代的邢襄儿女自强不息、奋发向前，也对中华民族的民族精神产生了深远影响。

第一章
邢襄文化的形成与发展

溯源中华文明的起始，考古界往往上溯到几十万到几万年前的原始时期，中华大地上到处可见的上古遗址留下了我们先祖的足迹。但那毕竟是远古人类的萌芽期，中华文明的源头真正可圈可点的启蒙阶段，无疑是从那些上古神话开始的，女娲补天、三皇五帝、尧舜传说、鲧禹治水、阪泉之战、涿鹿之战等，述说着远古中华大地上的辉煌。古邢地文化从神话传说中的"五帝"时期，就开始闪烁在我们的中华民族文化中。

第一节　邢襄文化的萌芽期

远古时期的邢文化是华夏文化体系中的始创文化之一。现代地质考古资料证明，大约距今 3 亿年之前，现在的邢台市市管辖的太行山以东区域是一片汪洋大海，经过亿万年的沧海桑田，在 1 万多年以前，随着"大冰河"时代的结束，地球开始变暖，华夏多地也慢慢进入了人类发展的加速期。传说中距今 3 000~5 000 年的"五帝"时期古邢地已经属于宜居时期。

一、黄帝时期的古邢地传说

"三皇五帝"显然是神话传说中的华夏始祖，但司马迁根据时代和史籍撰写的需要，把炎帝、黄帝、伏羲等作为华夏民族历史的开端放进《史记》中，尤其是为了"大一统"观念的需要，把黄帝作为"五帝"（黄帝、颛顼、帝喾、帝尧、帝舜）之首和中华民族的人文始祖。而邢襄文化的起源和萌芽也与正统历史紧密相连，是从黄帝开始的。

（一）"黄帝凿井，聚民为邑"

原始先民在生活中，通过长时期观察实践，慢慢对水资源有了一定的认识。随着生产力的发展和对免遭水患侵害、长期稳定生活的向往，先民逐渐发明了凿井技术并日益完善。据考古发现，我国最早的水井出现于黄河下游海岱地区的北辛文化济宁张山遗址中，属于距今的 6 500—4 500 年的大汶口文化时期。黄帝生活的时代，目前学界大都认为在距今 5 000 年左右，正是在凿井技术发明日趋成熟的时期。

人类自古就有将发明技术归于圣人的传统，作为中华民族的人文始祖，很多有益于人民的发明都归到黄帝身上，尤其经过始于战国时期的西汉初期对"黄老之学"的推崇，历史上便有了所谓的"黄帝穿井，聚民为邑"之说。《世本》亦有"黄帝见百物，始穿井"之言，《路史》卷五还记载了黄帝"经土设井，以塞争端，立步制亩，以防不足，使八家为井，井设其中"，这就是周代"井田制"的源头。

上古时期，人们得姓的方式有许多种，或因居住地，或因官职，或因从事的职业等等，其中有一种方式是因为某一群人擅长的技能得姓。而最早生活在邢地的井方的人们很可能是因为掌握着凿井技术而获得了姓。因我国最早关于凿井的传说就是"黄帝凿井"，黄帝部落最初又生活于黄河中下游地区，黄帝的传说基本上发生在河南新郑（轩辕丘）至河北涿鹿地区，而古邢地正是这两个地区的必经之地，因此一些学者认为，无论掌握"凿井"技术的那群人是否真正属于黄帝部落，他们与黄帝部落的人们确实有着一定的联系，所以他们后来便以邢（当时为"井"）命名了自己的居住地，原因就是此地因气候温暖湿润、地下水位比较浅，甚至在地面上就有很多泉眼，挖井很容易出水，更容易发挥他们的特长。他们的后代也以邢为姓。

（二）黄帝之子青阳"居泜水"

《史记·五帝本纪》记载黄帝的统治范围"东至于海，登丸山，及岱宗。西至于空桐，登鸡头。南至于江，登熊、湘。北逐荤粥（音 xūn yù，指后来的匈奴），合符釜山，而邑于涿鹿之阿"。又言"黄帝居轩辕之丘，而娶于西陵之女，是为嫘祖"。目前学界大多倾向于黄帝所居轩辕之丘，即河南新郑地区[1]。

关于黄帝与炎帝之间的阪泉之战的发生地阪泉之野，三国时期的皇甫谧认为是当时的上谷地区，即现在的河北张家口市的怀来县[2]；唐代张守节、钱穆先生等则认为阪泉之野在河北张家口市的涿鹿县[3]。关于黄帝战蚩尤的涿鹿之野与"邑于涿鹿之阿"的涿鹿，大多数学者认为位于现在河北张家口市的涿鹿县内，认为"合符釜山"的"釜山"即现在河北省保定市徐水区的釜山[4]，至今有黄帝台、黄帝泉等诸多遗迹。由此可见，黄帝部落活动的核心区域确实应该在南至河南新郑、北至河北张家口一带的黄河下游地区，古邢地则是这一区域南北贯通的必经之地。

清代学者雷学淇在其《竹书纪年义证》卷一引《大戴礼记·帝系》之言："黄帝居轩辕之丘，娶西陵氏之子，谓之嫘祖氏，产青阳及昌意。青阳降居泜水，昌意降居若水。"东晋郭璞对《山海经·北山经》注言："今泜水出中丘县，西穷泉谷，东注于堂阳县，入于漳水。"此言"中丘县"即今河北省内丘县。青阳即黄帝之子玄嚣，也就是东夷各部落的首领少昊。东夷部落早期聚居于山东曲阜一带，曲阜离泜水相对不算太远，郭璞所言青阳为河北南部中丘县（今邢台市内丘县）之泜河是有相当大的根据的。《临城县志》记载："泜河，古称泜水，或称南泜水。发源于县西太行山区，由多条溪流汇成。上游分三条支流。北支发源于石家栏乡西侧山地，与南支汇流；南支发源于内丘县。第三支发源于

① 许顺湛. 黄帝居轩辕丘考 [J]. 寻根，1999 (3).

② [晋] 皇甫谧撰. 帝王世纪辑存 [M]. 北京：中华书局，1964.

③ [汉] 司马迁. 史记 [M]. 北京：中华书局，1982：3.

④ 肖守库. 涿鹿之战若干问题浅析 [J]. 河北北方学院学报（社会科学版），2017 (3月增刊).

内丘县南寨乡，至西竖乡西柏畅村东与泜河主道汇合。"《左传·定公四年》记载，周成王"因商奄之民，命以伯禽，而封于少皞之虚"。晋代皇甫谧所著《帝王世纪》在梳理神话传说的时候有言："少昊帝，名挚，字青阳，姬姓也。母曰女节，黄帝时有大星如虹，下流华渚，女节梦接意感，生少昊，是为玄嚣。邑于穷桑，以登帝位，都曲阜，故或谓之穷桑帝。地在鲁城北。"

《史记》中的记载"青阳降居江水"与《大戴礼记》所记"青阳降居泜水"有一字之差。虽然学者们对"青阳降居"的"江水"有很多说法，但从《史记·五帝本纪》中的"合符釜山"与阪泉之战、涿鹿之战均发生在河北中北部地区来看，黄帝家族应该在很长一个时期内活跃于以涿鹿为都的冀州，加上其他上古资料的记载，可以推出距今四五千年之前的黄帝时期，其子少昊（青阳）降居的"江水"即为"泜水"，而后少昊开疆拓土，成为活跃于黄河下游地区早期东夷部落的首领，并定都曲阜，也就顺理成章。

因此我们可以推断，早在黄帝时期，黄帝之子少昊就居住在流经今临城、内丘的泜水沿岸。随着自己部落的壮大发展，少昊才率领族人扩张到山东曲阜一带直至东海之滨。少昊开始以玄鸟作为本部的图腾，所辖部族皆以鸟为名，后来东夷部落发展成为鸿鸟氏、凤鸟氏、玄鸟氏、青鸟氏等共 24 个部族[①]。从《诗经·商颂·玄鸟》篇"天命玄鸟，降而生商，宅殷土芒芒"对殷商先祖商契的降生歌颂可知，商朝的先祖们就是东夷各部落中的一支。《史记·殷本纪》也有帝喾次妃简狄行浴的时候"玄鸟堕其卵，简狄取吞之，因孕生契"的"玄鸟生商"传说。因而"黄帝"时期的古邢地在传说中就是东夷部落的发迹之地，早期东夷是华夏族的族源之一，因此我们可以说古邢地是华夏民族及中华民族文化的早期发源地之一。

二、尧舜时期的古邢地传说

在帝尧时期，华夏大地上的神话传说已经非常丰满，古邢地上流传的各类传说也非常丰富，并且与正统史册上的记载息息相关。

（一）帝尧定都尧山

位于隆尧县城西北 6 千米左右的尧山就是一处著名的传说之地。在隆尧县山口镇山口村南、北两侧，中间为低谷，形成南北两峰，南峰称尧山，北峰称宣务山，二峰合称尧山，又名唐山，当地人俗称为南山、北山，属太行山支脉，成东北—西南走向隆尧境内的尧山如图 1-1。

因为隆尧当地的一些传说、建筑、碑文和文献有很多关于帝尧的记载，当地人坚信帝尧当年曾居住在尧山附近，并建都柏人城。比如王晓迪的硕士毕业论文《河北隆尧尧山庙会文化研究》中就对此进行了论证："《十三州志》云，'上有尧祠，俗称宣务山，谓舜昔宣务焉'；尧山上清乾隆年间'万古流芳碑'碑铭：'昔尧帝常登此山望洪水'；加之《颜氏家训》《太平寰宇记》《大明一统志》等古代文献的记载，使得当地民众确信无疑地认为尧山一带是先祖尧帝的封地。"[②]

---

① 见《左传》："少皞氏纪于鸟，为鸟师而鸟鸣，凤鸟氏，历正也；玄鸟氏，司分者也；伯赵氏，司至者也；青鸟氏司启者也；丹鸟氏，司闭者也。是玄鸟、丹鸟，亦有五也。"[清] 阮元，等. 十三经注疏：春秋左传正义 [M]. 影印清嘉庆刊本. 北京：中华书局，2009：4476.

② 王晓迪. 河北隆尧尧山庙会文化研究 [D]. 南宁：南宁师范大学，2014.

图1-1　隆尧境内的尧山

尧并非帝尧的名字，是后人在他死后对其一生的评价，尊称为"尧"，也就是后世的谥号。《说文解字》解释"尧"字之意为"高"，有学者考察"尧"因大洪水时期率万民居于"水中高土"而得名，也是德行高尚、贤明高才的意思①。《史记·五帝本纪》中记载，"帝喾娶陈锋氏女，生放勋。娶娵訾氏女，生挚。帝喾崩，而挚代立。帝挚立，不善，而弟放勋立，是为帝尧"。即尧为帝喾之子，名为放勋，为传说中的"五帝"之一。《尚书·尧典》《史记·五帝本纪》与《大戴礼记·五帝德》等古代文献中记载着帝尧的丰功伟绩，说他在政治上，平定天下，完善制度，纳谏用能，合和万国；在经济上，治理水患，重视农业，发展渔猎；在文化上，制定历法，制作礼乐，举行祭祀等。学界认为尧是开创了以完备的政治、经济、文化制度为标志的中华文明社会的起点，妥妥的一位圣君形象②。

根据《史记正义》《汉书·地理志》《帝王世纪》等典籍记载，帝尧被始封到古中山国的唐地（今河北唐县、望都一带），为唐侯，因此后人又称其为"唐尧"③。帝尧在位时，正值黄河中下游气候湿润、黄河大肆泛滥时期。唐尧部族所居的唐县、望都一带，处于太行山西坡衔接古河北平原的地势低缓地带，北有洋河、南有滹沱河、西有唐河，多河环绕，水患频发。帝尧就带领族人开始寻找相对地势较高，而又适宜居住之地准备迁徙，在迁徙过程中走向古巨鹿平原。当帝尧带领大家走到今隆尧县尧山、宣务山附近的时候，看到此地西依太行余脉的丘陵地区，东临大陆泽，东南为古巨鹿平原，周围土地肥沃、山林富庶、渔猎便利，因此决定定都此地，建造城邑，也就是后来的柏人城，也称柏仁城。

《帝王世纪》中记载"柏仁故城，在尧山县西十二里，尧所都也"。后来尧以尧山为中心，颁布历法，授以时令，进行农桑渔猎，慢慢延伸统辖了今内丘、临城、柏乡、隆尧、巨鹿、平乡、宁晋等广大地域，后人为纪念帝尧在此的生活和成就而把此山称为尧山。这或许是"尧"因"率民'居于高土'"得谥为"尧"的原因之一。

① 叶林生. 古帝传说与华夏文明［M］. 哈尔滨：黑龙江教育出版社，1999：273.

② 参见《史记·五帝本纪》记载：尧"乃命羲、和，敬顺昊天，数法日月星辰，敬授民时。分命羲仲，居郁夷，曰旸谷。……信饬百官，众功皆兴"。司马迁. 史记［M］. 北京：中华书局，1982：16-17.

③ 《史记·五帝本纪》："帝尧者，放勋。"［正义］引《帝王纪》云："帝尧陶唐氏，祁姓也。""尧都平阳，于《诗》为唐国。"同②：15.

传说尧帝在古巨鹿平原的柏人城生活了50多年，经过尧的治理，古巨鹿平原一度人丁兴旺、经济繁荣，但这也带来了另一方面的问题，因为人口的繁衍增多，资源开始短缺，环境相对恶化，再加上黄河水患频发和太行山洪威胁，尧不得不再次迁都，从井陉横穿太行山脉，走向黄土高原，迁都山西。在之后上千年的漫长岁月里，柏人城虽然没有出现在历史的记载中，但殷商末期依然存在，当时的柏人城是殷商的一个小诸侯国軝国的都城，西周初年軝国归服了周朝，据学者们论证"軝国"之"軝"即为"泜"，因临"泜水"而得名，只不过可能是强调其兵车之强而转为"軝"。在后来的诸侯兼并过程中，随着冀南地区归入战国七雄赵国的版图，柏人城也成为赵国战略要地再次出现在史书上。

因一代圣君帝尧曾定居尧山，此地也成为历代君王朝圣之地。中国历史上汉、唐两个王朝都将尧山作为祖庭。夏代孔甲时期因尧的后裔刘累传说生有灵异，曾为夏王孔甲养龙、御龙，而被孔甲赐姓为御龙氏，其后世子孙则以刘为姓，刘累被尊为刘姓始祖，因此汉高祖刘邦、光武帝刘秀都自称唐尧后人，将尧山尊为圣山，并在尧山为帝尧修建祠庙，祠庙前立庙碑以奉祀帝尧。

（二）尧舜禅让

在帝尧都于尧山的这个时期，帝尧除了发展经济、制定历法、考订制度以外，还在此地考查了自己的接班人虞舜。《史记·五帝本纪》言，尧使"舜入于大麓，烈风雷雨不迷，尧乃知舜之足授天下"，此"大麓"即太行山以东的大陆泽边上林木繁盛之地，也就是在大陆泽考察了虞舜之后，尧才放心地把帝位禅让给了舜。

尧本来有儿子丹朱，当众人都建议丹朱接替尧的帝位时，帝尧却说："吁！顽凶，不用。"（《史记·五帝本纪》）当大家共同推举虞舜，并评价舜能以孝和家、"烝烝不奸"时，尧也没有轻率地授权，而又从各方面对舜考察了多年，了解了虞舜在和家、参政、伦理、外交及适应大麓恶劣环境等多方面都有出色的能力，才放心地授权。《史记·五帝本纪》是这样评价的："尧知子丹朱之不肖，不足授天下，于是乃权授舜。授舜，则天下得其利而丹朱病；授丹朱，则天下病而丹朱得其利。尧曰'终不以天下之病而利一人'，而卒授舜以天下。"贤德圣明的帝尧为了天下而没有让自己的儿子丹朱继位。

三、鲧、禹治水

据考古发现以及《史记·河渠书》《汉书·沟洫志》和《水经注·河水》记载，距今7 000—8 000年前，黄河下游主河道一直在如今的邢台市辖区以内的东部地区，南宋以后才向东漂离河北，现今邢台境内一些大河道都是当年黄河故道遗留或遗迹。黄河的泛滥、湿润多雨的天气，注定邢襄大地数千年来都有着"治水"的身影。

（一）鲧治水与"鲧堤"

《史记》的《五帝本纪》和《夏本纪》均记载，帝尧时期黄河下游地区屡遭水患，黄河多次决堤。《五帝本纪》中说"汤汤洪水滔天，浩浩怀山襄陵"，他属下被称为"四岳"的四位首领建议让鲧去治理，虽然尧有异议，但四岳认为在那些同辈分的人中鲧是最贤能的人，还是坚持让帝尧试试，尧采纳了他们的建议派鲧去治理水患，但鲧治理了9年而水不息，"功用不成"。当时正值舜摄天子政期间，舜"行视鲧之治水无状，乃殛鲧于羽山以死"，这是《史记·夏本纪》的记载。《山海经·海内经》的神话中言，"鲧窃帝之息壤以堙洪水"，也就是说鲧当年为了阻止黄河泛滥，靠堙塞筑堤来治水的方法，虽然对"洪水滔天"时代的大洪水用河堤阻断了泄水，但水在上、中游地区越积越多，就会造成决堤导致更大的灾害，导致"功用不成"，但是对那些小水患用筑堤坝的方法可以挡住水流四溢，是有一定成效的，因此百姓们也对鲧治理水患之功予以了肯定。

在河北威县邵固村和清河的大堤村有一段黄河故堤，相传就是鲧当年治理黄河水患所筑的河堤，当地人称其为"鲧堤"，以此纪念当年鲧筑堤防水之功。清代《威县志》《清河县志》都有关于"鲧堤"的记载，据说当年"鲧堤"自河南滑县经山东入邢台市所辖临西、清河、威县、广宗等县境内黄河故道上蜿蜒数百里，是先民御洪的屏障。在邢襄大地上"鲧堤"南自临西进入河北境内，沿经威县东南与清河县接壤的小屯乡，北至南宫。清河县小屯乡的大堤村，又名鲧堤村，就是因此而得名，司马光还为"鲧堤"题过诗："东郡鲧堤古，向来烟火疏。堤封百里远，生齿万家余。贤守车才下，疲人意已纾。行闻谣五绔，京廪满郊墟。"①

近些年，一些考古发现说这段黄河故堤应该是宋朝时候建的②，但既然北宋时期就已经有"鲧堤"之名，说明在当时就已经有"鲧堤"，并且北宋时期乐史的《太平寰宇记》就有记载说，"鲧堤，在县（清河）西三十里，自宗城县界来，是鲧治水时筑"，那么"鲧堤"应该在北宋之前就已经存在，只不过宋朝时期又对原来的"鲧堤"进行了重修或修缮。

（二）大禹治水

鲧死后，大洪水之患依然没有解决，舜便接受了四岳的推举，派鲧的儿子禹继承父业，继续治理黄河水患。禹用疏浚的方法治理水患，把重点放在黄河中下游，开挖渠道，沟通湖泽，因势利导。他把黄河中游的水经河南龙门、孟津疏导至大名，再至邢台古地大陆泽后，经过九条黄河故道，最后归为一条大河汇入渤海。同时，在治水过程中，依照水系流向和山岳脉络，划分九州，开通道路，而冀州就是九州之首。

按照《尚书·禹贡》的说法，冀州主要包括山西和河北一些地区，而河北省简称就是"冀"。《史记·夏本纪》根据《尚书·禹贡》所言"大禹导河，北过洚水，至于大陆"，此"河"即黄河，"大陆"即大陆泽。"大"即"巨"之意，在《尚书》《左传》《史记》中的"大陆"或"大麓"，在《吕氏春秋》中也写作"钜鹿"。《吕氏春秋·有始览》中明确"钜鹿"是赵国的大湖泊："何谓九薮？吴之具区，楚之云梦，秦之阳华，晋之大陆，梁之圃田，宋之孟诸，齐之海隅，赵之钜鹿，燕之大昭。"九薮就是指古代的九个大湖泊，按照这个解释我们根据古赵国的疆域范围可知，赵国的"钜鹿"就是指分布在邢台到宁晋、衡水一代的大陆泽。《汉书·地理志》中对此有详细的解释："钜鹿，即禹贡大陆。○按今属顺德府。"

《后汉书·郡国志》亦有记载："钜鹿故大鹿，有大陆泽。"可见，大陆泽确又名钜鹿，巨鹿县即因大陆泽而命名。《钜鹿县志》亦云："许氏《说文》'钜，大也'，古者鹿陆通用，则钜鹿大陆一也。"《太平寰宇记》中对巨鹿之名的来源进行了更加具体的介绍："广阿泽一名大陆，一名钜鹿，一名大麓，一名沃川……郑康成注云大陆泽在钜鹿北……《尔雅》曰'晋有大陆'，《吕氏春秋》曰'晋之大陆，赵之钜鹿是也'。《十三州志》云'赵有钜鹿，今其地即广阿泽也'。"并引《隋图经集记》言，"开皇六年于此置巨鹿县，

---

① 见姚德闻修、吕夹钟纂《康熙滑县志》10 卷"清康熙二十五年"。
② 魏振军，王文化. 河北临西"鲧堤"原为宋代黄河大堤［N］. 人民日报，2004-09-20（5）.

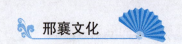

属赵州，遥取汉县钜鹿以名也"①。

除此之外，还有一种说法。"麓"是林木众多的意思，因上古时代古邢地湿润多雨林木众多而以为名，即《汉书·地理志》注："应邵曰'鹿，林之大者也'。臣瓒曰'山足曰鹿'。师古曰'应说是'。"这两种解释表达的是古巨鹿得名的两个方面，一是因大陆泽而来，一是因长满林木而来。

关于"鹿"还有另一种解释。鹿因其温顺无害、易于猎捕而成为远古先民主要的猎杀对象。在文字发展过程中，因"鹿"与"禄"谐音，"鹿"还延伸出了另外一种意思——政权、权力、权势。《史记·淮阴侯列传》记载，楚汉战争刘邦、项羽相持不下之际，蒯通曾劝韩信与二人争锋："秦失其鹿，天下共逐之，只有高材捷足者先得之。"裴骃集解引张宴之语："以鹿喻帝位。"这里的"鹿"即是用"禄"的谐音，暗指禄位、权力、帝位。在成语中亦有"逐鹿中原""鹿死谁手"等说法，这些"鹿"的用法也相当于"权力"之意。

巨鹿经"禹划九州"在夏商时被划归冀州，这在《尚书·禹贡》篇就有记载，不过在当时称为"大陆"："冀州：既载壶口，治梁及岐。既修太原，至于岳阳；覃怀底绩，至于衡漳。厥土惟白壤，厥赋惟上上，错，厥田惟中中。恒、卫既从，大陆既作。岛夷皮服，夹右碣石入于河。"

巨鹿在西周至春秋中期的时候属于邢国；春秋中后期邢国被卫国所灭，巨鹿也随之属于卫国；春秋末期卫国灭亡后它又被归入晋国，《尔雅》中就有"晋有大陆"之说；战国时期，巨鹿属于赵国，即《吕氏春秋》所言"赵之钜鹿"。秦朝设置钜鹿郡，为秦朝三十六郡之一，但当时的郡治不在如今的巨鹿县境内，故址在今平乡县城西南部的平乡村。辖境包括今河北白洋淀、文安洼南岸，南运河以西，高阳、宁晋、任县以东，平乡、威县以北，山东德州、高唐，河北馆陶等地。当时巨鹿闻名于天下是因为秦末项羽率5万军队大败章邯40万大军的"巨鹿之战"。汉代巨鹿郡范围包括滹沱河以南、平乡以北、柏乡以东，束鹿、新河以西，直到西晋初年，改郡为国，称为巨鹿国。之后几经改变要么为郡，要么为县，元明清时期再无设郡，一直为县，或属邢州，或属顺德道、顺德府。

因此《尚书·禹贡》言"禹行自冀州始"而又将河水经大陆泽，导至邢台古地水系的各条河道而入海，可以说大禹治水后期工程大部分在古邢地完成，古邢台大地上遍布大禹的足迹。

总之，邢襄文化可以追溯到三皇五帝时期，这一时期是邢襄文化的重要起源阶段。作为华夏文化的一部分，邢襄文化处于中华文明的源头之一——黄河文明的摇篮之中，参与了华夏民族的融合和华夏文化的创建，从一开始就具有浓厚的正统色彩，被视为华夏始创文化之一，并为其后续的发展奠定了基础。

第二节 邢襄文化的形成期

邢襄文化的形成期可以追溯到商周时期，"祖乙迁邢"使古邢地出现于史册以后，古邢地就在中华民族的发展史上扮演着重要角色，井方、井伯与妇妌演绎殷商中后期古邢地

---

① ［宋］乐史. 太平寰宇记［M］. 北京：中华书局，2007：1220.

在"大邑商"的重要地位。"邢国封建"也是这一时期古邢地辉煌的重要标志，"邢侯搏戎"则体现着邢国在抗击戎狄、蕃屏周室中的重要贡献。自此邢襄文化逐渐形成了自己独立完备的文化体系，并以其深厚的历史文化底蕴和正统性在中华文化中占据重要地位。

一、昭明居于砥石

《史记·殷本纪》记载了商族的起始、发展、繁荣和灭亡的整个过程。商民族的始祖是商契，传说帝喾的次妃简狄在沐浴的时候，有一只玄鸟飞来，留下一颗鸟蛋，简狄吃了以后怀孕生契，契长大之后帮助夏禹治水有功，在帝舜时期担任司徒，掌管教育，以"五伦"教化人民，并被封到商地，赐姓子氏，所以《诗经·商颂·玄鸟》里有"天命玄鸟，降而生商"之说。

商契在唐尧、虞舜和夏禹时代兴盛起来，其家族在延续期间一直生活于黄河下游地区，古邢地关于商族的传说是从第二代商族首领昭明开始的。

《史记·殷本纪》记载："契卒，子昭明立。"《荀子·成相》篇有言："契玄王，生昭明，居于砥石迁于商。"荀子除了涉及商族的承继顺序以外还提到了昭明始居之处为"砥石"，之后又迁于"商"。《世本》亦载："昭明居砥石。"虽然学者们对昭明所居之地"砥石"众说纷纭，但邢台北部泜河流域大量夏代至先商遗址的出现，从侧面证明了学界所信服的丁山先生的考证："砥石是由泜水和石济水而来，泜水即今河北元氏县南槐河。"[1] 他认为"砥石"是泜（砥）水与石济水的混名，约在今石家庄以南、邢台以北一带，这一地区正与先商文化的中心分布区——邢台市及其周围、漳河流域等地相邻。不仅如此，著名考古学家、夏商文化最具权威的邹衡先生，在对河北邯郸、磁县等地的先商文化的考古研究过程中也得出结论，认为现在的河北省石家庄以南、邢台以北地区就是夏代商族契的儿子昭明所居的"砥石"。看来邢台被称为"商族之源"绝对是名副其实的。

二、祖乙迁邢

"惟殷先人，有典有册"，中国的信史记载是从商代开始的。"邢"地的信史记载也是从商代开始的，古邢地首次出现在史册，且被视为信史的发生在邢台的大事件，就是伴随着《史记·殷本纪》中记载的商代"祖乙迁邢"开始的。

自商契封商开始，到成汤建国之前共有13位先公，在这些首领的带领下商族渐渐强大起来，至公元前17世纪成汤灭掉夏桀建立商王朝，是商王朝的开国君主，历经17代30位帝王，到公元前11世纪商纣王被周武王所灭，商朝结束。

商朝建国以前及其建国以后存续期间，因为各种原因曾经多次迁徙，班固《两都赋》言"殷人之屡迁，前八而后五，居相圮耿，不常厥土"，《史记·殷本纪》亦记载"自契至汤八迁"，商汤建国以后又"乃五迁"，达13次之多，其中著名的一次迁徙就是"祖乙迁邢"。《竹书纪年》也有记载，"甲辰九祀，祖乙徙都于邢"，这是古邢地首次出现在史册中，且被视为邢台信史中的一次重大历史事件，也是邢襄文化体系的起点，距今3500年，这是邢襄文化形成的重要历史时期。

---

[1] 转自卫斯《商"先王"昭明之都"砥石"初探——砥柱东部山区考古调查随想》，《中国古都研究（第二十辑）——中国古都学会2003年年会暨纪念太原建城2500年学术研讨会论文集》，2003年8月1日。该论文引丁山先生《由三代都邑论其氏族文化》，载《历史语言研究所集刊》第五本。

商部族虽然以频繁迁徙著称，但学者们根据历史记载和考古发现，历代商族先公和商王迁徙的都城基本位于如今的河北、河南、山东地区，即他们一直辗转生活于黄河下游地区。祖乙是商汤建国后的第七世第13位帝王，名滕，是商汤的第六世孙，商代在位时间最长的一位帝王。上一任帝王河亶甲在位期间，黄河水患严重、内部贵族争权夺利、王位之争导致尔虞我诈、外部少数民族不断滋扰、自然资源过度开发等原因，造成了原有国都相地生活条件日益恶化，内忧外患接踵而至，为了摆脱这些困境，祖乙决定率商国臣民迁都。

《竹书纪年》记载，祖乙元年继位，"自相迁于耿""二年，圮于耿，自耿迁于庇"。根据历代学者从古音韵学、文献学和考古学等多方面论证，"耿"即"邢"，《集韵》中就有"邢，地名，通作耿"。也就是说祖乙从原来的相都先迁于邢，因为此时又发生了一次大的水患，祖乙又带领族人从邢地迁往庇地。"庇"地为现在的广宗、平乡和巨鹿三县交界的古沙丘一带，这一带就是古巨鹿平原。

古巨鹿平原一方面离河泉密布、湖泊众多的古邢地核心地域（今邢台市区一带）稍远，一方面因为黄河故道的冲积，土壤肥沃、地势平缓、交通便利。《括地志》谓沙丘："在邢州平乡东北二十里，则《史记》谓祖乙迁邢者，当即为《竹书》所云迁庇者也。盖是时未有邢国，邢自周公子靖渊始封，商时谓之庇也。"《史记·殷本纪》只说"祖乙迁于邢"，是因为祖乙继位第二年迁到邢，而因为某种原因，又从邢迁到"庇"，也就是邢台东北的古沙丘一带。"祖乙迁邢"将古邢地作为商朝国都，加强了邢地作为政治经济文化中心的意义，虽然后来商都又迁，但古邢地作为王畿之地的地位却一直没有改变，直到商末商纣还在此地高筑沙丘台，也因为它本来就是祖先的故都。

"祖乙迁邢"是邢台历史上第一次建立王都，也是它在中国历史上的第一次辉煌。根据学者们考证，祖乙大约生活于公元前15世纪，因此我们才说邢台具有3 500年的建城历史。

祖乙迁都后，励精图治，任贤用能，使百姓安定、国家繁荣，成为商代中兴之君，这在《尚书》《竹书纪年》和《晏子春秋》中都有记载，比如祖乙曾任用巫贤为相，制定了内服、外服并列的管制；平定了东南方的鬼方、兰夷、班方等夷族小邦国，消除了其他部族对商朝的威胁；传说当时的樵夫万年发明日晷仪、漏壶计时，祖乙任命万年订立历法即万年历，并且命名春节等。《尚书·无逸》篇记载，祖乙"肆中宗之享国，七十有五年"，之后祖辛、沃甲、祖丁继续都邢，邢地在此期间一直安定太平，因此祖乙才被视为中兴之王，他在位时期被称为"中宗中兴"。

一直到商王南庚时又因为新的问题产生，在多方面取舍考量后又从邢地迁往奄地。邢台作为商朝国都经历了祖辛、沃甲、祖丁、南庚三世五王，有的说共138年（亦有人说129年、87年），直至再次迁都。在此期间促进了邢地经济和文化的发展，提高了邢台在商、周时期的政治地位。

三、"井方"与妇妌

殷商时期，政治上基本上是以部族联合而成的联合城邦制国家，因为其中的商部族势力最强、疆域最大，其王畿之地则被称为"王邑""商邑""大邑"或"天邑"，而服从商王领导的附属小国和边境地区独立的一些部族建立的城邦国家都称为"方国"。在河南安阳殷墟出土的甲骨卜辞中就涉及很多方国，如"鬼方""井方""班方"等。

因为地处连接太行山脉东麓的南北战略要地，又作为中兴商王祖乙的首都及其之后京畿之地，商王盘庚迁都于殷离开邢地后，古邢地成为商王朝的一个附属方国，称作邢（井）方，但依然是商王朝非常重视的重要的畿辅方国。根据李民、朱桢先生的考证，井方在殷商国都北部，属于商朝王畿之内的方国①，可知此"井方"就是指古邢地。在现存的甲骨卜辞中，"井方"出现过多次。

（1）癸卯卜，宕贞，井方于唐宗，羣。

（2）乙巳贞，执井方。

（3）方至井方。

（4）□辰卜，宕贞，方执井方。

（5）癸未卜，贞："尤亡？"□："三日乙酉，有［嬉］来自东肃，乎□告井方□……"

商朝的井方基本上就是西周初期的邢国所在地。学界已经基本公认"邢"字在甲骨文和西周的青铜器铭文即金文中都写作"井"。《左传》和《诗经》中出现的"邢国"的"邢"字就是两周时期出土的文物中甲骨文和金文的"井"字②，比如"邢侯簋""臣谏簋"和"邢姜太宰簋"中的"邢"均为"井"字。那么殷商时期的"井方"也就是早期古邢地上兴起的邦国了。杨文山先生根据"癸未卜，贞："尤亡？"□："三日乙酉，有［嬉］来自东肃，乎□告井方□……"条论证，井方应该是服从于商王领导的一个方国③。因为"肃"是当年殷都安阳东北的方国，想要侵扰殷商边境，而涉及井方，那么井方应该就在安阳的东北部。

甲骨卜辞中，也出现过很多"妇某"的文字。这是殷商甲骨卜辞对商朝贵族妻子称呼的习惯，这种表示方法最常见的有两种，一种是"妇"字加上母族的"国族名"，如妇井，就是指井姓国或井方嫁到商朝贵族或王族家的女子。妇井也经常写作"妇姘"，这便是商代贵族已婚女性的另一种表示方法，即"妇"字加上加了"女"字旁的母族"国族名"，比如最著名的商朝第二十二任君主武丁的妻子妇好，就是指子姓国或子方嫁到商朝贵族或王族家的女子。而妇好因征伐异方、主持祭祀、拥有众多财富而著名。

从甲骨卜辞中可知武丁有60多位妻妾，位居王后的可能有三位，妇姘、妇好和妇癸。在殷墟考古中发现了妇好墓和妇姘墓，从妇好和妇姘的墓葬出土文物和卜辞《屯南4023》"王其又姘戊姘羊"可知，"母辛"是妇好的儿子称其母亲的庙号，"母戊"是妇姘的儿子称呼其母亲的庙号。在妇好墓中，还出土了青铜器、玉石器、陶器、蚌器和象牙器等1928件随葬品、16位殉葬人牲。考古发现，妇好曾经既征战四方，又主持祭祀，还拥有代表军权和统治权的斧钺及自己的封地，因而有的学者认为妇好是商王武丁的第一任妻子或者是地位最高的妻子。

其实按照三位王后的庙号来看，武丁的第一任妻子或者地位最高的妻子应该是妇姘。妇姘在甲骨卜辞中又常称作"帚井"。妇姘的谥号为"戊"，妇好的谥号为"辛"，妇癸的谥号为"癸"，按照"天干"的排列"甲、乙、丙、丁、戊、己、庚、辛、壬、癸"，

① 李民，朱桢. 祖乙迁邢与卜辞井方［J］. 郑州学报（哲学社会科学版），1986（6）.

② 庞小霞. 释井——兼论甲骨文、金文中井（邢）方、井（邢）氏、井（邢）国之关系［J］. 中国历史文物，2008（6）.

③ 杨文山. 商代的"井方"与"祖乙迁于邢"考［J］. 河北学刊，1985（3）.

"戊"在前，其次为"辛"，再次为"癸"。并且在陪葬品的规制上，妇妌的规格也在很多方面高于妇好。比如在妇妌墓（殷墟 M260 墓）中发现的祭祀妇妌的"后母戊方鼎"，就比祭祀妇好的"后母辛方鼎"的体积大 2 倍，重量也是"后母辛方鼎"的 6 倍；妇好墓中有 5 种骨雕器物，妇妌墓中有 7 种；妇好墓中有 29 颗骨质箭头，而妇妌墓中有 251 颗；妇好墓中有 16 位殉葬人牲，妇妌墓中有 38 位；妇妌的墓葬形制、容积、墓道在规模和档次上也都超过了妇好之墓。

商朝的甲骨卜辞中曾多次出现妇妌（或妇井）的名字，从中可见妇妌也拥有自己的农田，也参与出兵征伐方国，主持祭祀，有的卜辞还祈祷妇妌分娩母子平安，有的说妇妌的庄稼丰收，并且在卜辞中记载女性参与农业的只有妇妌。从这些卜辞中可以看出妇妌的地位在武丁朝是非常尊贵的。

（1）《库方》1630："贞：乎妇井氏燕先于或。"[1]
（2）《续编》4.26.3："贞：勿乎妇妌伐龙方。"[2]
（3）《续编》4.26.2："乎妇妌俎于磐京。"[3]
（4）《合集》14007："妇妌娩嘉，贞子不其有疾。"[4]
（5）《合集》9965："妇井受黍年。"[5]

在古代，贵族的婚姻基本上都是属于政治联姻，"妇妌"来自井方，那么井方与商王就是姻亲之国，并且根据史载有多代商王出于妇妌。

另外，从甲骨文一些条目对妇妌的记载中可以看得出来商王对妇妌特别重视，自然也会给予外戚之国的井方多方优待。前文所引材料中，因为"肃"族侵入而威胁到井方，商人急于告诉井方这一条，也可以看出来商王非常关心井方的安危，这些表明当时井方与商王朝的关系是非常融洽、亲密的。

虽然有的学者根据前文（2）条所引"执井方"判断，可能"妇妌"及其子之后的某段时间里，作为服从于"大邑商"的井方，因为某些原因与商王交恶，商王"执"（俘获）井方；但也有学者根据前文（3）条所引"方执井方"来看，言"方"是商王朝北部的常与其为敌的方国，第（2）条跟第（3）条一样是说"方"国"执井方"。这也从侧面反映出当时的井方是离殷都较近、从属于商王朝的一个方国。

甲骨卜辞中还有一位被称为"井伯"的人，根据《汉书·古今人表》中对商代邢侯的记载和西晋皇甫谧对商代帝王世系、年代及事迹记述中所言"邢侯为纣三公，以忠谏被诛"，可知井伯应该在商代末期被擢封为邢侯，是商纣王三公之一，因商纣王荒淫无度而直言进谏被杀。商末的邢地也称邢侯国，为了与西周时期的邢国区分，一般称作古邢侯国。

---

[1] ［美］方法敛摹写、白瑞华校订《库方二氏藏甲骨卜辞》。此为一部甲骨文著录书，收录了大量的甲骨卜辞资料，对于甲骨文的研究具有重要的参考价值。书中的"库方"指的是库、方二氏，即库寿龄和方法敛，二人在甲骨文的收藏、整理及传播等方面有很大贡献。

[2] 叶正勃.《殷虚书契续编》考释［M］. 上海：上海古籍出版社，2023. 此书是对晚清罗振玉编著的《殷虚书契续编》进行的考释。《殷虚书契续编》于 1933 年以珂罗版影印拓本、线装六卷六册的形式出版。它是一部重要的甲骨文著录书，收录了大量的甲骨文字拓片，为甲骨文的研究提供了丰富的资料。1970 年台湾艺文印书馆重印。

[3] 同[2]。

[4] 郭沫若. 甲骨文合集［M］. 北京：中华书局，1978—1983.

[5] 同[4].

四、西周"邢侯"建国

武王克商之后，为了周王朝的国祚长盛，统治者总结了殷商的经验和教训。在政治制度和文化制度上实施了一系列的建制和改革，他们宣扬"皇天无亲，惟德是辅"，在政治上施行宗法制的等级制度，在文化上建立了一套完备的礼乐制度。因为武王早逝，这一套建制的实际执行者即为周公，而作为"周公之胤"的邢国也成为西周礼乐文化的拥戴者和坚决执行者。

（一）邢侯始封

按照周代分封制度，除了周文王和之后的周天子以外，每位"裂土封建"的诸侯，只有其嫡长子继承其公侯之位，其余嫡子和庶子只能作为诸侯的大夫，从诸侯封国之内得到采邑，甚至只能辅佐嫡长子而没有封地。但周公的子嗣却例外，他的嫡庶共7个儿子全部封侯裂土。

周武王克商之后，把殷商的王都分封给商纣的儿子武庚，并在殷商王畿之地分封邶、鄘、卫三个封区监管武庚，史称"三监"，分别是武王的弟弟管叔鲜监卫、蔡叔度监鄘、霍叔处监邶，此时的邶就包括古邢地在内。

周武王克商不到3年便去世了，其子周成王年幼，武王临终把监国、辅佐成王之权交给了周公姬旦。武王去世之后，管叔、蔡叔不服，便联合纣王之子武庚起兵叛乱，史称"三监之乱"。据青铜器夬（guài）方鼎、尹光方鼎铭文及古文献记载，此时殷商故都邢国也随"三监"一起叛乱，除此之外鲁国的东夷部落也随之响应叛乱，当时可谓内忧外患并存，国家岌岌可危。周公经过东征平息了"三监""东夷"之乱。

周公临危受命，辅佐成王，平息了叛乱，稳固了江山。为了藩屏周室以安天下，周公和成王广封诸侯，把周文王、周武王的儿子都封为诸侯。而为了报答周公稳固江山、辅佐之恩，周成王把周公除嫡长子伯禽以外的6个儿子也都进行了分封，正如《左传·僖公二十四年》所载富辰谏周王之言："昔周公吊二叔之不咸，故封建亲戚以藩屏周。……凡、蒋、邢、茅、胙、祭，周公之胤也。"周公的其余儿子分别被封到了凡国、蒋国、邢国、茅国、胙国和祭国。《汉书·王莽传》也有类似记载：《春秋》"善善及子孙，贤者之后，宜有土地，成王广封周公庶子，六人皆有茅土"。

古邢地处连接东夷、北狄、原殷商京畿辅地与西周辖地的战略要地，自然是周初诸王处心积虑经营的地方，必然也会被分封给一个周王自己特别信任的人。为了藩屏周王室，周成王分封周公不是嫡长子的第四子姬苴"侯于邢"，既加强了邢侯"藩屏周"的责任心，又报答周公辅佐之功，并延伸了古邢地的繁荣，直到公元前635年"卫侯灭邢"。

周公第四子姬苴分封到邢台为邢侯，成为53位姬姓诸侯之一，先后传20世，历500余年。邢侯受封祭祀为告慰父亲周公特意铸造了一批青铜礼器，来记录"邢侯受封"事件，目前已知记述此事件的青铜器有"麦方尊"（图1-2）"麦方彝"（图1-3）和"邢侯簋"。这三件青铜器成为西周前期"邢侯始封"盛况的见证。

"麦方尊"和"麦方彝"都是邢侯作册史官麦铸造的青铜器，原来都存于清朝内府，后来佚失无果。两件青铜器上铭文记录的内容也大致一样，都是对周王封邢侯和邢侯去宗周朝见时受到很高礼遇和赏赐的实录。

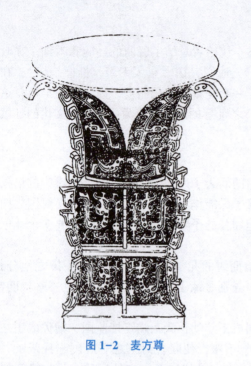

图1-2 麦方尊

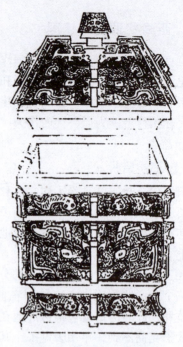

图1-3 麦方彝（邢侯彝）

麦方尊是作为礼器的酒樽，详细记录了"邢侯始封"的整个过程，其上的铭文如下（注：文中"□"为难以辨别之字）：

> 王令辟邢出□，侯于邢。雪若二月，侯见于宗周，亡（尤）。□王□京，□祀，雪若翌日，在辟雍，王乘于舟，为大丰，王射大鞞禽，侯乘于赤旗舟从。死咸之日，王以侯内于寝。侯锡玄琱戈。雪王在□，已夕，侯锡赭□臣二百家，剂用王乘车马、金勒、同衣、市舄。唯归，（扬）天子休，告亡尤，用鞞义宁侯显考，□孝于邢侯，作册麦锡金于辟侯，麦扬，用作宝尊彝，用□侯逆（覆），明令，唯天子休于麦辟侯之年（铸），孙孙子子，其永无终，终用□德，妥多友，喜旋走令。

铭文大致意思是：周王命周公的第四个儿子姬苴出朝，封他于邢做邢国的诸侯。二月，邢侯到宗周朝镐京觐见周王。时值周王举行祭祀，邢侯便跟随周王祭祀。次日周王举行隆重的盛宴大礼款待邢侯。射礼之后，邢侯跟随周王一起乘坐插有红色旗帜的舟船，周王还让邢侯同寝于宫中，并赐予邢侯玄琱戈。晚上又赐臣属二百家，允许邢侯在车马服饰上用周天子之礼。邢侯从镐京归邢，感激周王的恩宠，以谨恭之仪告于周王和其先父周公，告明自己的治理无误。邢侯史官作册麦氏铸尊彝，希望子子孙孙永无终，以德和友众，立世传延。

从这则铭文可以看出周王对邢侯的厚待和邢侯不同于一般诸侯的政治地位。周代实行等级制的宗法制，天子、诸侯、大夫、士在衣食住行和祭祀上都有严格的等级。比如在服冕上，周王、公、侯、伯、子、男、卿大夫都有不同的等级规定（见表1-1）。

表1-1　周代服冕等级制

等级	"冕"之种类
王	大裘冕、衮冕、鷩冕、毳冕、希冕、玄冕
公	衮冕、鷩冕、毳冕、希冕、玄冕
侯伯	鷩冕、毳冕、希冕、玄冕
子男	毳冕、希冕、玄冕
孤	希冕、玄冕
卿大夫	玄冕

每个等级中，没有周天子的允许是不能穿戴上一级的服冕的，如果僭越就是杀头之罪。比如《论语·八佾》篇，孔子气愤地指责当时独揽鲁国大权的季氏："八佾舞于庭，是可忍孰不可忍！"按照周代礼制，天子在祭祀的时候才能"八佾舞于庭"，也就是说天子祭祀的时候才有资格让八队人（64人）唱乐歌、舞蹈，诸侯六佾（48人），大夫四佾（32人）。季氏为鲁国的大夫，按照礼制只能是四佾，当时他竟然"八佾舞于庭"，这是僭越了天子之礼，一生克己复礼的孔子当然不能忍受了！

麦方尊中记录的周天子竟然允许不是周公嫡长子的邢侯用天子之礼使用车马服饰，这是对他表示赏识的一种最高荣誉。

邢侯归邢不久，周王又对他进行了非常高的赏赐，而这次赏赐和邢侯受封记载在邢国另一个青铜重器——邢侯簋（见图1-4）上。

图1-4　大英博物馆藏邢侯簋

邢侯簋又名周公彝，为国家一级文物，1921年出土于邢台，现保存于大英博物馆。邢侯簋上有铭文68字如下：

佳（唯）三月，王令荣眔内史，曰：□井□□（匄邢侯服），易（赐）臣三品：州人、重人、□（墉）人。□□（拜稽）首，鲁天子𢎡（受）□□（厥濒）福，克奔走上下帝，无冬令□（终命于）有□（周）。□（追）考对，不□□（敢坠），邵□（朕）福□（盟），□（朕）臣天子，用□（册）王命，乍□（作周）公彝（见图1-5）。

图 1-5 邢侯簋铭文拓片

　　铭文记述周王命令荣伯和内史，让邢侯参与王朝政事并赏赐州人、重人、墉人三族奴隶，邢侯于是叩谢天子赐予的厚福，作为臣属天子又掌管王令之人，便为祭祀父亲周公而做此彝器，表明自己将会步父亲的后尘，一心为了周王奔走，竭忠尽力。

　　确实，在邢国存续的 500 余年里，历代邢侯都对周天子忠心耿耿，为周王朝竭心尽力，护卫着周王朝不被夷、狄侵犯。

　　这三件青铜器都属于记录"邢侯始封"及其不久之后的事件，它们一方面体现了邢侯对周王分封自己并给予如此隆重赏赐的感恩，向周王表达了自己的忠心；另一方面也体现了周成王确实特别重视邢国和邢侯，因此给予邢侯如此高的待遇。这有两方面的原因：一是体现了他对周公制礼作乐、平定叛乱、稳定国祚、辅佐自己的感恩；二是因为邢国的地理位置使其在整个西周王朝的疆域内处于特殊的位置。邢国北连燕国，南接卫国，东结齐国、西结晋国，也是燕国通往宗周的必经之路，具有重要的战略意义，因此邢国是藩屏宗周的重要封国。

　　周成王时期虽然看似天下太平，但周王室依然有着多重威胁。作为殷商的王畿之地和阻挡戎狄出入的交通要地，古邢地的重要性显然不可小觑，它一方面依然担负着监视殷商遗民和东夷部落的责任，一方面也要阻止虎视眈眈的戎、狄等游牧部落东出太行、骚扰周疆。面对这种状况，周成王必须委派一位自己特别信任的人去守护邢国，使之成为北连燕国、南接卫国、东结齐国、西结晋国以蕃屏周的重要封国。除了一些自己的亲兄弟之外就是周公的子嗣了，因为他们会比其他人更加珍视周公稳定下来的天下，这决定了历代邢侯肩负着屏卫王朝疆土的重任，受到了周王的高度信任和不遗余力的赏赐。

　　据学者考证，邢国最强大时，其领土以邢台为中心，东到山东聊城，北抵河北元氏县，西临太行山，南至河南滑县。另外，多代邢侯与周天子都有着非常亲密的关系，比如《穆天子传》记载，周穆王时期，邢侯兼任周王室太宰，位列三公之一，并执掌周王朝六军，曾经陪同周穆王周游天下①；另外历史上有名的"邢侯搏戎"也显示了邢国和邢侯为维护周王朝的统治而做出的贡献。

（二）"邢侯搏戎"与邢国其他青铜重器

除了以上三件记录"邢侯始封"的青铜器外，全国各地陆续出土了其他一些精美的青铜器，如 1978 年出土于元氏县西张村西周墓葬的"臣谏簋"；同为"麦氏四器"的"麦盉""麦鼎"；1975 年 10 月发现于内蒙古哲里木盟札鲁特旗巴雅尔吐胡硕公社的"邢姜太宰巳簋"；1993—1997 年在邢侯墓出土的编钟、编磬、省命剑、青铜器等。

在这些邢国青铜器中，有两件特别瞩目，一件是"麦氏四器"的"麦盉"，一件是出土于元氏县的"臣谏簋"，它们记录了"邢侯搏戎"的事件。"青铜器麦盉为西周邢侯的幕僚麦氏所铸，其铭文提到了麦氏跟从邢侯征伐之事"②，即"麦盉"铭文记载的是麦氏随邢侯出征的事件，"臣谏簋"铭文记载了戎人大举侵犯周朝疆土，邢侯率军搏击戎人、命其臣子谏率亚旅驻守軧地，并命谏为軧国的执政大臣。谏则禀告邢侯，其子早亡，请邢侯允许其胞弟引之长子入朝，继承他的官职。谏的这个请求得到了邢侯的应允（见图 1-6）。

自"邢侯封国"之始，邢国便不断与河北、山西的戎狄作战，抗击外族，使他们 400 年间不能南下中原，为周王室与中原诸国的和平安宁做出了不可磨灭的贡献，在中华史册上留下了浓墨重彩的记忆。而"麦盉"和"臣谏簋"铭文的记载正是历史上"邢侯搏戎"抗击外族入侵的有力佐证，印证了这一美誉的真实性。

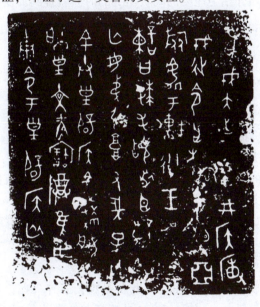

图 1-6　臣谏簋铭文（部分）

五、春秋时期邢国的外交和兴衰

春秋时期，邢襄地区作为中原与北方游牧民族交流的前沿地带和春秋逐鹿的重要地

---

① ［晋］郭璞注《穆天子传汇校集释》："天子北征……四日休群玉之山，乃命邢侯待攻玉者。"中华书局，2024年，第 125 页.

② 杨文山. 青铜器麦盉与"邢侯征事"——两周邢国历史综合研究之四［J］. 文物春秋，2004（2）.

区，邢国在当时刀光剑影的政治舞台上扮演了重要的角色。与周围的邻邦在文化、外交方面，或关系亲密，或沟通交流，或抵御对抗，或反目成仇，邢襄文化在保持自身特色的同时，也吸收了周边地区如三晋文化、齐鲁文化等的元素，呈现出多元融合的特点。

(一) 邢国与燕国的关系

春秋时期，邢国与燕国都是西周初期分封的诸侯国，邢国国君是周公旦的后裔，燕国国君是召公奭的后裔。武王去世之后，同为周武王弟弟的周公和召公，除了有自己专门的封国以外，还留在朝廷之内担任卿相，竭忠尽力辅佐周成王。在整个西周王朝一直沿袭着这个传统，历代周公和召公在朝堂辅佐周王，其子孙则直接去到自己的封国藩屏周朝疆土。

邢国和燕国作为姬姓兄弟之国，从封侯建国之始到春秋后期邢国灭亡，肩负着同样的重任，践行着同样的理念，执行着同样的政治文化制度，两国关系也相对友好。它们一方面积极奉行周代的礼乐文化，一方面与鲁国、燕国、晋国等兄弟之国沟通交流，一方面与齐国、鱼国等异姓之国结为婚姻之国，与其他诸侯国一起实现了父辈们"四海之内皆兄弟"的理想。

(二) 邢国与齐国的关系

邢国与齐国是世代姻亲关系，历代邢侯大都娶齐国公主为妻，并且嫁女齐国。《诗经·卫风·硕人》在开篇介绍卫庄姜的高贵出身的时候就提到邢侯：

> 硕人其颀，衣锦褧衣。齐侯之子，卫侯之妻。东宫之妹，邢侯之姨，谭公维私。

庄姜是齐国的公主，嫁给了卫国卫庄公，她还是邢侯妻子的妹妹，可见邢侯的妻子亦是齐国的公主。

从"邢姜太宰巳簋"的名称来看，此为邢侯妻子姜氏的太宰（管家）所铸铜簋，虽未标明姜氏来自哪一国，但离邢国最近且国力最强的姜氏族国就是齐国。因为只有邢侯的正妻才有资格以邢侯之氏获得谥号，因此姜氏应该来自齐国。

正因为邢国与齐国的历代姻亲关系，齐国才会在邢国陷于危机的时候伸出援手，当然有时候"救邢"也是经过几番算计的。据《左传》的"庄公三十二年""闵公元年"和"僖公元年"记载：公元前661年，北方强狄侵犯邢国。重兵压境之际，邢侯叔颜向姻亲之国齐国请求救援，而"是否救邢"与"如何救邢"也引起了一番争执，具体情况需要从《左传》和《韩非子》中共同考察：

> 狄人伐邢。管敬仲言于齐侯曰："戎狄豺狼，不可厌也；诸夏亲昵，不可弃也；宴安鸩毒，不可怀也。《诗》云：'岂不怀归？畏此简书。'简书，同恶相恤之谓也。请救邢以从简书。"齐人救邢。
>
> ——《左传·闵公元年》

> 晋人伐邢，齐桓公将救之。鲍叔曰："去蚤。邢不亡，晋不敝；晋不敝，齐不重。且夫持危之功，不如存亡之德大。君不如晚救之以敝晋，齐实利。待邢亡而复存之，其名实美。"桓公乃弗救。
>
> ——《韩非子·说林上》

从以上两则历史记载和《左传·僖公元年》的记载来看，齐桓公应该是听从了鲍叔的建议，在权衡了利弊之后，采取了"待邢亡而复存之"。因此还没等齐兵赶到，邢国国都已被攻破。邢侯率众突围到聂北，见到率领齐国、宋国和曹国联合军队驻兵聂北的齐桓公，齐桓公即刻率诸侯联军救援邢国，联军打败了狄人，但狄人逃跑之际毁坏了都城，齐桓公与诸侯将邢国迁到夷仪，并为之修筑城池、宗庙，即实现了"待邢亡而复存之"，获得了"存亡"的大德，齐桓公因此名望大增，很快成了春秋第一位霸主。

（三）邢国与卫国、晋国

邢国与卫国、晋国同为姬姓的同宗之国，西周前期本来关系密切，并且邢侯还曾经收留当时还不是国君的公子晋（卫宣公），公子晋还娶了邢国的女子，但后来邢国与这两个诸侯国关系却渐行渐远。晋国为了保存实力不但没有与邢国携手一起尽到抗御戎狄的责任和义务，而且从《韩非子》和其他一些典籍的记载中发现，公元前661年的"狄人伐邢"，狄人是在晋国的暗中支持下大举进攻的，最终导致邢国国都被攻破、毁坏，邢侯出奔聂北，最后在齐桓公率领诸侯联军打败狄人之后，邢侯也不得不迁都夷仪，但邢国自此一蹶不振。

而因为卫国与齐国反目，齐桓公救邢存邢、齐邢结盟，卫国怀恨在心。公元前635年春，卫国进军邢国，先派间谍礼氏兄弟二人进入邢国，在礼氏兄弟跟随邢国公子巡城的时候，挟持邢国公子，将其扔到城外杀死。正月二十日，卫侯灭邢，占领了邢国。《春秋公羊传·僖公二十五年》对此评价：

> 二十有五年，春，王正月，丙午，卫侯毁灭邢。卫侯毁何以名？绝。何为绝之？灭同姓也。

之所以《春秋公羊传》会做出如此评价，是因为卫国灭邢开启了"春秋无义战"之始，也标志着真正的"礼崩乐坏"的开始。

公元前631年，晋文公讨伐卫国，经过城濮之战后，晋国俘虏卫侯入晋，并改立公子瑕为卫侯，卫国成为晋国的附庸，而原邢国故地归入晋国，后封给投奔晋国的楚国大夫申公巫臣，成为晋国的一个附属小国。

总之，古邢地在商周时期具有特别重要的地位。殷商时期，古邢地因作为商朝国都及陪都，深受殷商文化浸润并影响深远：商王祖乙迁都于邢，使古邢地成为商朝的政治、经济和战略中心，其祭祀活动也达到了国家最高等级。进入西周时期，邢地被封为邢国，成为周朝重要的姬姓封国之一，肩负着保卫王朝北土、抵御戎狄侵犯的重任。邢襄文化作为在这一地域产生的独特文化，与中华文化起源同步，是华夏始创文化之一，对华夏文化的创建和形成起到了重要作用，不愧有着"商族之源，祖乙之都，邢侯之国"之称。

六、邢文化精神的定型

古邢地文化作为中华民族文化的重要组成部分，蕴含着深厚的文化精神，经过传说时期、殷商西周时期比较单一的文化初创，到春秋战国时期的多元文化的浸染，邢地文化的基本精神品格形成，其精神内涵体现了多重性格。

（一）"邢文化精神"的萌芽期——周代之前

西周以前的古邢地经历了蛮荒时代，是我国早期进入文明时期的地域之一。在太行山东麓的台地和淤积平原上，五帝时期跟古邢地有关的好多传说都一一诠释着远古时期古邢地的文化精神：帝尧长途跋涉在隆尧的柏人城建都；帝尧禅让于舜之前，考察舜的时候，令舜"纳于大麓"①，"舜入于大麓，烈风雷雨不迷，尧乃知舜之足授天下"②；因为当时"洪水滔天"，为了救民于洪水，帝尧选拔鲧、禹治水。鲧虽然没有获得最后的治水成功，但从记载中的"鲧堤"规模来看，他也是历尽千难万险、克服了种种困难。《尚书·禹贡》记载大禹治水"禹行自冀州始"。《史记·夏本纪》有"大禹导河，北过泽水，至于大陆"，即大禹利用大陆泽疏导经常泛滥的黄河水，至邢台古地水系的各条河道，最后引入大海，因此可以说，大禹治水导引入海工程好多都在古邢地完成。这些传说时期的记载都为古邢地文化染上了最初的底蕴，而其中张力十足的人文精神内涵也开始定下了基调，即披荆斩棘的开拓精神和坚韧不拔的奋争精神。

《史记》记载"祖乙迁于邢"的信史，开启了商民族在邢地生活的历史。商人一直生活于黄河下游地区，由于洪水和其他一些灾害，从"天命玄鸟，降而生商"到公元前11世纪商纣被周武王所灭，商民族曾经多次迁徙。《史记·殷本纪》记载"自契至汤八迁，汤始居亳，从先王居"，商民族建国后又"乃五迁"，其中就有"祖乙迁于邢"。"祖乙迁邢"增强了古邢地的政治、经济和文化地位。有的学者认为邢台是华北平原第一座都城，应该是可信的。20世纪50年代以后，在河北邢台一带发现了多处商代遗址，其中曹演庄下层、尹郭村南区、南大郭下层等遗址，经专家测定大致与祖乙迁邢年代相当，而且邢台周围的商文化遗址分布密集，说明这里非一般的村落居址，应该是王都一级的文化遗址。

祖乙迁邢后，励精图治，任贤用能，使国家安定、经济繁荣，成为商代中兴之君，在《尚书》《竹书纪年》《晏子春秋》中都有记载。《尚书·无逸》篇记载，祖乙"肆中宗之享国，七十有五年"，之后祖辛、沃甲、祖丁继续都邢，直到南庚时才又迁往奄地。《礼记·表记》言"殷人尊神，率民以事神"，《礼记·曲礼下》有言："君子将营宫室，宗庙为先，厩库为次，居室为后。凡家造，祭器为先，牺赋为次，养器为后。"上古的甲骨卜辞、金文及《尚书》等文献资料也反映出我国商代有着很浓的尊神尚鬼传统，这无疑对古邢地的宗教信仰有很大影响，也对后世"天人合一"和"顺时而为"的人文精神有很大影响。

（二）西周时期的"邢文化"精神内涵

《礼记·表记》有"夏道尊命""殷人尊神""周人尊礼"之说，所以尽管周人也一贯奉行"祀""戎"至上，但随着国家走向成熟，好多时候以"尊礼"为核心，武王伐纣时就以"天视自我民视，天听自我民听"来号召臣民，建国后"制礼作乐""为政以德"。"尊礼尚德"是整个西周礼乐文化的总体框架，它也是先秦时期邢文化的核心。

《左传·僖公二十四年》富辰谏言："昔周公吊二叔之不咸，故封建亲戚以藩屏周。……凡、蒋、邢、茅、胙、祭，周公之胤也。"西周建国后，周成王分封周公第四子姬苴为邢侯，以古邢地为封地，建立了邢国。李学勤先生的《麦尊与邢国初封》考证，清代《西清古鉴》中著录的"麦尊"铭文记载，"邢侯初封，到宗周谒见周王，受到异常优渥的礼遇赏赐"。邢侯簋铭文也刻有邢侯对周天子感念，"拜稽首，鲁天子受厥濒福，克奔走上下帝，无冬（终）命于有周。追考对，不敢象（坠），卲朕福盟，朕臣天子，用册王

---

① ［清］孙星衍. 尚书今古文注疏（卷一）［M］. 北京：中华书局，1986：32.
② ［汉］司马迁. 史记［M］. 北京：中华书局，1959：38.

命，乍（作）周公彝"，是说邢侯感恩于周天子对自己的封建，自己将永远忠信臣奉周王，把周王的命令刻成册命书，制作周公彝器。

在此可以看出在周王封建中，邢侯地位非常尊贵，邢侯作为"周公之胤"在多方面都维护周天子的利益。一方面因为邢国北接戎狄的特殊地理位置，肩负着"藩屏周"的任务，《后汉书·西羌传》就载有平王二年"邢侯大破北戎"；另一方面作为"周公之胤"，邢国自然极力拥护西周的礼乐制度。

因此，西周时期的古邢国，在礼乐和"德治"的政治和文化制度浸染下，"尊礼尚德""深明大义"就成为其立国之本，也成为邢州大地精神内涵的一个重要方面。

（三）春秋时期的邢文化精神内涵

春秋时期"礼崩乐坏"，战乱频仍。邢国处于南北通衢、东西要冲的交通要道上，在"礼乐征伐自诸侯出"的春秋时期已是一些大的诸侯国共同觊觎之地，也是戎狄侵扰"华夏诸国"的必经之地。

此时邢国与周围诸侯国的关系时好时坏，与戎狄的战争摩擦不断。《左传》载，僖公元年即公元前659年的狄人伐邢，"诸侯救邢。邢人溃，出奔师。师遂逐狄人"。僖公十八年（前642年）"邢人、狄人伐卫"；十九年（前641年）"卫人伐邢"；僖公二十五年即公元前635年，"卫侯毁灭邢"。在地缘关系、亲缘关系和战争关系的交错变化下，邢国与邻近的各诸侯国互相交往和战争过程中，也伴随着文化上的同化，使邢文化染上了不同色彩。之后原来邢地的临城、柏人、内乡等成为一个个独立的城邑。此后大约70年里，邢国及其部分属地被狄人占领，直到公元前594年，今永年一带还属于狄人。

邢地失国以后，也失去了政治和文化的独立性，一部分归入晋国，一部分一直为戎狄所占。直到"三家分晋"①和赵国灭白狄所建中山国，古邢地成为赵国的一部分。因而春秋时期的"邢文化"，在齐鲁文化、三晋文化、燕文化和戎狄文化等多种文化的相互交融、相互浸润的过程中，涵括了多元化因素，而对于其中蕴含的文化精神，也应该进行多方面的解读。

齐国、鲁国、晋国、燕国和邢国，都是周初封建时分封的诸侯国，在邢国存续时期，邢国与齐、鲁、燕、晋交往密切。

鲁国第一位国君是周公长子伯禽，代周公就任鲁国国君，和邢国是兄弟之国，二者都是竭力秉承礼乐文化的诸侯国。齐国从建国之初姜太公就"因俗简礼""举贤尚功"②；《管子》也提倡"因时而变"③。稷下学宫本就是儒家、道家、法家、阴阳家、纵横家等"百家争鸣"④最初形成的地方，形成了齐国各家思想糅合的特点。燕国本来就是召公的封地，崇尚礼乐文化，《诗经》中专门就有《召南》及歌咏召公和召穆公的诗篇《甘棠》

---

① 三家分晋：指春秋末年，晋国被韩、赵、魏三家列卿瓜分的事件。《史记·赵世家》记载："烈公十九年，周威烈王赐赵、韩、魏皆命为诸侯。……静公二年，魏武侯、韩哀侯、赵敬侯灭晋后而三分其地。"[汉]司马迁.史记[M].北京：中华书局，1982：1687.

② 因俗简礼：《史记·齐太史公世家》："太公至国，修政，因其俗，简其礼，通工商之业，便鱼盐之利，而人民多归齐，齐为大国。"举贤尚功：《韩诗外传》第二十五章："周公问太公曰：'何以治齐？'太公曰：'举贤尚功'。"

③ 《管子·任法第四十五》："法者，不可恒也。"黎翔凤案："守法有恒而立法因而变，不可恒也。"

④ 百家争鸣：指春秋战国时期，社会上产生了各种思想流派，学者著书讲学，互相论战，出现了学术上的繁荣景象，后世称为百家争鸣。出自班固《汉书·艺文志》："凡诸子百八十九家……蜂出并作，各引一端，崇其所善，以此驰说，联合诸侯。"中华书局，1962年版第1746页。

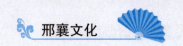
《江汉》《黍苗》《召旻》《崧高》等。

在春秋时期，古邢地也在整个中华大地的政治和文化的变化整合过程中，形成了多元素交叉融合的文化精神内涵：既有原来尊礼尚德、深明大义的底色，也沾染了齐文化的开放包容、兼收并蓄的品格；而在与北方游牧民族交往中形成的勇猛任侠、豪爽刚健，无疑也成为古邢地人文精神的一个重要方面。总之，经历了殷商及其以前的文化初创阶段，西周时期的礼乐文化底蕴和春秋中期的多元化交融的定型，铸就了古邢地文化精神品格的开放、包容与多元性。

第三节　邢襄文化的成熟期

邢襄大地在战国以前塑造了邢襄文化的品格和特色，而在战国时期及其以后的邢襄大地因其特殊的地理位置和早期的发展积淀，依然使历代帝王都特别重视其归属，因此邢襄大地上风起云涌，上演了一幕幕事关历史走向的重大事件，记载着中华民族历史发展中的坎坷不平。或者说，在我国历史上的一些重大历史转折点上，都有着邢襄的身影。同时，邢襄文化也走过了殷商、西周和春秋的形成期，在春秋末期至战国初期进入成熟期，直至明清时期，邢襄文化经历了丰富而深远的发展，也镌刻下华夏子孙的辉煌时刻。

一、战国至楚汉战争时期的邢襄故事与人物

因邢国的陨灭，古邢地在战国时期一度不再显性地以"邢"之名出现在史册中，但其特殊的战略地理位置和多种文化交融的突出特性，掩盖不住它以"襄"或"赵"或其具体统辖地之名闪烁在历史的长河中。

（一）"襄子邑邢"与"信都文化"

战国时期，邢台作为赵襄子的采邑和赵国早期的都城，见证了赵国的崛起与扩张，形成了独特的信都文化。

1. 赵氏兴起

春秋中后期，随着诸侯争霸愈演愈烈，各国都在寻求改革，加强国力。骊姬之乱导致晋国公子重耳被迫流亡辗转于翟、齐、卫、曹、宋、郑、楚、秦等国，在外19年，备尝艰辛。而这期间，身为"五贤"[①]之一的晋国大夫赵衰一直跟随左右，照顾重耳并献计献策，使他多次脱离危险。

公元前636年晋文公重耳结束了19年的流亡生涯，回到晋国，杀晋怀公取而代之，登上君位，励精图治，治理晋国。公元前633年，晋国与楚国争霸，为了"被庐之蒐"而设"三军六卿"[②]，建立上、中、下三军（《左传·僖公二十七年》）。第二年，晋国与楚国展开了争霸战争，并于城濮之战大败卫、楚联军，成为齐桓公之后的一代霸主。

晋国成也"三军六卿"，亡也"三军六卿"。晋国六卿先后十几代人辅佐晋国国君

---

① 五贤：五位贤臣，指春秋晋文公之臣狐偃、赵衰、贾伦、魏武子、先轸（据《史记》）。
② 三军六卿：按照周王朝的宗法制度，诸侯最多设置三卿，但晋国已是霸主，多置群官，有三军六卿。

"尊王攘夷"①，称霸春秋，捍卫了华夏文明。但晋文公初设"三军六卿"，也为它后来的覆灭埋下了伏笔。晋国六卿自设置之日起一直把持着军政大权，并实行世袭制，势力越来越强大。晋国六卿先后主要由狐氏、先氏、郤氏、胥氏、栾氏、范氏、中行氏、智氏、韩氏、赵氏、魏氏等 11 个世族执掌，到晋平公时期，晋国的军政大权慢慢地集中于韩、赵、魏、智、范、中行氏六卿，晋国国君成为傀儡形同虚设。后来赵氏把范氏、中行氏灭掉。公元前 453 年赵襄子又联合韩、魏灭掉了智氏，晋国公室名存实亡。公元前 403 年，周威烈王封韩、赵、魏三家为诸侯，承认三家合法地位。公元前 376 年，韩、赵、魏三国废掉晋静公，瓜分晋公室剩余土地，终至"三家分晋"，宣告了晋国的彻底消失。"三家分晋"是中国历史上春秋与战国两个时期的分水岭。

《史记·赵世家》记载：晋献公十六年"晋献公赐赵夙耿"。耿，即为"邢"。赵氏是随着晋文公的称霸和"三公六卿"的设置而日渐兴盛的。赵衰作为"五贤"之一，伴随重耳在列国流亡 19 年，既立下了许多功劳，也赢得了晋文公的高度信任，成为晋国的世卿。之后经过赵氏几代人的经营，到赵简子（赵鞅）时邢地已经成为赵氏坚实的大后方。

晋成公初年，赵盾自摄国政，为政 20 载而亡，留下庞大的党羽与巨额财富。后来赵朔为卿，赵氏分裂，引起其他家族和屠岸贾的打压。《史记》记载的"赵氏孤儿"的故事中，晋景公一声令下，当屠岸贾率人攻袭赵氏，杀死赵朔、赵同、赵括、赵婴齐之后，赵氏一脉陷入灭族危机时，赵朔的朋友程婴就带着赵氏孤儿赵武隐藏，传说隐藏之地就是现在邢台市区西北部的"赵孤庄村"。15 年之后，在韩厥的提议劝说之下，晋景公命人找回赵武和程婴，并派人与程婴、赵武攻打屠岸贾，诛灭了屠氏家族。晋景公重新把原属赵氏的封地赐给赵武，其中就包括古邢地。赵武成年之后接续了赵氏家族，晋平公十二年（公元前 546 年）赵武成为晋国的正卿，赵武即是赵文子（谥号）。赵文子的孙子为赵简子（赵鞅），赵简子在位期间，伙同六卿中其余之人进一步削弱了晋国公室。

春秋末期，中原大地群雄逐鹿，风云变幻，雄极一时的晋国大权也被六卿分别掌控。六卿之一的赵氏把爵位传给赵襄子的时候，作为赵襄子采邑的古邢地便成就了"邢襄"之名。随着智氏被灭，韩、赵、魏三家分晋，古邢地从晋国归到赵国，而作为赵襄子的初始之都，它奠定了赵国成为"战国七雄"的基础。

2. "襄子邑邢"及赵襄子相关故事与传说

赵襄子在位期间选贤任能、平定内乱、勤于政事，与其父赵简子并称"简襄之烈"。他通过一系列的政治和军事手段使赵国逐渐强大起来，为后来赵国的进一步发展奠定了基础。同时，他的故事也在史册和民间广为流传。作为赵襄子采邑的邢襄大地关于赵襄子的故事就更多了。

（1）襄子邑邢②

赵简子受姑布子卿的影响，最后选定了母亲虽为婢女但表现贤能的赵襄子毋恤为接班人，并赐予其邢地作为采邑。赵简子通过多年的经营谋划，在晋定公二十一年（前 491 年），围击六卿的范氏和中行氏，中行文子和范昭子逃往齐国，赵简子占领了邯郸和柏人（今隆尧、柏乡一带），又把中行氏和范氏的封地归于晋公室。此时赵简子虽为晋国正卿，

---

① 尊王攘夷：最早见《春秋公羊传》，指"尊勤君王，攘斥外夷"，是春秋时期诸侯争霸揭橥的政治号召。
② "襄子邑邢"故事均见于〔汉〕司马迁《史记·赵世家》。

但掌控着晋国的大权。赵鞅在晋出公十七年去世，赵襄子承袭其父晋卿之位。

赵简子去世还未去除丧服期间，赵襄子就设计灭掉了他的姐夫代国国君，占有了代国。他在位期间，又伙同晋国其他三卿瓜分了已经归于晋公室的中行氏和范氏的封地，晋出公怒而联合齐、鲁两国欲伐韩、赵、魏和智氏四卿，四卿联合攻伐晋出公，导致晋出公在逃奔齐国的路上死去，智伯便立了晋懿公，这使智伯在四卿中实力最强，也更加骄横。之后智伯要求韩、赵、魏分给自己土地，赵襄子不给，智伯便率领韩、魏、智联军攻打赵氏，赵襄子奔逃晋阳。在三家围困晋阳时，赵襄子暗中联合韩、魏打败智伯，并瓜分了智伯的封地。

《舆地考二》在解释"古冀州"时言："晋时为郡国二十九，县一百九十五。赵国九县（房子、元氏、平棘、高邑、中邱、柏人、平乡、鄡、下曲阳）。古之房子在临城，平棘在赵县，中邱在内丘，柏人在隆尧，鄡在束鹿，下曲阳在晋州。"《史记集解》中言："自三卿分晋，赵界自漳水以北。"可见，此时赵国的土地已经包括了原代国、邢国和晋国的一部分土地。

因为赵简子一开始就封邢地为赵襄子的采邑，无论是赵襄子承袭其父正卿之位以前，还是灭掉智伯以后，赵襄子一度长时间住在邢地，有的学者甚至称三卿分晋以后赵襄子曾定都邢地，原因是《史记·赵世家》中赵武灵王在讨论"胡服骑射"时言其先祖"简、襄主之烈"；康熙年间的《邢台县志》也记载"赵简子立毋恤为后，是为襄子，治襄国"，因此邢地便有了"邢襄"之名。

（2）"义释豫让"

"三家分晋"之后，赵襄子曾一度住在襄国——自己原来的采邑内，因而邢台域内有很多关于襄子的传说，并且有很多地方因赵襄子命名或与其有关，如襄子祠、太子井、太子庙、襄子殿、豫让桥等。其中最著名的是豫让桥和太子井的故事，这两处都有着流传已久的民间传说。在《史记·刺客列传》中有"豫让刺襄子"的故事，详细记载了豫让刺杀赵襄子的原因和全部过程：

> 豫让者，晋人也，故尝事范氏及中行氏，而无所知名。去而事智伯，智伯甚尊宠之。及智伯伐赵襄子，赵襄子与韩、魏合谋灭智伯，灭智伯之后而三分其地。赵襄子最怨智伯，漆其头以为饮器。豫让遁逃山中，曰："嗟乎！士为知己者死，女为说己者容。今智伯知我，我必为报仇而死，以报智伯，则吾魂魄不愧矣。"乃变名姓为刑人，入宫涂厕，中挟匕首，欲以刺襄子。襄子如厕，心动，执问涂厕之刑人，则豫让，内持刀兵，曰："欲为智伯报仇！"左右欲诛之。襄子曰："彼义人也，吾谨避之耳。且智伯亡无后，而其臣欲为报仇，此天下之贤人也。"卒释去之。……
>
> 既去，顷之，襄子当出，豫让伏于所当过之桥下。襄子至桥，马惊，襄子曰："此必是豫让也。"……豫让曰："臣事范、中行氏，范、中行氏皆众人遇我，我故众人报之。至于智伯，国士遇我，我故国士报之。"襄子喟然叹息而泣曰："嗟乎豫子！子之为智伯，名既成矣，而寡人赦子，亦已足矣。子其自为计，寡人不复释子！"使兵围之。豫让曰："臣闻明主不掩人之美，而忠臣有死名之义。前君已宽赦臣，天下莫不称君之贤。今日之事，臣固伏诛，然愿请君之衣而击之，焉以致报仇之意，则虽死不恨。非所敢望也，敢布腹心！"于是襄子大义

之，乃使使持衣与豫让。豫让拔剑三跃而击之，曰："吾可以下报智伯矣！"遂伏剑自杀。死之日，赵国志士闻之，皆为涕泣。

后来人们为了纪念豫让"士为知己者死"及其深明大义的胸怀和精神，便把故事中赵襄子"所当过之桥"（赤桥）称为"豫让桥"。如今虽然原来的豫让桥已经不在，但邢台人民为了纪念豫让"士为知己者死"的大义之举，几度重修豫让桥，目前邢台市襄都区邢台学院院内的牛尾河桥边依然树立着一块石碑，上书"豫让桥"三个大字。

（3）"太子井"的传说

在邢台关于"太子井"的传说也流传很广。邢台市城区西行 20 千米，有一个太子井村，传说就是因为赵襄子而命名。

据传公元前 450 年前后，晋国正卿赵简子立襄子毋恤为继承人，封邢地为赵襄子采邑，赵襄子便长期居住于此。据说有一天襄子去山中打猎，到达此地，因烈日当头，十分口渴，便命人去附近村子找水喝。但因天旱日久，找遍两个村子都没找到一滴水，赵襄子无奈对天长叹。霎时乌云聚集，倾盆大雨很快落下。村子的人备感公子有灵，纷纷祈求他为民再解饮水之难。襄子搭弓射箭，并对村人说箭落之地，会有清泉。于是，人们在箭落之处挖井，果然清泉喷涌，经年不竭。因当时赵襄子还未称侯，遂称该井为"太子井"。

3. "胡服骑射"计出信宫

世人皆知赵武灵王"胡服骑射"使赵国国富民强、威震四方，殊不知"胡服骑射"的国策定于当时位于邢台的信宫。

《史记·赵世家》记载了赵武灵王劝服各位臣子施行"胡服骑射"的曲折过程：

十九年春正月，大朝信宫。召肥义与议天下，五日而毕。王北略中山之地，至于房子，遂之代，北至无穷，西至河，登黄华之上。召楼缓谋曰："我先王因世之变，以长南藩之地，属阻漳、滏之险，立长城，又取蔺、郭狼，败林人于荏，而功未遂。今中山在我腹心，北有燕，东有胡，西有林胡、楼烦、秦、韩之边，而无强兵之救，是亡社稷，奈何？夫有高世之名，必有遗俗之累。吾欲胡服。"楼缓曰："善。"群臣皆不欲。

于是肥义侍……王曰："吾不疑胡服也，吾恐天下笑我也。狂夫之乐，智者哀焉；愚者所笑，贤者察焉。世有顺我者，胡服之功未可知也。虽驱世以笑我，胡地中山吾必有之。"于是遂胡服矣。

使王緤告公子成曰："……故原慕公叔之义，以成胡服之功。使緤谒之叔，请服焉。"……王遂往之公子成家，因自请之，曰："夫服者，所以便用也；礼者，所以便事也。……"公子成再拜稽首曰："臣愚，不达于王之义，敢道世俗之闻，臣之罪也。今王将继简、襄之意以顺先王之志，臣敢不听命乎！"再拜稽首。乃赐胡服。明日，服而朝。于是始出胡服令也。

赵文、赵造、周袑、赵俊皆谏止王毋胡服，如故法便。王曰："先王不同俗，何古之法？帝王不相袭，何礼之循？……及至三王，随时制法，因事制礼。……循法之功，不足以高世；法古之学，不足以制今。子不及也。"遂胡服招骑射。

从以上文字可知，"胡服骑射"计出信宫。宋代乐史《太平寰宇记》曰："赵成侯造檀台，有信宫，为赵别都，以朝诸侯，故曰信都。"而《汉书》记载"襄国县有檀台"。赵成侯是赵武灵王的叔父，赵成侯在原襄国故地建造檀台和信宫，并把襄国国都邢台作为别都。这便是"邢台"之"台"来历的说法之一。1120年宋徽宗赵佶把古邢地之"邢"与赵孝成王在信都建造檀台之"台"合并，改当时的龙冈县为邢台县，才有了"邢台"之名。

赵武灵王即位以后为了富国强兵、防御强敌、开疆拓土，"大朝信宫"，而又在信宫与大臣楼缓商定"胡服骑射"之策，几经曲折最终实施，为赵国成为战国七雄之一夯实了基础。从晋献公把古邢地赐予赵夙开始，到"赵氏孤儿"故事的演绎以及"襄子邑邢"的众多故事，都是赵国在古邢地崛起的历史足迹。

（二）沙丘一地，困逝两王

1. 赵国"沙丘宫变"

一代雄主赵武灵王以"胡服骑射"之策把赵国推向实力的顶峰，成为战国前期的强国；但又因其"废嫡立幼"为赵国内乱埋下伏笔，导致"沙丘宫变"兄弟相残、父子反目，使赵国逐渐走向衰弱。

赵武灵王实施"胡服骑射"之后，赵国实力大增。公元前299年，赵武灵王因宠幸吴娃，废除长子公子章，立吴娃之子次子公子何为太子。公元前298年，赵武灵王禅让王位给公子何，是为赵惠文王，赵武灵王自称主父（君主之父）。这引来了公子章的不满。吴娃死后，赵武灵王又怜惜原来的太子，拟分代郡和原中山国之地给长子，让长子公子章任代王，意欲让两个儿子并立为王，这更为日后的宫变埋下了导火索。

公元前295年主父和赵惠文王游于沙丘宫（邢台市广宗县内），公子章与田不礼诈称主父召见赵惠文王，密谋杀掉赵惠文王而篡位。赵相肥义看出不妥，代替赵惠文王去见主父被杀。公子成和李兑率军从邯郸赶来平乱，杀死田不礼，公子章逃进沙丘宫。公子成和李兑围困沙丘宫，杀死公子章之后，继续围困主父，没有撤军，直至三个月后主父饿死。

沙丘之乱，使赵国失去一代英主赵武灵王和辅佐三代赵王的明相肥义，赵国王室受到重创，赵武灵王实施的"胡服骑射"改革，也有很多条令被废止，有的只是徒留形式，这使赵国失去了蒸蒸日上的气势，更失去了超越秦国、齐国等战国强国的机会。因此后人留诗调侃"武灵遗恨满沙丘，赵氏英名于此休。月来月去春寂寞，故宫雀鼠尚含羞"。

2. "沙丘之谋"与秦朝灭亡

《史记·秦始皇本纪》中详细记载了公元前210年秦始皇出游至沙丘平台而崩，赵高、李斯和胡亥的"沙丘密谋"：

> 三十七年（公元前210年）十月癸丑，始皇出游。左丞相斯从，右丞相去疾守。少子胡亥爱慕请从，上许之。
>
> ……至平原津而病。始皇恶言死，群臣莫敢言死事。上病益甚，乃为玺书赐公子扶苏曰："与丧会咸阳而葬。"书已封，在中车府令赵高行符玺事所，未授使者。七月丙寅，始皇崩于沙丘平台。丞相斯为上崩在外，恐诸公子及天下有变，乃秘之，不发丧。棺载辒凉车中，故幸宦者参乘，所至上食。百官奏事如故，宦者辄从辒凉车中可其奏事。独子胡亥、赵高及所幸宦者五六人知上死。赵高故尝

教胡亥书及狱律令法事，胡亥私幸之。高乃与公子胡亥、丞相斯阴谋破去始皇所封书赐公子扶苏者，而更诈为丞相斯受始皇遗诏沙丘，立子胡亥为太子。更为书赐公子扶苏、蒙恬，数以罪，赐死。

长期以来，学者们根据《史记》中"秦始皇本纪"和"李斯列传"的记载，认定公元前210年，秦始皇在出游过程中在平原津病重，至沙丘平台（位于今邢台广宗县中西部大平台村）驾崩，此时随行的幼子胡亥和李斯在赵高的主使下"沙丘密谋"篡改遗诏，立胡亥为太子，并下诏赐死公子扶苏和大将军蒙恬，二世继位。之后二世羸弱，赵高独揽大权，指鹿为马，祸乱朝纲，乱杀宗室功臣、苛捐暴政、繁重徭役，最终引起各地揭竿而起，秦朝二世而亡。

自此以后，广宗县沙丘平台闻名于世，人们谈起沙丘，就会联系到殷商纣王在沙丘建造苑台，放入各种鸟兽，设置酒池肉林，"以酒为池，悬肉为林"，与姬妾、佞臣在苑台狂歌滥饮，通宵达旦，奢侈不休；要么谈起赵武灵王英明一世，到后来因废嫡立幼，却又反悔，导致兄弟反目成仇，自己也饿死在沙丘离宫；要么谈起横扫六国的秦始皇，一旦长生无望身死魂灭，因自己迟迟没有立下太子，而导致沙丘密谋，扶苏自杀、胡亥继位、赵高指鹿为马，最终导致秦朝二世而亡。有人甚至把广宗沙丘称为"困龙之地"，现在广宗县中西部的大平台村依然存有平台遗址。

（三）"巨鹿之战"与秦末邢襄战局

当秦王朝在陈胜吴广起义的重锤下大厦将倾的时候，一些原来六国的遗民也纷纷投入起义的大潮，响应陈胜吴广起义，借势扩张自己的势力，在混乱中恢复自己家族往日的荣耀，按照原来的家族建立起赵、魏、齐等国。其中曾经的楚国将门世家之后项梁与项羽就于公元前209年10月在会稽郡吴县杀掉代理郡守殷通，举兵反秦，收服了会稽郡各县。与此同时，刘邦也在沛县起兵，自号沛公。在一系列攻城略地频频胜利后，因项梁的贤名和项羽的勇猛，几个月之间，刘邦、张良、陈婴、英布、蒲将军、韩信等一众豪杰纷纷投奔项梁麾下。在他们收服薛县的时候，项梁的兵力已经达到十几万人。

陈胜去世之后，项梁因其楚国将门世家之后的出身和军事实力，成为楚地的义军首领，范增看到了历来"尊王"历史传统的巨大作用，便建议项梁拥立楚怀王的孙子熊心为王，并仍尊称熊心为楚怀王，建都盱眙，这正顺应了楚国国民的愿望。项梁又听从张良的建议立韩国宗室的公子韩成为韩王。之后在项梁、项羽、刘邦等人率领下，楚军多次战胜章邯率领的秦军。一次次的胜利冲昏了项梁的头脑，项梁"益轻秦，有骄色"（《史记·项羽本纪》），越来越骄傲轻敌。

公元前208年9月，秦军发动全国兵力增援章邯，并趁夜色袭击了项梁的军队，上将军章邯大败楚军于定陶，在此次战役中项梁战死。章邯见楚军的实际首领项梁已死，便认为楚军已不足惧，于是乘胜渡过黄河，与前来增援的王离的20万大军会合，一起攻打赵国，并大败赵国军队，赵王赵歇与大将军陈余、国相张耳一起败逃巨鹿城。"章邯令王离涉河围巨鹿，章邯军其南，筑甬道而输之粟。"（《史记·项羽本纪》）赵歇害怕这样长期围困最后肯定会不战而亡，便派人向楚怀王以及各路诸侯求援。

项梁阵亡以后，楚怀王害怕就从盱眙逃到了彭城，合并了吕臣和项羽的军队，由自己带领。当初在定陶之战前，齐国的使者高陵君显曾告诉楚怀王说，宋义曾判断定陶之战项梁必败，后来果然项梁兵败阵亡。宋义先于战事之前就能看出项梁兵败的特征，楚怀王认为宋义是一个懂得兵家之事的人。感于此事，楚怀王跟宋义见面相谈之后十分高兴，就封宋义为上将军、项羽为次将、范增为末将，率军北上以解巨鹿之围；另一路以刘邦为主帅进攻关中，并许诺谁先攻下关中，就立谁为关中王。

当楚军开至安阳之后，宋义想等秦军和赵军打得两败俱伤以后，再收渔人之利，所以迟迟不肯前进，46天都没到达巨鹿城，这激怒了项羽。项羽情急之下杀死了宋义，并告诉了楚怀王原因，楚怀王知道原委之后，就封项羽为上将军，继续驰援赵国。项羽到达黄河以后立刻派英布和蒲将军渡河，小胜秦军。接着《史记》是这样记载"巨鹿之战"的：

> 项羽已杀卿子冠军，威震楚国，名闻诸侯。乃遣当阳君、蒲将军将卒二万渡河，救巨鹿。战少利，陈馀复请兵。项羽乃悉引兵渡河，皆沉船，破釜甑，烧庐舍，持三日粮，以示士卒必死，无一还心。于是至则围王离，与秦军遇，九战，绝其甬道，大破之，杀苏角，虏王离。涉间不降楚，自烧杀。当是时，楚兵冠诸侯。诸侯军救巨鹿下者十余壁，莫敢纵兵。及楚击秦，诸将皆从壁上观。楚战士无不一以当十。楚兵呼声动天，诸侯军无不人人惴恐。于是已破秦军，项羽召见诸侯将，入辕门，无不膝行而前，莫敢仰视。项羽由是始为诸侯上将军，诸侯皆属焉。

巨鹿之战前，项羽下令"破釜沉舟"，以表示不胜则死的决心。项羽的这个命令展示了他的决心和勇气，也提升了军队的士气，将士们个个士气振奋，以一当十，全军直奔巨鹿城下，奋勇杀敌。此时，其他诸侯援军则都停滞不前，在项羽率军攻打秦军的时候，他们均"从壁上观"，而不帮忙攻打秦国。直到项羽率军打败了章邯军队，包围了王离的军队，又经过九次浴血奋战，俘虏了王离，杀死了苏角，而涉间看到大势已去，举火自焚。

巨鹿之战最后以项羽率领的楚军大获全胜而告终，而那些"从壁上观"的诸侯之军看到楚军大获全胜，心里惴惴不安，直到战役告终，项羽召唤他们，他们皆"膝行而前，莫敢仰视"，"项羽由是始为诸侯上将军，诸侯皆属焉"（《史记·项羽本纪》）。巨鹿之战成为历史上有名的以少胜多的战役，此战楚军消灭了秦军的主力，又促成了秦朝统治集团内部矛盾的激化，为刘邦长驱进入关中创造了有利条件。巨鹿之战也是项羽能够"分裂天下，而封王侯，政由羽出，号为霸王"，创造"近古以来未尝有"（《史记·项羽本纪》）之功业的关键之战。另外，此战也产生了三个成语"破釜沉舟""以一当十""作壁上观"。还有那副著名的对联的上联："有志者事竟成，破釜沉舟，百二秦关终属楚"。

汉元年（前206年）正月，项羽自立为西楚霸王，封张耳为常山王，统辖原来的赵国，以信都为都，并把信都更名为襄国。这导致了张耳、陈馀的最终反目成仇。第二年九月陈馀在齐王田荣的支持下，攻下襄国，张耳战败逃走，投奔刘邦。陈馀重新拥立赵歇为赵王，以信都为都。汉二年（前205年）四月，彭城之战刘邦惨败。八月，刘邦派张耳与韩信攻破赵国的井陉，在泜水斩杀了陈馀，追杀赵王歇到襄国。刘邦为了获取楚汉战争的胜利，在韩信的请求下，立张耳为赵王，以襄国为都，镇抚赵、邢之地。张耳的赵国成为刘邦分封的最早的异姓诸侯王。两年之后，张耳去世，其子张敖嗣立为赵王，刘邦还把自己的长女鲁元公主嫁给张敖为王后。

二、两汉魏晋南北朝时期的邢襄

刘邦一介布衣称帝，首先要维持的是王朝的稳定，在政治体制上施行的是郡国并行制。所谓"飞鸟尽，良弓藏；狡兔死，走狗烹"（《史记·越王勾践世家》），随着王朝的稳定，刘邦便开始着手除去那些异姓王。其后继者也谋算着如何进行"削藩"。

（一）西汉"削藩"与邢襄的行政沿革

公元前200年，刘邦在白登山脱围之后，12月到达赵国，他对待赵王张敖非常倨傲无礼，想以此激怒赵王。赵相贯高、赵午等人果然被激怒，怨愤刘邦折辱赵王，便私下定计要报复刘邦。

公元前199年冬，刘邦率军征讨韩王信，经过赵国柏人城，贯高派人潜伏下来伺机行刺刘邦。刘邦本想在柏人城中住宿，忽然心动不安，询问以后得知此城为"柏人"。"柏人者，迫于人也！"刘邦就赶忙"不宿而去"（《史记·张耳陈馀列传》），贯高等人计谋破产。但此事被贯高的仇人得知，向刘邦告发，刘邦下诏逮捕张敖、贯高、赵午等人，赵午自杀；贯高为了澄清赵王没有参与谋刺的事实，跟随赵王进都入狱，坚持"独吾属为之，王实不知"（《史记·张耳陈馀列传》）。在严刑鞭打几千下、用烧红的铁条刺击下，浑身都没有可以击打的地方了，贯高都没有更改口供。后来刘邦只好下令赦免张敖，贬为宣平侯。

其实在西汉初期国家稳定下来之后，因为刘邦的多疑和巩固中央集权的需要，无论异姓王谋反与否，一一削除是必然的。在刘邦看来他们始终是一种潜在的威胁，即使作为刘邦长女的驸马，张敖也无法摆脱被废黜的命运，只不过贯高的谋刺正好给了刘邦一个很好的借口而已。之后，在刘邦"欲大封同姓以填抚天下"（《资治通鉴·汉纪三·太祖高皇帝》）的分封同姓王的理念下，刘邦第三子如意被封赵王，都邯郸。

文、景时期，西汉同姓王势力日益强大，大的藩国"夸州兼郡，连城数十，宫室百官同制京师"（《汉书·诸侯王表第二》），对中央集权构成了严重威胁。文帝时期，贾谊多次上奏陈述政事，司马迁归纳为《治安策》一文。文中围绕匈奴常常侵略边境、汉初制度的疏漏、同姓诸侯王的僭越威胁等问题展开论述，把治理国家比作宰牛，将各藩国比作髋髀，其危险如"厝火积薪""病大瘇""苦跅戾"等。汉文帝虽没有直接削藩，但也着手进行归并。比如针对河北中南部地区的藩国，汉文帝把常山国归入赵国，又从赵国分离出河间国，封刘遂为赵王。到汉景帝时期，藩国势力更加膨胀，晁错上书《削藩策》提出，"今削之亦反，不削亦反。削之，其反亟，祸小；不削之，其反迟，祸大"，强烈建议汉景帝为了避免造成祸患，宜于早"削藩"，以巩固汉王朝的长治久安。

景帝三年（前154年），汉景帝接受晁错建议颁布"削藩令"，先后下诏削夺楚、赵等诸侯国的封地。这引起吴王刘濞、赵王刘遂、楚王、胶西王、胶东王、济南王、淄川王联合的"七国之乱"。赵王刘遂发兵沿太行山脉驻防邯郸、襄国、中丘、房子各县，意欲与吴、楚叛军共同西逼长安；又向北派使联合匈奴，攻打长安。汉景帝派曲周侯郦寄攻打赵王刘遂，刘遂返回邯郸固守，与汉军相持7个月，最后被栾布与郦寄联合水淹邯郸，邯郸城坏，刘遂自杀。汉景帝平定"七国之乱"，基本上解决了地方诸侯割据势力与中央集权的矛盾。为了防止小诸侯的死灰复燃，汉景帝降低诸侯王权，减损诸侯王制，规定诸侯王不再治民，分割诸侯的下辖范围。此时赵国被分为赵国、常山、清河、广川、中山、河间六个小王国。汉代邢地分别归赵国、常山国、清河国所有①。

---

① 赵福寿. 邢台通史［M］. 石家庄：河北人民出版社，2003.

汉武帝为了进一步削藩，继而实施了"推恩令"。按汉制，每年八月要祭祀宗庙，大会诸侯，称饮酎之礼。诸侯皆要献金助祭，称酎金。诸侯献酎金数量按照封国内人口而定，每千口酎金 4 两，凡献金重量不足、成色不纯者，王削县，侯夺国。公元 112 年，汉武帝为进一步加强中央集权，借口酎金斤两不足、成色不纯，削夺了 106 个王、侯的爵位和封地，其中就有赵国分封出去的襄嵲侯、邯平侯、歇安侯、朝节侯、尉文侯、榆丘侯。之后从赵国分封出去的柏畅侯、南侯、东城侯、阴城侯、武始侯、漳北侯、南陵侯、安檀侯、爰戚侯等，也因各种原因失爵废封。至此，邢地诸侯基本消失殆尽，只剩下襄国、易阳、柏人、清河诸县，这标志着汉代邢地已经并入汉王朝中央集权的统治之下。

（二）魏晋南北朝时期的邢襄风云变幻

魏晋南北朝时期是中原地区的大灾难时期，亦是中华多民族国家的形成时期。在这段时间里，无论是主动还是被动，大量少数民族进入中原。在自古已有的"夷夏之防"① 观念下，少数民族游牧部落与当时久居中原的汉族人民长期处于既碰撞又交往，既矛盾又融合的状态。地处南北方交通要道的邢襄地区始终是北方军事集团必争之地，魏晋南北朝时期的混乱年代，邢襄地区亦始终处于战争一线，并且一直处于各军阀割据势力的频繁争夺之下，在邢襄大地演绎了一个又一个事关中华民族走向的历史大事件。

1. 曹操统一北方

袁绍与公孙瓒经过广宗之战以后，基本确立了在北方的优势地位，之后在易京城（今雄县西北）包围公孙瓒致使其自杀以后，袁绍占据了冀州、青州、幽州、并州四州之地。

此时曹操采纳了毛玠提出的"奉天子以令不臣，修耕植以畜军资"（《三国志·魏书·崔毛徐何邢鲍司马传》）的建议，迎汉献帝移驾于许昌，"挟天子以令诸侯"（《三国志·魏书·武帝纪》），获得了中央朝廷的控制权，同时收抚民心，征服与收服兼施，拓展了领地，扩大了政治影响。这些操作遭到了袁绍的嫉恨，他以十万大军进攻曹操驻守的许昌。200 年，官渡之战袁绍大败，其下辖的冀州又有多处发生叛乱，内忧外患加上兵败不甘，202 年袁绍抑郁而死，其二子袁谭、袁尚内讧，冀州陷于混乱之中。

建安九年（204 年）四月曹操攻陷邯郸，八月攻破邺城并以邺城为根据地向四周扩张；205 年曹操派军攻下冀州、青州，基本统一北方地区。曹操上表汉献帝，让献帝封其为冀州牧，邢地归属于冀州管辖。从 200 年官渡之战到 207 年曹操率军北伐乌桓大胜，不足 8 年时间里，曹操逐袁术、败张绣、灭吕布、破袁绍、击刘备，又北征乌桓，步步为营，频频胜利，基本统一了中国北方地区，为不久之后的三国鼎立奠定了基础。

2. 八王之乱

曹魏末期，经过司马懿、司马师、司马昭的多年经营，司马昭被其所立的魏元帝曹奂封为晋王，权倾朝野。265 年司马昭死后，其子司马炎继承曹魏相国和晋王之位。曹丕没想到自己一手导演的逼迫汉献帝"禅让"给自己的剧目重新上演，265 年他的后代曹奂同样被逼，把皇位"禅让"给了司马懿之孙司马炎，司马炎在洛阳建立了新王朝，国号为"晋"。历史上为了区别于后来司马睿在建康建立的东晋，而称其为"西晋"。279 年，晋军渡过长江，攻占建业，吴国皇帝孙皓投降，东吴灭亡，三国鼎立宣告结束，西晋统一了

---

① 夷夏之防，又称夷夏之辨或华夷之辨，用以区别华夏与蛮夷。这一思想源于《春秋》及《尚书》《仪礼》《周礼》《礼记》。

中国。

司马炎采取了一系列措施，鼓励垦荒，兴修水利，发展生产，施行户调制和占田法，极大地提高了农民的生产积极性，推动了经济的发展，社会呈现出繁荣景象。另外，司马炎一方面依靠士族官僚巩固政权而承袭曹丕的九品中正制，一方面为了防止士家大族势力的扩张威胁司马氏政权，而大封宗室子弟为王以藩屏西晋政权，并给予他们很大的政治权力和军事权力，还允许他们参与中央政权的政治管理，也分封异姓的公、侯、伯、子、男爵位，同时赐予他们封地。但这种政策为日后"八王之乱"埋下了祸根。

290年，司马炎病危，下诏让杨太后之兄杨骏和汝南王司马亮辅佐自己愚钝的儿子司马衷，杨太后请旨让杨骏独自辅政，得到允许。晋武帝司马炎死后，其痴愚的嫡子司马衷继位，为晋惠帝，立贾南风为皇后，杨骏辅政，汝南王司马亮逃往许昌。杨骏辅政期间，大权独揽，为了防止皇后贾南风篡权，又任命其亲信掌管禁军，此举引起皇亲国戚及某些大臣的不满。

291年，贾南风为了夺回政权，暗中联络汝南王司马亮、楚王司马玮，让他们进京以反叛罪讨伐杨骏。贾南风以晋惠帝名义废掉杨太后，将其贬为平民；楚王司马玮杀掉杨骏，贾南风又借晋惠帝之名下诏诛灭杨骏三族，死者近千人。之后朝政大权落在汝南王司马亮和大臣卫瓘手中。贾南风对此不满，又借晋惠帝之名下诏派楚王司马玮杀掉司马亮和卫瓘，但她担心司马玮的权力过大，又与张华定计，以司马玮伪造晋惠帝手诏害死司马亮、卫瓘之罪，将司马玮处死。之后贾南风大权独揽。

贾南风掌权8年之后，因一直无子，便设计废掉晋惠帝与才人谢玖所生太子司马遹。她叫人把太子司马遹灌醉，并骗其照抄一篇事先写好要晋惠帝退位的文章。晋惠帝看到太子手书，便下令废掉太子。在赵王司马伦等人的劝诱下，贾南风杀死了太子。司马伦、孙秀等人伪造晋惠帝的诏书，以杀死太子的罪名，逮捕贾南风，废黜她为庶人，后来又伪造诏书逼迫贾南风喝下金屑酒而死，并杀死张华、裴颜等人，罢免许多官员。永康二年（301年）正月，赵王司马伦废掉晋惠帝，自立为帝。

不久齐王司马冏、河间王司马颙、邺城的成都王司马颖联合讨伐并大败司马伦，司马伦于金墉城被赐金屑酒而死。司马冏迎接司马衷复位，自己独揽大权，荒淫无度，荒废朝政，引起其他藩王不满。翊军校尉李含矫称受密诏劝河间王司马颙除掉司马冏。302年年底，司马颙答应李含，上表陈述司马冏的罪状，兴兵讨伐司马冏，并声称驻守洛阳的长沙王司马乂为内应。司马冏获悉之后，便派董艾率军攻打司马乂。而司马乂则率人以天子名义攻打司马冏，最终打败并杀掉司马冏及其党羽，独揽大权。之后你方唱罢我登场，成都王司马颖、河间王司马颙、东海王司马越纷纷搅入皇室之乱，并且这些司马氏王族在战乱中经常与外族联合，比如成都王司马颖联合南匈奴质子刘渊、东海王司马越联合鲜卑、辽西鲜卑段疾陆眷支持幽燕的王浚等。最后"八王之乱"以司马颙及其三个儿子被杀、东海王司马越独掌朝政而告终。

"八王之乱"自贾南风弄权开始长达16年，而第二个阶段则是由赵王司马伦伙同贾南风挑起来的，当时的邢襄就是在赵王的封地之内。"八王之乱"既是西晋司马氏诸王之间的互相攻伐，也多次引起境内外少数民族参与，使包括整个河北、河南、山西、山东等地的中国北方地区重新陷于战乱之中，给这些地区造成了极大的危害，导致西晋王朝岌岌可危，也成为北方游牧民族入侵中原的直接原因。

3. 建安至西晋少数民族内迁

自建安至西晋前期，因为各方割据势力互相征伐、连年混战，再加上各处灾害瘟疫不断，中原地区人口急剧减少，建安末期的人口相比汉代全盛时期还不其1/7，有些地区甚至都到了"千里无鸡鸣"的程度。为了恢复农业和补充兵力，无论是曹魏政权，还是西晋司马氏政权都曾以或武力或怀柔的政策使少数民族内迁——"百年间，内迁的五胡约数百万人，其中，匈奴70万，羌人80万，氐人100万，鲜卑250万。西晋'八王之乱'后，北方总人口1 500万，汉人只占三分之一。"①

早在200年官渡之战曹操逐渐统一北方后，就开始运用各种政策使少数民族内迁。对乌桓、氐、羌等少数民族，曹操基本都是征讨；对鲜卑、匈奴则主要是怀柔、招抚。建安十二年（207年）八月，曹操远征乌桓，在柳城大破乌桓三郡，斩杀蹋顿单于，除了把原来被乌桓掠去的10万户汉族人内迁，还内迁10万户乌桓人编为齐民，承担赋役；同时选乌桓壮丁编入曹军骑兵。211—215年曹操分别派夏侯渊、徐晃等大破氐王阿贵、窦茂，以及陕隃麋、汧诸氐与椟仇夷和诸山氏、武都氐等少数民族。曹操内迁武都氐5万余人，之后魏文帝曹丕、齐王曹芳等又多次内迁氐、羌人与汉族杂居。

曹操平定幽州以后，鲜卑族首领步度根、轲比能、弥加、厥机等随乌桓校尉阎柔"上贡献，通市"，曹操对他们的政策是"太祖皆表宠以为王"（《三国志·魏书·乌丸鲜卑东夷传》），后来曹操又利用鲜卑各部落之间的内部矛盾进行离间。235年，魏明帝借口轲比能勾结蜀汉"怀贰"及"数扰幽、并"，采纳幽州刺史王雄的计策"遣勇士韩龙刺杀比能，更立其弟"（《三国志·魏书·乌丸鲜卑东夷传》）。241年，曹魏设辽东属国，置昌黎县以安置归附的鲜卑人。建安元年（196年），南匈奴呼厨泉单于请降；建安七年（202年），袁绍子、袁绍外甥高干等与呼厨泉共攻河东，后在使者劝说下呼厨泉复降，"荐举匈奴贵族到幕府任职，使其与部众脱离直接联系；征调匈奴牧民壮丁'编为义勇'，继而'请以勇力'；其家属迁至邺城以为人质，施以教化；普通族众，领其为农，输纳课税，兴兵讨其不服者进行军事镇压"②。

及至西晋，晋武帝对待少数民族的政策亦是既有武力镇服，又有政治怀柔。

比如，对于关中、陇右一带防御西北少数民族的核心区域，晋武帝选用得力干将镇守，以防御关中、陇西一带鲜卑、羌人的骚扰和对中原地区的侵犯。又设"置护西戎校尉于长安，例兼雍州刺史，管理关中氐、羌、杂胡事务；置护匈奴中郎将驻晋阳，管理匈奴、杂胡及北部鲜卑等族事务；置护羌校尉，驻姑臧，管理陇西、河西地区羌族、杂胡、鲜卑等族事务。又设晋昌郡，归凉州刺史管辖。此外，置西戎校尉、护羌中郎将、护戎中郎将等，针对西北各少数民族实际进行有效管理"③。

晋武帝对各少数民族的或镇服或怀柔政策，最终结果是各少数民族通过各种形式陆续内迁。比如：《晋书》记载太康十年（289年）五月，鲜卑首领麛乃降附于晋。晋武帝拜其为鲜卑都督，并将其部徙于徒河之青山。《晋书·匈奴传》称"武帝践祚后，塞外匈奴大水、塞泥、黑难等二万余落归化，帝复纳之，使居河西故宜阳城下"，类似这样的内迁

① 潘岳. 中国五胡乱华与欧洲蛮族入侵［J］. 中央社会主义学院学报，2021（2）.
② 付国良. 曹魏集团对各少数民族的政策差异探微［J］. 牡丹江师范学院学报（哲社版），2010（3）.
③ 陈金凤. 晋武帝民族政策析论：中国魏晋南北朝史学会第十届年会暨国际学术研讨会论文集［C］. 太原：北岳文艺出版社，2013.

还有很多次。少数民族经过上百年的内迁，据《晋书·文帝纪》中魏元帝的诏书云，魏末晋初，少数民族归附人数竟然达到了"八百七十余万口"，占太康元年人数的一半之多。其中，匈奴 70 万，羌人 80 万，氐人 100 万，鲜卑 250 万。

　　建安至西晋前期少数民族的大量内迁，一方面增加了各少数民族之间的文化交流和融合，一方面一旦西晋内乱爆发，国力空虚内忧无解的时候，各少数民族首领也趁机揭竿而起，先后建立起大大小小 20 多个政权。这些建立政权的少数民族是匈奴、鲜卑、羯、氐、羌五个民族，其中以前凉、成汉、前赵、后赵、北凉、西凉、后凉、南凉、前燕、后燕、南燕、北燕、夏、前秦、西秦、后秦这 16 个国家实力最强。其实当时远不止这五个民族，建立的政权也超过了 16 个，如还有汉人冉闵建立的冉魏、段部鲜卑在山东建立的段齐、丁零翟氏建立的翟魏、武都氐帅杨氏建立的仇池国、鲜卑慕容氏建立的西燕、汉人谯纵在蜀地建立的谯蜀、鲜卑拓跋氏建立的代及北魏等政权。

4. 刘渊建立汉赵

　　304 年，司马颖在"八王之乱"中，为了讨伐司马腾，想让刘渊带兵支援。其实刘渊本为滞留邺城的南匈奴质子，南匈奴右贤王刘宣等人看到西晋内乱不断，政局不稳，内忧外患，自身难保，无暇顾及南匈奴，早想立刘渊为大单于，密谋恢复南匈奴。刘渊正好借司马颖请求支援的机会，借口到并州借兵，返回并州。永安元年（304 年）八月，刘渊在离石拥兵反晋，宣布独立，称大单于，得到聚居于当地的南匈奴人的拥护，十月自称继承汉朝正统，号称"汉王"。308 年，刘渊迁都至平阳称帝，史称前赵，亦称汉赵。

　　刘渊建立的"汉"之所以又称"汉赵"，就是因为其占领了战国时期赵国的大部分地区，包括中丘、广宗、信都、清河一带的赵郡和巨鹿郡的部分地区。之后南匈奴、鲜卑、羯、氐、羌各少数民族首领竞相立国，逐鹿中原，征战不息，直至北魏统一北方。

　　而这一时期，邢襄大地因处于南北、东西交通要道，始终处于战争的前沿，其中石勒建立的最具影响力的后赵就是以襄国为都。

5. 石勒建立后赵与张宾之勋

　　随着魏晋时期南匈奴大量内迁，羯族从匈奴族的一个别部羌渠部逐渐成长为魏晋时期的一个重要民族。石勒就是羯族人，原名为匐勒或匈勒，字世龙，后改名为石勒，上党郡武乡县人。根据《晋书·载记第四·石勒上》记载，石勒祖父名叫耶奕于，父亲名叫曷朱，又名乞翼加，他们都是本部落的小首领。据说石勒出生时就天降异象；14 岁曾随部落中人"行贩洛阳"，被王衍"见而异之"[1]；石勒家中、附近也出现异象，别人都嗤之以鼻，唯有邬人郭敬和阳曲宁驱对此深信不疑，并对石勒加以资助。而石勒也对他们非常感恩，为他们努力耕作。后来并州刺史司马腾为了扩充军备，就把包括石勒在内的一批胡人卖到山东去，石勒被卖给山东茌平师欢为田奴。每到夜里，石勒和其他奴隶就会听到原野上有鼓角之声，他们回去后告诉了主人师欢，师欢害怕就免去了他们的奴隶之身。师欢与当时牧马场主汲桑为邻，石勒因善于相马、好骑射，经常与汲桑往来，追随汲桑。

　　304 年石勒、汲桑先后起义。石勒先后招纳了王阳、夔安、支雄、冀保、吴豫、刘膺、桃豹、逯明、郭敖、刘徵、刘宝、张暄仆、呼延莫、郭黑略、张越、孔豚、赵鹿、支

---

① ［唐］房玄龄，等. 晋书［M］. 北京：中华书局，1974.

屈，号称十八骑。305年二人率领十八骑及部下数百骑投奔成都王司马颖的部将公师藩，公师藩失败被杀后，石勒、汲桑重新回到山东汲桑的牧场，继续扩充军队，攻打周围郡县，307年攻下邺城，后被兖州刺史苟晞攻破，逃往并州归附刘渊。在跟随刘渊期间，石勒不费一兵一卒收获了乌桓伏利度部，受刘渊派遣东征过程中，因军纪严明，很多地方望风而降。

309年（西晋永嘉三年），石勒攻下巨鹿、常山，军队已经达到10余万人。石勒在永嘉之乱时也曾大肆杀戮，但是经过佛图澄和张宾的劝说，石勒不再妄杀，并开始厚待"衣冠人物"即文人，采取优待文人政策，专门编成了"君子营"（《晋书·载记第四·石勒上》），其中的著名人士有中丘张宾、顿丘徐光、河东裴宪、清河崔悦和崔遇、范阳卢湛、渤海石璞、荥阳郑略等。

张宾为汉族文人中辅佐石勒最终崛起的关键人物。张宾字孟孙，是赵郡中丘人。张宾的父亲张瑶曾任中山太守。《晋书·载记第四·石勒下》中说："宾少好学，博涉经史，不为章句，阔达有大节，常谓昆弟曰：'吾自言智算鉴识不后子房，但不遇高祖耳。'为中丘王帐下都督，非其好也，病免。"永嘉大乱的时候，石勒作为刘渊的辅汉将军与诸将下山东的时候，张宾提剑求见石勒，当时石勒并未觉得张宾有什么奇特之处，但后来逐渐重视张宾，引之为谋主。《晋书》评价张宾"机不虚发，算无遗策，成勒之基业，皆宾之勋也"。

石勒在很多存亡时刻都采纳了张宾的意见。比如，311年石勒攻下宛和襄阳等地以后，想"雄踞江汉"，但又"军粮不接，死疫太半"，在此情况下，张宾建议攻下江夏和许昌，作为积储军粮之地；312年石勒在攻打江南的时候受挫，张宾建议"不若择便地而据之，广聚粮储，西平阳以图幽、并，此霸王之业也。邯郸、襄国，形胜之地，请择一而都之"（《资治通鉴·晋纪·孝怀皇帝下》）。

又据《晋书·载记第四·石勒上》记载，石勒采纳了张宾的意见，挥师北上进占襄国，以襄国为根据地开始"命将四出，授以奇略，推亡固存、兼弱攻昧"，向外扩张，对北方割据势力实施各个击破。313年石勒又采取张宾的建议，对王浚实施"称藩推奉"的战略，派舍人王子春送去许多珍宝，"奉表推崇浚为天子"，自称"小胡"，劝王浚顺乎天意民心，早登帝位，并向王浚乞求封自己为并州牧、广平公。

314年，石勒听从张宾的建议在攻打幽州王浚之前，为了保证并州的刘琨、鲜卑、乌桓不在后方作乱，一边向刘琨示弱请求和解，"遣使奉笺、送质于刘琨，自陈罪恶，请讨浚以自效"，得到了刘琨的信任；一边"称藩推奉"麻痹王浚，同时以神速突袭幽州，击杀王浚，最后"数其罪送襄国斩之"（《资治通鉴·晋纪·孝怀皇帝下》）。刘琨看到王浚被杀、石勒将很多州郡收入襄中，察觉到自己的危机，感慨"东北八州，勒灭其七……勒据襄国，与臣隔山，朝发夕至，城坞骇惧，虽怀忠愤，力不从心耳"时，已经是无力回天了。316年，石勒又击败了刘琨。自此，西晋在北方的各个势力基本被消灭，319年11月，石勒统辖内地24郡而称赵王，为"镇抚百蛮"而称大单于，以襄国为都，史称后赵。对于张宾，石勒"加张宾大执法，专总朝政，位冠僚首"（《晋书·载记第四·石勒下》）。

石勒建国以后，在张宾等僚属的辅佐下，实施了一系列的政策措施，对社会稳定、发展和民族融合都有着很大的贡献：

第一，发展生产，稳定社会。还处于战争阶段时，石勒就十分重视恢复和发展农业生产，他每攻下一个地区就会督促当地发展农业生产，并实行编户齐民、田租户调制度，在攻下幽州之后，规定"户出帛二匹，谷二斛"（《资治通鉴·晋纪·孝怀皇帝下》），相比于当时西晋的租赋要低得多，这种轻户税制是他得民心受拥护的重要原因。定都襄国以后，为了恢复襄国乃至冀州的经济，还经常迁徙攻占之地的人口到襄国或河北其他地方，为恢复该地区的农业生产增加了劳动力。石勒鼓励农业生产，除了常遣使"循行州郡，核定户籍，劝课农桑。农桑最修者，赐爵五大夫"（《晋书·载记第四·石勒下》），还亲自巡行河北诸郡，接见"力田"者并赐给谷帛。石勒倡导简省节约，为了节约粮食，他下令严禁酿酒，即使那些喜欢饮酒的少数民族以及在祭祀的时候也不例外，只能以醴代酒。

第二，重视文教，选贤举能。石勒以"雅好文学"闻名，"虽在军旅，常令儒生读史书而听之，每以其意论古帝王善恶，朝贤儒士听者莫不归美焉。尝使人读《汉书》"（《晋书·载记第四·石勒下》）。继之前在军队中专设"君子营"，立国后，石勒下令各地举办学校，仅在襄国就举办了10余所学校，专门制定了关于学业的相关制度；他还"亲临大小学，考诸学生经义，尤高者赏帛有差"（《晋书·载记第四·石勒下》），亲自到各郡接见文学之士，选拔贤能，给予奖赏；又设立经学、律学、史学祭酒，把经学、律学和史学推崇至官方学术的地位；他广开进贤之路，诏令官员每年推荐贤良、方正、直言、秀异、至孝、廉清各一人，通过答策选择任官，另外制定了秀、孝试经之制，为日后的科举制开启了前路。这些兴文教、举贤能的措施，无疑推进了襄国、河北乃至其统辖下的后赵境内的文化教育的发展。

三、隋唐五代时期邢襄的政治和文史成就

隋唐五代时期，是中华文化发展的鼎盛时期，此时的邢襄大地亦迎来了文化上的第三次辉煌，既有魏徵、宋璟这样的名相留名青史，又有邢窑白瓷的辉煌于世，还有以大开元寺为代表的佛教鼎盛，这些都谱写了盛唐的治世强音。而隋唐五代十国时期风云史上的大事件亦有邢台人的参与。

（一）魏徵的史学和政治成就

魏徵（580—643年），字玄成，巨鹿郡人，唐代著名政治家、思想家、文学家和史学家。早年在武阳郡丞元宝藏帐下为官，元宝藏起兵响应瓦岗李密。唐武德二年（619年），李密被王世充击败，魏徵随李密归降李唐。贞观元年（627年），李世民登上帝位，任命魏徵为尚书左丞。魏徵因敢于直言进谏，辅佐唐太宗李世民建立了"贞观之治"的丰功伟绩，成为彪炳史册的"一代名相"。

魏徵于贞观十七年（643年）病逝，李世民伤心欲绝，连续五天无法顾及朝政，追赠魏徵为司空、相州都督，谥号"文贞"。后来还请阎立本为其画像，列入"凌烟阁二十四功臣"[1]。唐太宗为了表达对魏徵的重视，下诏对其厚葬，而魏徵的妻子裴氏则根据魏徵的遗愿拒绝了对其厚葬的诏令。其妻子进言，魏徵一生生活清廉简朴，死后全家也要尊重他一贯的理念，于是大家遵从其妻之言简葬魏徵。魏徵在史学和政治上都有很大的成就[2]。

---

[1]　[唐]刘肃《大唐新语·褒锡》："贞观十七年，太宗图画太原倡义及秦府功臣赵公长孙无忌、河间王孝恭……等二十四人于凌烟阁。太宗亲为之赞，褚遂良题阁，阎立本画。"

[2]　孙鑫.《隋书》史论研究［D］. 合肥：安徽大学，2010.

1. 在史学方面具有很大的成就

（1）参与编纂五套史书

唐太宗主张以史为鉴，组织了大量人力物力编修了八套史书：《晋书》《梁书》《陈书》《北齐书》《周书》《隋书》《南史》《北史》。魏徵参与纂修了其中的五部：《梁书》《陈书》《北齐书》《周书》《隋书》。其中用功最多的就是《隋书》，魏徵主修《隋书》7年，以详赡的史料，奉行"直笔"的原则，成为魏徵编修史书的代表作，体现了他作为一代良史的"直录"精神，具有特别高的史学价值。魏徵因修史功勋卓越，较好地体现了唐太宗的修史宗旨"览前王之得失，为在身之龟镜"（《唐书辑校卷三》），因此唐太宗对魏徵"加左光禄大夫，进封郑国公，赐物二千段"（《旧唐书·魏徵传》）。

《隋书》最值得推崇的是"经籍志"，这一史志目录参考了阮孝绪《七录》体例，又采用《汉书·艺文志》的编修方法，将14 466余部、89 666余卷隋代的遗书，与《隋大业正御书目录》进行一一核对，按照经、史、子、集四部进行分类。四类之下又分为40小类，著录的存书有3 127部、36 708卷，佚书有1 064部、12 759卷。在著录方法上，各小类之下录有书名、卷数、作者、时代、官衔、内容提要、真伪、存亡或残缺等内容，对研究学术发展和流别变迁具有非常大的辅助性。《隋书·经籍志》是我国现存最古的第二部史志目录，也是研究古代书目史的重要文献。魏徵撰写的《隋书·经籍志》序论中，对古代藏书的兴、灭、继、绝统一进行了历史性的总结，极大地丰富了我国藏书史的研究内容。

（2）明确的史学理论

在魏徵的观念中，"以古鉴今"是史学的基本目的，所以他主张学史的目的是服务于现实，因为他亲身经历了隋朝的兴衰，又从隋入唐，看到了唐朝的日渐兴盛。隋朝迅速灭亡给他内心带来强烈的震动，所以他提出治理唐朝要以隋朝的兴亡得失为鉴，从历史的兴亡中汲取经验教训。魏徵的这些主张都包含在其《论时政疏》中，他指出："鉴国之安危，必取于亡国。臣愿当今之动静，必思隋氏以为殷鉴，则存亡治乱，可得而知。若能思其所以危，则安矣；思其所以乱，则治矣；思其所以亡，则存矣。"

（3）校定历史文献，自己撰著

经历几百年的战争，隋朝还没着手整理各种典籍就已经走向灭亡。唐王朝初建，各类书籍都有散落遗失的情况。为了编撰典籍，让唐朝的文化教育跟得上政治经济的发展，魏徵除了上奏皇帝恳请对经、史、子、集进行校订以外，还进行自己的撰著。他著有《谏事》五卷、《祥瑞录》十卷、《烈女传略》七卷、《时务策》五卷等，这些作品对之前的历史和当时的政治进行了分析总结，不但为唐朝文化的繁荣奠定了基础，也将历史和政治、现实紧密结合在一起，对唐代政治的研究有非常重要的意义。

2. 魏徵对贞观之治的贡献

（1）极言直谏，匡正时弊

魏徵经历了乱世的纷争和坎坷的仕途，丰富的阅历成就了一位治世之能臣，他为人刚正不阿，处事不挠不折，对世态炎凉和人间悲苦有着极强的同理心，一直被唐太宗欣赏。唐太宗常向魏徵询问施政的得失，魏徵也将唐太宗当作伯乐，处处为唐太宗的社稷着想，为其出谋划策，常常不惧生死，直言上谏。唐太宗也赞赏魏徵，说他正是有为国献身的精神，才会勇于进谏。

《贞观政要》记载的魏徵向太宗直面谏议就有 50 次，奏疏有 11 件，直接指出皇帝错误的言论高达数十万字，还时常与太宗讨论一些政治得失。比如《贞观政要》就记载了贞观四年（630 年）二人的讨论："太宗曰：'善人为邦百年，然后胜残去杀。大乱之后，将求致理，宁可造次而望乎？'徵曰：'此据常人，不在圣哲。若圣哲施化，上下同心，人应如响，不疾而速，期月而可，信不为过。三年成功，犹谓其晚。'"① 这里的记载只是体现了二人心平气和的讨论。有时候魏徵不论唐太宗是否愿意，他都直言进谏或与太宗争论，无论在数量、语言的激烈还是执着程度上，其他臣子都难以相比，因此当魏徵去世的时候，唐太宗无比痛心地说："夫以铜为镜，可以正衣冠；以史为镜，可以知兴替；以人为镜，可以明得失。朕常保此三镜，以防己过。今魏徵殂逝，遂亡一镜矣！"②

魏徵进谏的内容涉及范围很广，大部分直接指出唐太宗在决策上的疏漏。为了休养生息，他劝唐太宗接受历史教训，居安思危，不能效仿隋炀帝的奢靡之风，反对大兴土木和对外用兵征讨；为了长治久安，他劝唐太宗施行相对宽松的刑罚来替代隋朝的严刑酷法；为了政通人和，他劝唐太宗要以德才兼备的标准提拔人才，并且绝不能容忍官吏的贪污行为。在赏罚方面，魏徵提出对所有人要一视同仁，才能起到扬善惩恶的目的，赏罚不能有贵贱亲疏的差别；在执政方面，他劝唐太宗广开言路，不要偏听偏信，以防民情民意不能被完全知悉。除了军国大事之外，魏徵还对唐太宗方方面面不合适的做法都提出了自己的意见。

魏徵对朝廷政令的匡纠，对贞观之治局面的形成起到了巨大的促进作用。太宗曾经将自己比作石中之玉、矿中之金，将魏徵比作优秀的工匠和冶炼师。后晋刘昫等人撰写的《旧唐书·魏徵传》中评价魏徵说："其实根于道义，发为律度，身正而心劲，上不负时主，下不阿权幸，中不侵亲族，外不为朋党，不以逢时改节，不以图位卖忠。所载章疏四篇，可为万代王者法。"

（2）息兵重文，宽仁施政

隋末人口因战争而大量流亡，导致经济萧条、百废待举，魏徵提出"偃戈兴文""宽仁治天下"（《新唐书·刑法志》）的施政主张，以休养生息来达到强国富民的目的。太宗采纳了魏徵的建议，制定了强国富民的基本国策，对创建贞观之治起到了巨大影响。

魏徵还主张施政要"息末敦本"③，以静为本。他认为隋朝虽然库银充足、兵强马壮，但因为经常出兵讨伐，不停地征收徭役，才导致最后败亡的结局。魏徵觉得战乱刚刚平息，民不聊生，百姓渴望和平，应该以静为本，不出兵才能有和平，动兵就有战乱，这是显而易见的道理，也是每个人都能感受到的事情。所以魏徵谏言唐太宗要停止兵事，"薄赋敛""轻租税"（《贞观政要集校·论忠义第十四》），广布德恩，使社会安全稳定，能更好地恢复和发展经济。

在魏徵的劝谏下，唐朝停止了周边国家的进贡，并且停止举办规模较大的活动，这些支出的减少，间接减轻了百姓的劳役之苦。贞观六年（632 年），文武百官都请求唐太宗到泰山进行封禅，只有魏徵持不同意见，最终在他的劝阻下，唐太宗停止泰山封禅活动。魏徵在和唐太宗谈论兴建宫殿的事情时，经常将隋朝亡国的教训挂在嘴边，劝说唐太宗"居安思危，戒奢以俭"（魏徵《谏太宗十思疏》），皇帝的奢华行为会让百姓更加困苦，

---

① ［唐］吴兢. 贞观政要［M］. 北京：中华书局，2003：36.

② 裴汝诚. 贞观政要译注［M］. 上海：上海古籍出版社，2006：42.

③ 息末敦本：指抑制手工业和商业等非农业活动，强调发展农业和重视根本。

要唐太宗时刻警惕自勉，避免出现覆车继轨的情况。

魏徵在与唐太宗谈论创业难还是守业难的时候，提出要想让国家金瓯永固，最重要的一点就是君主要有居安思危的思想。贞观五年（631年），唐太宗对魏徵说，虽然现在国内没有战乱，域外各国也都来臣服，但是自己每天还是小心谨慎，唯恐国家不能长治久安。魏徵听完对唐太宗说，国内外都很安定，我不认为这是值得高兴的事情，我高兴的是您能做到居安思危。魏徵对历史兴替很熟悉，发现历史上很多君王都因为生活安逸而忘记了危机的存在，才变得骄奢淫逸，导致国家灭亡，所以他才提醒唐太宗，要时刻小心谨慎，牢记隋朝灭亡的教训，才能不重蹈覆辙。

魏徵息兵重文、宽仁施政、戒奢以俭、居安思危等主张顺应了唐初社会发展的潮流，不仅促进了战后社会秩序的恢复和经济的发展，也使贞观之治的影响扩展到海外，引得万国来朝。

（3）广开言路，知人善任

魏徵劝唐太宗要广泛听取意见明辨是非，指出"兼听则明，偏信则暗"①，如果偏信某个人就会昏庸糊涂。皇帝衣食住行都在皇宫里，很难掌握社会上真实的情况，只有广开言路，才能了解社情民意，不会被个别人所蒙蔽。这样才能防止皇帝在施政上刚愎自用、肆意妄为。魏徵的这些主张得到唐太宗的认同，他听取了魏徵广开言路的建议，改善了自古以来臣子对君主决策不容置喙的传统君臣关系，臣子对皇帝的言行和政治决策都可以上疏劝谏，绳愆纠谬，针砭时弊。自此，贞观一朝，君臣一心，和衷共济，群策群力，形成了进谏之风盛行的政治氛围。

魏徵很注重君主对所用之人全方位的了解，认为只有这样才能将人才的能力全面发挥出来。他在给唐太宗的奏疏中提到，只要了解了人才的能力，并且将人才置于适合他的位置，给予他充分的信任而不听小人的谗言，就可以使他成就一番事业，这是他选人用人的基本思想。魏徵认为，考察所用之人，品德是基础，除了忠义外，人才内心的善恶也是一个重要方面，具体表现在对拟用官吏在不同环境中的所作所为进行考核。

魏徵用人要求人尽其才，提出对拟用的有才干的人，要根据他的能力来给他相应的任命，就他所擅长的方面加以利用，避免暴露他的短板。毕竟不可能人人都能全面发展，肯定都有各自的长处，所以在用人上只有扬长避短，才能人尽其能，更广泛地招揽天下名士。另一方面，魏徵同样对作为大臣的士人提出意见，指出臣子进谏时不能只对君主的思想作风提出建议，还要充分发挥臣子自身的才干，多多出谋划策，辅佐君主一起将天下治理好。

魏徵待人赏罚分明，从未徇私枉法。他曾在奏疏中提出，奖励人没有达到劝人向善的效果，惩罚人没有达到惩治邪恶的效果，那么正义和邪恶怎么能有明显的区分呢？如果不是因为关系的远近而奖励人，不是因为权贵和平民的差别而惩罚人，把公平当作一切行为的规范，把仁义道德作为评判的标准，考察官吏的业绩，以此来确定其任职的名分，依据所担任的职务去了解其工作的优劣，那么正邪之事就不会被掩盖，善恶自然能够区分。

（二）宋璟与开元盛世

宋璟（663—737年），字广平，邢台南和人，唐朝著名政治家、思想家、文学家，与

---

① "兼听则明，偏信则暗"，最早出自［汉］王符《潜夫论·明暗》。《资治通鉴·唐纪八》记载："上问魏徵曰：'人主何为而明，何为而暗？'对曰：'兼听则明，偏信则暗。……'"

房玄龄、杜如晦、姚崇并称唐朝四大贤相。自入仕后，辅佐过武后、唐中宗、唐睿宗、唐殇帝、唐玄宗五位皇帝。任过上党县尉、中书舍人、御史中丞、吏部侍郎、吏部尚书、刑部尚书、尚书右丞相、上柱国、开府仪同三司等职，最后进爵广平郡公，死后追赠太尉，谥号文贞。宋璟为人刚直不阿、守正不挠、清廉爱民，有"有脚阳春"之誉。他为官的一生经历了各种坎坷，但一直怀有一颗为国尽忠之心，为了唐朝的繁荣昌盛，和姚崇勠力同心，将时值内外交困的唐朝，建设成为在政治、经济、文化、军事等各个方面均领先于世界的强大帝国，对唐玄宗开元盛世的形成做出了重大贡献。

1. 承旧启新，守正求稳

唐玄宗时实行了宰相专任制度，一个时期有主、次两个宰相，并且为了不重蹈以前专权独掌的覆辙，宰相不再久任。掌控实权的是"首辅"，另一名宰相只是协助"首辅"分管个别部门。宋璟接任的是姚崇的"首辅"之职，自宋璟上任以来，总体行事都依照旧章，萧规曹随。

姚崇执政善于根据潮流相机行事，从不胶柱鼓瑟，懂得通权达变。而宋璟讲求守正不回，一切都按规章制度办事，前任行之有效的措施，宋璟坚决继续执行。比如姚崇劝皇帝不要随意给边关将领功绩，谨慎奖励驻防边关的将士，防止这些武将互相邀功，为了得到奖赏不择手段故意在边境引发事端。宋璟也坚持了姚崇的这一政策，相当留意守边将领的举动，不仅唐朝边关的稳定得以确保，个别人也不敢再动忤逆之心。从后来天宝之乱的发生来看，宋璟继承的这一政策，是维护国家安定团结的重要举措。

2. 知人善任

宋璟当宰相时在选人用人上，对每个人都有充分的了解，特别注重根据各自的才能授以相应的官职，把最合适的人安排在最适合的位置上，使得官员都能在各自的岗位上充分发挥各自的作用，使得人尽其才。

比如，括州员外司马李邕和仪州司马郑勉都有才能和谋略，又擅长文章，但在思想上不太合乎正统，容易改变公认的是非准则，宋璟就建议根据他们的特点长处，在现在的职位上稍作提拔，分别让他俩担任渝州刺史和硖州刺史，这样既不会因为弃置不用而埋没才能，也不会因为完全提拔重用而招来祸端。又比如，大理寺卿元行冲一向被认为才行俱佳，上任初期也确实和大家所认为的一样，但是在处理了一些具体的事务以后，却发现并不称职，于是宋璟建议让他仍然担任做大理寺卿之前的官职。再比如，陆象先对施政的要领很熟悉，从政宽厚却不能容忍有失误，所以宋璟根据他的这个特点，建议皇上将他任命为河南尹。

3. 秉公执法，清正廉洁

宋璟性情刚正耿直，执法大公无私，是个有埋轮破柱气概的人。他认为只有依法治国才能使国家长治久安，所以他坚持秉公执法，处处维护法律的权威。为了让皇帝也要依法办事，宋璟直言进谏，常惹得皇帝很不高兴，虽然不合皇帝的心意，但是宋璟是为了国家考虑，皇帝也很忌惮他，往往听从了他的建议，带头遵守法度，大臣也就学着皇帝的做法依法办事，使得出台的各种法规能够在全国范围很好地落实，不仅皇权得到了巩固，社会也更加稳定。

宋璟认为官员的清正廉洁和国家的繁荣昌盛息息相关，他用唐太宗的例子来提醒唐玄宗，称唐太宗就是重视直接管理百姓官员的德行才有了"贞观之治"。于是宋璟劝说唐玄宗下令，让都督、刺史、都护赴任之前都要在当面辞别天子后，在侧门听候皇帝的旨意。这样做一方面皇上可以对任命的官员亲自审察，听取工作汇报；另一方面是对官员廉洁勤政的监督，最终品行良好、才能卓越的官员到了地方为政，取得了良好的效果，百姓得以安居乐业。

宋璟还主动抵制贪污腐败的不正之风。在唐朝，每年年终时各地会派人向皇帝或者宰相汇报一年来的工作情况，使者为了晋升，都趁着进京的机会，带很多奇珍异宝送给王公大臣，而这些宝贝都是地方官员搜刮的民脂民膏，百姓有苦难言。宋璟劝谏唐玄宗下旨，将收到的一切珍宝财物都勒令归还，断绝了使者靠投机取巧晋升的道路。这样一来，极大地减轻了地方官员对百姓的搜刮，打击了卖官鬻爵的歪风邪气，有效净化了当时的官场风气。

他也劝谏皇上要肃贪倡廉、艰苦朴素、勤政爱民，不要过于追求奢华安逸，做一个青史留名的好皇帝。唐玄宗听取了宋璟的建议，懂得了整个社会质朴的风气应从皇帝自身做起的道理，及时控制了自己不合理的欲望，开始厉行节约，克制私欲。皇帝的率先垂范，对政治清明、经济繁荣的开元盛世的开创起到了推动作用。

由此可见，宋璟是一位励精图治、刚直不阿、大公无私、敢于犯颜直谏的贤相。他身体力行，克己复礼，主动抵制腐败腐蚀，还出台了一系列整治贪污腐败的措施，整肃了官场风气的同时，弘扬了清正廉洁的浩然之气，营造了开元年间社会平稳安定、百姓安居乐业的和谐氛围，对开创开元盛世起到了不能小觑的作用。

宋璟去世后，大书法家颜真卿仰慕一代名相，撰文并书写宋璟神道碑，原文题目是《有唐开府仪同三司行尚书右丞相上柱国赠太尉广平文贞公宋公神道碑铭》，文章记叙了宋璟一生的事迹，赞扬了他高贵的品格，"生知礼度，天纵才明。玉立殿天子之拜，介然秉大臣之节。震电凭怒，谠言而不有厌躬；鼎镬沸前，临事而义形于色"。现今宋璟神道碑已从邢台市东户村移至邢台市区清风楼内，由于颜真卿书写宋璟碑文时已经65岁，在书法造诣上达到了炉火纯青的境界，所以该碑不仅有很高的历史和文学价值，还有很高的书法艺术价值，被明代学者都穆称为"人文字，真足三绝"。

清代乾隆皇帝对宋璟的品德和他的《梅花赋》推崇之至，于1750年秋，在十里铺（现河北省沙河市十里铺）梅花亭亲笔书录了宋璟的《梅花赋》，并赋《东川诗》一首，画梅花图一幅，这些诗与画都被镌刻在石上，嵌于梅花亭北侧墙壁上，即"乾隆御书石刻"。

（三）"安史之乱"对邢襄的重创

"安史之乱"始于河北终于河北，长期的战乱给河北大地造成了重大灾害。天宝年间唐王朝虽然看似繁盛，但日益尖锐的各种矛盾早已经暗潮汹涌，杨国忠与安禄山之间的争权夺利终于导致"安史之乱"爆发。

755年12月16日（唐玄宗天宝十四年十一月初九）统领范阳、河东、平卢的安禄山在范阳发动叛变，率领北方各部组成的15万人号称20万大军攻城略地。因为当时唐朝的军队基本分布在各地边境，国内少军驻守，一时难以迅速调回平叛，造成安禄山叛军一路向南，十分顺利，第七日便到达了巨鹿郡，在欣赏邢州的美景之余，听说此地为巨鹿郡，害怕此地因是李唐祖地而对自己不利，便继续前行到达沙河县（今沙河市）安营扎寨。从这个故事可以看出，"安史之乱"的叛军一度在邢襄大地驻留，也自然会频繁发生战争。

所以在长达 8 年的"安史之乱"中，邢襄大地遭受了重大戕害，百姓长期处于水深火热之中。

（四）颜真卿、柳公权与邢台

"安史之乱"一度使燕赵大地笼罩在战乱的阴霾中，在此期间唐代著名的书法家颜真卿给燕赵大地带来过一线曙光。

颜真卿（709—784 年），字清臣，京兆万年（今陕西省西安市）人，出身琅琊颜氏，为颜之推的后代，唐朝名臣、著名书法家。742 年通过博学文词秀逸科走上仕途，天宝十一年（749 年）升任殿中侍御史，753 年因杨国忠排挤，被调离出京，任平原郡太守。

平原郡属于安禄山的辖区，当时颜真卿已经看出了安禄山想要谋反的迹象，便找借口加高城墙、疏通护城河、增加粮草等，提前做准备。自安禄山叛乱后，河北各地郡县的守官有的开城投降，有的弃城而逃，很多郡县很快沦陷，致使安禄山 35 天之后就攻克洛阳，直逼长安。而在这期间只有颜真卿镇守的平原城严防死守。在安禄山范阳起兵之后，唐玄宗接到很多郡守望风而逃的消息，他感叹："河北二十四郡，无一忠臣邪？"但正是接到了平原郡太守颜真卿率军抗敌的消息，唐玄宗才重新燃起平叛的希望，感叹道："朕不识颜真卿形状何如，所为得如此！"（《旧唐书·颜真卿传》）

此时河北人民在颜真卿的号召带领下，不但奋起反抗，还接受清河郡太守派去求援的李萼的建议，派 6 000 援兵联结清河郡、博平郡、平卢郡等一起抗敌。此外，曾是安禄山部下参军的颜真卿堂兄颜杲卿也联络部将，迅速控制了常山郡的形势。颜真卿、颜杲卿两兄弟利用郭子仪、李光弼在朔方大败高秀岩叛军的有利时机，向河北的各州郡散发唐军即将收复河北的消息，河北十七郡陆续"皆归朝廷"并与颜真卿、颜杲卿联合兵力共 20 余万人，以"绝燕、赵"，收复了河北大部分地区。

鉴于此，安禄山又派史思明、尹子奇回师河北，河北诸郡又遭沦陷，史思明俘虏颜季明逼迫颜杲卿投降。常山城被攻破后，颜杲卿被押送到洛阳，他瞋目怒骂安禄山，最终被杀。而此时巨鹿郡也重新陷入安禄山的控制之内，只有平原郡、清河郡、博平郡严防坚守。后来在史思明的叛乱中，邢襄地区依然是战争主要地区，直到 7 年多之后"安史之乱"接近尾声，巨鹿郡才摆脱安史叛军的控制。但是藩镇割据和军阀混战依然使邢襄地区长期笼罩在战争的阴霾之中。

长达 8 年的"安史之乱"腰斩了所谓的盛唐治世，使唐朝进入中唐时期。唐宪宗期间另一位唐朝著名书法家柳公权也曾到过邢州，在正史柳公权的传记中虽没有记载，却在南宋一位文人楼钥的见闻录中留下了痕迹，还因柳公权留下了一处盛景——柳溪春涨。

中唐以后，曾经位于邢州城北的柳溪亭并不是因为遍植柳树而命名，而是因为当时的大书法家柳公权而命名。南宋楼钥在出使金国时每天记载他的所见所闻，题为《北行日录》，当他路过邢州时，他对柳溪亭的记载如下：

> 十七日戊戌。晴。……三里至柳溪，唐柳公权遗迹，亭榭数所，引溪水载之高岸，流觞曲水，为邢台游观之地。东北有邢山，出邢沙，碾玉所用也。过沙河数处，春夏间皆不可徒涉。四十五里宿内丘县。沙河县，汉襄国县地，邢即春秋邢国，卫灭之。战国属赵，汉常山王张耳、后赵石勒皆都焉。勒陷冀州，张宾曰："襄国因山凭险，形胜之地，可都也。"内丘亦属邢，有干言山，《诗》所谓"出宿于干，饮饯于言"者。

据说正是因为邢州有柳公权的遗迹，其后世子孙北宋初期文学大家柳开在治贝州（河北邢台清河）时，还专门到柳溪亭凭吊自己的先祖柳公权。

（五）郭威建立后周

907年，朱温逼迫唐哀帝"禅让"帝位，建立后梁，定都开封，占领了中国北方大部分地区，开启了五代十国时期，中国又一次陷入了大分裂时代，之后中原地区相继出现了后唐、后晋、后汉和后周四个朝代，南方地区出现了前蜀、后蜀、南吴、南唐、吴越、闽国、南楚、南汉、荆南（南平）、北汉等十个割据政权，而在这五代十国时期，也有邢州人开创的一番事业。

后周太祖郭威（904—954年），字文仲，邢州尧山（今邢台市隆尧县）人。他幼年是孤儿，在民间充分感受到了战争的残酷。18岁时，在潞州军阀李继韬部队里当兵。22岁时，后唐庄宗灭李继韬后郭威被选为后唐的禁兵。因为他聪明敏慧，喜欢学习，爱好读书，就跟随李琼学习兵书《阃外春秋》，一有空闲就读书，遇见难题就问，慢慢地他成为有学问、有修养的人。石敬瑭看中了郭威的才华，就把他招至麾下，让他掌管军队。

后来郭威尽心竭力跟着时为石敬瑭重臣的刘知远四处征讨，帮助刘知远建立了后汉国，被任命为枢密副使，隐帝时升任郭威为枢密使并兼任丞相。郭威的性情随和，对文人以礼相待，功劳显赫，在群众中有很高的威望。949年，郭威带兵平定了李守贞叛乱后，受封为天雄军节度使。到邺都赴任后，郭威将很多有弊病的事情都处理得很好，没用多长时间，当地的社会秩序就变得井然有序，百姓安居乐业。乾祐三年（950年）十一月，隐帝杀死权臣史弘肇、杨邠等人后，又派人谋杀郭威，郭威便起兵攻入京城，951年年初，取代后汉，建立后周。郭威施行的政策主要有：

第一，保卫疆土，团结各方政治势力。

后周建立之初，内忧外患并存。在外部，北方契丹虽内部分裂，但仍欲攻占中原；河东刘崇，建汉称帝，并循"晋室故事"，投依契丹，伺机恢复刘氏天下；南唐、后蜀也欲趁郭威新立，扩张领土。在内部，文武虽"劝进"者众，但汉臣并未尽服，且阶级矛盾尖锐，民未全归田业。

面对严峻形势，郭威对外采取了和好四邻、积极防御、保卫疆土的措施。《资治通鉴·后周纪》记载：郭威即位不久，即遣使契丹"报聘，且叙革命之由，以金器、玉带赠之"。又诏沿淮军镇，"各守疆域，无得纵兵民擅入唐境，商旅往来无得禁止"（《资治通鉴·后周纪一·唐顺元年》）。关陇地区，允许边吏与蜀通商，以期和平相处。在实行和好四邻的同时，郭威在军事上也积极防御。因契丹与北汉为最大威胁，故以北方为军事防御重心。任心腹、禁军首领王殷为邺都留守、天雄军节帅，率领重兵"镇抚河北，控制契丹"（《资治通鉴·后周纪一·唐顺元年》）。令宿将陈思让镇磁州、王晏镇晋州，以控扼泽潞，保护河、洛。在南线派得力将领，出镇沿淮军镇，强化边防。西线增兵关中，防蜀进扰，并阻断蜀、汉联合。由于军事上采取了积极的防御措施，故能打退来犯敌军，保卫疆土。

郭威对内团结各种政治势力，以安反侧，分化瓦解政敌。对前朝藩帅，无论"劝进"与否，均加官爵：位高权重的郓州节帅、齐王高行周加尚书令；襄州节帅、齐国公安审琦进封南阳王；青州节帅魏国公符彦卿进封淮阳王；对曾抵抗郭威、对其仍持敌对态度的慕容彦超，亦加中书令。对昔日政敌，郭威也予宽宥。苏逢吉、苏禹珪、李涛等在后汉曾力排郭威，郭威既往不咎，复苏禹珪相职并加司空，召李涛为太子宾客，优待已死的苏逢吉的家属，赐以庄宅。郭威安抚前朝宿旧的同时，也积极维护新政权。军事上，委任亲信为节帅镇守要地，命柴荣镇澶州，常思镇乐州，何福进镇许州，以拱卫京师，以郭崇掌禁军，成卫京畿；政治上，前朝旧臣虽与官职，但不给实权，以亲信王峻为宰执，再擢有识文士参与决策，控驭朝政。

郭威的内外政策，稳定了局势，减少了混乱，有利于巩固政权。同时也为实行改革，恢复生产，创造了客观条件。

第二，以法治国，整顿官场风气。

郭威主张用法律治理国家，这样国家的运行就可以做到有章可循。郭威下令，从广顺元年（951 年）三月起，各州府衙门，所有的重刑犯人，都要根据他们实际所犯罪行来判定，做到执法公正，不能随便给人定罪。同年五月，又将用重刑惩处罪犯的陈规废除。次年（952 年）十月，郭威明确了诉讼程序，防止官吏和讼棍趁机危害百姓。郭威还注重对前朝律令的修编，广顺元年六月，他命令侍御史卢忆等人编纂了作为后周法制基本准绳的《大周续编敕》。郭威依法治国的各项措施，为社会秩序的稳定提供了制度性保障，亦为其后周世宗颁行《大周刑统》奠定了基础。

武夫当权的社会现实，使吏治腐败无以复加。郭威大力整治吏治中的不正之风，对不法之徒严加惩戒，以儆效尤。据《旧五代史·周太祖纪》记载，郭威惩治的官吏多达 23人，被惩治者上到尚书下至县令。此后官场上经常可见的贪浊渎职现象逐渐变少，无节制发展的官僚权力，逐渐被中央政府的力量压制。

第三，重用文臣，提倡教育感化。

郭威出身行伍，自然知道武将治国的弊端，于是便对文臣加以重用和信任。他早年能够从军中脱颖而出，就与其在关键时刻听取文人雅士的意见有很大关系。比如当年郭威西征关中李守贞等三镇时，就听从了文士冯道的建议，平定了叛乱。又比如在后汉隐帝要谋杀他时，他紧急召文官魏仁浦对兵变进行谋划。

郭威执政时，对文臣大力扶植，重用有进取心的青年才俊，致力于提升官吏素质。他要求官吏直言进谏，不准虚与委蛇。郭威选拔了一大批对社会现实了解较深、有真知灼见的文臣辅佐改革，他临终前还对文臣进行了提拔。

郭威还很注重教化的力量，力图对当时的社会风尚进行变革。郭威倡导儒家风雅，以扭转凶暴成习、江河日下的颓废世风。他是历史上第一位亲身到曲阜拜谒孔祠、祭扫孔墓的封建皇帝，当时有人劝阻郭威，说孔子是臣子，不能以天子的礼仪祭拜他。郭威反驳说孔子是历代帝王的老师，怎么能对他不尊敬呢？随后还下令对孔祠和孔墓进行修茸。郭威从当时社会实际出发，礼遇孔子，倡行教化，对社会安全稳定起到了一定的积极作用。

第四，休养生息，减轻百姓困苦。

郭威懂得民间疾苦，深知百姓艰辛，他为减轻百姓困苦，日常生活简朴，还下令地方官员不能以进奉为名目对百姓巧取豪夺。郭威说下面州府进贡的各种珍馐宝物，虽然都是当地特产，可都是取之于百姓，为了避免劳民伤财，防止奢靡浪费，以后这些东西都不用进贡了。郭威在临终前还频繁告诫柴荣，为避免费人费力，不让用石柱修建他的陵寝，要求用砖代替石柱，还要求用瓦棺纸衣下葬。虽然郭威这样做有担心陵墓被盗的考量，但他没有遵循历代帝王厚葬的规矩，从客观上减少了对百姓的盘剥。

郭威还实行了罢营田、除牛租的政策。五代时，营田都被豪强地主控制，导致赋役收入减少，国库空虚。前朝时，国家将掠夺来的牛分配给百姓，借机向百姓收取用牛的租金，这是不合理的，百姓苦不堪言。郭威对营田的弊端和牛租带给百姓的痛苦很了解，于是在广顺三年（953年）正月下令，罢黜营田，废除牛租。从此，唐文宗以来存在了120余年的营田土地转化成自耕农土地，极大地刺激了小自耕农的生产积极性，牛租的废除也极大地减轻了农民的压力，使百姓的主观能动性得以最大限度地发挥，挽救了因连年战乱而濒于崩溃的社会经济。

郭威坚持为民谋利的原则，设法清除巧立名目、大肆敛财的恶习。他于广顺元年（951年）正月下诏，严禁以"斗余""称耗"为名对百姓进行压榨；广顺二年（952年）十月，又罢黜了"甲料"科目；另外，他还放宽了对牛皮、盐和酒曲等国家专卖物的征收标准，只要不卖给敌国，其余的百姓都可以自己用或者买卖。自此，前朝对百姓的剥削得到缓解。

（六）周世宗柴荣的改革

周世宗柴荣（921—959年），邢州尧山（今邢台隆尧）柴家庄人。本姓柴，家道没落后，被其姑父郭威收为养子，改姓郭。950年，隐帝将郭威和柴荣居住在皇城开封的亲属全部杀死，郭威便起兵造反，柴荣留在邺都大本营镇守。郭威即位后，封柴荣为晋王。954年，郭威驾崩，柴荣登基为帝。他励精图治，在郭威改革的基础上，对政治、军事、经济等方面进行了全方位的改革，使得后周政治清明、经济复苏、社会稳定，为北宋统一中国创造了条件。959年，柴荣北征辽朝，在准备进攻幽州时染病而亡，年仅39岁。虽然周世宗柴荣英年早逝，但他的一系列改革措施却收到了很大成效。

1. 改革吏治，法治天下

柴荣从谏如流，不拘一格广纳贤才，善于反躬自省，经常公开说出自己的错误。对官吏的选拔除科举制外，还实行荐举制，大胆选拔并亲自任命有才能的官吏，加强了中央集权。对已经在职的官员，定期进行考核，根据其在任的表现给予评价，当作升职或降职的标准。对吏治的改革，使后周人才济济，防止了才庸不分的弊端，对皇权的加强大有裨益。

周世宗虽大权独揽，但不刚愎自用，在要求群臣极言得失的基础上，任用李谷、范质、王溥、魏仁浦等人执掌朝政，使政权稳定。他要求自己尽量做到不"因怒刑人，因喜赏人"①。还整顿了科举制度，特开制科搜罗人才。为了解决唐中叶以来藩镇跋扈怠慢的问题，他又下令不许藩镇在地方筹集兵力，加强了中央对地方的管理。

周世宗柴荣重视法制，他颁布了《大周刑统》，作为治理国家的法律依据，也使官吏的行为得以规范。柴荣整顿吏治赏罚严明，对贪官污吏严惩不贷，净化了官场环境，这一措施为当时内忧外患、百废待兴、吏治松弛的社会注入了一支强心剂，维护了其政治统治。

2. 减轻民困，发展经济

（1）精兵简政，减少开支

后周冗兵现象严重，不仅耗费了大量财政，军队也缺乏战斗力，百姓压力巨大。为解决冗兵问题，柴荣让赵匡胤精兵简政，只选拔出类拔萃的人才，对年老体弱无能的人一律

---

① 《资治通鉴·后周纪三·显德二年》："上与侍臣论刑赏，上曰：'朕必不因怒刑人，因喜赏人。'"

让他们回家。从此柴荣的部队军纪严明、作风优良、战力强大，而且减少了很多养兵的费用，减轻了百姓压力。

五代时期统治者奢侈无度，是加重百姓经济负担的另一原因。柴荣出身穷苦，从小了解民间疾苦，懂得勤俭节约，所以继位后他为了治理国家、守住帝业一直以身作则，按行自抑，惩忿窒欲，保持着艰苦朴素的品格。作为皇帝，他不喜欢大排筵宴，不喜欢游山玩水，不喜欢奢华糜烂，不喜欢奇珍异宝，并制定了皇帝的膳食费用标准。

随着这两个问题在柴荣时期得到解决，赋税下调，政治清明，农民的负担得到减轻，国家整体的经济环境得到了很好的改善。

（2）增加劳力，开拓荒田

长期军阀混战，使人口大量减少，流民和荒田逐年增加。于是，柴荣下令允许把逃走的人的荒田分给他人耕种，并向政府交税，如果本户在 3 年内回来，可以申请要回一半的田地；如果本户在 5 年内回来，可以申请要回三分之一的田地；如果本户在超过 5 年后回来，除了本户在田地上的坟茔外，就不允许再要回了。靠近北方各州，如果是从陷落于外族的地方回来种地的人，5 年内回来的，分给他三分之二的田地；10 年内回来的，分给他一半的田地；15 年内回来的，分给他三分之一的田地；超过 15 年以后回来的，不再分给田地。这一措施极大地刺激了没有土地的人进行开荒，也使之前流落在外的人愿意返乡，激发了农民的劳动意愿，维护了社会稳定。

由于连年战乱，当时很多人都出家皈依佛门，不再从事农业生产。所以，为了进一步增加农业劳动力数量，柴荣实行有节制的限佛政策，只保留了少数寺院，大量僧人变为劳动者，使中原地区获得了大量劳动力，促进了经济的发展，为宋朝统一全国提供了良好的基础。

（3）兴修水利，禁铜铸币

五代作为中国历史上最动荡的时期之一，许多水利灌溉系统都因失修而荒废，不但农业得不到发展，还经常出现严重的水灾，甚至战时有些封建军阀打仗采取水攻的战法，故意决开黄河大堤以水当兵，造成人为的水患，使得百姓颠沛流离，饿殍遍野，民不聊生。面对这些情况，显德元年（954 年），柴荣安排专人监筑黄河大堤，动用徭役 6 万人，花了 30 天的时间修治河道。显德六年（959 年），柴荣又对河道进行了大规模治理："二月庚辰，发徐、宿、宋、单等州丁夫数万浚汴河。甲申，发滑、亳二州丁夫浚五丈河，东流于定淘，入于济，以通青、郓水运之路。又疏导蔡河，以通陈、颍水运之路。"[①]

河道的修治，水利的兴修，减少了水害的发生，使百姓能安心从事农业劳作，使农业经济持续稳定发展，为后周实力的壮大奠定了物质基础。另外，河道的疏通，也带动了漕运的发展，使得各地文化、民风民俗、语言等互相交流，促进了农业、手工业、造船业的发展，也有利于人口增长，维系了中央与地方之间的关系。

柴荣刚即位时还出现了缺钱的现象，为此他在显德二年（955 年）九月下令禁止所有人使用铜器，并设立专门的机构冶铜铸钱，当时只允许朝廷的铜制法物、军器、官物以及寺观里的铜制钟磬、钹、相轮、火珠、铃铎继续使用，除此以外，就连寺庙里铜铸的佛像都要熔成钱币。这样一来后周便有了充足的货币，人们生活更加便利，促进了商品流通，为国家经济发展创造了良好的内部环境。

---

① ［宋］薛居正. 旧五代史：卷一百一十九［M］. 北京：中华书局，1976.

3. 整顿军纪，提升军力

柴荣刚登基时，北汉刘崇利用郭威刚死后周政治不稳的时机，联合契丹进攻后周。柴荣亲自出征，在高平大败北汉、契丹联军。在战争中柴荣发现了后周军队中存在的一些弊端，因此，决心对军队进行整顿。显德元年，柴荣处决了与北汉作战时临阵溃逃、劫掠辎重、扰乱军心的将领共70余人，后来，他又检阅军队，挑选精锐，选募壮勇，严明军纪，组织中央禁军，大大增强了后周军队的实力，也增强了柴荣统一中国的信念。柴荣通过战争的不断胜利，展现了后周强大的军事实力，使周边国家对后周不敢轻举妄动。在攻取秦凤四州和江北十四州以及江南等地后，后周发展成为周边国家的核心，减轻了后周百姓的战争压力，改善了后周经济发展的外部环境。

尽管柴荣最终没能统一天下，但他在位时的各项改革措施，顺应了历史发展潮流，推动了历史和社会的进步，初步革除了五代时期的积弊陋习，缓和了当时统治阶级内部、统治阶级和农民之间的尖锐矛盾，安定了社会秩序，为我国封建社会由分裂走向统一做出了卓越贡献。他的改革事迹为后世提供了宝贵的经验，有很重要的借鉴意义，他的个人功绩也得到了后人的高度评价，《旧五代史》称誉其为"神武雄略，乃一代之英主"。

（七）后蜀皇帝孟昶与对联的诞生

孟昶，字保元，初名仁赞，即帝位后改名为昶，祖籍邢州龙岗（今河北邢台沙河孟石岗）。后梁贞明五年（919 年）生于太原，后蜀高祖孟知祥第三子，是五代十国时期后蜀的最后一个皇帝。其父孟知祥，于934年建立后蜀，在位仅 7 个月就死了。孟昶于同年七月践阼，至965年国亡，在位 31 年，事实上他的统治与后蜀政权相终始。

孟昶被人称为"文化皇帝"，他的一生对我国的文化发展做出了巨大贡献，其中"对联"的影响最为深远。

宋张唐英撰《蜀梼杌》载：后蜀主孟昶于归宋前之岁除日题桃符板于寝门云："新年纳余庆，嘉节号长春。"《后蜀世家》亦载此事："孟昶命学士为题桃符，以其非工，自命笔题云：'新年纳余庆，嘉节号长春。'"后世楹联，即权舆于此，时间是孟昶投降宋朝的前一年，即 964 年。

因为孟昶是在除夕当天题的对联，所以从此以后春节就开始写春联了。到了明太祖朱元璋时，他命令全国都要在春节时贴春联，这一传统就变成了汉民族的风俗习惯，逐渐传播到海外，并沿袭到了今天。从此以后，春联慢慢衍化出寿联、挽联、喜联、吉联、楹联等，于是上到帝王宫殿，下至文人斋室，从寂静山寺到闹市商肆，不论是楼台园苑还是名胜风景，都用对联进行修饰来给人以美的享受，不仅丰富了中华传统文化内涵，也为中华文化传播起到了重要推动作用。

孟昶对联最为出名的便是上面那一句了，他让大学士把那一副对联张贴在寝宫的门上面，可以说是他对新年的到来无比热忱，同时也带着无尽的期盼。但是关于孟昶对联寓意的分析却莫衷一是，有些学者认为孟昶虽然开创了对联，但是他的对联就好像是一个悲剧的暗示。根据历史的记载，孟昶写下中国第一副对联后，后蜀就亡国了。亡国之后，不出数日，孟昶便不幸死去。因而可以说那副对联并没有给孟昶治理国家带来丝毫福气，而是无尽的亡国不幸。

孟昶对联并不多，至今依旧为人熟知的便是他的第一副对联，其对联形式和格式与今天对联的标准要求都是完全吻合的，因而他被后人称为对联的始祖，其对联也受到了文化界很高的评价。

四、宋辽金民族矛盾与民族融合下的邢州地区

后周显德七年（960 年），后周大将赵匡胤在陈桥驿发动兵变，建立了北宋王朝。此时，中国的南部仍存在诸多割据政权，北方也存在北汉与辽国两大割据势力。其中辽国的实力格外强大，因此宋太祖赵匡胤依据宰相赵普的观点确立了"先南后北、先易后难"的统一方针，不急于解决北汉问题，把初期的重心放在经济殷实、军事实力相对薄弱的荆南、武平、后蜀、南汉及南唐等南方割据政权上，准备待南方完成统一后，再转而向北，消灭北汉，继而收复燕云等州，最终完成北宋的统一大业。在北宋统一战争时期，邢州及周围地区在很长时间内，处于北宋与辽国对峙的缓冲地带，成为北宋王朝的军事管制区。

（一）北宋消灭北汉之战

北宋王朝建立后，对北方采取先消灭北汉，继而收复燕云等州的统一战略。

北汉在历史上共存在了 28 年，国号"汉"，史称"北汉"，继承的是刘知远建立的后汉。第一任皇帝刘崇在太原称帝，仍沿用后汉乾祐年号，拥有十二州之地。刘崇依附于盟国辽国，与其约为父子之国，称辽国为叔，自称侄皇帝，在辽国的支持下，与后周、北宋长期抗衡，直到太平兴国四年（979 年），北汉在宋太宗亲率军队的征讨中，举国投降，结束了五代十国的割据局面。

北宋在消灭北汉的过程中，邢州地区一直处于战争前沿地区。建隆二年（961 年），北宋昭义军（治所即今邢台市）节度使李继勋率部出击，俘获北汉辽州刺史傅廷彦之弟傅勋，斩首百余级。在北汉军民纷纷归降北宋时，宋太祖赵匡胤曾诏令：今后凡北汉降人，一律徙家于邢、洺二州，"计口给粟"[①]。

乾德元年（963 年）八月，北宋邢州防御使王全斌率大军自邢州西出太行山，进攻北汉乐平城。王全斌率邢州兵将北汉军队击败，乐平及其附近静阳十八砦归于北宋。宋太祖诏令将乐平改为平晋军，归降的军队编为效顺军。九月，北汉与辽国联军进攻平晋军，宋太祖命"洺州防御使郭进、濮州防御使张彦进、客省使曹彬、赵州刺史陈万通将步骑万余"（《宋史·北汉刘氏世家》），自邢州西山等隘口西进增援王全斌。北汉与辽国联军闻风撤退。

乾德六年（968 年）七月，北汉主刘钧死，其子刘继恩即位。八月，宋太祖诏令内客省使卢怀忠、昭义军节度使李继勋等率大军征伐北汉。刘继恩亲自率军迎战，被李继勋部击败。不久后，邢州龙岗人侯霸荣"谋持继恩首献太祖，遂乘继恩无备，白昼挺刃而入，反扃其门。继恩绕屏环走，霸荣以刃拭胸弑之"[②]。北汉参议中书省事郭无为听说之后，派士兵用梯子进入后将侯霸荣杀死，拥立刘继恩的弟弟刘继元为北汉王，与辽国结盟，互为援助。北宋军队无功而返。

开宝二年（969 年）春，邢州等地兵再次奉诏，随宋太祖御驾亲征北汉。宋太祖下诏招降北汉君臣，"许继元以青州节度，无为邢州节度"（《宋史·北汉刘氏世家》）。劝降郭无为失败后，双方对峙到五月，宋军无功而返。北汉降将赵文度被宋太祖授以检校太

---

① ［元］脱脱，等.宋史：卷二八二［M］.北京：中华书局，1985.
② 同上。

傅、安国军节度使之职。安国军驻邢州。七月，宋太祖亲征北汉无功而返，途经邢州等地时，诏命"镇、深、赵、邢、洺五州管内镇、砦、县悉城之"（《宋史·北汉刘氏世家》）。沈括的《梦溪笔谈》有言："邢州城，郭进守西山时所筑，阔六丈，可卧牛，俗呼卧牛城。"①

开宝九年（976年），宋太祖第三次诏命郭进为洺州防御使，判邢州，巡西山，并会同其他诸路军出兵征讨北汉。"郭进得山北民三万七千余""寿阳民九千"②，全部徙于邢、洺安置。此后，郭进因被监石岭军事田钦祚欺凌，自杀而死。宋太宗赵匡义继位，北宋撤兵。

太平兴国四年（979年），宋太宗亲率大军征伐北汉，中途驻跸邢州。五月，刘继元投降。至此，五代十国的割据局面彻底结束，北宋王朝版图基本确定。东北以今海河、河北霸州、山西雁门关为界；西北以陕西横山、甘肃东部、青海湟水为界；西南以岷山、大渡河为界。宋太宗时开始征伐辽国，为收复燕云等州做准备。宋神宗时通过熙河开边收复河湟，宋徽宗时期于青海北部置陇右都护府，并重金赎回幽云七州。

北宋消灭北汉的战争进行了近20年。邢州成为当时北宋进攻北汉的主要屯兵之所与行军必经之路，为战争提供了大量的人员储备及军备物资，始终处于战备状态，社会和经济发展缓慢。战争结束不久，邢州地域的巨鹿、沙河二县接连发生天灾，民不聊生，从侧面也反映出北宋初期的邢州地区在连年战乱的历史背景下，经济发展和社会生活基本处于停滞状态。

（二）边肃抗辽保卫邢州

按照北宋统一的既定战略，在北宋消灭北汉的战争中，宋辽之间虽因北汉而屡次用兵，但是当时宋辽双方并无吞并对方的战略意图。在北宋消灭北汉之后，宋辽之间的战争才真正开始，连年交兵，互有胜负。

景德元年（1004年），辽圣宗耶律隆绪与其母萧太后亲率辽兵大举侵宋，在瀛州与北宋军队发生激战。宋瀛州知州李延渥率州军抗辽，给予辽兵强有力的打击。在这次瀛州保卫战中，邢州地区的清河、南宫、新河等县镇驻军做出了应有的建树。

在辽兵猛烈的攻势下，北宋多数大臣主张迁都以躲避战争，只有寇准等少数人力主抗战，并建议宋真宗亲征以鼓舞将士的士气。宋真宗接受建议，亲幸大名府，任命边肃出任邢州知州，在这一时期设邢州都总管。

正值辽兵大举进攻北宋之时，邢州地区多次发生地震，邢州城损毁严重，军备松懈。待边肃出任邢州知州后，宋真宗密诏边肃"若州不可守，听便宜南保他城"（《宋史·边肃传》）。边肃接到密诏未曾发布，不但将密诏隐瞒下来，还命令城中兵丁壮士躲藏在城门处，其他部下军队严阵以待。入侵邢州的辽兵看到邢州城门大开，城上城下均有宋军守卫，就不敢轻易上前，而后在两军交战中，邢州军竟然获得了微弱的胜利。辽兵因交战无果，又无法获知邢州城内的情况，三天以后便离开了邢州。当时，因为镇、魏、深、赵、磁、洺六州的北宋守将皆"闭壁不出"，也不让他人出入，只有邢州知州边肃开门接纳那

---

① ［宋］沈括. 梦溪笔谈［M］. 北京：国家图书馆出版社，2017.
② ［元］脱脱. 宋史：卷二八二［M］. 北京：中华书局，1985.

些逃亡到邢州来的百姓，因此邢州成为冀南地区难民的庇护所。

（三）澶渊之盟曹利用不辱使命

在"重文轻武"的政策下，宋朝军事屡弱，缺少出色的武将，而这时候的邢州就出了一位能言善辩且能领军平叛的官员，名叫曹利用。

1. 曹利用其人

曹利用（971—1029 年），字用之，赵州宁晋（今河北宁晋县）人。曹利用年少时擅长言谈辩论，为人慷慨、品行端正且志向远大。他的父亲是曹谏，考取了明经，官职做到右补阙。从曹谏一生的经历来看，通过明经科举中第，官职到右补阙，本来更适合担任文职，后来被北宋朝廷认定有军事方面的才能而改任崇仪使。

正如史书记载："谏知定远军，会虏入寇，兵少而城不固，人心危惧，欲降于虏。谏斩数人，乃定，因率励士卒，虏不敢犯，遂引去。上闻之，降诏敦谕，赐五品服。未几，召赴阙，乃改受此命。"[1] 纵观整个北宋，重文轻武的风气普遍存在，因此像曹谏这样弃文从武的官员并不多见。随着父亲官职的变动，曹利用原本的文官家庭出身也变为武官出身。父亲曹谏死后，曹利用以荫补殿前承旨的官员，改任右班殿直，又被选为部延路走马承受公事。

2. 澶渊之盟不辱使命

景德元年（1004 年），辽军攻破遂城以后，在定州与宋军对峙。宋朝军事本就屡弱，宋真宗和有些大臣不愿迎战，主张南逃。在宰相寇准的力谏之下，宋真宗才勉强应战，并到澶州督战。辽军后来分为多个路线进军：主力全力进攻瀛洲（河北河间）未果；萧挞凛、萧观音奴二人率军攻克祁州，与萧太后等人会合进攻冀州、贝州（今河北清河）；辽军攻克德清（今河南清丰），三面包围澶州（今河南濮阳），宋将李继隆死守澶州城。

交战期间，宋军在澶州（河南濮阳）城下以八牛弩射杀辽南京统军使萧挞凛，辽军受挫，惧怕腹背受敌，就派云州降将王继忠进入澶州转达辽国罢兵议和的愿望。宋辽之间军事力量基本均衡，战争也互有胜负，宋真宗赵恒本身也不愿意打仗，因此一旦辽国摆出议和意向，他立即回应不愿穷兵黩武，同意议和。

两国议和给了曹利用大展身手的机会。宋真宗对曹利用说："契丹人南下入侵，不是要夺取土地便是想求得财物。关南一地归属中原已久，不可答应给契丹，汉代用玉帛赐给匈奴单于，有成例在先。"[2] 以此暗示他除了不可以答应辽国的割让领土要求之外，可以向契丹纳款议和。

曹利用痛恨辽国的入侵行径，临行时向宋真宗立下豪言壮语："傥得奉君命，死无所避。"[3] 当时宋真宗也被他无畏的勇气感染。曹利用到达辽国军中后，在进行谈判时，辽国国母萧太后说："后晋感激我，送给我关南一地，后又被周世宗夺取，今天应还给

---

① 钱若水. 宋太宗皇帝实录校注：卷四十一 [M]. 范学辉，校注. 北京：中华书局，2012.

② 《宋史·列传第四十九·曹利用》："帝语利用曰：'契丹南来，不求地则邀赂尔。关南地归中国已久，不可许；汉以玉帛赐单于，有故事。'"[元] 脱脱，等. 宋史 [M]. 北京：中华书局，1985.

③ [宋] 李焘. 续资治通鉴长编：卷五十八 [M]. 北京：中华书局，2004.

我。"① 曹利用回答萧太后言："晋人以地界契丹，周人取之，我朝不知也。若岁求金帛以佐军，尚不知帝意可否，割地之请，利用不敢以闻。"（《宋史·曹利用传》）曹利用回答的意思是：后晋人把地送给契丹，后周人又把地夺回，对此我大宋朝不知道。像每年求取一些金银玉帛之类来补助军费（我可以汇报给皇帝），但不知道我们皇帝是否同意，至于割地的请求，我曹利用根本就不敢向皇上报告。

景德元年（1004 年）十二月，曹利用费尽口舌、几经往返，最终由宋真宗诏准：宋辽双方以白沟为界，宋每年向辽输银 10 万两，绢 20 万匹。双方保证"沿边州军，各守疆界，两地人户，不得交侵……至于陇亩稼穑，南北勿纵骚扰……自此保安黎庶，谨守封陲，质于天地神祇，告于宗庙社稷，子孙共守，传之无穷"（《辽史补注·本纪第十四·圣宗五》），双方约为"兄弟之国"。这就是历史上有名的"澶渊之盟"。

曹利用一手谈判而成的"澶渊之盟"，在今天看来无疑是耻辱的和约。但这本来就是在受到议和派怂恿、宋真宗抗辽意志不坚定而愿意纳币的情况下前去谈判，曹利用坚持不割让土地的前提下谈成的盟约。而对于包括邢州在内的河北中南部百姓来说，确实因此而获得了较长时间的安定与和平，从而免除了战乱之苦，社会经济得到了一定发展。从 1004 年达成"澶渊之盟"到 1125 金灭辽，除了其间 3 年的战争，宋辽之间和平相处长达 118 年之久。"澶渊之盟"使各地"通互市，葺城池，招流亡，广储蓄，由是河北民得安业"②。因此，应该全面地看待曹利用和"澶渊之盟"的历史意义，而不宜全盘否定。

3. 平定叛乱与冤屈而死

宋朝宜州知府刘永规对待部下手段残酷，有个军校就利用刘永规部下对他的不满怨恨，刺杀了他，发动了叛乱。叛军接连攻下多个城、县，搅动了岭南的安定。皇帝就派曹利用平叛，并肯定他的能力说："曹利用晓方略，尽心于事，其以为广南安抚使。"（《宋史·曹利用传》）曹利用前往岭外，在武仙县遇上强盗。强贼手持锐利的标枪，护着彩色的盾牌，衣服盔甲坚实，锐箭也射不进。他让士兵手持大斧长刀先将盾牌砍破，才将强盗斩首示众。岭南平定后，曹利用升任引进使，后又历任客省使、嘉州防御使等职。大中祥符七年（1014 年），任枢密副使，升宣徽北院使、同知院事，又进升为知院事，最后升任枢密使、同中书门下平章事。

曹利用因功升迁、任政已久，不免有些恃功而骄，因此得罪了不少人，在他的侄子犯罪时，遭连累被贬房州，内侍宦官杨怀敏监送，走到襄阳驿站时，杨怀敏极力用言语威逼他，曹利用本就属于性情刚烈之人，因不堪受辱而上吊自杀。

宋仁宗明道二年（1033 年），恢复了曹利用节度兼侍中官职，后来追赠他为太傅，并退还给他的儿子们原来的曹家宅第和家产，赐其谥号为"襄悼"，宋仁宗亲自在赐予他的神道碑的碑额上篆书"旌功之碑"。

（四）金朝统治下的邢州

北宋宣和三年（1125 年），辽天祚帝在与金国交战中，兵败溃逃，被金国俘获，后病

---

① 见 [元] 脱脱等撰《宋史·曹利用传》："晋德我，界我关南地，周世宗取之，今宜还我。"中华书局，1985 年，第 9706 页.

② [明] 陈邦瞻. 宋史纪事本末：卷二十一 契丹盟好 [M]. 北京：中华书局，2015：147.

死，辽国灭亡。同年，金军乘胜大举进攻北宋。于当年十二月攻克了信德府城（今河北邢台），一路南下，兵临汴京（今河南开封），逼迫北宋朝廷签订了城下之盟。北宋靖康元年（1126 年），金朝再次南下攻宋，攻破汴京，俘获北宋徽、钦二宗，北宋政权灭亡。

汴京失陷前，徽宗第九子康王赵构奉使北上的过程中，在磁州、信德府、相州等军队的支持下，竖起天下兵马大元帅的大旗，号召北宋军民抗金。靖康二年（1127 年）五月，赵构即位于归德，建立南宋政权，赵构即宋高宗。宋高宗即位之初，起用北宋末年抗金派首脑人物李纲为丞相。李纲对正在抗击金兵侵略的河北忠义民兵进行统一组织，计划收复河北失地，但是在主和派的阻挠下未能实现。

南宋建炎二年（1128 年）六月，信德府军民在北宋灭亡后坚持抗击金军近一年，最终因为缺乏南宋朝廷的支援，被金兵攻破府城，导致抗金失败，信德府所属各县城区域也先后失陷。从此，信德府及其周围的广大地区被纳入金朝的统治版图，信德府地区的百姓也被迫接受金朝的统治。根据《金史》记载，在一段时间内原北宋信德府地区不断有抗金斗争，因此金王朝曾在这里设置信德府路统押军兵兼沿边安抚司，以管理这一地区的军事与行政事宜。

金朝攻占河北地区以后，迅速在河北地区建立本国的统治秩序。为了加强对邢州地区的管辖，对该地区地方官员进行了较大范围的察举奖惩活动，使社会趋于稳定。1129 年 8 月，金朝诏令各地"开贡举取士，以安新民"（《金史·本纪第三·太宗》），在真定府安国寺进行了策试，选拔出 72 名北宋在籍进士授以官职，时称七十二贤榜。邢台县人范邦彦可能就是在此次策试后中举，出任蔡州新息县令。

金朝与北宋争夺中原的战争以河北为主战场，河北百姓民不聊生，人口损失很大，为改善这一情况，金王朝有计划地向这一地区大量移民。另外，为了恢复农业经济，金朝制定了鼓励垦荒、赎奴为良等政策，规定凡承种官有荒地者，七八年后始征田租，且实行减半纳租法。这些政策的推行，在邢州及其附近地区产生了积极的效果。在今南宫市当时所系的冀州，由奴婢脱身为良者数以千计，士绅富室复籍者多至万户。邢州大邑威县（先属洺州，称洺水；后归邢州，改称威县）经过金太宗、金熙宗两朝的恢复，农业经济已经呈现出稳步发展的景象。

1149 年，海陵王完颜亮篡权称帝，此后 10 余年间，他"外而黩武，内而纵欲"（《金史·志第九·礼一》），倒行逆施，致使"农夫失业，织女不蚕"（《大金国志校证·海陵炀王中》），饥民遍野，四散逐食。此时邢州本可以继续发展的社会经济也出现了倒退。完颜亮大量征用民夫修建城池和宫殿，将都城由上京迁至燕京；召集百姓参军，发动对南宋的侵略战争。

1161 年，海陵帝死于扬州兵变，完颜雍即帝位，后称金世宗，改元大定。金世宗推行了一系列息民政策，以图经济的复兴。在邢州一带采取的具体措施包括整饬吏治、发展农业、修建城防等。在金世宗统治金朝的近 30 年间，邢州的社会发展进入极盛时期。至金章宗时期，邢州及其周边县区的人口约 16 万户，共计约 81 万人。1213 年之后邢州作为北方战场的前线，又陷入金与蒙古的战乱之中，直到 1218 年邢州一带基本被纳入蒙古汗国的统治范围。

（五）宋辽金时期邢州的民族融合

在中国历史上，邢州"西带上党，北控常山，河北之襟要，而河东之藩蔽也"①，具有独特而重要的地理位置。宋辽金时期，邢州地区完全彰显了其"民族走廊"的地缘特色。著名历史学家、民族史专家唐嘉弘先生曾说："在古代历史上，邢台的地位是处于一个相当重要的民族走廊的地位，是草原文化和农业文化的融汇，是一个带有交接点和通道性质的地位。"②

1. 北方民族迁徙南下

迁徙南下，是宋辽金时期北方民族与中原汉族融合最为重要的途径。北方民族以空前规模向中原迁徙，发生在金朝灭北宋之后。

河北一直是宋金争夺中原的主战场，河北百姓户口流亡十分严重，因此金朝推行招附流亡政策，并有计划地向中原地区大量移民。1133（天会十一年）—1145 年（皇统五年），金王朝将大量的女真人、契丹人以猛安、谋克为单位大规模迁至河北地区，筑垒于村落间，计口授田，以震慑并管辖北宋遗民，恢复农业生产。这些移居中原的猛安、谋克户与汉人错居，以血缘关系为基础，按照军事方式组织起来，组织成员共同拥有耕地及其他重要生产资料。

金朝自东北内迁至邢州地区的猛安、谋克屯寨，在政治上不同于汉族村社。金人所设置的猛安，实际上相当于知镇，谋克则相当于坊正和里正。坊正和里正的职责，是在本管区内"按比户口，催督赋役，劝课农桑"③。另制凡五十户者，设寨使一人，相当于主首。猛安、谋克户依仗特权占有了中原土地之后，并不是要自己耕种，而是将土地出租给汉人。

大定二十一年（1181 年），金世宗曾对大臣说："山东、大名等路猛安、谋克户之民，往往骄纵，不亲稼穑，不令家人农作，尽令汉人佃莳，取租而已。"④ 据《大金国志》记载："今屯田出处，大名府、山东、河北、山西诸路皆有之，约一百三十余千户。"⑤ 据考，大名府附近驻有 12 猛安，共计 36 万口人。邢州作为京畿地区，又是金朝在冀南地区的重镇，其村落间新迁居的猛安、谋克应该与邻近的大名不相上下。这些南下移居而来的女真人和契丹人并不擅长农业耕种，而是接受了租佃制，完成了从公有制到私有经济的过渡。他们的内迁客观上促进了新政权政治经济的稳定和发展，加速了中原汉族与少数民族人口与文化之间的融合。

在户籍管理问题上，金朝统治者对于不同民族的人民也加以区别。金章宗在统治时期，称女真人家庭为本户，汉族人家庭为汉户，契丹人家庭为契丹户，其他民族组成的家庭为杂户。从侧面也可以反映出，金朝时期中原汉族与少数民族之间的融合达到了很深的程度。

---

① ［清］顾祖禹. 读史方舆纪要 ［M］. 北京：中华书局，2005：658.

② 转自杨文山，翁振军. 邢台历史文化论丛 ［M］. 石家庄：河北人民出版社，1990.

③ ［元］脱脱. 金史：卷四十六 ［M］. 北京：中华书局，2016.

④ ［元］脱脱. 金史：卷四十七 ［M］. 北京：中华书局，2016.

⑤ ［金］宇文懋昭. 大金国志：卷三十六 ［M］. 北京：中华书局，1986.

2. 商业、交通互往

宋辽在经济实力上有着较大差距，宋辽之间的贸易往来为双方的经济生活实现了互补。

北宋时期，邢州的商业十分发达，得益于邢州便利的交通条件。当时以邢州为中心枢纽，向北通过真定、定州、保州、安肃军、涿州的交通大道纵贯河北西路南北，直通辽国南京析津府（今北京市）。《清波别志》记载了和诜以副使身份经邢台前往辽国。这些史实都说明了宋辽之间官方和民间贸易往来大多要经过邢州贯通南北的大道。

早在太平兴国二年（977年）三月，宋朝就开始在沿边指定地点设立榷场，由官府对双方互市进行管理和监控。其间因为宋辽关系紧张，边境互市在冲突中时断时续，并未完全停止。虽然北宋官方和辽国官方对互市贸易的货物种类、贸易地点和时间都有着严格的限制，但是本地百姓因为有利可图、地方官员为了边境地区的安宁、双方政府为了获取一些必用物资，都会想方设法进行互市贸易。比如北宋的粮食和茶叶、辽国的战马等。这一时期，邢州及各县城中都设有市易，"以官府作贾区，公取牙侩之利"①，商业发展具有一定的特色。城郊与乡村有定期的草市、墟市，也称集市、坊场，供人们贸易往来。凡属生活用品，除国家明令禁止民间买卖者，均可在市场流通。

宋金双方签订和约划江淮而治后，河北地区归于统一，邢州水路交通十分发达，促进了邢州地区商业的发展。宋金使节往返不断，中间经过的官道，即"自东京至女真，所谓御寨行程：东京四十五里至封丘县，皆往北行……七十里至信德府邢台驿……"②。南宋诗人范成大在《过邢州驿》中写道："太行东麓照邢州，万叠烟螺紫翠浮。谁能登临管风物，枯荷老柳替人愁。"是他在宋孝宗隆兴北伐，企图收复北宋失地失败后，于乾道六年（1170年）奉命以起居郎假资政殿大学士充任金祈请国信使，路过邢州暂住邢台驿时的有感之作。

金明昌年间有田姓回鹘商人"饶于财，商贩巨万"，就曾多次往来于"民物繁庶"的河北、山东之间③。金朝与南宋之间的贸易，也以茶为大宗。金人十分喜爱南方茶叶，虽然女真统治者限制榷场茶叶贸易，认为以中原珍贵的纺织品换取茶叶，给经济造成负担，但是很难禁止。

3. 民族文化交流

宋辽金时期，南北文化交流也实现了很大的发展，促进了中原地区的民族融合。景祐三年（1036年）五月，"范仲淹以言事去国，余靖论救之，尹洙请与同贬，欧阳修移书责司谏高若讷，由是三人者皆坐遣。（蔡）襄作《四贤一不肖诗》，都人士争相传写，鬻书者市之，得厚利。契丹使适至，买以归，张于幽州馆"④。契丹人非常崇拜欧阳修、苏轼等文化名人。苏辙"使契丹，馆客者侍读学士王师儒能诵洵、轼之文及辙《茯苓赋》，恨不得见全集"⑤。范镇"其学本《六经》，口不道佛、老、申、韩之说。契丹、高丽皆传诵

---

① ［元］脱脱. 宋史：卷一八六 ［M］. 北京：中华书局，1985.

② ［宋］赵彦卫. 云麓漫抄 ［M］. 点校本. 北京：文学古籍刊行社，1957.

③ ［宋］赵珙. 蒙鞑备录 ［M］. 郑州：大象出版社，2019.

④ ［元］脱脱，等. 宋史 ［M］. 北京：中华书局，1985.

⑤ 同④.

其文。少时赋《长啸》，却胡骑，晚使辽，人相目曰：此'长啸公'也。兄子百禄亦使辽，辽人首问镇安否"①。

金朝统治者出于稳定政治统治的需要，早在金熙宗时期，就开始确立孔子及其学说在思想领域的统治地位。金初在上京建立孔庙，其用意正在于此。金朝在黄河流域推行女真化的尝试遭到失败之后，更是极力倡导尊孔、读经。明昌六年（1195 年），党怀英在《重修圣文宣王庙碑》中说金章宗即位以来，"其与万方同归文明之治，以为兴化致理，必本于尊师重道，于是奠谒先圣，以身先之""凡立功建事，必本《六经》为正，而取信于夫子之言"②，孔子及其学说被赋予了前所未有的崇高地位。

北宋程颐、程颢的理学，在金朝得到继承和发展，南宋朱熹的理学对金朝思想界也有相当大的影响。磁州（今河北磁县）赵秉文（1159—1232 年）号为金末文宗，研治理学，标榜继承周敦颐和"二程"。他认为"遏人欲、存天理"，是"周、程二夫子绍千古之绝学，发前圣之秘奥"③。人们的物质欲望都需要用"天理"加以节制。"喜怒未发之前，求之以戒慎、恐惧"④，如果人们都相信这种说教并照此办理，统治者就可以不必担心会有人起来造反了。正因为理学适应封建统治者的需要，所以，它在金朝得以继续发展。南北经济联系的加强以及儒学和理学为进入中原的各民族所普遍接受，使民族融合得以加速发展。

五、元明清时期的邢州与顺德府

元明清时期，邢襄文化在继承前代文化的基础上进一步发展和创新，迎来了其发展高峰期，文化教育发展迅猛，成为北方重要的文化中心之一。在长期的生产生活中，邢襄人民创造了丰富多彩的文化，包括城市建设、天文水利、文学艺术、科技、教育、宗教、民俗等多个方面。这些文化不仅体现了邢襄人民的智慧和创造力，也为后世留下了宝贵的精神财富，展现了独特的魅力。

（一）元代邢州学派与"邢州大治"

1204 年，铁木真统一蒙古高原诸部，1206 年在斡难河源召集蒙古贵族，召开"忽里勒台会议"⑤，建立大蒙古国，成为大蒙古国的可汗，被尊为成吉思汗，意思是"拥有海洋四方的可汗"或"强盛伟大的君主"。蒙古帝国经历了几任大汗以后，1259 年大蒙古国第四位大汗孛儿只斤·蒙哥去世，引起蒙古汗位之争。不久阿里不哥在哈拉和林召开"忽里勒台"大会登基，宣布继承大汗之位。1260 年 5 月 5 日，忽必烈在开平府登基称蒙古帝国大汗，以上都为新都城。忽必烈的即位也带来了"邢州大治"。

1. 元朝之"元"的来历

忽必烈登基之后，随后发布即位诏书《皇帝登宝位诏》，建元"中统"。在诏书中忽必烈一改之前蒙古国皇帝称"大汗"的传统而自称为"朕"，称他的哥哥蒙哥为先皇。

---

① ［元］脱脱，等. 宋史［M］. 北京：中华书局，1985.

② ［清］毕沅，阮元. 山左金石志：卷二十［M］. 扬州：广陵书社，2023.

③ ［金］赵秉文. 闲闲老人滏水集：卷一［M］. 北京：商务印书馆，1966.

④ 同③.

⑤ 忽里勒台会议：是大蒙古国部落和部落联盟的议事会，用于推举首领、决定征战等大事。

1271年，忽必烈又颁布《建国号诏》，以"大元"为国号，自此元朝正式开始。而这一系列操作都要归功于忽必烈的智囊，即被称为"聪书记"的人，一个叫子聪的僧人，这名僧人就是出生于邢州的刘秉忠。

刘秉忠（1216—1274年），初名刘侃，法名子聪，字仲晦，号藏春散人。他的祖籍是瑞州（今辽宁绥县），祖辈是辽国官员，后因其祖父在金朝被派到邢州（今河北省邢台市）做节度使，而在邢州定居，成为名副其实的邢州人。其父刘润在大蒙古国太师、国王木华黎攻取邢州后投靠其麾下为官。

刘秉忠13岁的时候就入元帅府做质子，17岁为邢台节度使府令史，以便于就近奉养其亲。然而刘秉忠自幼聪颖，才华出众，不想只做个刀笔小吏，因此其为令史时常闷闷不乐，之后一度弃官隐居，后被天宁寺的虚照禅师收为弟子，法号子聪，留居云中南堂寺中。

后来北方禅宗临济宗领袖海云和尚奉蒙古宗王忽必烈之诏前往和林，路过云中，听闻刘秉忠博学多才，于是邀请他一同前往。刘秉忠虽为禅宗弟子，但是于书却无所不读，遂精通天文、地理、律历、占卜乃至奇门遁甲，无所不精，因此，他见到忽必烈后，不仅为其讲述佛法大意，也让其看到了自己渊博的学识和治世的能力。忽必烈如获至宝，从此以后，刘秉忠成为忽必烈的近臣、宠臣。

元王朝的国号就出自刘秉忠的建议，当忽必烈为改国号发愁的时候，他站出来建议忽必烈将国号改为大元，并向其解释这个大元是取自《易经》里的"大哉乾元"，意思是对无始无终、无边无际的浩大宇宙的赞叹。而"元"又是"大"和"首"的意思，忽必烈觉得此字和自己所想相符，于是在1271年改国号为"元"。

忽必烈听取刘秉忠的建议将国号改为"元"，分析原因大致有三：

第一，忽必烈受丘处机等人的影响，对中原文化很感兴趣，所以当具有深厚汉文化底蕴的刘秉忠建议改为"元"时，他是深表赞同的。

第二，忽必烈想让蒙古文化和中原文化交流融合，借此学习汉人的文化和改革方法，巩固国家的统治与治理。忽必烈超越很多帝王的地方在于，他明白皇帝的职责不仅是武功杀伐，更在于平复战争之后的创伤，所以他大力发展经济和文化，体恤黎民百姓，借助汉文化，不断开拓进取，将元朝从建立伊始一直推向极盛。

第三，从所改的国号"元"可以看出忽必烈作为一代君王的理想和野心。改国号为"元"，一方面是讨好汉人，让他们承认元朝是中国的朝代，另一方面，也让汉人接受蒙古灭亡南宋的事实。

2. 邢州学派及其成就

邢州学派也被称为"紫金山学派"或"邢州集团"，是因位于河北邢台、武安和山西左权两省三县交界的紫金山而得名。如今在山顶可见紫金书院、观星台的遗迹。邢州学派代表人物为"紫金山五杰"——刘秉忠、张文谦、郭守敬、张易、王恂。因刘秉忠、张文谦、郭守敬三人是邢州（今邢台市）人，张易、王恂二人虽不是邢州人，但在邢州紫金山学习过，且同刘、张、郭三人关系密切，故而称之为邢州学派。

邢州学派的形成有其特定的地理与历史原因。首先从地理位置来看，邢州正是中原农耕文化和北方草原文化交接的地点。自古戎狄就生活在太行山中北部地区并逐渐向太行山东麓发展，而邢台恰恰处在太行山中北部山区的东麓，其西、北两面和戎狄接壤。邢台处于这样一个特殊的地理环境中，这一点同中州的河南是不同的。回顾邢州历史，我们发现在邢州地域内邢人与狄人交往有七八百年之久，同戎狄长期交往特别是杂居融合，形成了邢台民族走廊的地位。民族走廊就是民族融合区，民族融合是民族和谐的黏合剂。邢州学派的主要成员刘秉忠、张文谦和郭守敬皆为邢州人，必然受到民族走廊地理环境的影响；另两个邢州学派的主要人物张易和王恂，一个是山西太原人，一个是河北唐县人，他们的故乡比邢台更接近草原文化，更能适应中原文化与草原文化的融合。

邢州除了具有民族走廊的地理环境外，还有独特的历史原因：邢州长期处于辽、金、蒙古的统治之下，"如果从辽朝立国算起，已有三百年不是汉族封建王朝统治区历史了……"①。在这样一个现实基础上生活的知识分子，冲破了夷夏观念，淡化了正统之争，他们在乎的不是做皇帝的人是蛮夷之族还是汉族，而是在乎能否采用'汉法'，重用儒士。因此他们与蒙古族统治者和谐相处，甚至积极入仕元朝，从而得以施展政治抱负，开展科学文化研究，并取得了辉煌的成就。

邢州学派不仅改变了蒙古帝国的命运走向，使中国继唐朝之后再次走向大一统，也让邢州民族走廊的地缘文化得到彰显，由此邢州不仅是作为一个地理名词，而且作为一种文化现象进入了历史视野。

邢州学派的历史成就可以概括为"经世致用""学究天人""三教圆融"②，尤其在政治与科技两个方面，邢州学派的代表人物如刘秉忠等人匡时济世，身体力行，他们是元史的重要开创者，又是科学的集大成者，有力推动了中国历史的发展。在此，我们回顾一下邢州学派的主要成就。

（1）大元帝国设计师刘秉忠

刘秉忠是元代政治家、思想家、文学家、风水学家、占卜学家，学贯释道儒，为一代成宪，"参帷幄之密谋，定社稷之大计"（《元史·刘秉忠传》），是元代国家体制的总设计师和最杰出的政治家。

刘秉忠在元世祖忽必烈即位前，注意物色人才，他与云海禅师一起入见，忽必烈把他留在身边，商议军国大事。忽必烈即位后，国家典章制度都让他参与设计草定。拜光禄大夫太保，参领中书省事，改名秉忠。刘秉忠亲自勘测、设计和督建了元上都、元大都，并建议忽必烈取《易经》"大哉乾元"之意，将蒙古更名为"大元"，忽必烈采纳了建议，这就是元朝命名的由来。

刘秉忠是玄奥深沉的思想家，创作了《平沙玉尺经》和《玉尺新镜》，他培养出郭守敬、王恂等杰出的天文学家，并倡修《授时历》，是杰出的科学家和建筑学家，著有诗集《藏春集》10卷、《刘秉忠诗集》22卷、《刘秉忠文集》10卷，《藏春词》1卷，是才华横溢的文学家，同时"论艺业，则字画出鲁公笔法，草书二王三昧"（《全元文·故光禄大夫太保太傅仪同三司谥文贞刘公行状》），又是传统功底极深的书法家。刘秉忠是邢州学派的集大成者，亦是邢州学派的核心领袖人物。

---

① 李智文. 浅论邢州学派的背景（一）［J］. 邢台学院学报，2007（3）.
② 参见赵福寿. 试论"邢州学派"的学术所在［J］. 邢台学院学报，2009（1）.

（2）大司农卿张文谦

张文谦（1216—1283年），字仲谦，邢州沙河（今河北邢台沙河市）人。刘秉忠的同学和同乡，邢州学派的代表人物，紫金山五杰之一。元世祖忽必烈幕府重臣，曾协助忽必烈建章立制，在元朝统一、元初经济恢复发展、制定《授时历》等方面有着不可磨灭的贡献。

张文谦历任中书左丞、司农卿、枢密院副使，以昭文馆大学士领太史院事，领导了四海测验和《授时历》的编制，他还在元朝国家财政管理、元大都总体设计的最后完成上做出了极为重要的贡献。张文谦在政治、军事、经济、科学领域均有很高的造诣，是邢州学派中仅次于刘秉忠的集大成者。他组织编写了《农桑辑要》，这是中国最早的官修农书，还将棉花、胡萝卜、西瓜、茼蒿等引入顺德路等中原地区。

（3）大科学家郭守敬

郭守敬（1231—1316年），元朝的天文学家、数学家、水利专家和仪器制造专家，字若思，汉族，顺德邢台（今河北邢台）人。郭守敬曾担任都水监，负责修治元大都至通州的运河。1276年郭守敬修订新历法，经4年时间制定出《授时历》，通行360多年，是当时世界上最先进的一种历法。1981年，为纪念郭守敬诞辰750周年，国际天文学会以他的名字为月球上的一座环形山命名。郭守敬著作有《授时历》《推步》《立成》《转神选择》《历议拟稿》《上中下三历注式》《时候笺注》《五星细行考》《古今交食考》《新测二十八舍杂座诸星入宿去极》《修改源流》《新测无名诸星》《月离考》等共计80卷。

（4）数学家、文学家王恂

王恂（1235—1281年），字敬甫，中山唐县（今河北唐县）人，元代数学家、文学家。幼小从刘秉忠在邢州紫金山学习数学、天文，后与郭守敬一道从刘秉忠学习数学和天文历法，精通历算之学。1253年，被刘秉忠荐于忽必烈，命辅导皇太子真金。后领国子祭酒，负责元代国家教育体制的创建工作。至元十三年（1276年）奉命改历，议修金《大明历》，和郭守敬一道组织太史局（后改称太史院），王恂任太史令，分掌天文观测和推算方面的工作，遍考历书40余家。在《授时历》的编制工作中，做出了重要贡献。

（5）元代国家财政建设奠基人张易

张易，一名启元，字仲一，籍贯不详，邢州学派代表人物。单就建国开基而言，张易的贡献仅次于刘秉忠、张文谦，而在郭守敬、王恂之上。他是刘秉忠同学，共学于邢州紫金山，历任地方宣抚使、中书右丞、枢密院副使，掌天下兵甲之务，性刚烈，共同诛杀权臣阿合马，为元代国家机器的运转做出了杰出贡献。他是元代国家财政建设的奠基人，长期担任枢密副使，在消灭南宋、统一中国的历史进程中具有举足轻重的作用。此外，张易在编修《授时历》、创建大都城、保护南宋国家档案诸方面，都做出了无可替代的特殊贡献。

（6）元代朝仪的创立者赵秉温

赵秉温（1222—1293年），原籍云中，受忽必烈之命，受学于太保刘秉忠，和郭守敬、王恂一样是刘秉忠的得意门生。赵秉温与刘秉忠的亲从关系、与邢州的关系甚至都超过了王恂。赵秉温之父赵珪曾任顺德路（邢台）断事官，后辗转升迁，其原配之妻携长子赵秉正、次子赵秉彝、三子赵秉温等三子二女却始终居住于顺德府城内，及至老死邢州，葬于顺德府李马村，赵秉正后任肃政廉访使尝曰"吾他日亦域是"（《全宋文·提刑赵公夫人杨君新阡碣》）。因此，顺德府可以说已经成了赵氏的故乡，赵秉温与邢州的亲近关系自是高于王恂。

赵秉温师从刘秉忠后，参加了征吐蕃、大理之战，后奉诏行右三部事。至元七年（1270年），赵秉温在刘秉忠的指导下，创立元代国家朝仪，被任命为元朝首任尚书礼部侍郎、知司仪司事，后升任昭文馆大学士、知太史院，和郭守敬一起参加了《授时历》的创修，进阶中奉大夫，主编《国朝集礼》，逝世后追赠云国公，谥号文昭。

3. "邢州大治"的表现

"邢州大治"大致开始于1251年，它之所以会出现与忽必烈的运筹决策不无关系。宋、金、蒙古三大政权在13世纪初的这段时间内先后占据邢州，邢州也被视为这三个政权势力交织影响下的战乱区域。蒙古军队在占领攻地之后，往往裹挟本地人民为奴为婢，将大量的劳动人口转化为私人奴隶，使得邢州甚至北方地区的农业生产完全被破坏。在这样的背景下，蒙古贵族完全无视人民生活在水深火热中的状况，依然采取高压和严苛的税收政策，这就加剧了邢州地区的动荡，致使百姓四散。

战争中，邢州地区的经济遭到严重破坏，农业生产停滞，加之蒙古军队的习惯性屠城政策，导致邢州地区人口锐减，几乎寥无人烟。正如李卫《畿辅通志》中记载的一般，邢州人口由"承平时，登版籍者，恒不下十万户"降至窝阔台汗时期的一万五千户，州城也出现"千里萧条，为之一空。城中才百余家，皆以土塞门，穴地出入。望见军马则匿之丛薄间，候过而后敢出。行人过客，虽欲求之勺饮，亦不可得。为官吏者，亦昼伏夜出，以理牒诉，人谓之鬼衙，甚者或弃印而去"的悲惨景象。

当战乱的破坏和繁苛的赋税把邢州推向绝境时，蒙古汗廷发生了新的变化。1251年6月蒙哥即蒙古大汗位，7月命皇弟忽必烈总领漠南汉地军国之事。忽必烈同其他蒙古诸王不同，面对中原先进的农业文明以及蒙古贵族野蛮落后的统治方式带给中原汉地的普遍混乱，逐渐意识到治理汉地当用汉法。他的藩府中集聚了一批汉人谋士，其中邢州的刘秉忠1242年就已经追随忽必烈，为忽必烈早期智囊人物。1250年刘秉忠向忽必烈上万言书，阐述了以汉法治理天下的数十条措施，大致总结如下：

①建议忽必烈效仿周公辅周武王事，辅佐蒙哥汗治理天下。

②选派开国功臣的子孙到京府州县去监督、考核旧官，根据考核结果进行奖惩。

③按当时的户口确定差税，招揽被压迫出逃的流民。规定百官爵禄，对其德行进行奖惩及约束。

④对天下之民多施教化，不许下级官员随意定罪，死罪须上报听候断决。

⑤清查官府所欠债务，若原系正当借贷一本一利由官府归还，若系非正当借贷，且无借据，以及息大于本者，一概豁免。

⑥百姓纳公粮以就近输仓原则为准，确定"关市津梁正税"，禁止各处行商坐贾巧取横夺，禁止奢华，规定上下服饰，减轻赋税，差遣劝农官督课农桑。

⑦兴办学校，实行科举制，引导开国功臣的子孙入学校，选用有才能者。

⑧慎择县官，招抚关西、河南流民，抚恤孤寡残疾者，不许朝廷使臣在地方骚扰官

民，应设馆安置。

⑨令各地立庙祭祀孔子，访察当地名儒，举行祀典。

⑩请蒙哥汗颁行新历，同时着手撰修《金史》。

⑪国家拨出一部分经费赡养生活困难的名士学者，免除其中自有产业者的赋税差役，使其为国家尽其才能。

⑫广开言路，鼓励直言。明君要分辨君子和小人，使贤者在位，能者在职。

⑬将国内人民必需之盐场和矿冶交各路课税所管理，禁止好利之徒倚恃官势害民，使商贾与平民互不欺夺。

⑭禁止私设牢狱，禁鞭背之刑。要正纪纲，行法度，使天下可不劳而治。

⑮注意拔擢廉洁能干的官员。

这是忽必烈受到的最早的汉法教育，它在很大程度上影响了忽必烈。1247 年，邢州的张文谦也进入幕府。这时候的中原汉地历经蒙金战争和地方世侯的残酷剥削，民不聊生。这种"汉地不治"的严重情况，一方面可能造成基地不稳、民心不顺的社会动乱，另一方面也给攻宋战争带来麻烦，缺乏物资供应和稳定的兵员补充。治理汉地成为忽必烈的当务之急，加之邢州作为他的封地，算是他的一个潜邸，相对来说较为重视，尤其在看到"今民生困弊，莫邢为甚。盍择人往治之，责其成效，使四方取法，则天下均受赐矣"（《元史·列传第四十四·张文谦》）等内容后，忽必烈深感邢州之苦为天下之最，于是呈报蒙哥大汗，请求在邢州试点，实行新政。

蒙哥汗在看到忽必烈的呈报后，批准下令在邢州设置邢州安抚司，派近侍脱兀脱为断事官，行总六部同议官李惟简为安抚使，东平路行军经历刘肃为安抚副使，赵州教授赵良弼为幕长，用汉法试治邢州。大体来看，邢州新政可按安抚司的官员构成情况分为两个时期：蒙汉官员共同参与管理时期和汉族官员独立领导时期。

邢州大治的主要表现从经济方面来看，以《元朝名臣事略·尚书刘文献公》记载来概括就是："兴铁冶以足公用，造楮币以通民货。车编甲乙，受领而传；马给圉户，恒奉而驯；官舍既修，宾馆得所；川梁仓庾，簿书期会，群吏莅守。惟谨四方传其新政焉。"具体来看"邢州大治"的表现有以下几方面：

第一，推行楮币，便利市货流通。随着金朝的灭亡、蒙古的势力扩充到对华北的占领，蒙古货币逐渐在汉地广为流通，但是金朝的货币仍旧有一定的市场，依然在流通，由此造成的币值不一状况在华北相当严重，邢州深受其害，严重影响了南北货物的流通，从而阻碍了地域经济的发展。新政官员积极推行单一货币制——楮币。统一的楮币的使用有利于市场的正常发展，使邢州真正成为南北货运的集散地，对以后元朝的纸币成为主要货币产生了一定影响。

第二，大兴冶铁等产业。对邢州久负盛名的冶铁业积极开发，以适应公私生产发展的需要。在新政官员的积极运作下，元初邢州的冶铁业有了长足的发展，綦阳的冶铁户达到了 2 764 户。邢州新政在冶铁事业上的努力为邢州冶铁业的发展打下了良好的基础，元朝设立的"顺德路铁冶提举司"（1297 年改为顺德都举司）总管周边几个路的冶铁业。以冶铁业带动其他产业的活力，城市贸易获得健康发展，从而使逃民渐渐回归故里。

第三，设置驿馆，规范驿站管理。针对邢州南北使臣往来频繁、扰民无度的状况，设置驿馆，专门制定了驿站管理规定："车编甲乙，受顾而传；马给圈户，恒养而驿；官舍既修，宾馆有所。"（《元朝名臣事略·尚书刘文献公》）使驿站逐渐形成"车有编号、马有所养、人有馆舍"的合理格局，从而防止扰民事件再生，有效保障居民不被使臣骚扰、更好地发展生产，促进了社会稳定。

第四，积极建设水利事业，发展农业生产。古代人们最关心的产业是农业，农业是国家的主导产业。邢州的治理同样离不开农业的发展。农业发展的基础是搞好农田基本水利建设。邢州的几条河流因遭战乱破坏、无人管理和年久失修，水流到处漫延，许多村庄受到水流的侵扰而变为废墟，来往军队和行人往往为了赶路而随意开路，使得河道不断遭到破坏、到处缺口，邢州城北一片泥泞，旧有石桥逐渐被淹没在浊泥污水之下而不得见。

为做好水利建设工作，新政官员在邢州发起整治开挖水流河道工作，"思欲为经久计，询访耆旧，行视地脉，久乃得之"（元好问《邢州新石桥记》）。聘请邢州水利才俊郭守敬负责水利工程的总规划。经过40天的劳苦，河流的疏浚工作得以完成，被淹没几近30年的豫让石桥被挖出。当时著名诗人元好问写下《邢州新石桥记》，高度赞扬负责和参与新政的张耕、刘肃、郭守敬等人"择可劳而劳，因所利而利"。河道的疏浚使农田建设有了水利保障，邢州的农业发展蒸蒸日上。

经过推行以稳定人心和发展经济为目标的新政，邢州的政治经济发展势头良好。政治清明，原来各级官吏夺民财富的现象不再重演；经济繁荣，各种产业运作良好，城市贸易平稳发展；驿传顺轨，不再扰民。作为封建社会发展最主要的指标人口数日渐增多，户籍人口由原来五七百户发展到3万余户。百姓生活舒适，出现了"老幼熙熙，遂为乐郡，邻郡望之如别一国土者"[①] 的乐园。

（二）明代"靖难之役"与冀南移民

至正二十七年（1367年）十二月，朱元璋在建康称帝，建元洪武。洪武元年五月，朱元璋在开封设立河南行省，划顺德府隶属其下。洪武二年（1369年），北平行省设立，顺德府改隶北平行省。永乐元年（1403年），明成祖朱棣建立北平直隶中书省，简称北直隶，以北平为北京，顺德府被划入京畿，直隶北平中书省管辖，直至明朝灭亡。清朝建立之后，顺德府辖域一仍明制，有邢台、沙河、南和、平乡、广宗、巨鹿、唐山、内邱、任县等九县。

洪武三十一年（1398年），明太祖去世，长孙朱允炆继位，史称建文帝。这时，燕王朱棣等亲王各握重兵，分据要地，日益坐大。建文帝为了防止诸王谋夺帝位，纳兵部尚书齐泰、太常卿黄子澄之言，实行削藩政策。从洪武三十一年七月到建文元年（1399年）六月，他先后废周、齐、代、岷诸王为庶人，逼迫湘王阖宫自焚，后又派兵部侍郎张昺为北平布政使、谢贵为北平都指挥使，监控燕王朱棣的活动。

朱棣是朱元璋第四子、建文帝之叔，为人"智勇有大略"（《明史·成祖本纪》）。面

---

① 宋子贞. 改邢州为顺德府记: 中国地方志集成·河北府县志辑: 第67册 [M]. 上海: 上海书店出版社, 2006: 14.

对建文帝的削藩政策，朱棣先发制人，以诛齐泰、黄子澄，清君侧为名，公开竖起反叛大旗，号其众曰"靖难之师"，于建文元年六月自北平起兵南下，把明朝统治集团内的政权之争演变为武装冲突，这就是"靖难之役"。顺德府地区处于靖难之役的前沿，这一带人民视朱棣此举为犯上作乱、大逆不道，所以当其靖难起兵之后，各地官民进行了顽强的抵抗。

民国二十五年（1936年）《南宫县志》记载："燕兵所过，各州县义民目为叛逆，争抗拒之。"道光七年（1827年）《邢台县志》记载，"靖难兵起，传檄征饷"，时任递运所大使的方秀抗命不应。对此"燕王愤甚，燕京以南，所过为墟，屠戮无遗"（《南宫县志·兵事篇》），顺德府一带百姓因称靖难之役为"燕王扫北"。靖难之役历时3年，双方调兵遣将，相互征战，劳民伤财，死亡枕藉，村里为墟，使顺德府一带的人民遭受杀戮，死伤无数，社会生产力受到严重破坏。靖难之役后，顺德府各县尸骨遍野，城乡废墟一片，户口急剧减少。顺德府城西南贾村经靖难之师屠杀，只剩"赵、常、李三户"，城东北大吴庄"仅有吴姓藏匿幸存"，淮家屯"仅淮姓一人匿藏于碾盘之下而幸存"，城南柴家庄"只有杨、李两家幸存"（《邢台市地名志》）。

战争结束，顺德府也就必然成为移民的重点迁入地区。自永乐二年（1404年）开始，朱棣继续推行朱元璋的移民政策，先后数次向顺德府各县移民。据正史记载，永乐十五年（1417年），"山西平阳、大同、蔚州、广灵等府州县民申外山等，诣阙上言，本处地碛且窄，岁屡不登，衣食不给，乞分丁于北京、广平、清河、真定、冀州、南宫等县宽闲之处占籍为民，拨田耕种，依例输税，庶不失所从之，仍免田租一年"①。这是有关山西移民河北南部的正史记载。另据地方志记载，隆庆《赵州志》记柏乡县至永乐建都，人户止五社，"乃分拨山西长子、屯留、襄垣、黎城各县人户以实之。社增至十"。民国《广宗县志》记载："明成祖永乐二年迁山西洪洞等县民于境内。今县内各村民谱牒记载暨父老传言，多云祖籍山西洪洞等县，明永乐二年迁县。"② 光绪《钜鹿县志》记载："按旧志旧书籍明洪武间所置里甲皆土著遗黎谓之土民，永乐初，京师草创，乃迁山西洪洞县五百余家，听其开垦荒地，以为常业，是谓迁民。"③由上可以看出，由山西洪洞等县移民顺德府的人口规模是最大的，持续时间也最长。

至今邢台南宫市（明代隶属真定府）依旧流传着这样一首民谣："问我祖先何处来，山西洪洞大槐树。问我老家在哪里，大槐树下老鹳窝。"④ 老一辈的人仍认可祖上来自山西洪洞县的说法。河北南部其他地区也有类似传闻。当然，明顺德府的移民并非全部来自洪洞县。邢台县西北留存的李姓，迁自山西榆次县李家寨。张姓始祖张青，迁自山东青州府益都县大柳村。贾村王姓则迁自浙江省。这些移民可能与朱棣自南直隶迁江南富户以实京畿等历史事件有关。

大量外省人口的迁入，在很大程度上弥补了顺德府地区人口的不足，人口数量也得以呈正常趋势发展，以最短的时间解决了经济发展所需要的劳动力，促进了生产的恢复发展

① 见明太宗实录（卷一八八），第2004-2005页，"永乐十五年五月辛丑"条。
② 广宗县志：卷一"大事记"［M］.民国二十二年铅印本.台北：成文出版社：36.
③ 钜鹿县志：卷一"地舆"［M］.清光绪十二年刊本.台北：成文出版社：111.
④ 刘泽民，李玉明.三晋石刻大全·临汾市洪洞卷概述［M］.太原：三晋出版社，2009.

以及社会的稳定。从文化的角度来看，人口迁移在客观上促进了迁出地和迁入地之间的文化交流。政府有组织地移民促进了太行山两侧人民的交流与联系。

山西、山东地区移民进入河北，各自吸收了对方在农业、习俗、语言方面的特点，极大推进了民族共同心理的发展。文化艺术上的相互交流与相互吸收，对创造河北地区的新文明做出了巨大贡献。如民国《广宗县志》记载，"广宗人民初多迁自山右，数百年来，食、德、服、畴犹有唐魏之遗风"①。嘉靖《隆庆志》载，隆庆"男务耕稼，妇耕女红，无浮末之习，风俗之美视昔有加"②。可以说，外籍人口的迁入，劳动人民固有的风尚不仅没有丢失，反而得到了进一步发扬。无论如何，冀南移民以及相关移民传说与明初的移民开发史有直接关系，而不同人群从这里那里来到一处定居和开发的历史过程，也就是地域认同逐渐形成的过程。

（三）清代顺德府的文化成就

清代顺德府著名的文人有柏乡人魏裔介、威县人王建衡等。

1. "乌头宰相"魏裔介

魏裔介（1620？—1686年），字石生，号贞庵，柏乡县人。他年少聪慧，15岁中秀才，顺治三年（1646年）26岁考取进士，选为庶吉士，成为清朝在关内以科举录用的首批汉官之一，历任工科给事中、吏科给事中、兵科都给事中。魏裔介为官清正，不畏强权，先后上疏200余次，人称其"敢言第一"（《清儒学案·柏乡学案·魏先生裔介》）。曾因弹劾大学士陈之遴而迁左都御史，还曾弹劾大学士刘正宗、成克巩。此后他累迁太常寺少卿，擢左都御史，加太子少保。魏裔介在康熙三年（1664年）晋升为保和殿大学士，人们习惯地称其为魏阁老。又因其入阁时40多岁，须发皆黑，故时人称其为"乌头宰相"。

魏裔介从言官走至相位，是汉人中最早通过科举进入清王朝高层权力机构者，在很多方面都有所建树。徐世昌在其《大清畿辅先哲传》中记载："裔介在言路最久，前后二百余疏，皆关天下国家大计，或阻，或行，或天子排众议而独申其言，用著为律令，国初名相无出其右者。"③ 在他的上疏建议之下，清初建立了皇帝"逢五视朝之制""经筵日讲制""敦官每年考察例"等。

清初著名文人徐乾学评价魏裔介说："孝行纯笃，与人交质直无城府，久要不忘，尤善奖掖后进，急人之难，周人之急，不啻饮食嗜欲。悬车十六年，课督农桑，循行阡陌，混迹于田夫野老，人不知其为旧相也。"④ 1671年，魏裔介上疏告病归隐故里。康熙二十五年（1686年），因病去世，享年71岁。雍正十年（1732年）入祀贤良祠。乾隆二年（1737年），追封谥号为"文毅"。

魏裔介在学术上信奉程朱，深研理学，成为"学宗朱子"的理学名家，吴伟业曾赞魏裔介之才说："所谓理学、文章、政事，公殆兼而有之。"⑤ 据徐世昌《大清畿辅先哲传》记载，魏裔介著有《理性大全》，编有《圣学知统录》《知统翼录》《致知格物解》《希贤

---

① 见民国《广宗县志》卷四"风俗略"，第121页。
② 见嘉靖《隆庆志》卷七"人物·风俗附"，天一阁藏明代方志选刊本。
③ 徐世昌. 大清畿辅先哲传［M］. 北京：北京古籍出版社，1992：28.
④ ［清］徐乾学. 柏乡魏裔介墓志铭：钱仪吉《碑传集》卷十一［M］. 北京：中华书局，2008.
⑤ ［清］魏裔介. 兼济堂文集［M］. 石家庄：河北人民出版社，2017：1.

录》。魏裔介喜好诗文，诗宗陶潜，著有诗集《屿舫集》和《屿舫近集》。魏裔介在散文方面尊崇韩愈，文学上多有阐发与著述，主张不必"随古人论断为是非"，而应"得其肯綮之所在"，有《兼济堂文集》二十卷。此外，魏裔介主要著作有《魏文毅公奏议》三卷、《昆林小品》三卷、《柏乡魏氏传家录》二卷、《孝经注义》一卷、《四书全义》五十八卷以及诗歌专集《溯洄集》十卷等。

魏裔介一生经历了从明朝覆亡到清廷建立的时代变迁，为官几番起伏沉落，历经顺治、康熙两朝，可谓饱经沧桑，尽尝甘苦。他于去世那年的第一天自书一联："乌头宰相归林下，十有六年，常思乾乾翼翼；白发书生庆青春，七十一载，宁忘战战兢兢。"[1] 魏裔介以为生民请命、为万世开太平的强烈使命感和无畏精神，及其在理学和文学方面的造诣，在清初政治舞台和文坛上留下了深刻的印记。

2. 其他文人成就

威县王建衡，号月萝，康熙岁贡生，候选教谕，著有《读史辨惑》《性理辨义》《任庵语略》等。其《读史辨惑》一书作为史评专集，与魏裔介的《鉴语经世编》同被收入《四库全书存目》。

清顺德府一带各县学者著作被收入《四库全书》"集部"者，除魏裔介的《兼济堂文集》《昆林小品》外，还有巨鹿县杨思圣的《且亭诗集》，南和县周镳的《葭里集》六卷。在光绪十年《畿辅通志》录有书目的，则有宁晋县孙昌龄著《亦园诗集》四十集，隆平县董国祥撰《了余园吟草》，邢台县王蔚撰《韦庵诗集》，南宫县杜镇撰《宝田斋草》，连桂樗撰《损斋诗草》，内邱县乔钵撰《乔布衣集》八卷，平乡县刘鼎撰《南游草》《淇澳草》《匪鱼草》，南宫县贾穆撰《瘦先裔人诗稿》，威县王建衡撰《任庵诗集》九卷，广宗县郑元善撰《依拙斋诗草》，南宫县李燮撰《慕庵诗集》，周兆升撰《萝月轩集》，朱克振撰《方有斋集》）。

此外，顺德府一带作为传统的文学诗歌之乡，还有许多清代文人的著作书目散见于清代各朝所修《顺德府志》与各县县志中，如邢台县王道焕著《四书尊解注》《尚书家训注解》，张成翰著《纲鉴摘要》《四书辑解》等。

六、邢襄文化繁荣期的成就和特征

从战国初期到明清时期，邢襄文化经历了长期的繁荣发展，取得了诸多方面的显著成就，并展现出独特的文化特征。这一时期不仅在政治舞台上频频出现邢襄子弟的身影，在哲学思想、文学艺术、科学领域等方面也取得了巨大成就，形成了开放包容的思想氛围，出现了很多先进的科技成果。此外，邢襄文化在这一时期的特点还包括重视教育、具有深厚的历史底蕴以及丰富的民间文化，形成了独特的文化特征。其特征总结如下：

第一，多元文化的融合。邢襄大地在战国至明清时期，由于历史的发展、人口的迁移和地理的特殊性，形成了多元文化的融合。太行山文化带、古黄河沿线文化带、运河文化带等三大文化带相互交融、相互借鉴，共同塑造了邢襄地区丰富多彩的文化面貌。

第二，文化内涵的多重交融特征。邢襄文化在战国至明清时期，一直处于中原农耕文

---

① ［清］魏裔介. 兼济堂文集［M］. 石家庄：河北人民出版社，2017：449.

化与游牧文化交融的前沿，在此地区各个民族之间的矛盾和交流频繁，促进了邢襄文化精神特征的形成，如"自强不息、崇德尚武、开放包容、慷慨悲歌、兼收并蓄"① 的地域文化特征。这些特征不仅体现在邢台地区的历史人物和事迹中，也深深地融入当地人民的精神世界和行为准则中。

第三，民间文化的丰富性。在长期的历史发展过程中，邢襄大地也形成了丰富多彩而又充满地域色彩的民间文化。它涵盖了历史文化遗产、村落文化、民俗风情、民间艺术、武术文化、戏曲文化以及美食文化等多个方面，展现了邢台人民的智慧、创造力和生活情趣，体现了邢襄文化深厚的民间基础，反映了邢襄民间文化的多元性和独特性，为邢台这座城市增添了无限的文化魅力。

第四，文化与经济的互动。邢襄地区的文化为当地经济提供了强大的精神动力和智力支持。同时，当地农业、手工业、商业的兴起与壮大引起的经济的繁荣，特别是铁器的运用、水利的发展、大运河的开凿带来的贸易繁荣，又为文化的传播与交流提供了广阔的空间和坚实的物质基础。文化与经济的这种良性互动，共同推动了邢襄地区在战国至明清时期的全面发展与繁荣。

总之，战国至明清时期是邢襄文化发展的一个重要阶段，这一时期的成就和特征展现了邢台地区深厚的文化底蕴，形成了包括邢襄历史文化、中医文化、邢窑白瓷文化、文学艺术、天文水利、百泉文化、七夕文化、太行文化、运河文化等在内的多元文化体系，共同构成了邢襄文化在成熟期的辉煌篇章，为后世留下了宝贵的精神财富。

第四节　邢襄文化的现代传承

邢襄文化作为中华文化的重要组成部分，涵盖了丰富多彩的历史文化遗产和非物质文化遗产，值得我们弘扬和传承。邢台市拥有国家级重点文物保护单位 11 处，省级重点文物保护单位 74 处，市级文物保护单位 50 处。2009 年第三次全国文物普查，邢台新发现文物有 1 677 处。这些历史遗存遗迹承载着丰富的历史文化信息，是邢台乃至中国历史文化的重要组成部分。邢襄文化的现代传承主要包括对历史遗存遗迹的保护与活化利用、非物质文化遗产的传承与发展、文化品牌的打造与推广、文化旅游的融合发展以及文化教育与普及等多个方面。

一、历史遗存遗迹的保护与活化利用

保护邢台的遗存遗迹，对于研究邢台历史、传承地域文化具有重要意义。这些历史遗存遗迹是生动的邢襄历史教材，对于增强公众的历史意识、文化认同感具有不可替代的作用。保护这些遗存遗迹，有助于提升市民的文化素养，促进社会的文明进步。

首先，要从制度方面为历史遗存遗迹的保护提供保障。为了保护传承、活化利用好这些宝贵的历史文化遗产，邢台市政府对全市范围内的历史遗存遗迹进行了全面普查，建立

---

① 参见李相臣，陈欣，孙秀茹，等. 邢襄文化的品牌塑造对区域经济发展的促进研究［J］. 邢台职业技术学院学报，2018（1）.

了保护名录，将具有历史、文化、科学价值的遗存遗迹纳入保护范围。在历史文化名城保护规划工作中，出台了《邢台历史文化名城保护规划》《邢台市古城更新复兴规划》等一系列相关政策文件，为邢台历史遗存遗迹的保护与修缮提供了政策保障和规划指导；邢台市人大常委会根据《中华人民共和国城乡规划法》《中华人民共和国文物保护法》和《历史文化名城名镇名村保护条例》等法律法规，结合邢台市实际情况，制定了《邢台市历史文化名城保护条例》，该条例于 2024 年 7 月 1 日起施行。该条例突出"保护第一"原则，建立和完善名录保护制度，细化完善保护责任和保护措施，为历史文化名城保护工作提供了强有力的法制保障。

其次，要注重历史遗存遗迹的保护与修缮。邢台市对列入保护名录的历史遗存遗迹进行了分类保护，针对不同类型的遗存遗迹，采取了不同的修缮措施。例如，对清风楼、开元寺等古建筑进行了结构加固、屋顶修缮、墙体修复等工作；对内丘邢白瓷窑、信都区葛家庄邢侯墓等古遗址进行了清理、加固、展示等工作，对信都区前南峪抗大陈列馆、隆尧县莲子镇白家寨村周总理慰问地震灾区纪念处等近现代史迹进行了保护修缮和展示利用等工作；对以邢州古城历史城区的传统格局和历史风貌，按照分步实施、分批启动原则，坚持"小规模、渐进式"保护更新模式，对划定的古官道、北大街、羊市道、天宁寺等历史文化街区，以布袋院或布袋院群落等为代表的传统风貌建筑，以邢襄、南关等为代表的地名文化遗产等老街区进行历史文化街区保护，突出传统建筑风貌，引入新业态，完善生活设施，在传承保护老街历史文化的同时，激活发展新动力。比如布袋院是在顺德府南关城漫长的历史演变中逐渐形成的一套前店、中厂、后住宅的商住一体三进式院落，因院落纵深形如布袋而得名，现存 40 多套，独特的院落结构成为邢州古城物质文化遗存中宝贵的活化石。

丰富多样的历史遗存遗迹蕴含着极高的旅游观赏价值，是吸引游客、促进旅游业发展的重要资源。诸多古建筑犹如一颗颗璀璨明珠，散发着古朴而迷人的光辉。邢台开元寺始建于南北朝后赵时期，历经岁月洗礼，现存明代遗构庄严肃穆，寺内晚唐经幢、后梁经幢及金代大铁钟等附属文物，诉说着往昔的辉煌，其精湛的建筑工艺与精美雕刻令人赞叹。清风楼始建于明代成化年间，重檐歇山式建筑风格尽显典雅，登楼远眺，邢台市区风貌尽收眼底，楼内碑刻题记更添浓厚文化底蕴。邢台道德经幢为盛唐遗物，通高 6.9 米，幢身阴刻的《道德经》原文与唐玄宗注释，字体与雕刻皆美，彰显了唐代文化与艺术的交融。

宋璟碑由颜真卿撰文并书丹，其书法艺术冠绝一时，与西安、曲阜碑林齐名，碑文所记宋璟事迹也让游客能深入了解唐代历史。这些历史遗存遗迹，无论是建筑的精美、遗址的神秘还是石刻的艺术感染力，都吸引着众多游客纷至沓来，沉浸于邢台深厚的历史文化之中，感受其独特的旅游魅力与无尽的文化韵味。保护这些遗存遗迹，有助于推动邢台旅游业的发展，为地方经济注入新的活力。

邢襄历史遗存是邢台人民共同的文化记忆和精神家园，其传承与发展能够激发人们对家乡的热爱和对本土文化的认同感、归属感，增强社会凝聚力和向心力，促进社会和谐稳定，让人们在共同的文化传承中找到心灵的寄托和情感的共鸣。

二、非物质文化遗产的传承与发展

邢台的非物质文化遗产承载着邢襄地区各个历史时期的社会、经济、文化等信息，见证了这片土地的发展变迁。邢台市拥有国家级非遗名录项目 16 项，省级非遗名录项 83

项，市级非遗名录项目 288 项，第八批市级非物质文化遗产代表性项目名录又新增 48 项、子项 51 项，涵盖了民间文学、传统音乐、传统戏剧、传统体育等多个大类，邢台市在多个方面制定措施对非物质文化遗产进行保护和传承，形成了较为完整的非遗保护传承体系。

第一，通过活动展示和媒体传播进行宣传推广。邢台市组织举办各类非遗展示活动，通过传统和现代各种媒体平台，对非遗项目进行宣传报道，扩大其影响力。比如任泽区经常组织"王其和太极拳爱好者"在一些节日期间举办活动。2024 年 9 月 3 日至 4 日，任泽区在风景如画的周公山景区成功举办了迎"双节"王其和太极拳百人友谊赛系列活动，来自全国各地的 100 多名王其和太极拳会员齐聚一堂，交流切磋拳技、共谋太极发展。为了迎接"文化和自然遗产日"，2023 年 6 月 8 日隆尧县举办非遗展演活动，活动期间，招子鼓、秧歌戏、南鱼龙灯等 10 余个国家和省级非遗项目轮番上演，异彩纷呈。这些活动都会引来当地及周围地区官方和自媒体的竞相报道宣传。

第二，通过"非遗进校园"推动教育传承。2003 年联合国教科文组织在《保护非物质文化遗产公约》中提出非遗进校园的概念。2011 年 6 月 1 日《中华人民共和国非物质文化遗产法》开始施行，其中第三十四条明确规定"学校应当按照国务院教育主管部门的规定，开展相关的非物质文化遗产教育"，这使非遗进校园工作上升为国家意志，定性为全民职责。近年来文化和旅游部与教育部积极贯彻落实相关法律和政策要求，支持大中小学校开展非遗进校园活动。

通过"非遗进校园"宣传保护传承本地非物质文化遗产也是邢台市各县市区的做法之一。比如邢台市襄都区积极开展"非遗进校园"活动，如东牛角小学的舞龙、长信小学的长信排鼓、家乐园小学的扎染和云肩制作技艺、东静庵北街小学的梅花拳、立德小学的茶艺和剪纸等，让学生亲身感受非遗的魅力，增强对非物质文化遗产的保护和传承意识，使非遗在年轻一代中得到传承和弘扬。而邢台学院作为中华优秀传统文化传承基地，培养了一批掌握邢白瓷制作技艺的毕业生，他们投身于邢白瓷的研发创新工作，为邢窑文化的传承与发展注入了新的活力。此外，邢台学院还成立了邢窑研究所，把邢白瓷传统制作工艺与现代理念相结合开展瓷乐器研发等项目，成立了"红蓼花"瓷乐团，他们演奏的原创曲目《邢襄情思》登上央视，让更多的观众了解到邢窑瓷乐器这一独特的非遗文化。

第三，通过文旅融合创新非遗发展。将非遗项目与旅游相结合，打造旅游线路和景区；又与现代科技结合，开发与非遗相关的旅游纪念品，既让游客在旅游过程中感受非遗文化的魅力，又增加了旅游的文化内涵，同时也为非遗文化的传承和发展提供了经济支持。比如内丘县"邂逅邢白瓷"旅游专线被评为全国乡村旅游精品线路，邢襄古镇设立全家班坠子戏基地等。而在邢窑白瓷的传承中，新一代传承人引入现代工业设计方法，如3D 建模来设计器形，利用计算机视觉分析等手段进行调色，采用 3D 喷墨机进行彩喷等，开发了上百种文创产品。如融入扁鹊文化的陶瓷刮痧系列和拔罐系列产品，曾获中国旅游商品大赛金奖，既保留了传统文化元素，又满足了现代市场的需求，使非遗文化在创新中得到发展，实现了传统工艺与现代科技的有机结合，推动了邢窑文化产业的高质量发展。

利用现代化技术保护传承邢台非物质文化遗产，有助于延续邢襄文化的脉络，确保地方文化的独特性和完整性，使其在历史长河中得以传承不息，成为中华民族文化的重要组成部分，并且能够让后人清晰地了解邢襄历史，铭记先辈们的智慧与创造力，有着多方面的意义和价值。

三、邢襄文化品牌的打造与推广

邢襄大地承载着数千年厚重且独特的历史文化。从上古的传说时期起，历经沧桑，邢襄文化在政治、经济、军事、科技、艺术等诸多领域均留下了深刻而绚丽的印记。然而，在当今全球化与文化多元竞争的时代浪潮中，邢襄文化虽底蕴深厚，却犹如养在深闺之人，其独特魅力尚未被广泛认知与充分领略。为了让邢襄文化这颗明珠焕发出耀眼的时代光芒，打造与推广邢襄文化品牌成为一项极具使命感与紧迫性的重要任务。为了实现"文化兴市"的战略目标，邢台市在这些方面正在加大力度。

首先，深入挖掘文化内涵。邢台市深入挖掘邢襄文化内涵是从多方面着力的。在邢襄文化研究方面，组织专业的历史文化研究团队，对邢襄文化的历史发展脉络进行更深入的梳理和研究，包括对各个历史时期的政治、经济、文化、社会等方面的特点进行系统分析，为文化品牌的打造提供坚实的理论基础；从邢襄文化中提炼出具有代表性的文化元素进行整合和包装，形成独特的文化符号，用于文化品牌的推广。比如，邢台市曾多次组织专业考古团队对诸如东先贤遗址、葛家庄遗址等进行更精细的勘探与解读，探究邢襄地区在早期文明发展进程中的独特地位与影响力，通过对出土文物的深入分析，还原古代邢襄人的生产生活方式、社会结构与精神信仰。例如，创立邢台市商周文化研究中心，组织编写《商周文化研究汇编》；对邢国墓地进一步发掘与研究，能让人们更清晰地了解邢国的政治格局、丧葬习俗以及与周边诸侯国的交流互动情况。对历史名人的文化挖掘方面，深入剖析扁鹊医学成就背后的医学思想体系及其对中医发展脉络的深远影响，整理扁鹊行医故事、医学著作残篇等，将扁鹊文化打造成邢襄文化的一张亮丽名片。

对于郭守敬，不仅宣扬其天文、水利等方面的伟大功绩，还深入研究他所处时代的科技氛围、教育背景以及他个人的创新思维形成机制，建立专门的研究机构与科普场馆，让更多人能深入领略其科学精神与智慧光芒。在民俗文化领域，对邢台各地的传统节日庆典、民间手工艺制作、特色戏曲舞蹈等进行全面普查与记录。如对于威县乱弹、隆尧秧歌等传统戏曲，深入挖掘其剧本创作源泉、表演艺术特色、传承发展历程，培养新一代传承人并创作符合当代审美的新剧目。同时，对邢台的剪纸、面塑等民间手工艺，挖掘其图案寓意、工艺技巧演变，通过举办民俗文化节、手工艺大赛等活动，激发民众对民俗文化的热爱与传承热情，使邢襄民俗文化在现代社会中重焕生机与活力，从而全方位、深层次地彰显邢襄文化的丰富内涵与独特魅力。

其次，加强文化遗产保护与利用。加强邢襄文化遗产保护与利用是传承和弘扬邢襄地域文化的关键举措，对于提升城市文化软实力、促进文化旅游融合发展具有极为重要的意义。邢台市加大对邢国君主墓、大唐祖陵等国家级、省级、市级重点文物保护单位的保护力度，增加资金投入，运用数字化测绘、无损检测等手段，精准评估文物的保存状况，制定科学合理的修缮方案，确保文物在修缮过程中不受二次损害。

同时重视非遗文化传承人的保护与培养。如邢台梅花拳、沙河藤牌阵等非遗项目，需建立完善的传承人认定机制和扶持体系。给予传承人一定的经济补贴和荣誉称号，鼓励他们开展收徒传艺活动。通过举办非遗技艺培训班、建立传承基地等方式，让更多年轻人有机会学习和传承这些珍贵的技艺。还要充分发挥文化遗产的旅游价值，比如将邢台的历史街区如南长街进行保护性开发，保留原有建筑风貌，引入特色商业业态，如传统手工艺品店、邢襄特色美食店等，将其打造成集文化展示、休闲旅游、商业消费为一体的历史文

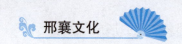

街区。通过这些方式，不仅能让邢襄文化遗产在现代社会中焕发出新的活力，还能创造良好的经济效益和社会效益，形成文化遗产保护与利用的良性循环。

最后，推动邢襄文化产业发展。邢台市鼓励和支持文化创意企业的发展，通过文化创意产业的发展来实现文化遗产的创新利用，将邢襄文化遗产中的元素进行提取和转化，设计开发出一批具有邢襄文化特色的文化创意产品，比如开发以邢襄文化为主题的动漫、影视、游戏、工艺品等文化产品，通过创意设计和市场营销，提升邢襄文化的影响力和附加值。规划和建设文化产业园区，为文化企业提供良好的发展环境和平台。在园区内，聚集文化创意、艺术创作、文化传播等相关企业，形成产业集群效应，推动邢襄文化产业的快速发展。加强对本地文化人才的培养，在高校和职业院校开设与邢襄文化相关的专业和课程，培养一批具有文化素养和专业技能的人才。

弘扬邢襄文化，打造与推广邢襄文化品牌，这不仅是对历史的尊重与传承，更是为了在现代社会为邢襄地区注入独特的文化灵魂，提升区域文化软实力，促进文化与经济、社会的深度融合与协同发展，让邢襄文化在新时代的舞台上昂首阔步，走向全国乃至世界，成为连接过去、现在与未来，沟通本土与全球的文化桥梁与精神纽带。邢台市通过实施"文化兴市"战略，致力于挖掘和整理邢襄文化的深厚底蕴，通过举办各种文化活动、展览和宣传，以及将文化元素融入旅游、教育等领域，不仅保护和传承了邢襄文化的精髓，还使其在现代社会中焕发出新的活力，成为推动地方经济社会发展的重要力量。

第二章
邢台的典故文化

邢台这座城市，在悠长的历史发展长河中，留下了很多典故，形成了熠熠生辉的典故文化，恰似一部史书，串联起了邢台从古至今的发展脉络与人文精神。邢台的典故文化无所不包，从远古时期的传说故事到历史演进中的重大事件，从帝王将相的传奇经历到民间百姓的生活百态，它像是一座桥梁，跨越时空的界限，将过去与现在紧密相连。邢台的典故丰富多彩，主要分为四类。

第一节　文化起源类典故

邢襄文化起源类典故承载着古代先人的智慧和价值观，通过口口相传、文献记载、艺术创作等多种方式传承至今，共同勾勒出邢襄文化起源的深邃与厚重。这些文化起源类典故主要包括"黄帝凿井""尧禅舜位""邢侯封国""神牛降邢"等。

一、"黄帝凿井"

传说中黄帝曾躬耕于邢台干言岗，并亲率邢（井）人开发利用井水，建井田，史称"黄帝凿井，聚民为邑"。这虽然是邢台城市起源的传说之一，但"井"字在先秦的甲骨文和金文中确实是古代"邢"字的写法，所以很多学者把"邢"字的起源与邢台结合起来，商周时期的"井方""井氏""邢国"都源于此①。虽然带有一定的神话色彩，但从侧面反映了邢台地区早期人类的聚居方式。凿井技术的出现是古代人类对自然水资源利用的重要进步，体现了先民对自然的探索与聚居智慧，标志着人类开始摆脱对自然水源的完全依赖，走向更稳定的聚居生活。这种传说有助于考古学家和历史学家推测邢台地区早期文明的发展阶段，为探寻城市起源提供了一种思路。

①　庞小霞. 释井——兼论甲骨文、金文中井（邢）方、井（邢）氏、井（邢）国之关系 [J]. 中国历史文物，2008（6）.

二、"尧禅舜位"

"尧禅舜位"是中国古代传说中一段意义深远的权力交接佳话。

在邢台市隆尧县的一些方志和古代传说中，尧帝从原来的唐都迁移至邢台宣武山与大陆泽附近，并在此建都邢台柏人城。尧在位期间，是部落联盟时期，他一心为民，希望找到一位德才兼备的人来领导部落联盟。当时社会面临诸多事务，包括治理洪水、协调部落间关系、组织生产等复杂事务。尧深知自己责任重大，也意识到需要一个更合适的接班人来应对这些挑战，承担起重任。"尧知子丹朱之不肖，不足授天下"①，于是听取了四岳的建议想权授于舜。但他并没有草率行事，为了保证禅让所托之人德能配位，他曾经三番五次通过多种手段从多个方面考察舜的能力。

帝尧对舜的考察过程十分严格。在《列女传·母仪传·有虞二妃》中，主要记载了帝尧把自己的两位女儿嫁给了舜，来考察舜的齐家能力。

> 四岳荐之于尧，尧乃妻以二女以观厥内。二女承事舜于畎亩之中，不以天子之女故而骄盈怠嫚，犹谦谦恭俭，思尽妇道。
>
> 瞽叟与象谋杀舜。使涂廪，舜归告二女曰："父母使我涂廪，我其往。"二女曰："往哉！"舜既治廪，乃捐阶，瞽叟焚廪，舜往飞出。象复与父母谋，使舜浚井。舜乃告二女，二女曰："俞，往哉！"舜往浚井，格其出入，从掩，舜潜出。时既不能杀舜，瞽叟又速舜饮酒，醉将杀之，舜告二女，二女乃与舜药浴汪，遂往，舜终日饮酒不醉。舜之女弟系怜之，与二嫂谐。父母欲杀舜，舜犹不怨，怒之不已。舜往于田号泣，日呼旻天，呼父母。惟害若兹，思慕不已。不怨其弟，笃厚不怠。
>
> 既纳于百揆，宾于四门，选于林木，入于大麓，尧试之百方，每事常谋于二女。舜既嗣位，升为天子，娥皇为后，女英为妃。封象于有庳，事瞽叟犹若焉。天下称二妃聪明贞仁②。

文中舜不但自己孝敬，也使二女与全家和睦相处，并且在各方面都表现出色。在《史记·五帝本纪》的记载中，除了妻之于二女之外，还以多种方式考察舜。

> 尧曰："吾其试哉。"于是尧妻之二女，观其德于二女。舜饬下二女于妫汭，如妇礼。尧善之，乃使舜慎和五典，五典能从。乃遍入百官，百官时序。宾于四门，四门穆穆，诸侯远方宾客皆敬。尧使舜入山林川泽，暴风雷雨，舜行不迷。尧以为圣，召舜曰："女谋事至而言可绩，三年矣。女登帝位。"舜让于德不怿。正月上日，舜受终于文祖。文祖者，尧大祖也。
>
> 于是帝尧老，命舜摄行天子之政，以观天命③。

帝尧在选择继承人的时候没有私心，禅让于舜，让舜参与部落事务管理，舜展现出卓越的领导才能。

舜推行德政，教导民众以仁爱之心相处，在用人方面唯才是举。在治理方面，舜对于

---

① ［汉］司马迁. 史记［M］. 北京：中华书局，1959：21.

② ［汉］刘向. 列女传译注［M］. 张涛，译注. 济南：山东大学出版社，1990：4.

③ ［汉］司马迁. 史记［M］. 北京：中华书局，1959：21-22.

农业、水利等事务也很有见地，带领部落民众发展生产，使大家的生活越来越好。面对当时肆虐的洪水，舜起用鲧之子禹来治水。禹吸取父亲治水的经验教训，采用疏导的方法，历经多年艰辛，终于成功治理了洪水。这一功绩也体现了舜的用人之明。另外，《史记·五帝本纪》还记载了"尧使舜入于大麓，烈风雷雨不迷，尧乃知舜之足授天下"①，此"大麓"即古代邢襄大地上的大陆泽，尧在大麓试过舜以后才禅位于舜帝，此为中国禅让制的根源，邢台也因此留下了尧山、尧台等相关遗迹，见证了这一重大历史事件和政治制度的诞生。

"尧禅舜位"不仅是政治权力交接的典范，更是中华传统政治理念的根源性事件，播撒下德治与贤能传承的种子。它展示了一种理想化的权力交接模式，强调君主的品德和才能对于国家治理的重要性，为后世树立了典范。同时，也反映出当时部落联盟时期民主协商的一些影子，是中国古代政治思想和道德观念的重要源泉，对中国古代的政治文化产生了深远影响。

三、"邢侯封国"

《荀子》：周公"兼制天下，立七十一国，姬姓独居五十三人"②。邢国为姬姓封国之一。《左传》："凡、蒋、邢、茅、胙、祭，周公之胤也。"③ 邢国即为周公第四子封建之国。

周朝灭商后，周王室大规模封邦建国。周公辅佐成王有功，又在东征三监过程中收回邢地。古邢地战略地位重要，自然条件优越，成王封周公第四子姬苴为邢侯，邢国应运而生，成为 70 余个侯国之一。

邢国作为周王室的姬姓封国，是按周礼所建的礼仪之邦，也是屏藩周王室的重要诸侯国。周王赋予邢侯王命，使其统领周边诸侯，在黄河之西、太行之东有开征伐战事之权，承担着屏藩周邦、抵御戎狄的重要军事使命。邢侯曾数次打败戎狄，与狄人抗衡数百年，有效地维护了西周的边疆安全。作为周公之子，邢国严格遵循周礼，将周公所创建的礼制进行了全面实践和传承，使邢襄地区成为西周文化的正统代表，可谓是西周文化全盛时期周礼之制的试验地、发祥地和样板地，其正统性对邢襄文化的形成与发展产生了深远影响，也对中国古代礼仪文化的传承和发展产生了深远影响。总之，邢国的建立促进了邢台地区的城市建设和经济发展，使其成为当时北方地区的重要政治、经济和文化中心之一。城市的繁荣吸引了大量人口聚集，推动了手工业、商业等行业的发展，为邢襄文化的进一步发展提供了物质基础和社会环境。

四、"神牛降邢"

在邢台城市的发展历程中，"卧牛城"的传说贯穿始终。相传很久以前，一头神牛从天而降卧于邢台，牛象征着丰收、安宁与吉祥，且传说中神牛身形巨大且力大无穷，还曾预知洪水并助力百姓抵御水灾，似乎有着神秘的力量守护着这片土地，因此它的到来被视为祥瑞之兆。百姓们因神牛的庇佑，逐渐在其周围聚居、繁衍生息，此地慢慢形成了城镇

---

① ［汉］司马迁. 史记［M］. 北京：中华书局，1959：22.
② 王先谦，沈啸寰，王星贤. 荀子集解［M］. 北京：中华书局，2013.
③ 杨伯峻. 春秋左传注［M］. 北京：中华书局，2018.

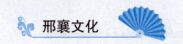

的雏形。邢台这座城便被称为"卧牛城"。

十六国时期石勒建都襄国时，其手下谋士张宾认为地上有牛城，天上有牛宿，建造"卧牛城"是天意，寓意后赵国泰民安。北宋沈括《梦溪笔谈》记载，邢台城北有牛尾河，南有拴牛石，故称卧牛城①。从城市的规划布局到建筑风格，邢台市都隐隐有着与牛相关的元素。比如，邢台老城内的一些街道走向、建筑方位好似与牛的身体部位有着某种呼应。这一传说不仅反映了古代人民对自然力量的敬畏与崇拜，更成为邢襄人民心中独特的文化标识和精神寄托。它赋予了邢台一种质朴、坚韧且充满祥瑞的城市气质，在岁月的流转中，不断激发着邢襄儿女对家乡的热爱与归属感，同时也吸引着外界对这座充满神秘传说之城的好奇与探索，是邢襄文化中浓墨重彩且独具魅力的一笔。

第二节　历史事件类典故

邢襄历史事件类典故是邢襄文化传承的重要载体。通过代代相传这些典故，邢襄文化得以延续和发扬。这些典故被记载在史书、方志中，也通过民间故事、传说等形式在百姓间传播。这些历史事件蕴含着丰富的精神内涵，塑造了邢襄地区独特的文化精神。这些著名的历史事件可以让更多人了解邢襄文化，提升邢襄文化在全国乃至世界范围内的知名度和影响力。

一、"祖乙迁邢"

"祖乙迁邢"出自《史记·殷本纪》"祖乙迁于邢"②，此外，《竹书纪年》记载"商祖乙九祀圮于耿，迁邢"③。"祖乙迁邢"是邢襄文化体系的起点，是古邢地第一次出现在信史中，也是古邢地在中国历史上的第一次辉煌。

商朝前期，政局动荡不安，屡次迁都。这主要是因为当时受到内部王位争夺、贵族势力斗争以及外部方国侵扰、自然灾害等多种因素的综合影响。在这样的背景下，寻找一个相对稳定、有利于统治的都城位置成为商朝统治者的重要任务。古邢地地理位置优越，处于中原地区的北方边缘，交通便利，它东接齐鲁，西连晋秦，南通郑卫，北达燕蓟，是当时重要的交通枢纽。同时，邢地自然条件也较为适宜。这里土地肥沃，周边水源充足，如邢台的众多泉水（百泉等）为农业灌溉提供了良好的条件，能够保障粮食生产，为都城的物资供应提供了坚实基础。而且邢地周围有山脉环绕，具有一定的防御优势，可以抵御外部的军事威胁。

祖乙是商朝第十四任国王，他根据当时商朝的危机形势，决定迁都，最后定都在古邢地。他迁邢后任命巫贤为相，重用彭伯、韦伯，教民耕稼，使商朝迅速强大，国运再度中兴。邢地作为商都经历五王，大约138年，被称为"先商之源、祖乙之都"。"祖乙迁邢"带来了先进的政治制度、文化观念和生产技术，促进了当地经济的繁荣和人口的聚集。这不仅开启了邢襄地区在商朝的辉煌时期，也为后续邢襄文化的发展奠定了坚实基础，使得

---

①　[宋]沈括. 梦溪笔谈［M］. 诸雨辰，译注. 北京：中华书局，2016.

②　[汉]司马迁. 史记［M］. 北京：中华书局，1959：100.

③　方诗铭，王修龄. 古本竹书纪年辑证（修订本）［M］. 上海：上海古籍出版社，2005.

邢台成为当时重要的政治、经济中心，推动了当地文化的发展与繁荣，也为后世留下了宝贵的历史文化遗产。

二、"沙丘密谋"

"沙丘密谋"出自《史记·秦始皇本纪》。司马迁记载了故事的全过程，但具体随从秦始皇的人却没介绍清楚，这需要在《史记·李斯列传》中看看到底都有谁随秦始皇出游，在此篇中也介绍了为什么当时公子扶苏和蒙恬都不在身边：

> 始皇三十七年十月，行出游会稽，并海上，北抵琅邪。丞相斯、中车府令赵高兼行符玺令事，皆从。始皇有二十余子，长子扶苏以数直谏上，上使监兵上郡，蒙恬为将。少子胡亥爱，请从，上许之。余子莫从。

在《史记·秦始皇本纪》中则具体介绍了"沙丘密谋"的具体细节：

> 至平原津而病。始皇恶言死，群臣莫敢言死事。上病益甚，乃为玺书赐公子扶苏曰："与丧，会咸阳而葬。"书已封，在中车府令赵高行符玺事所，未授使者。七月丙寅，始皇崩于沙丘平台。丞相斯为上崩在外，恐诸公子及天下有变，乃秘之，不发丧。棺载辒凉车中，故幸宦者参乘，所至上食。百官奏事如故，宦者辄从辒凉车中可其奏事。独子胡亥、赵高及所幸宦者五六人知上死。赵高故尝教胡亥书及狱律令法事，胡亥私幸之。高乃与公子胡亥、丞相斯阴谋破去始皇所封书赐公子扶苏者，而更诈为丞相斯受始皇遗诏沙丘，立子胡亥为太子。更为书赐公子扶苏、蒙恬，数以罪，（其）赐死。语具在李斯传中。行，遂从井陉抵九原。会暑，上辒车臭，乃诏从官令车载一石鲍鱼，以乱其臭。
>
> 行从直道至咸阳，发丧。太子胡亥袭位，为二世皇帝[①]。

公元前210年，已经年老体弱的秦始皇带着胡亥、李斯、赵高等人开始了他的第五次巡游。当他们行至今河北邢台广宗的沙丘平台时，秦始皇病情突然加重，最终驾崩。

秦始皇临终前，曾令赵高起草诏书，让扶苏速回咸阳主持丧事并继承皇位。扶苏当时在北方边境监军，与蒙恬在一起。然而，赵高与扶苏、蒙恬有隙，他担心扶苏继位后自己的地位不保。于是，赵高扣留了遗诏，劝说胡亥篡位，在赵高的蛊惑下胡亥最终同意篡位。之后，赵高又找到贪恋权势的丞相李斯，在赵高的威逼利诱下，李斯伙同赵高、胡亥篡改了秦始皇的遗诏，赐扶苏自杀，立胡亥为帝。沙丘密谋导致秦朝的政治格局发生了巨大变化。

胡亥继位后，由于他年幼且缺乏政治才能，赵高得以掌控朝政。赵高实行了一系列残暴的统治措施，他诛杀皇室宗亲、大臣等，使得秦朝的统治阶层内部矛盾重重，政治陷入混乱；繁重的赋税、徭役等使得民不聊生，社会矛盾进一步激化，最终引发了大规模的农民起义，使秦朝的统治摇摇欲坠。

"沙丘密谋"这一事件反映了秦朝统治集团内部的权力斗争和道德沦丧。在文学、艺术等领域，这一事件也被反复演绎，如在一些历史小说、影视作品中，都对沙丘密谋进行了描绘，以展现秦朝末年复杂的政治环境和人物关系。"沙丘密谋"是中国历史上宦官干

---

① ［汉］司马迁. 史记［M］. 北京：中华书局，1959：264.

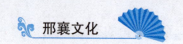

政的典型例证，它展示了权力欲望和阴谋诡计对国家命运的巨大影响，也为后世在皇位继承、君臣关系、政治清明等方面提供了一个深刻的历史教训，让人们看到了权力欲望膨胀所带来的严重后果。

三、"巨鹿之战"

"巨鹿之战"的故事出自《史记·项羽本纪》。巨鹿之战是中国古代军事史上以少胜多的经典战役，是秦朝末年项羽率领的楚军与章邯、王离等率领的秦军在巨鹿（今河北平乡）展开的一场重大决战性战役。

> 章邯已破项梁军，则以为楚地兵不足忧，乃渡河击赵，大破之。当此时，赵歇为王，陈馀为将，张耳为相，皆走入巨鹿城。章邯令王离、涉间围巨鹿，章邯军其南，筑甬道而输之粟。陈馀为将，将卒数万人而军巨鹿之北，此所谓河北之军也①。
>
> ……
>
> 项羽已杀卿子冠军，威震楚国，名闻诸侯。乃遣当阳君、蒲将军将卒二万渡河，救巨鹿。战少利，陈馀复请兵。项羽乃悉引兵渡河，皆沉船，破釜甑，烧庐舍，持三日粮，以示士卒必死，无一还心。于是至则围王离，与秦军遇，九战，绝其甬道，大破之，杀苏角，虏王离。涉间不降楚，自烧杀。当是时，楚兵冠诸侯。诸侯军救巨鹿下者十余壁，莫敢纵兵。及楚击秦，诸将皆从壁上观。楚战士无不一以当十。楚兵呼声动天，诸侯军无不人人惴恐。于是已破秦军，项羽召见诸侯将，入辕门，无不膝行而前，莫敢仰视。项羽由是始为诸侯上将军，诸侯皆属焉②。

秦朝末年，统治者的暴政引发了各地的起义。秦军在章邯和王离的率领下，对反秦义军进行了残酷的镇压。秦军包围了赵国都城巨鹿（今邢台平乡县西部），情况十分危急。各路反秦义军纷纷前来救援，但面对秦军的强大攻势，许多诸侯军都不敢轻易出战，只作壁上观。

楚军在项羽的率领下也参与了救援。项羽为了鼓舞士气，下令把渡河的船凿穿沉入河里，把做饭用的锅砸个粉碎，表示有进无退、一定要夺取胜利的决心。楚军在项羽这种决绝意志的激励下，士气大振。楚军首先与章邯军交战，经过多次激烈的战斗，楚军逐渐占据上风。随后，项羽又率领楚军与王离军展开决战。楚军战士们个个奋勇当先，以一当十。他们与秦军进行了长时间的肉搏战，战场上喊杀声震天。在楚军的猛烈攻击下，王离军最终溃败。而其他诸侯军看到楚军的英勇表现后，也纷纷加入战斗，一起攻击秦军。

巨鹿之战的胜利，彻底扭转了反秦义军一直被秦军压制的局面，为秦朝的灭亡敲响了丧钟。自此，项羽成为各路反秦义军的实际领袖，威望大增。这为他在之后的诸侯分封等政治活动中占据主导地位奠定了基础，也使得反秦斗争的形势更加有利于起义军一方。同时，此役也加剧了秦朝统治集团内部的混乱和恐慌，加速了秦朝的灭亡进程。巨鹿之战中

---

① ［汉］司马迁. 史记［M］. 北京：中华书局，1959：303.

② 同①：311.

体现的"破釜沉舟"精神，成为一种激励后人勇往直前、不畏强敌的文化象征。在邢襄文化中，这一精神更是深入人心。它展现了邢台地区在重大历史转折时期所承载的坚韧、果敢的精神品质，激励着当地人民在面对困难和挑战时，敢于拼搏，坚定信念。

四、"刘秀登基"

"刘秀登基"的故事出自《后汉书·光武帝纪》：

> 行至鄗，光武先在长安时同舍生彊华自关中奉《赤伏符》，曰："刘秀发兵捕不道，四夷云集龙斗野，四七之际火为主。"群臣因复奏曰："受命之符，人应为大，万里合信，不议同情，周之白鱼，曷足比焉？今上无天子，海内淆乱，符瑞之应，昭然著闻，宜答天神，以塞群望。"光武于是命有司设坛场于鄗南千秋亭五成陌。
>
> 六月己未，即皇帝位。燔燎告天，禋于六宗，望于群神。其祝文曰："皇天上帝，后土神祇，眷顾降命，属秀黎元，为人父母，秀不敢当。群下百辟，不谋同辞，咸曰：'王莽篡位，秀发愤兴兵，破王寻、王邑于昆阳，诛王郎、铜马于河北，平定天下，海内蒙恩。上当天地之心，下为元元所归。'谶记曰：'刘秀发兵捕不道，卯金修德为天子。'秀犹固辞，至于再，至于三。群下佥曰：'皇天大命，不可稽留。'敢不敬承。"于是建元为建武，大赦天下，改鄗为高邑。"①

西汉末年，王莽篡汉建立新朝，推行了一系列不切实际的改革措施，导致社会矛盾激化，民不聊生，各地纷纷举行起义。其中，绿林、赤眉等起义军势力强大，严重冲击了新莽政权的统治。

刘秀本是汉室宗亲，在新莽末年与哥哥刘縯一同起兵加入绿林军。在昆阳之战中，刘秀以少胜多，击败了王莽的主力军，此役让刘秀声名大噪。后来，其兄刘縯被更始帝刘玄所杀，刘秀为了保存实力，隐忍不发，并主动向刘玄示好，取得了刘玄的信任，随后被派往河北地区安抚当地的割据势力。

刘秀在河北期间，展现出了卓越的领导才能和政治智慧。他一方面收编当地的起义军和豪强武装，扩充自己的实力；另一方面，广纳人才，如邓禹、冯异等一批有识之士纷纷前来投奔，为其出谋划策、征战沙场，逐渐在河北地区站稳了脚跟。随着实力的不断壮大，刘秀在部下的拥戴下，于公元 25 年 6 月在鄗城南千秋亭五成陌（今邢台市柏乡县固城店镇）设坛场，举行了隆重的登基仪式。当时烟火缭绕，钟鼓齐鸣，刘秀在群臣的礼拜下，正式称帝，国号仍为"汉"，史称东汉，刘秀即汉光武帝。

刘秀以汉室宗亲的身份在千秋亭称帝，重建了汉朝政权，使汉朝的国祚得以延续，在一定程度上满足了当时人们对汉室正统的心理认同，稳定了社会秩序，为东汉时期的政治稳定和文化传承奠定了基础，对中国历史的发展产生了重要影响，也使邢台地区在东汉时期具有了特殊的历史地位。

---

① ［刘宋］范晔. 后汉书［M］.［唐］李贤，等注. 北京：中华书局，1965. 参见王秀彦《高邑千秋台与柏乡千秋亭之争》，《邢台学院学报》2016 年第 4 期："唐代章怀太子注所言：'其地在今赵州柏乡县'。"在《后汉书·志》第二十郡国二"高邑"条亦有"有千秋亭、五成陌，光武即位于此上矣"。继李贤之后，李吉甫也指出"有千秋亭、五成陌，光武即位于此上矣"。

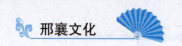

五、"黄巾起义"

秦汉时期宗教氛围浓厚，鬼神崇拜、神仙思想及黄老思想广泛流传，为宗教产生提供了文化准备。东汉盛行的谶纬神学使宗教思想逐步渗透到农民生活中。

东汉和帝之后，各种社会矛盾激化，统治集团内部陷入外戚和宦官争权夺利的斗争中，出现外戚、宦官相继执政的局面，政治日益黑暗；统治集团生活日益骄奢，大规模作战导致大量的军费支出，土地兼并剧烈，使大量农民破产，沦为徒附、佃佣或流民，生活陷入绝境，东汉末期酝酿着一场农民起义——"黄巾起义"。

"黄巾起义"的故事出自《后汉书》，因为以皇甫嵩、朱俊为首的东汉将领平定了"黄巾起义"，因此这次起义记载在《后汉书·皇甫嵩朱俊列传》中：

> 初，钜鹿张角自称"大贤良师"，奉事黄、老道，畜养弟子，跪拜首过，符水呪说以疗病，病者颇愈，百姓信向之。角因遣弟子八人使于四方，以善道教化天下，转相诳惑。十余年间，众徒数十万，连结郡国，自青、徐、幽、冀、荆、扬、兖、豫八州之人，莫不毕应。遂置三十六万。方犹将军号也。大方万余人，小方六七千，各立渠帅。讹言"苍天已死，黄天当立，岁在甲子，天下大吉"。以白土书京城寺门及州郡官府，皆作"甲子"字。中平元年，大方马元义等先收荆、扬数万人，期会发于邺。元义素往来京师，以中常侍封谞、徐奉等为内应，约以三月五日内外俱起。未及作乱，而张角弟子济南唐周上书告之，于是车裂元义于洛阳。灵帝以周章下三公、司隶，使钩盾令周斌将三府掾属，案验宫省直卫及百姓有事角道者，诛杀千余人，推考冀州，逐捕角等。角等知事已露，晨夜驰敕诸方，一时俱起。皆着黄巾为标帜，时人谓之"黄巾"，亦名"蛾贼"。杀人以祠天。角称"天公将军"，角弟宝称"地公将军"，宝弟梁称"人公将军"。所在燔烧官府，劫略聚邑，州郡失据，长吏多逃亡。旬日之间，天下响应，京师震动[①]。

巨鹿人张角顺应社会政治形势，创立太平道，并在汉灵帝建宁年间开始布道。张角以符咒为人治病，借此招收弟子，广泛传播太平道。教徒达数十万人，并以"方"为单位将全国教徒组织起来，共划分为三十六方，作为发动起义的基础。同时，张角还散布"苍天已死、黄天当立、岁在甲子、天下大吉"的口号，派遣教徒在京城洛阳及州郡官府用白土书写"甲子"二字，以指明起义目标。

张角等人原计划在中平元年（184年）三月五日举行起义，并派遣大方领导马元义率领荆州、扬州地区教徒北上，计划集中在邺城地区。但由于弟子唐周告密，起义被迫在二月提前举行。张角自称"天公将军"率领三十六方信徒同时起义，各方信徒头戴黄巾，幽、冀、兖、豫、荆、扬六州一同起兵，并俘获安平王刘续和甘陵王刘忠。冀州黄巾军是黄巾主力，由张角亲自率领，张角、张宝、张梁三人分别自称"天公将军""地公将军""人公将军"，集合冀州黄巾军起兵。

朝廷派遣卢植率领北军五校尉兵，与护乌桓中郎将宗员共同北征，卢植连续击败张角等人，张角率军据守广宗，张宝则前往下曲阳。但随后卢植以及接替他进攻黄巾军的董卓

---

① [刘宋] 范晔. 后汉书 [M]. [唐] 李贤，等注. 北京：中华书局，1965：2299-2300。

先后战败。八月，张角病死，皇甫嵩在仓亭击败东郡黄巾军后受命征讨张角。十月，皇甫嵩攻下广宗城，张梁战死，张角被开棺戮尸。十一月，皇甫嵩与巨鹿太守共同围攻下曲阳，击败张宝军队，冀州黄巾起义被平定。黄巾起义虽然最终失败，但坚持了九个多月，给东汉王朝的统治秩序以沉重打击，使其统治根基动摇，汉室威信严重受挫。

在镇压黄巾起义过程中，州郡势力和地方武装力量迅速膨胀，这导致地方军拥兵自重，群雄互相攻击，逐鹿中原，加速了东汉王朝的灭亡，也拉开了三国时代的序幕。

黄巾起义及其余部的持续斗争，反映了东汉末年社会矛盾的尖锐和人民对美好生活的渴望，也在一定程度上改变了当时的政治格局和社会风貌，对中国历史的发展进程产生了深远影响。

第三节 成语典故类

邢襄文化中的成语典故是邢襄历史的活化石，是展示邢襄地域文化特色的窗口，每一个成语背后都有着特定的历史事件或人物故事，经过悠久历史的沉淀，具有高度凝练的语言特点，被广泛应用在日常交流、文学创作、历史记载等多个领域，延续了汉语的语言魅力，成为汉语语言宝库的重要组成部分。邢台的成语典故承载着邢台地区的语言习惯和文化特色，带有鲜明的地方色彩，从古代流传至今，使后人能够了解古代邢襄人民的语言风格和思维方式，能够让外界更好地了解邢襄文化的独特之处。

一、"以一当十"

"以一当十"出自《史记·项羽本纪》："皆沉船，破釜甑，烧庐舍，持三日粮，以示士卒必死，无一还心。于是至则围王离，与秦军遇，九战，绝其甬道，大破之，杀苏角，虏王离。涉间不降楚，自烧杀。当是时，楚兵冠诸侯，诸侯军救钜鹿者十余壁，莫敢纵兵。及楚击秦，诸将皆从壁上观。楚战士无不一以当十。楚兵呼声动天，诸侯军无不人人惴恐。"[1]

"以一当十"出自巨鹿之战过程中，当时的巨鹿即如今的邢台市平乡县一带。秦末，章邯率兵进攻赵国信都，赵王赵歇与赵相张耳兵败退守巨鹿。章邯派大将王离围巨鹿。赵王向楚国求救，楚怀王派宋义为上将，项羽为次将，领兵救赵。宋义驻军安阳按兵不动，项羽怒杀宋义，楚怀王封项羽为上将，命其率兵伐秦救赵。项羽率兵渡过漳河，切断秦军粮道，命令军士"沉舟船，破釜甑，烧庐舍，持三日粮"[2]，与秦军决一死战。而此时集结在前线的各路援赵部队，都固守营寨，不敢轻易出战，在壁垒上观看楚秦交战，即"作壁上观"。最终，楚军将士以一当十，九战九胜，击败秦军，章邯降楚，王离被俘，楚军大获全胜。

"破釜沉舟"体现了一种决绝的勇气和坚定的意志。它象征着人们在面对困难和挑战时，不惜一切代价，勇往直前，不给自己留下任何退缩的余地。这种精神激励着后人在追

---

① ［汉］司马迁. 史记［M］. 北京：中华书局，1959：307-311.

② 同①：307.

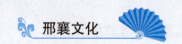

求目标的过程中，果敢坚毅，摒弃犹豫和怯懦，是一种积极向上的精神力量。在文学、演讲等诸多领域，"破釜沉舟"经常被引用，用于表达坚定的信念和无畏的勇气。

"作壁上观"生动地描绘了一种旁观者的心态。它带有贬义，用于形容那些在他人面临困难或危险时，袖手旁观，不采取任何行动给予帮助的人。这一成语反映了一种消极的处世态度，与"破釜沉舟"所体现的勇敢形成鲜明对比，从侧面告诫人们要避免在关键时刻置身事外，要有责任感和担当精神。

"以一当十"体现了军队的英勇善战和强大的战斗意志。它不仅用于形容军事方面的勇猛，还可以引申至其他领域，如体育比赛、商业竞争等，个人或团队凭借卓越的能力、顽强的精神，以少胜多，发挥出远超常人的力量。它是对英勇和实力的一种赞美，激励人们在面对强大的对手时，要挖掘自身潜力，发挥出超常的水平。

二、"鹿死谁手"

"鹿死谁手"出自《晋书·载记第四·石勒下》，说的是后赵皇帝石勒的故事：

> 勒因飨高句丽、宇文屋孤使，酒酣，谓徐光曰："朕方自古开基何等主也？"对曰："陛下神武筹略迈于高皇，雄艺卓荦超绝魏祖，自三王已来无可比也，其轩辕之亚乎！"勒笑曰："人岂不自知，卿言亦以太过。朕若逢高皇，当北面而事之，与韩彭竞鞭而争先耳。脱遇光武，当并驱于中原，未知鹿死谁手。大丈夫行事当礌礌落落，如日月皎然，终不能如曹孟德、司马仲达父子，欺他孤儿寡妇，狐媚以取天下也。朕当在二刘之间耳，轩辕岂所拟乎！"[1]

十六国时期，北方少数民族建立的政权众多，局势混乱。羯族出身的石勒家庭贫苦，曾被人贩卖为奴隶。后来，石勒因为英勇善战，势力逐渐壮大，聚集了十八个人组成骑兵队，号称"十八骑"。他在反抗西晋的斗争中先后占据了许多地方，成为当时北方势力较强的割据者之一。

石勒在与前赵的刘曜争夺天下的过程中，有一次在宴请群臣时，他自我评价："朕若逢高皇（汉高祖刘邦），当北面而事之。若遇光武（汉光武帝刘秀），当并驱中原，未知鹿死谁手。"意思是如果遇到刘邦这样厉害的人物，他愿意臣服；但要是遇到刘秀，他觉得自己可以和对方一较高下，还不知道天下最终会被谁夺取呢。这里的"鹿"指代天下，就像在打猎中追逐的猎物一样，谁捕获了鹿，谁就取得了天下。

从石勒的话语中可以感受到一种英雄主义的豪迈气概。他敢于将自己与历史上著名的帝王相提并论，表达自己对天下的野心和抱负。这种英雄主义情怀是古代许多英雄豪杰所共有的，他们在乱世中崛起，凭借自身的才能和勇气，试图在历史的舞台上留下自己的印记。"鹿死谁手"这个成语能让人们了解到十六国时期的政治格局，即少数民族势力积极参与中原地区的争夺，民族融合与冲突并存的复杂情况；了解石勒建立的后赵政权在文化、政治制度等方面的独特之处，这个成语可以作为研究后赵以及当时众多政权兴衰的一个切入点。

在现代社会，人们也经常用"鹿死谁手"来表达竞争的激烈程度和难以预测最终胜利者的情况，提醒人们在竞争环境中要保持警惕，不断提升自己的实力，同时也体现了竞争

① ［唐］房玄龄，等. 晋书［M］. 百衲本. 杭州：浙江古籍出版社，1998：179.

的公平性和开放性，因为在结果出来之前，任何人都有机会成为胜利者。

三、"舌灿莲花"

"舌灿莲花"又称"钵生青莲"，源自佛教故事，是关于南北朝时期高僧佛图澄的事迹，在《晋书》和《高僧传》中均有记载，故事也基本相同。

> 石勒屯兵葛陂，专行杀戮，沙门遇害者甚众。澄投勒大将军郭黑略家，黑略每从勒征伐，辄豫克胜负。勒疑而问曰："孤不觉卿有出众智谋，而每知军行吉凶何也？"黑略曰："将军天挺神威，幽灵所助。有一沙门智术非常，云将军当略有区夏，已应为师。臣前后所白，皆其言也。"勒召澄，试以道术，澄即取钵盛水，烧香咒之，须臾钵中生青莲花，光色曜日，勒由此信之①。

在佛教故事中，高僧佛图澄是一位很有神通的人，博学多识，尤其擅长讲解佛教教义。他在后赵的石勒、石虎时代，经常以佛教教义劝谏君主。"钵生青莲"的故事就是因为佛图澄见石勒"专行杀戮"，有意劝谏，才投到石勒的重将郭黑略手下出谋划策，以引起石勒注意。当石勒召见佛图澄时，想要试验他的道行深浅。佛图澄于是取来钵盂，将其盛满水，然后开始烧香持咒。在他的法力加持下，不多久，钵中竟生出青莲花，光色曜日，令人称奇。

虽然石勒初见佛图澄是在洛阳，但经过佛图澄等人的辅佐和石勒的努力，319年石勒自称赵王，以襄国（今邢台）为都城，史称后赵。后人根据这个神奇的故事，引申出"舌灿莲花"这一成语，用于形容某人讲话极具感染力，能够吸引听众，让众人信服。在佛教中，莲花象征着纯净、圣洁和智慧。佛图澄通过神奇的法术展现莲花，代表着他的佛法高深、能够开启智慧之门。"舌灿莲花"成为口才好、能言善辩的代名词。它不仅仅是简单的说话流利，还包含了用智慧的语言来表达观点、说服他人的意思。这反映出古代社会对口才和智慧的崇尚，人们认为能够用美妙的语言来沟通交流、传递思想是一种很高的才能。

四、"民脂民膏"

这个成语与籍贯为邢台的后蜀皇帝孟昶有关，出自五代后蜀孟昶的《戒石文》："尔俸尔禄，民膏民脂。下民易虐，上天难欺。""脂"和"膏"在古代都指油脂，这里比喻人民的血汗和劳动成果。五代时期孟昶始亲政励精图治，衣着朴素，兴修水利，注重农桑，实行"与民休息"政策，使得后蜀国势强盛，北线疆土扩张到长安。当时，孟昶为了告诫地方官员不要贪污腐败，搜刮百姓，写下了这篇《戒石文》，刻在石碑上，立在官府衙门之前。文中明确指出官员们的俸禄来自百姓的辛苦劳作，要公正对待百姓，否则上天不容。

但孟昶在位后期沉湎酒色，不思国政，生活荒淫，奢侈无度。他手下的官员也大多贪污腐败，对百姓横征暴敛，百姓们的血汗钱被这些统治者无情地剥夺，生活困苦不堪。这种统治阶层对百姓财富的残酷盘剥，就被人们用搜刮"民脂民膏"来形容。"民脂民膏"一词也有助于强化社会公平与正义的观念，它让人们更加关注财富分配的公平性，反对剥

---

① [唐]房玄龄，等.晋书：卷九十五 [M].标点本.北京：中华书局，1974：2485.

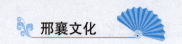

削和压榨行为。在社会经济发展过程中，这个成语提醒人们要建立公正的分配制度，保障人民的基本权益，促进社会的和谐稳定。

　　邢台地处中原地区，是多种文化交流融合的重要地带。邢襄典故中既有华夏先祖在此活动的传说，也承载着先人的智慧与勇气，更蕴含着丰富的道德教诲，反映出特定时代的社会风貌和邢襄人民的文化精神，成为中华民族文化精神的重要组成部分。在时代飞速发展的今天，邢台的典故文化不应被尘封在历史的记忆深处。深入探寻、挖掘与传承这些典故文化，不仅是对邢台过往辉煌的尊重与铭记，更是为这座城市注入独特的文化灵魂、增强文化自信、促进文化繁荣的关键所在。它将成为邢台在文化多元的现代社会中独树一帜的标识，吸引着人们去了解其背后的故事，感受其独特的魅力，进而推动邢台在文化传承与创新的道路上稳步前行，续写属于这座城市的文化传奇。

第三章
邢台的泉文化与井文化

邢襄文化与整个中华文明史同步，在"五帝"时期的各种传说中就经常闪烁着邢文化的身影。远古先民由于生产力低下，为了生存，往往选择距离河、湖等水源较近的地区居住。但是中原地区的季风气候，使得雨季又会面临洪水泛滥的危险，这就迫使先民想方设法既能容易取水，又能够在相对远离河湖水泛滥成灾的地区生活，而解决这一难题的方式就是先民中的智者寻找地下水丰富的地区，发明了凿井技术。古邢地特殊的地质状况和气候的湿润多雨催生了邢台特殊的泉文化呈现，号称北方泉城的邢台大地因泉水众多而增添了灵性和韵致，也承载了最早的泉文化和井文化。

一、邢台的泉及多泉原因

《说文解字》解释"泉"："水原也。象水流出成川形。"① 据地质学者考证，距今大约 3 亿年前，古邢地本与东部海洋相连为汪洋一片，历经亿万年沧海桑田的变幻才成为如今从西到东地势渐低的陆地，但依然是河湖密布，当时太行以东的古巨鹿平原上不但有广阔的大陆泽，黄河及其多条支流也流经古邢地向东北流入大海。

另外，当时古邢地湿润多雨，在距今 3 000~5 000 年前经常洪水泛滥，尤其在帝尧时期形成"汤汤洪水滔天"之势。直到元代末期气候干燥，才因水位下降，很多原为河湖的地方渐渐干涸，大陆泽也分割成一个个小型湖泊。但因为太行以东邢地原本就多水，再加上东部吹来的暖湿气流遇到高高隆起的太行山上升期间气温下降，很容易在东麓地区形成降水，渗入地下形成地下径流。"邢台城区部分地段奥陶系灰岩上凸隆起，上覆第四系松散沉积层薄，最薄处不足 10 米，从西部山区地下径流来的岩溶水在此自然上涌出露地表"②，形成了大大小小的泉和泉群，也正因如此邢台才会有"北方泉城"的美誉。

《顺德府志》记载"环邢皆泉，遍野甘露溢，平地群泉涌"，也就是说到明朝的时候，邢台周围还遍布名泉。在目前的邢台市区及周围方圆 20 平方千米范围内就有 15 处泉群，加上周围原邢台县、内丘县、任县、沙河、南和等地的泉眼，真的不负"百泉"之名。在

---

① ［东汉］许慎. 说文解字［M］. 北京：中华书局，1963：239.
② 周聪聪，邢云，朱艳冰，等. "太行泉城"说邢台［N］. 河北日报，2023-06-01（9）.

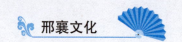

明朝明化和万历年间的《顺德府志》中记载的泉有：玉泉寺泉、龙泉寺泉、滴水岩泉、葫芦套泉、黑龙潭、达活泉、柳溪泉、温泉寺泉、金屑泉、紫金泉、珍珠泉、喷玉泉、狗头泉、太尝井泉、野狐泉、马跑泉、汤山泉、温阳寺泉、圣井泉、鸳鸯泉等。

邢台本地地质工作者李建峰对邢台的泉群有很深入的研究，经勘测邢台百泉泉域是一个独立封闭的岩溶水系统，其北部以内丘——西北岭地下水分水岭为界，南部以北洺河地下水分水岭为界，面积有 3 843 平方千米，包括邢台市区和内丘、沙河及邯郸市的部分地区。"泉域地下水在山区接受降雨补给，流到邢台城区附近出露地表，形成泉群。"① 整个泉域分南北两个部分，北部为达活泉泉群，位于邢台市区达活泉公园一带，包括达活泉、紫金泉、野狐泉、白沙泉、莲花泉等 7 个泉眼。南部为百泉泉群，位于邢台市区东南 4 千米处，包括珍珠泉、沟头泉、黑龙潭、葫芦套、晋祠泉、小儿泉等 31 个泉眼。历史上的"百泉"终年泉涌不断，并且每个泉眼涌水量很大，水质上佳。据说当年乾隆路过邢台的时候，曾有"早知有百泉，何必下江南"的感慨之言。

二、邢台著名泉群和泉文化

20 世纪后期，城市工业快速发展和人口剧增，地下水超采严重，再加上气候变化，导致邢台的多处泉水停涌，甚至干涸。近年来，邢台市通过一体化推进水生态修复、水资源统筹和水环境治理，采取节、管、调并举，引、蓄、补发力等措施，地下水位实现持续回升，多个泉眼复涌。目前邢台的著名泉群有百泉、达活泉、狗头泉、银沙泉等。邢台之所以有"泉城"之称，不仅仅因其泉多，还在于这些泉中有很多还有自己的历史、传说或典故。

（一）邢台百泉泉群

百泉既是邢台市大部分泉群的总称，也是位于百泉村和北厂村之间及其附近区域泉群的专称。邢台的百泉泉群位于邢台市和原邢台县境内京广铁路两侧 20 余平方千米范围内，由百泉、珍珠泉、韩家泉、银沙泉、达活泉等 15 个泉群组成，其中以百泉和达活泉最为著名，是华北地区的冷水泉代表。位于太行山东麓山前冲积扇上，地下隐伏大片喀斯特地貌分布区，溶隙、溶洞发育，地下水丰富。其东部为邢台断裂，断裂地层及其上部所覆不透水或弱透水沉积物，成为地下水东流的阻水隔墙。泉区内新华夏构造运动强烈，构成一系列大、小断层和背斜，形成有利于地下水运移的通道，使得丰富的喀斯特水大部以上升泉形式出露地表，部分表现为下降泉。

邢台泉群主要靠降水补给，泉群补给区范围达 1 300 平方千米，年降水量 550 余毫米。此外，泉群西部 2 000 余平方千米的地表径流汇流区也是泉水的重要补给来源，流经该区的北洺河、沙河、七里河、白马河、小马河等汇集地表径流，至泉区西部潜入渗漏区形成地下径流，受邢台断层阻隔，富存于泉群储水构造中。邢台泉出无数，终年喷珠吐玉，是典型的冷水泉。水量丰富，水质好，矿化度均小于 500 毫克/升，为重碳酸盐钙型或镁型水，水温常在 17~18℃，冬温夏凉，自古就是工农业生产和生活用水的重要水源。

位于邢台市东南部的百泉，是邢台市著名的泉群之一。此地泉眼众多，分布广泛，历史上清澈如镜，水质优良，周围风景明媚如画，犹如江南水乡一般，盛产鱼虾、芦苇和水

---

① 周聪聪，邢云，朱艳冰，等. "太行泉城"说邢台 [N]. 河北日报，2023-06-01 (9).

稻，自古以来就是文人墨客游览和吟诗作赋的胜地。唐代诗人张籍的诗歌《襄国别友》："晓色荒城下，相看秋草时。独游无定计，不欲道来期。别处去家远，愁中驱马迟。归人渡烟水，遥映野棠枝。"其中的"渡烟水"就是邢台市南部的七里河，百泉泉水汇入其内，当时是一片较为宽阔的湿地，可见百泉在唐代就已成为邢台的重要景观之一。

宋代乐史的《太平寰宇记》中记载：邢州"百泉河，在州东南八里，水自平地而出，其泉无数，故曰百泉。是澧河之上源也"。元明以来，百泉灌区就一直以灌溉之利造福当地百姓。至明代中叶，泉区渠系更加发达，仅引水闸就达 30 多处，灌田 5 万亩①。中华人民共和国成立后，百泉经过多次治理，一度成为邢台一带重要的水源地，引泉浇地达 40 万亩，使这里成为旱涝保收的"冀南明珠"。

另外百泉北岸曾有一座龙神庙遗址见证着顺德府的风雨兴衰，其最早具体建造年代已无可考，但明代中期时原籍为邢的吏部尚书王本固曾经出资重修，在当时百泉龙神庙已经是古顺德府东南著名的风景名胜，当时信徒众多，香火很旺。清朝皇帝乾隆在其在位十五年（1750 年）巡幸顺德府的时候，曾驻跸百泉行宫，在他游览了百泉美景、吃过了当地美食之后，挥毫写下"早知有百泉，何必下江南"，并为百泉龙神庙御书匾额"千里湫成"。湫读作"jiū"的时候就是"清静、明静"的意思，读作"qiū"的时候，就是指水潭的意思。假如把这个"湫"字的两个读音表示的意思合在一起"jiū qiū"——"明静的水潭"，正是百泉历史上和复涌以后的美不胜收景象。

近几年，当地村民又自发重修了龙神庙，也重整了庙前广场，作为村民休闲娱乐的文化活动场所。据说春节期间这里热闹非凡，村民们在广场上举行赶毛驴、扭秧歌等民间文化娱乐活动。

因为环境的改良与南水北调工程的地表水补给，邢台的水位恢复，致使百泉泉群的沟头泉、黑龙潭、百泉、柳溪泉等众多泉眼重涌，重现了邢台当年"百泉涌流"的壮观景象。这让邢台这座拥有"太行泉城"之称的古城不再名不副实，重新焕发青春，也激活了历史上"遍野甘露溢，平地群泉涌"的城市记忆。

（二）达活泉

作为邢台百泉之首，达活泉原为一水池，周百步，深丈许，泉水晶莹碧透，一望见底，水量大时，主泉似开锅之水，翻华斗艳，银花沸腾，泉水犹如玉盘行珠，滚流不息。

达活泉的名字最早可追溯到 1 700 多年前的《晋书·佛图澄传》，因团丸泉时涌时伏，故后赵时按照西域语改称达活泉。传说中的佛图澄"燃香念咒""敕龙取水"就是跟达活泉相关。达活泉原名蓼水，后赵时期有段时间天气干旱，连护城河的水都干了，石勒问其故，佛图澄"敕龙"到古蓼水附近，经过三日以后水流从一洼处涌出，自此被称为达活泉。

古往今来众多文人墨客在邢台留下了大量的诗词歌赋，达活泉作为其中的代表，也成为文学作品中的重要意象，承载着人们对自然美景和美好生活的向往与赞美。北宋咸平年间，邢州刺史柳开疏浚达活泉，并沿泉流两岸广种柳树，在下游建柳溪亭，形成"柳溪春涨"的一郡之胜，成为当时题咏达活泉诗的主要描写对象之一。南宋诗人范成大路过邢台时，也写下了关于达活泉一带风貌的诗句，可见其在当时就已成为邢台的重要地标性风景

---

①　1 亩 ≈ 666.7 平方米。

名胜。元朝时期华北一带天气干旱，水位下降，达活泉又曾反复干涸、出水，因又名"再来泉"。

中华人民共和国成立后邢台政府将达活泉附近开辟成一处公园，开辟了很多便民闲游、娱乐的地方。如今达活泉公园占地 1 030 亩，是一座集文化、休闲、娱乐、健身于一体的大型综合性公园，也是华北地区面积较大的城区公园之一和邢台市区内唯一的省级五星级公园。公园以古典园林建筑风格的廊、亭、桥、台、馆、楼为主调，园内有碧波荡漾的人工湖，湖面上脚踏式游船游来游去，水中小岛给游人增添了情趣，泉岸边还建有攒尖式八角凉亭，成为邢台人民日常休闲游玩的好去处，每天早晚都有很多人在这里散步、锻炼身体，每到周末、节假日更是人山人海。公园内还设有游乐设施，为孩子们提供了欢乐的游玩空间。

（三）狗头泉

狗头泉也是邢台重要的泉眼之一。历史上邢台南部武家庄附近的狗头泉一带曾经被称为"水海"，当时以狗头泉为中心，方圆十里全是水域。狗头泉以东的通沟河，靠着狗头泉源源不断的水奔流向东，河流两边 18 个村庄的生活用水、庄稼灌溉都依赖于此，给周边村庄带来极大的便利。

20 世纪 80 年代，因邢台地区干旱少雨，地下水抽取量又大，不但周围河道干涸，就连其源头狗头泉也反复断涌。2021 年春季，邢台市南部的狗头泉在断涌 30 余年后复涌，引起很大轰动，很多人前去观赏，尤其附近的村民更是兴奋，每有人想了解狗头泉的前世今生，他们就会非常热情地向大家介绍。

狗头泉其实原名沟头泉，后来叫成了狗头泉。明朝时以沟头泉为源修建了一条沟渠，被当地百姓称为"润花沟"，而"润花沟"的源头就称为"沟头泉"。清朝道光七年《邢台县志》的记载依然是"沟头泉"，"沟头泉，黑龙潭之北，下流为渠，详水利"，后来清朝末期，有人在书写方志的时候，错写成了"狗头泉"。

自 2014 年开始邢台市政府针对地下水超采和水资源保护制定了一系列强有力措施，2018 年在狗头泉一带建立了狗头泉公园，保护这一带的水资源和生态平衡，再加上近几年夏季降水增多，本市地下水位慢慢恢复上升，2021 年 7 月狗头泉、黑龙潭、百泉陆续复涌，为邢台增添了新的生机和活力，也使百泉泉群一带重新热闹起来，成为展示邢台泉文化的窗口。邢台还计划以狗头泉水域为重点建设百泉鸳水公园北区，致力于打造成泉文化展示与体验的平台。园内设有儿童寻泉沙滩、观光小火车等，还计划开通游船项目，并建设纪念馆、民宿、酒店等，聚力打造集生态文化体验、休闲度假康养于一体的旅游度假区"京南后海"，进一步提升狗头泉周边的旅游吸引力和城市品位。

（四）银沙泉

银沙泉位于邢台市的百泉鸳水公园内，被一湖碧波环绕，与远处假山遥相呼应，形成了独特的自然景观，隔绝了城市的喧嚣，让人们能够在此静享悠然时光。银沙泉的泉水自石窦喷涌而出，池底白沙翻舞，其喷吐的白沙细腻如粉，泉水顺池西石阶倾泻而下，搅起满湖碎金，初清诗人李京写下《百泉鸳水》之诗描绘银沙泉，其诗云"泉涌碧沙坑漾深，净明润物作甘霖"。

银沙泉曾被附近百姓用来打磨银器，且用这里的沙子打磨银器不留痕，特别受"好南关"银匠铺子的欢迎，故此得名。银沙泉也曾一度停涌，但随着南水北调中线工程通水以及邢台市生态补水工程的实施，地下水位上升，银沙泉得以复涌。百泉鸳水公园于2024年10月开园，目前银沙泉已成为百泉鸳水公园内的重要景点之一，园内按照"泉、景、人互动融合"的理念，收集整理了与泉相关的历史典故，让游客在游玩赏景的同时，感受邢台泉文化的源远流长。

（五）黑龙潭

同属于百泉泉群的黑龙潭也是一个有故事的泉。黑龙潭由大潭、小潭、井潭和小妮儿潭四个潭组成，自古泉深莫测，号称百泉泉群中最深的。主泉大潭处于最南端，大潭略偏西北为小潭，正北依次是井潭、小妮儿潭。从上往下俯瞰，四潭从北到南前后相连，犹如潜龙翘首，遥望东南。

关于黑龙潭的来历，附近武家庄村最有发言权，他们这里有一个关于黑龙潭的传说。据说当年东海龙王的儿子黑龙恃宠而骄，老是兴风作浪惹是生非，老龙王为了改变儿子黑龙的心性，将它安置在此潭磨炼心性，磨掉它的放浪不羁的性格，并护佑此地百姓平安和乐，因此人们便将此潭叫作黑龙潭。黑龙潭自古就因其水多润泽一方而出名。清乾隆《顺德府志》记载"黑龙潭，去珍珠泉一里，深不可测，相传有黑龙潜焉，旱祷辄应"。复涌之后的黑龙潭水量也日渐增加，达到了喷涌的程度，漫过周围土坝，还是不断上涨，以至于政府相关部门不得不疏通排水暗道，将水流引入七里河。

三、邢台的井文化

跟邢台的泉文化有着密切关系的，还有邢台的井文化。《广韵》《集韵》《韵会》《正韵》均解释"井"字为"穴地出水曰井"。"穴"最早的意思是指洞，也就是说只要是洞穴里出水就是"井"，不必是人工穿凿，如果是洞穴自动出水，就是现代人所谓的"泉"。而这正符合最原始的"井"的解释，只要是"穴地出水"就叫"井"，而这也应该是古邢地之所以叫"井方"的一个原因。

邢台之所以最早被称为"井方"的另一个原因，就是流传着"黄帝穿井，聚民为邑"之说。上古时期居住在古邢地的居民很可能就是掌握最早的"穿井"技术且是黄帝部落的一批人，再加上后来的黄帝始创"井田制"之说，都是古邢地原住民的被称为"井氏"的原因。

在关于发明"井"的传说中，还有另外一种说法，即"伯益作井"说。在很多典籍中都有关于伯益的事迹：

帝曰："畴若予上下草木鸟兽？"佥曰："益哉！"帝曰："俞，咨！益，汝作朕虞。"益拜稽首，让于朱虎、熊罴。帝曰："俞，往哉！汝谐。"[1]

——《尚书·尧典》

（帝尧）三年丧毕，让丹朱，天下归舜。而禹、皋陶、契、后稷、伯夷、夔、龙、倕、益、彭祖自尧时而皆举用，未有分职。……舜曰："谁能驯予上下草木鸟兽？"皆曰益可。于是以益为朕虞。益拜稽首，让于诸臣朱虎、熊罴。舜曰："往矣，汝谐。"遂以朱虎、熊罴为佐。……此十二人咸成厥功：皋陶为大理，平，民各伏得其实；伯夷主礼，上下咸让；垂主工师，百工致功；益主虞，山泽

---

① 尚书 [M]. 慕平，译注. 北京：中华书局，2009：28.

辟；弃主稷，百谷时茂；契主司徒，百姓亲和；龙主宾客，远人至；十二牧行而九州莫敢辟违；唯禹之功为大，披九山，通九泽，决九河，定九州，各以其职来贡，不失厥宜①。

——《史记·五帝本纪》

禹乃遂与益、后稷奉帝命，命诸侯百姓兴人徒以傅土，行山表木，定高山大川。禹伤先人父鲧功之不成受诛，乃劳身焦思，居外十三年，过家门不敢入。薄衣食，致孝于鬼神。卑宫室，致费于沟淢。陆行乘车，水行乘船，泥行乘橇，山行乘檋。左准绳，右规矩，载四时，以开九州，通九道，陂九泽，度九山。令益予众庶稻，可种卑湿。命后稷予众庶难得之食。食少，调有余相给，以均诸侯。禹乃行相地宜所有以贡，及山川之便利②。

……

帝禹立而举皋陶荐之，且授政焉，而皋陶卒。封皋陶之后于英、六，或在许。而后举益，任之政。十年，帝禹东巡狩，至于会稽而崩。以天下授益。三年之丧毕，益让帝禹之子启，而辟居箕山之阳。禹子启贤，天下属意焉。及禹崩，虽授益，益之佐禹日浅，天下未洽。故诸侯皆去益而朝启③。

——《史记·夏本纪》

得陶、化益、真窥、横革、之交五人佐禹，故功绩铭乎金石，著于盘盂。④

——《吕氏春秋·慎行论·求人》

秦之先，帝颛顼之苗裔孙曰女修。女修织，玄鸟陨卵，女修吞之，生子大业。大业取少典之子，曰女华。女华生大费，与禹平水土。已成，帝锡玄圭。禹受曰：“非予能成，亦大费为辅。”帝舜曰：“咨尔费，赞禹功，其赐尔皂游。尔后嗣将大出。”乃妻之姚姓之玉女。大费拜受，佐舜调驯鸟兽，鸟兽多驯服，是为柏翳。舜赐姓嬴氏。大费生子二人：一曰大廉，实鸟俗氏；二曰若木，实费氏。其玄孙曰费昌⑤。

——《史记·秦本纪》

根据以上资料可知，伯益又叫柏翳，当时人称其为益或化益，其祖母为颛顼的孙女女修，吞玄鸟而生其父大业，大业娶少典之女女华，而生伯益。在当时人一般或因封地得姓，如夏禹；或因居住之地得姓，如黄帝姓姬、炎帝姓姜；或因官职而得氏，如司马、司徒；或因擅长某一技能而得氏，如张姓，等等。伯益大概被封到费地，因此在《秦本纪》中称其为大费，其后世子孙便以费为氏。伯益最著名的功业应该就是驯服鸟兽和辅佐夏禹治水。

世人皆云大禹治水13年过家门而不入，但忽略了与他同行的人。《史记》的《五帝本纪》《夏本纪》和《秦本纪》中都记载了伯益与后稷随同夏禹一起治水，并且在帝舜嘉奖

① ［汉］司马迁. 史记［M］. 裴骃，集解. 司马贞，索引. 张守节，正义. 北京：中华书局，1959：30.

② 同①：51.

③ 同①：83.

④ 许维遹. 吕氏春秋集释［M］. 梁运华，整理. 北京：中华书局，2009：615.

⑤ 同①：173.

夏禹的时候，夏禹专门提出了"非予能成，亦大费为辅"①，可见伯益在治水过程中也是尽心尽力，不辞劳苦，他何尝不是像夏禹一样长期在外几度路过家门而不入呢？因为长期驯服禽兽的经历和13年的治水经历，伯益充分了解了动植物和水资源的特性，所以他能够带领百姓在土地低洼潮湿的地方种植水稻；也因为长期治水积累了关于水利的经验，让他能够"作井"。郭璞《井徽》有言："益作井，龙登天。凿后土，洞黄泉。"北齐张耀的《井赋》亦云："惟斯井之雄作，实伯益之所营尔。"

有人说既然有"黄帝穿井"和"伯益作井"之说，那么到底哪个为真呢？

根据考古和我国先民的记载，应该是黄帝前后就有了早期的凿井技术，只不过随着先民的经验积累，凿井技术也在逐渐发展，比如《史记》中赞扬舜之孝行的时候就说，"后瞽瞍又使舜穿井，舜穿井为匿空旁出"，可见当时的井已经很普遍。而伯益有长期的治理水土的经验，又在原来的基础上进行了改革完善。

上古时期人们常常会以某一原因得姓，某个部落也可能会因某一群人擅长的技能得氏，因而很可能最早生活在邢地的井方的人就是掌握凿井技术的人。而无论是"黄帝凿井"还是"伯益作井"②，他们最初都是生活在黄河中下游地区，本身距离邢地不远，尤其黄帝的领土"东至于海，登丸山，及岱宗。西至于空桐，登鸡头。南至于江，登熊、湘。北逐荤粥，合符釜山，而邑于涿鹿之阿"③，很明显当时邢地就包括在其内。从隆尧的"干言岗"的传说可知，黄帝有很长一段时间就生活在古邢台地区，因此真正运用这项"井"技术的那群人后来便以邢（当时为"井"）为自己的居住地，原因就是此地气候温暖湿润、地下水位比较浅，甚至在地面就有很多泉眼，挖井很容易出水，更能发挥他们的特长。

邢台的泉文化与井文化孕育了邢台独特的地域文化，成为邢台文化的重要符号和标志。它们见证了邢台的历史发展，上古凿井筑邑成就"邢"之名，历代治水事迹彰显人类与水共生的历程，孕育出独特的地域文化。众多文学佳作受其启发，民俗活动与之相连，承载着乡愁与人文风情，成为城市文化符号。经济上，助力古代农业繁荣，如今推动旅游及多产业融合，为城市发展注入活力。生态方面，维持区域生态平衡，调节气候，滋养生物，改善城市环境。于社会而言，塑造城市精神，增强市民凝聚力与归属感，凭借"太行泉城、美丽邢台"品牌提升城市知名度，在新时代持续彰显其独特价值，向外界展示了邢台独特的魅力和风采，助力邢台蓬勃发展。

① ［汉］司马迁. 史记［M］.［南朝］裴骃，集解.［唐］司马贞，索引.［唐］张守节，正义. 北京：中华书局，1959：173.

② ［明］徐光启. 农政全书［M］. 北京：中华书局，1956：356.

③ 同①：6.

第四章
扁鹊与邢台的中医文化

扁鹊是中国传统医学文化中最具代表性的医学家之一。他不仅发展和完善了中医的诊疗技术，而且突破了传统医学的范围，使其延伸到文化、历史、经济等领域。扁鹊这些伟大的成就大多是在他的封地——邢台内丘鹊山完成的。

第一节　扁鹊及其医学成就

在中华医学源远流长的历史长河中，扁鹊犹如一颗璀璨夺目的巨星，闪耀着独特而永恒的光辉。在动荡变革的战国时期，扁鹊以其非凡的智慧、卓越的医术和高尚的医德，开启了中国古代医学史上浓墨重彩的篇章。

一、扁鹊其人

扁鹊，郑（今任丘市境内）人，是战国时期杰出的医学家。他学医于长桑君，得到秘传，精通内、外、妇、儿、五官诸科，尤以脉诊和针灸见长。他当时在许多国家行医，被誉为"神医"。河北内丘是扁鹊行医圣地，是其生前封地和死后葬地，这里建有全国最大的扁鹊庙群，因而也是最大的扁鹊纪念祭祀地。

据《史记·扁鹊列传》，扁鹊曾为赵简子医血昏之病。赵简子为了感谢扁鹊，把今邢台市下辖邱县蓬山的 4 万亩土地送给扁鹊。扁鹊在虢国行医的时候，用针灸为虢国的太子治疗了"尸厥"之症。之后，扁鹊来到秦国行医，被秦国一个嫉贤妒能的太医令李醯暗害。虢国的太子为报答扁鹊医救之情，冒险设计把扁鹊之头自秦国找回，葬在其封地蓬山。蓬山脚下的村庄遂改名"神头"沿用至今。赵国百姓为纪念扁鹊建鹊神庙祭祀他，蓬山也因此改名为蓬鹊山，也称鹊山。内丘一带群众还传说，扁鹊曾在蓬山为虢国的太子诊治绞肠痧，做过剖腹术，在一山溪内为虢太子洗肠。所以，鹊山附近至今有沟名洗肠沟，且有巨石名石炕，传说是扁鹊为虢国的太子剖腹之手术台。

二、扁鹊的医学思想

扁鹊的卓越贡献首先是体现在医学方面的成就。扁鹊一生大多数时间在邢台市内丘县的鹊山地区行医采药，不但在诊疗方法、医疗器械方面有很大建树，其著述也颇多，对后世医学发展产生了重要影响。

司马迁评价扁鹊为医学之宗。司马迁在《史记·扁鹊仓公列传》中详细记载了扁鹊的成就："扁鹊名闻天下……至今天下言脉者由扁鹊也。"扁鹊在内丘培养了众多弟子，开创了民间医学教育的先河，形成了中国医学史上第一个医学学派 —— 扁鹊学派。他的医学思想、诊断技术和治疗方法通过弟子们的传承得以延续和发展，为内丘培养了一批批优秀的中医人才，使得中医药文化在这里代代相传，不断发扬光大。《汉书·艺文志》中记载扁鹊撰写了《扁鹊内经》《扁鹊外经》，但均已佚失。其医德医术影响深远，后世医者多以之为楷模，不断汲取其智慧，推动中医历经千年发展而不衰。扁鹊在医学史上的崇高地位无可替代，始终熠熠生辉。

扁鹊与《难经》有一定的关系。《难经》原名《黄帝内经八十一难》，又名《八十一难》《黄帝八十一难经》，被后人列入中医四大典籍。相传《难经》是扁鹊亲自撰写的医学典籍，但历来关于《难经》的作者颇有争议，现一般认为《难经》的内容与扁鹊有一定关系。《难经》以问答形式记述了81个难题，在确立中医学术理论体系上具有较高的理论价值，并对后世的医学思想与实践产生了重要影响，《脉经》《肘后方》《千金要方》等医学著作都有引《难经》之文，而且其中理论体系与《难经》的理论体系较为接近。

三、扁鹊的"四诊合参"法

扁鹊在内丘期间，充分展现了其高超的医术。扁鹊是我国历史上记载的最早应用望、闻、问、切"四诊合参"的医学家，尤其擅长于望诊与脉诊。在行医过程中，扁鹊通过观察患者的脉象、气色、形态等，准确判断病情，并对症下药。他的医术不仅在当时为众多患者解除了病痛，还为后世中医诊断学的发展奠定了坚实基础，其创立的"诊脉独取寸口"法以及寸关尺定位法，至今仍被中医广泛应用。

扁鹊不仅丰富了临床医疗技术，而且在治疗方式上也有了很大的突破，他还创新了医疗设备。春秋时期，常用的治疗疾病的医疗器械是砭石。战国时期，随着生产力的发展和生产关系的变革，医疗器械由砭石变为铁针，扁鹊便是这一变化的推动者。扁鹊首次使用铁针治病这一史实见于扁鹊治虢国太子病例中，《史记》中记载扁鹊和他的弟子子阳"砥针砺石"，"针"与"石"相对，表明了"针"即为"铁针"。

四、扁鹊的高尚医德

扁鹊的医学思想对后世医学具有深刻的启发和借鉴作用。扁鹊之所以被誉为"医学之宗"，不仅是因为他精湛的医术，更是因为他高尚的医德，成为医生行医的楷模。

扁鹊的医德思想主要体现在谨慎诚实的医风、信医反巫的科学精神、济世救人的行为原则等方面。扁鹊根据当地不同的风俗习惯和病因，适时调整治疗方法以满足不同患者的需求，因此后人称扁鹊为历史上第一位全科医生。

扁鹊不仅诊断水平高，在病人危重情况下，只要认为可以治愈，就采用综合治疗方法来抢救，常用的有药石、针刺、蒸、熨、药等。在虢国太子昏厥时，扁鹊积极地组织弟子们用针、石、蒸、熨、药等多种方法进行抢救，直至虢国太子苏醒，服汤剂二旬而愈。

《史记·扁鹊列传》在记述"扁鹊望诊齐桓侯"的故事之后，专门提出了"六不治"：

> 使圣人预知微，能使良医得蚤从事，则疾可已，身可活也。人之所病，病疾多；而医之所病，病道少。故病有六不治：骄恣不论于理，一不治也；轻身重财，二不治也；衣食不能适，三不治也；阴阳并，藏气不定，四不治也；形羸不能服药，五不治也；信巫不信医，六不治也。有此一者，则重难治也①。

春秋战国时期，社会生产力迅速发展，社会出现了新的局面。奴隶主和贵族为了维护自己的利益，通过占卜、祭祀等迷信手段，鼓吹"天命论"和"鬼神论"愚弄民众。扁鹊对此深恶痛绝，"信巫不信医，不治"就是扁鹊的行医规范，其实事求是的科学思想对破除迷信、推动医学发展起到了积极作用。扁鹊用自己的行动体现了医德行为的规范，扁鹊行医于民间，行医于诸侯国，从他的行医行为可以看出，他的行医标准就是"济世救人"。

扁鹊在内丘行医采药的过程中，对当地的药材资源进行了深入的了解和研究。内丘丰富的野生植物类中药材资源，如酸枣仁、金银花等，为他的医疗实践提供了丰富的药材来源。他对这些药材的药用价值和功效有了更深刻的认识，并将其广泛应用于疾病的治疗中，同时也教会了当地百姓如何识别和使用这些药材，促进了当地中医药知识的普及。

在当时战乱频仍的年代，扁鹊为饱受病痛折磨的民众带来了希望与慰藉，其医学成就和诸多创举与理念走在时代前列，对后世医学的发展产生了极为深远且不可磨灭的影响。扁鹊堪称中国医学史上的一座巍峨丰碑，值得我们深深缅怀。

第二节　内丘鹊山的扁鹊祭祀

一、历代内丘鹊山扁鹊祭祀

扁鹊的医德广受赞誉。他死后，为了纪念他，人们在内丘鹊山东麓建立了供奉他的神祠。每到献祭期间，来自四方的朝拜者络绎不绝。这些活动是原始庙会的雏形，旧时的庙会以祭祀和朝拜为主。古代鹊山庙会场面盛大，辐射"一府九县"②并不是夸张，历代碑刻刻文都记载过神头庙会时民众争相前来祭拜的盛况：

> 岁时春和，四方士女，执香币金钱走谒者肩踵相接，归市不喧，其感应爀赫，如桴鼓影响，较然弗爽。
>
> 太高祖皇帝既定天下，一正祀典，凡山川神祇……司岁以典礼从事，远近士女执香、奉牲醴，以致诚悃者……

---

① ［汉］司马迁. 史记［M］. 北京：中华书局，1959：2795.
② "一府九县"中的"一府"指的是顺德府，也就是现在的邢台市；"九县"指的是顺德府所辖的九个县，包括隆尧、内丘、邢台（龙冈）、平乡、巨鹿、任县、南和、沙河、广宗。

暮春三月牲牢楮帛道相属，盖合数郡人事之，不独吾内邑民人已也。虽栋宇倾圮，神像剥落，而趋之者如鹜①。

河北内丘的鹊山庙会文化便是由古代的祭祀活动演变发展而来，其最早的祭祀活动可以追溯到战国时期扁鹊的故事。另外，汉代道教的兴起，使鹊山祠由单一祭祀扁鹊变为供奉多神体系，经不断演变发展，鹊山庙会形成了具有多种文化内涵的传统庙会。

庙会期间，在朝拜、祭祀扁鹊的同时，还常常举行一些内容丰富的宗教仪式。其中有为神的诞辰举行的祀典，有官府和民间信徒举行斋醮以祈求太平、风调雨顺或祈福消灾，还有民间的烧香拜神等活动。现在官方斋醮已经不再举行，而民间祭祀和烧香的拜神活动却逐渐增多，还增添了许多娱乐活动。目前鹊山庙会已经形成集宗教祭祀、休闲旅游、餐饮娱乐、物资交易于一体的综合性活动。

后人为了纪念扁鹊修建了很多与扁鹊有关的建筑。位于河北内丘的扁鹊庙（见图4-1），是目前现存规模最大的祭祀扁鹊的庙宇。扁鹊庙的建筑是以扁鹊殿为中心，包含扁鹊墓、扁鹊祠、药王庙门、玉皇殿、碑楼等建筑，在历史发展过程中逐渐形成了规模宏大的道教庙宇建筑群。清康熙年间《内丘县志》（1688年）记载："扁鹊庙汉唐有之，始建不详。宋仁宗玺封神应王，元学士王鹗、明谕德谢迁有记，三月初旬，来祀者方千里，历代诗文不可胜记。"可知，内丘扁鹊庙在汉唐时期就已存在，并且在当时具有一定的影响力。

图4-1 扁鹊庙

来扁鹊庙赶会的不仅有老百姓，也有以县令为代表的官方人员。扁鹊庙作为一座远离县城、地处偏远的庙宇，能够获得官方祭祀的殊荣是因为其曾经受到的敕封荣耀，这让扁鹊庙成为当地官员极为重视的庙宇，也让扁鹊庙的地位不断抬升。最早记录扁鹊庙敕封的碑文记载是熙宁二年（1069年）《重修神应王庙记》：

嘉祐初，仁宗不豫，虽药未喜，虔祷于神，遽报如响，始得谥侯，因以神应为号。

雍正《畿辅通志》也记录了这件事：宋仁宗身体不适，用药也不见效，于是向扁鹊祷

① 出自清人施彦士撰写的《重修鹊王庙碑记》。施彦士（1775—1835年），字朴斋，江苏崇明（今上海市崇明区）人，道光初年举人，历官河北内丘、正定、万全等县知县。

告，身体便康复了，因此奉扁鹊为神应王。此段历史在《宋史·许希传》中有案，正史的记载更为客观。实际上是崇拜扁鹊的医生许希治好了宋仁宗的疾病，仁宗同意许希提出建造扁鹊庙的请求，因此特允修建了扁鹊庙并封扁鹊为"灵应侯"。

如果说宋代对扁鹊庙的重视只是让扁鹊庙借皇家东风提高地位，那么元世祖忽必烈亲到神应王祠祭祀并下旨重修扁鹊庙则是皇家对内丘扁鹊庙的莫大恩赐。中统元年（1260年）、中统五年（1264年），忽必烈先后两次下旨祭祀扁鹊。至元二十年（1283年），家乡内丘的太医颜天翼回乡重修神头村扁鹊庙，中途病逝，次子继承遗志并请求皇帝立碑，于是忽必烈诏令翰林学士王鹗撰写重修碑文，并由重臣刘秉忠书丹。这一事件赐予扁鹊庙无上荣光，此事在中统三年（1262年）圣旨碑、至元五年《重修鹊山神应王庙碑》中有记载。

敕修让内丘扁鹊庙获得无比荣耀，也引起了地方官员的重视，县官每年春季庙会时在扁鹊庙举行公开祭典。从鹊王庙祝文就可看出，此时的扁鹊早已超出悬壶济世的郎中形象，而成为保佑一方平安的具有综合职能的神。当地人评价扁鹊"术倾战国，声动侯王，功存燕赵"[①]，充分表达了对扁鹊的崇敬，也可以看出敕封扁鹊庙为地方带来的荣耀。

宋代、元代皇帝对扁鹊庙的两次封赏，让内丘扁鹊庙成为被皇家眷顾、得到官方称赞的祠庙，让这座深处偏远山区的小庙有了最为骄傲的资本。皇帝加封必定引发民间对扁鹊的崇拜，因此惊动"一府九县"香客前来祭拜的盛况也就不难理解了。

直至目前，内丘作为扁鹊文化的发祥地，流传着许多与扁鹊有关的动人传说和民俗活动，并且保存了大量与扁鹊相关的历史遗迹和文化传统，如全国最大的扁鹊庙群，庙内的古代碑文记录了扁鹊的事迹和对他的赞誉，承载着厚重的历史文化内涵。这些文化遗产不仅是内丘的宝贵财富，也是中医药文化的重要组成部分，吸引着众多学者和游客前来研究和参观。

二、扁鹊中医文化的现代传承

千百年来，鹊山当地百姓一直沿袭中草药的种植传统，不仅传承弘扬了扁鹊精神，还依托扁鹊与中医文化的资源优势，在脱贫攻坚、乡村振兴中发挥了引领作用，成为当地群众巩固脱贫的支柱产业。

近年来，内丘县委、县政府高度重视中医药产业发展，将其作为富民强县的主导产业来抓，把扁鹊中医药文化作为最大最亮的名片来打造，统筹产业发展、中医药文化创意和全域旅游，培育出扁鹊药谷、杜家台万亩野生酸枣基地、南赛酸枣人工种植示范基地、子水农业、依鹊堂康养基地、润玉食品等一条龙产业体系，探索出了"中医药+康养+文化创意+旅游"产业融合发展的新路径。

近年来，内丘打造了多个康养项目，如投资30亿元的扁鹊文化康养度假区、总投资20亿元的助眠酒店民宿群等，开发了多种康养产品，包括中药材助眠枕、酸枣仁助眠产品等，形成了以中医药养生为特色的康养产业格局，推动了当地经济的发展。

同时，内丘还依托扁鹊中医药文化，积极发展中药材种植与加工产业。目前，内丘已成为全国野生酸枣资源保存最好、面积最大、产量最高的区域之一，"邢台酸枣仁"更是享有盛誉。当地通过规模化种植、标准化生产，培育了众多中药材初加工和深加工企业，

---

① 转自苏欢. 何以神圣——内丘县神头村庙会的变迁研究 [D]. 北京：中央美术学院，2019.

开发了一系列酸枣相关产品，如酸枣芽茶、酸枣汁饮品、酸枣仁膏等，不仅提高了当地农民的收入，还推动了中药材产业的现代化发展。

内丘以中医药文化宣传教育基地为载体，持续开展形式多样、内容丰富的中医药文化活动，推动中医药走进千家万户，让更多群众享受到"优质"的中医药服务，进一步提高人民福祉，唱响扁鹊品牌。通过传播中医药文化知识，普及中医健康理念，增强广大群众对中医药的认同感和信任度，推出优质中医药文化产品，推动中医药文化内涵融入生产生活，普及中医养生保健知识，促进中医药文化创造性转化、创新性发展。

总之，内丘扁鹊及中医文化，在历史的长河中闪耀着独特的光芒。它承载着扁鹊的高超医术、高尚医德以及对医学不懈探索的精神，从古代的治病救人到现代的养生保健，始终滋养着这片土地上的人们。内丘的扁鹊庙、丰富的传说故事、传承不息的中医技艺，都是这一文化鲜活的注脚。如今，它不仅是内丘的文化瑰宝，更是中国传统医学文化的重要象征。在时代的浪潮中，内丘扁鹊中医文化正不断焕发出新的活力，通过与旅游、康养等产业的融合，让更多人领略其深厚的文化底蕴，也将持续为人类健康事业的发展提供智慧的源泉，激励一代又一代医者传承经典，开拓创新，续写中医文化的辉煌篇章。

第五章
邢襄的姓氏文化

中国是第一个拥有姓氏的国家。《通鉴·外纪》言："姓者，统其祖考之所自出；氏者，别其子孙之所自分；姓氏者，标示家族血缘之符号也。"中华姓氏文化发轫于人类社会初端，还在 5 000 多年前的母系氏族社会就开始有了姓氏，逐渐发展扩大，世世代代延续至今。

第一节　井氏与邢氏

古邢地有确切姓氏的应该从井氏开始，而最早能够代表古邢地的姓氏应该从周公第四子封为邢侯开始，古人常常以最荣耀的始祖封地作为本族的姓氏，"邢侯始封"无疑是邢氏的开始。

一、姓、氏、郡望

《说文解字》解释"姓"："人所生也。古之神圣母，感天而生子，故称天子。从女从生，生亦声。《春秋传》曰：'天子因生以赐姓。'"姓最早产生于母系氏族社会，每一个氏族或部落都有自己的姓，在原始母系社会同姓的人有着共同的女性祖先，比如商民族祖先为简狄，周民族祖先为姜嫄，嬴族祖先为女修等。周代为了避免"男女同姓，其生不蕃"[1]，而规定同姓不得通婚，并且为了区别不同姓之家，女子称姓不称氏，以表明该女子出身于哪个部族。

氏在姓之后形成，是姓的分支，是父系氏族发展后表示血缘关系的产物。氏名来源较多样，如以邑为氏、以谥为氏、以官为氏等，在同一背景下，父子、兄弟可能不同氏，一个人也可以有几个氏。比如一个诸侯国中只有继承了国君的人才有资格继承家族的氏，其他子嗣可以以其封地为氏。比如周公的嫡长子伯禽可以鲁为氏，第四子靖渊被封到邢国就

---

① 杨伯峻. 春秋左氏传 [M]. 北京：中华书局，2012：408.

以邢为氏。姜子牙为姜姓，但其先祖被封到吕地，则以吕为氏，所以人们又称其为吕尚。而他又被周武王封到齐国，他的儿孙们又可以齐为氏。

学者们总结姓氏的几个主要来源：①以国名为氏，如周、齐等；②以邑名为氏，如屈；③以居住地为氏，如东郭、南郭等；④以排行为氏，如季氏；⑤以官职为氏，如司马、司徒；⑥以技艺为氏，如陶；⑦以先人的字或名为氏，如伊尹后代，有以伊为氏，有以尹为氏；⑧以先祖的谥号为氏，如宋穆公后人以穆为氏；⑨以先祖的地位为氏，如公孙；⑩民族融合带来的氏，如元、金等。

郡望通常是某一地域范围内的名门望族，也指望族的起源或发迹地。其最初含义是原籍之郡名，始于战国至秦汉实行的郡县制。魏晋南北朝时期是高门大姓郡望形成的关键时期，由于士族门阀制度盛行，逐渐形成以地域和血缘为基础，以声望和文化为标识的名门大族。郡望形成需要有较大的社会政治影响，并得到社会认可，后来成为区别社会等级和政治身份的标识，士族也以标榜郡望自矜。豪门大族都是聚族而居，并以其所居住的郡名作为标识，以识别世系之同异，血缘之远近，谓之郡望。时代越久胤裔越多，旧望之中又生新望。

二、井氏

古邢地第一姓氏无疑应该为"井"。根据《说文解字》对"井"的解释，"穴地出水，曰井"，古邢地水位浅，到处稍微一掘地便可达到所谓的穴地出水，最早居住在古邢地的人们以居住地的特点为氏，因此便有了后来的以"井"为氏的人们。另外一种说法，掌握某种技艺的人们会以其技艺为氏，比如陶氏。所谓"黄帝穿井，聚民为邑"[1]，并且从某些典籍中可知黄帝确实曾经在冀州南部地区活动过，且有学者力证隆尧干言岗就是所谓的"轩辕丘"[2]。无论真假，但毕竟其子青阳就曾经在这一带生活过，涿鹿之战古战场离此不远，有可能黄帝或其子青阳率领的一群掌握"穿井"技艺的人生活在古邢地而以"井"为氏，也未可知。而这些以井为氏的人，经过长期努力发展后来也建立了井方。

殷商时期，政治上基本上是以部族联合而成的联合城邦制国家，因为其中的商部族势力最强、疆域最大，其王畿之地则被称为"王邑""商邑""大邑"或"天邑"；而服从商王领导的附属小国和边境地区独立的一些部族建立的城邦国家都称为"方国"。在河南安阳殷墟出土的甲骨卜辞中就涉及很多方国，如"鬼方""井方""班方"等。

甲骨卜辞中，也出现过很多"妇某"的文字。这是殷商甲骨卜辞对商朝贵族妻子的称呼，这种表示方法最常见的有两种，一种是"妇"字加上母族的"国族名"，如妇井，就是指井姓国或井方嫁到商朝贵族或王族的女子。妇井也经常写作"妇妌"，这便是商代贵族已婚女性的另一种表示方法，即"妇"字加上加了"女"字旁的母族"国族名"，比如最著名的商朝第二十二任君主武丁的妻子妇好，就是指子姓国或子方嫁到商朝贵族或王族的女子。而妇好因征伐异方、主持祭祀、财富众多而著名。

从甲骨卜辞中可知武丁有60多位妻妾，位居王后的可能有三位，妇妌、妇好和妇癸。在殷墟考古中发现了妇好墓和妇妌墓，从妇好和妇妌的墓葬出土文物和卜辞《屯南4023》

---

① 韩养民，刘宝才. 黄帝文化史典 [M]. 西安：西北大学出版社，2023：111.
② 袁珂. 山海经校注 [M]. 上海：上海古籍出版社，1980：51. 其《西山经》记载：（玉山）"又西四百八十里，曰轩辕之丘，无草木。洵水出焉，南流注于黑水，其中多丹粟，多青雄黄"。

"王其又妣戊姘羊"可知,"母辛"是妇好的儿子称其母亲的庙号,"母戊"是妇姘的儿子称呼其母亲的庙号。

在妇好墓中,还出土了青铜器、玉石器、陶器、蚌器和象牙器等1 928件随葬品、16位殉葬人牲。因考古发现,妇好曾经既征战四方,又主持祭祀,还拥有代表军权和统治权的斧钺及自己的封地,有的学者认为妇好是商王武丁的第一任妻子或者是地位最高的妻子。其实按照三位王后的庙号来看,武丁的第一任妻子或者地位最高的妻子应该是妇姘。妇姘在甲骨卜辞中又常称作"帚井"。妇姘的谥号为"戊",妇好的谥号为"辛",妇癸的谥号为"癸",按照"天干"的排列"甲、乙、丙、丁、戊、己、庚、辛、壬、癸","戊"在前,其次为"辛",再次为"癸"。在陪葬品的规制上,妇姘的规格也在很多方面高于妇好。比如在妇姘墓(殷墟 M260 墓)中发现的祭祀妇姘的"后母戊方鼎",就比祭祀妇好的"后母辛方鼎"的体积大2倍,重量也是"后母辛方鼎"的6倍;妇好墓中有5种骨雕器物,妇姘墓中有7种;妇好墓中有29 颗骨质箭头,而妇姘墓中有251 颗;妇好墓中有16位殉葬人牲,妇姘墓中有38位。另外妇姘的墓葬形制、容积、墓道在规模和档次上也都超过了妇好之墓。并且甲骨卜辞中多次出现妇姘(或妇井),从中可见妇姘也拥有自己的农田,也参与出兵征伐方国,主持祭祀,有的卜辞还祈祷妇姘分娩母子平安,有的说妇姘的庄稼丰收,并且在卜辞中记载女性参与农业的只有妇姘。从这些卜辞中可以看出妇姘的地位在武丁朝是非常尊贵的。

① 《库方》1630:"贞:乎妇井氏燕先于或。"
② 《续编》4.26.3:"贞:勿乎妇姘伐龙方。"
③ 《外编》6:"戊寅卜,宾贞:御妇井于母庚。"
④ 《续编》4.26.2:"乎妇姘俎于磐京。"
⑤ 《合集》14007:"妇姘娩嘉,贞子不其有疾。"
⑥ 《合集》9965:"妇井受黍年。"

自盘庚迁殷后,古邢地成为商王朝的一个附属小方国——井方,根据李民、朱桢先生的考证,井方在殷商国都北部,属于商朝王畿之内的方国①,可知此井方就是指的古邢地。之后因为妇姘嫁与商王,又加强了井方与商朝的关系,因此在现存的甲骨卜辞中,"井方"出现过多次。

商朝的井方基本上就是西周初期的邢国所在地。学界已经基本公认"邢"字在甲骨文和西周的青铜器铭文即金文中都写作"井"。《左传》和《诗经》中出现的"邢国"的"邢"字就是两周时期出土的文物中的"井"字,比如"邢侯簋""臣谏簋"和"邢姜太宰簋"中的"邢"均为"井"字。那么殷商时期的井方也就是早期古邢地上兴起的邦国了。

杨文山先生根据"癸未卜,贞:'尤亡?'□:'三日乙酉,有[嬉]来自东肃,乎□告井方□……'"条论证,井方应该是服从于商王的方国。因为"肃"是当年殷都安阳东北的方国,想要侵扰殷商边境,而涉及井方,那么井方应该就在安阳的东北部;又从"井""姘"和"邢"字的关系论证,最后得出商代的井方就是周代的古邢国②。在古代,

---

① 李民,朱桢.祖乙迁邢与卜辞井方 [J].郑州学报(哲学社会科学版),1986 (6).
② 杨文山.商代的"井方"与"祖乙迁于邢"考 [J].河北学刊,1985 (3).

贵族的婚姻基本上都是属于政治联姻，妇妌来自井方，那么井方与商王就是姻亲之国；并且根据史载有多代商王出于妇妌。从甲骨文一些条目对妇妌的记载中可以看得出来商王对妇妌特别重视，自然也会对外戚之国的井方多方优待。

前文所引材料中，因为"肃"族侵入而威胁到井方，商人急于告诉井方这一条，也可以看出来商王非常关心井方的安危，这些表明当时井方与商王朝的关系是非常融洽、亲密的。虽然有的学者根据前文②条所引"执井方"判断，可能妇妌及其子之后的某段时间里，作为服从于"大邑商"的井方，因为某些原因与商王交恶，商王"执"（俘获）井方；但也有学者根据前文③条所引"方执井方"来看，言"方"是商王朝北部的常与其为敌的方国，第②条跟第③条一样是说"方"国"执井方"。这也从侧面反映出当时的井方是离殷都较近、从属于商王朝的一个方国。卜辞中亦有"井伯"之说。

三、邢氏与"邢侯始封"

周承殷治，按照周代诸侯爵位的公、侯、伯、子、男制度，伯是仅次于侯的方国之君，可见在商代中后期，古邢地作为商代的一个重要方国，在殷商王朝一直具有较高的地位。而周公第四子的分封、古邢国的建立，则是以国为氏的开始，这时候的人们确定的氏则是"井"字加了"邑"的，也就是"邢"氏的开始了。《左传》上也明确记载："凡、蒋、邢、茅、胙、祭、周公之胤也。"

第二节　赵郡李氏

邢襄大地上还有一个赫赫有名的姓氏——赵郡李氏，自先秦时代就已经开创了威名，他们以尧山柏人城作为郡望，而被大唐王朝的皇帝们尊为先祖的祖籍之地。

一、赵郡李氏的来源

据《姓氏考》言，李氏出自嬴姓，源于颛顼高阳氏后裔皋陶。皋陶曾被任命为舜的大理（掌管刑法的官），其后世子孙便按照皋陶官职"理官"为氏，称为"理氏"。殷商末期，其后人理征因事直谏而惹怒商纣王，其子利贞随母亲逃难，逃到"伊侯之墟"①鹿邑，由于被追杀通缉只得在附近寻找食物，最后终于吃了李子充饥侥幸活了下来；为了避难，他们的后代就改姓"李"，以此来躲避追杀，同时也是纪念李子的救命之恩。自此，中国便有了李氏。其后第十一世便是历史上有名的李耳。

赵郡李氏家族，是我国历史上自秦至唐有名的豪门望族，特别是北朝时期，它与太原王氏、博陵崔氏、范阳卢氏、南阳郑氏等世家大族并称于世。赵郡李氏家族源远流长，自战国末期就已出现了较大的官僚地主，此后逐渐发展，成为中国历史上有名的豪门望族。一些书籍记载了赵郡李氏的兴起。

---

① ［唐］李延寿《北史》卷一百序传第八十八《北史·序传》中称："李氏之先，出自帝颛顼高阳氏。当唐尧之时，高阳氏有才子曰庭坚，为尧大理，以官命族，为理氏。历夏、殷之季。其后理征字德灵，为翼隶中吴伯，以直道不容，得罪于纣。其妻契和氏，携子利贞逃隐伊侯之墟，食木子而得全，遂改理为李氏。"

周时，裔孙曰乾，娶于益寿氏女婴敷，生子耳，字伯阳，为柱下史。子孙散居诸国，或在赵，或在秦。在魏者为段干大夫，段干木其后也。别孙悝，为魏文侯兴富国之术焉。在赵者曰昙，以功封柏人，武安君牧其后也。

——《北史一百·序传第八十八》

李昙：字贵远，战国时以功封柏人侯。入秦为御史，官至司徒，卒葬柏人西。生四子崇、辨、昭、玑。玑子牧为赵将，封武安君。其后子孙繁衍，为柏人著姓。

——《唐山县志》

从以上资料可知，赵郡李氏先祖起家，实际源于战国时期的李昙。

李昙字季远，初侍赵封柏仁（今柏乡）侯，入秦为御史大夫，卒葬柏仁县。欧阳修在《新唐书·宗室世系表》中言："昙，字贵远，赵柏人侯，入秦为御史大夫，葬柏人西。生四子：崇（李崇）、辨、昭、玑（李玑）。崇为陇西房，玑为赵郡房。"即柏人侯李昙生有四子：李崇、李辩、李昭、李矶。长子李崇被秦国任命为陇西郡（今甘肃省陇西县一带）首任郡守，李崇及其子孙便居住于陇西狄道，李崇被尊为陇西李氏始祖。李昙最小的儿子李玑，字伯衡，被拜为秦国太傅，功名显著，始居赵郡，为赵郡李氏家族之祖。自此，李氏便分为"赵郡李氏"和"陇西李氏"两大郡望。

二、"李牧死，赵国亡"

李玑的季子李齐为中山相，移家中山（今平山县北部），为中山李氏之祖。次子李牧（约公元前290—前228年），是战国末期军事家，与白起、王翦、廉颇并称"战国四大名将"，是战国末期赵国赖以支撑危局的唯一良将。李牧的早年情况不详，《史记·廉颇蔺相如列传》中介绍李牧主要是他的各种事迹：

李牧者，赵之北边良将也。常居代、雁门，备匈奴。以便宜置吏，市租皆输入莫府，为士卒费。日击数牛飨士，习骑射，谨烽火，多间谍，厚遇战士。为约曰："匈奴即入盗，急入收保，有敢捕虏者斩。"匈奴每入，烽火谨，辄入收保，不敢战。如是数岁，亦不亡失。然匈奴以为李牧为怯，虽赵边兵亦以为吾将怯。赵王让李牧，李牧如故。赵王怒，召之，使他人代将。

岁余，匈奴每来，出战。出战，数不利，失亡多，边不得田畜。复请李牧。……

李牧至，如故约。匈奴数岁无所得。终以为怯。边士日得赏赐而不用，皆愿一战。于是乃具选车得千三百乘，选骑得万三千匹，百金之士五万人，彀者十万人，悉勒习战。大纵畜牧，人民满野。匈奴小入，佯北不胜，以数千人委之。单于闻之，大率众来入。李牧多为奇阵，张左右翼击之，大破杀匈奴十余万骑。灭襜褴，破东胡，降林胡，单于奔走。其后十余岁，匈奴不敢近赵边城①。

"李牧者，赵之北边良将也。常居代、雁门，备匈奴。"说他是赵国长期驻守北部边疆代郡雁门关以防备匈奴进犯的良将，并介绍了他驻守期间把雁门关治理得井然有序。李牧的生平主要记载在《北史》和《唐山县志》（唐山县即今河北隆尧县。隆尧县西部曾为

---

① ［汉］司马迁.史记［M］.北京：中华书局，2014：2968-2969.

"唐山县"，又名"尧山县"）中。

战国四大名将分别是指秦国的白起、王翦，赵国的廉颇、李牧。《千字文》中以"起翦颇牧，用军最精。宣威沙漠，驰誉丹青"，来形容这四位将领的功绩。其中"宣威沙漠"所指的就是李牧破匈奴、东胡，降林胡，灭襜褴的事迹。李牧曾率军抗击匈奴，抵御秦国，战功赫赫，被封为武安君。秦国因在李牧面前一再败绩，便施以反间计，重金贿赂赵国佞臣郭开，最后李牧因赵幽缪王听信郭开谗言而被迫害致死，三个月后赵国降秦灭亡，因而留下了"李牧死，赵国亡"① 之说。

公元前238年，秦王政开始亲政，采取了李斯、尉缭等人的建议，开启了统一六国的步伐。他接受李斯"灭诸侯，成帝业，为天下一统"② 的建议，采纳尉缭"毋爱财物，赂其豪臣，以乱其谋"③ 破六国合纵的谋略，继承了秦国历代国君远交近攻的政策，谋定了先近后远的战略步骤，把首要目标定在了韩国和赵国。

"沙丘之乱"虽然是赵国衰弱的开始，但赵武灵王"胡服骑射"富国强兵的成果毕竟还在，对于秦国来说赵国依然是统一六国道路上最大的障碍。尤其是廉颇、赵奢、李牧等一众良将，更是赵国的中流砥柱，廉颇有攻城野战之大功，"以勇气闻于诸侯"；赵奢则是文武双全，《史记·廉颇蔺相如列传》中对赵奢的评价是："平原君以为贤，言之于王。王用之治国赋，国赋大平，民富而府库实。"④ 而后在秦伐韩的阏与之战中，廉颇和乐乘都认为不能出战的情况下，赵奢评价阏与战况时曾言："其道远险狭，譬之犹两鼠斗于穴中，将勇者胜。"结果大破秦军。李牧常年据守赵国北方的雁门关，因大破匈奴，令单于逃走，之后10余年，匈奴不敢近赵国的边城。廉颇被逼去魏之后，李牧离开北方，攻燕、破秦连连得胜。因此只要有这几位良将在，秦国东进的道路便不能畅通。

既然正面战场上不能打败他们，秦国便利用其屡试不爽的第二战场。《史记》除了对赵奢死亡未言明原因，只是一句"时赵奢已死"带过以外，秦国对赵国廉颇和李牧这两位良将，都用的是反间计。由于秦国用反间计挑拨，赵王临战前以只会"纸上谈兵"的赵括取代常胜将军廉颇，惨败以后重用廉颇大败燕军，收获五城，赵悼襄王则又派乐乘取而代之，廉颇被逼投奔魏国；当赵国危难，赵悼襄王想重新起用廉颇的时候，又遭到谄佞郭开的黑手阻挠，收到郭开重金贿赂的使者一句"廉将军虽老，尚善饭，然与臣坐，顷之三遗矢矣"⑤，彻底断绝了廉颇的归赵之路。秦国兵将在李牧面前连连受挫以后，同样对赵国实施反间计，在赵悼襄王的逼迫下，李牧含恨自裁。宋元之际史学家胡三省在其《资治通鉴音注》中评价李牧被杀与赵国灭亡的关系："赵之所恃者李牧，而卒杀之，以速其亡。"⑥ 一将死而一国亡，是李牧的悲哀，更是赵国的悲哀。

从各种史料归纳来看，李牧应该是一个文武双全的人。在文治上，一是《史记·廉颇

---

① 参考自 [宋] 徐钧《李牧》："良将身亡赵亦亡，百年遗恨一冯唐。当时不受谗臣间，吕政何由返故乡。"宋代苏洵《六国论》："赵尝五战于秦，二败而三胜。后秦击赵者再，李牧连却之。洎牧以谗诛，邯郸为郡，惜其用武而不终也。且燕赵处秦革灭殆尽之际，可谓智力孤危，战败而亡，诚不得已。向使三国各爱其地，齐人勿附于秦，刺客不行，良将犹在，则胜负之数，存亡之理，当与秦相较，或未易量。"

② [汉] 司马迁. 史记 [M]. 北京：中华书局，1959：2540.

③ 同②：297.

④ 同②：2445-2446.

⑤ 同②：2449.

⑥ [宋] 司马光，胡三省. 资治通鉴音注 [M] 北京：中华书局，2011.

蔺相如列传》中记载他在驻守雁门关时颇有一套："以便宜置吏，市租皆输入莫府，为士卒费。日击数牛飨士，习骑射，谨烽火，多间谍，厚遇战士"，说明他颇懂治理。二是《四库全书·诏令之属》中记载，"赵王使其相李牧来约盟，故归其质子"，是说约在公元前246年以后，李牧调回朝中任职，以相国身份出使秦国，通过斡旋，不但同秦国订立盟约，还使秦国归还了赵国的质子，说明他在外交方面确实是有一套的。但这并不是李牧的主要功绩。作为记录于史册的一代良将，李牧的军事才能表现可以分为前后两个时期，一是驻守雁门关防备并大破匈奴的前期，一是赵悼襄王起用他以后的时期，他攻克燕军连拔二城，在肥之战与番吾之战中连破秦军。

战国时期朝秦暮楚，或合纵或连横，分分合合，没有永远的朋友，只有贪图利益、觊觎别人国家的劲敌。赵国是在原来邢国和晋国之地上建立起来的，其代郡原来本就是白狄人建立起来的中山国，北部是匈奴游牧部落的天下，这也是有廉颇擎起赵国时，李牧一直驻守北部代地雁门郡这一阻止匈奴南下咽喉要道的原因。

李牧驻守雁门郡期间，一直"示弱"，即使匈奴军队侵袭他也不让军队出击，而是让他们退进营区坚守。他时常根据防御需要设置一些官吏，把代地雁门郡城市的租税收入幕府，作为军费开支。他特别优待士兵，每天宰杀几头牛犒赏士兵，并教士兵练习骑马射箭，谨慎看守烽火台，派了很多人员侦察敌情。李牧跟士兵们订立规章："匈奴即入盗，急入收保，有敢捕虏者斩。"[1] 他是这样说的，也是这样做的。匈奴军队每次前来侵袭，看守烽火的士兵都会即刻传来警报，李牧就会立即收拢人马退入营内坚守，从不出来迎战。这样的情况持续了数年，李牧的人马物资从无损失。但这种守卫防御措施却让匈奴认为李牧胆小怕事，连李牧率领守卫边防的赵国官兵也认为他们自己的主将胆小怯战，不敢出兵。时间久了，此事传到赵国京城，赵王知道了此事，就责备李牧，李牧对此依然我行我素坚持不改。这导致赵王怒火中烧，生气地把李牧召回都城，而另外派人代替李牧作为雁门驻守的主将。

之后的一年多时间，匈奴军队每次来犯雁门，赵国守军就出来迎敌交战。但每次都出师不利，伤亡很多，导致这些边境地区不能正常种田、养殖家畜。鉴于这种情况，赵王只好再请李牧去驻守代郡雁门。而李牧却闭门不出，借口自己得了病。赵王再三恳请，李牧便对赵王说："必用臣，臣如前，乃可奉令。"[2] 赵王答应了李牧的要求。

李牧回到驻地，依然如故秉持原来的做法，匈奴数年来侵扰都无所获，一直以为李牧怯战。边关士兵每天白得犒赏而又一直没有用武之地，都愿意跟匈奴作战。李牧看时机到了，就开始准备。他精选战车1 300辆、战马13 000匹、善于冲锋陷阵的勇士5万人、精于射箭的10万人，把他们都组织起来训练作战，并且组织百姓漫山遍野恣意放牧。匈奴小股部队来犯，李牧就佯装失败逃走，并故意落下数千人被匈奴军队俘获。单于听说之后，就率领大批人马来袭。李牧提前布下奇阵，等单于部队来就以分左右两翼包围的方式攻击，大破匈奴，杀掉10余万匈奴骑兵。继而又"灭襜褴、破东胡、降林胡"[3]，单于大败奔逃。之后10余年，匈奴不敢靠近赵国的边境城镇。自此李牧树立起了他的威名。

---

① [宋] 司马光. 资治通鉴［M］. 北京：中华书局，1956：205.

② [明] 冯梦龙. 智囊全集：卷七［M］. 栾保群，吕宗力，校注. 北京：中华书局，2007.

③ [汉] 司马迁《史记·廉颇蔺相如列传》："李牧多为奇阵，张左右翼击之，大破杀匈奴十余万骑。灭襜褴，破东胡，降林胡，单于奔走。"

赵武灵王"胡服骑射"①使赵国迈进强国的行列，虽然之后一再内讧，但一直是秦国统一天下的最强大对手，因此灭掉赵国一直是战国后期秦国努力的目标。自赵惠文王到赵孝成王时期，因为有廉颇、赵奢在，秦国便没有战胜赵国的可能。赵奢故去，秦国用反间计使赵孝成王临战换将，长平之战赵括大败，赵军损失45万，又遭邯郸之围，迫不得已赵孝成王重新起用廉颇。但赵孝成王病故，其子赵悼襄王继位以后故伎重演，在廉颇伐魏有拔繁阳之功时，又临时换将，想让乐乘代替廉颇，廉颇大怒，气得把乐乘打跑，自己也被逼去了魏国。

廉颇去了魏国以后，赵悼襄王再无良将可用，便起用名盛一时的李牧。第一仗便是攻打燕国，李牧一战而胜，打败了燕国军队，攻克了武遂和方城。9年之后，李牧作为大将军又在宜安之战大败秦军，赶走秦将桓齮，李牧被封为武安君。3年之后，李牧对西在秦赵番吾之战大败秦军，对南抵御韩、魏两国的入侵。

之后在秦国全面进攻赵国期间，即使派大将王翦攻打赵国，就因为赵国的主将是李牧和司马尚，秦国依然长时间攻不下赵国，双方形成了对峙胶着状态。

面对这种状况秦国又用起了他们的撒手锏——反间计，并且用得更彻底。秦国花了万金收买赵王宠臣郭开，郭开向赵王进谗言说外人不可信，为了使赵王相信，据说郭开还伪造了一封李牧向秦王示好表忠的信件，污蔑李牧和司马尚企图谋反，劝赵王用信任的人夺李牧和司马尚的军权。本来就"无行、信谗"的赵王在所谓的证据面前自然是确信无疑，便派赵葱和颜聚接替李牧和司马尚，控制军权。李牧看着两国战况形势危急，就抗旨不遵，没有交出军权，赵王更加相信了他们企图谋反的谗言，又派人趁李牧没有防备逮捕并杀掉了他。当然也有版本说是赵王下旨，李牧自裁而死。无论怎样，一代良将含冤而死，是他自身的悲哀，更是赵国的悲哀。

李牧一生，可谓成也军事之才，亡也军事之才。军事上的足智多谋并不等于人情世故上的见多识广。从《史记》的记载中可知，李牧是一个生性耿直、性格倔强、坚持原则的人，这导致他虽然颇多建树，但不到赵国危急关头就不得重用，最后含冤死在昏庸的赵王迁和诌佞的郭开之手。

公元前228年（赵王政十九年），因李牧已死，王翦、羌瘣大军大举进攻赵国，兵临赵国东阳（在今邢台市境内南宫市，当时隶属巨鹿郡），经过一番激战，斩杀了赵葱，大败赵军，颜聚逃亡而去。之后，王翦带领大军南下攻打邯郸，俘虏了赵王迁（即赵幽缪王），赵国宣告灭亡。此时秦王嬴政则感慨几十万大军不能破赵，而用万金收买郭开杀掉李牧破赵。

赵幽缪王迁此时才明白，后悔莫及，懊悔自己信任佞臣郭开误国，冤杀赵国栋梁良将李牧，导致赵国灭亡。赵王迁被俘以后，秦王嬴政将他流放到房陵（今湖北房县）的深山之中，据说在流放期间还创作了一首诗，名为《山水之讴》：

房山为宫兮，沮水为浆；不闻调琴奏瑟兮，惟闻流水之汤汤！

水之无情兮，犹能自致于汉江；嗟余万乘之主兮，徒梦怀乎故乡！

① 参见［汉］司马迁《史记·赵世家》："十九年正月，大朝信宫，召肥义与议天下，五日而毕，遂下令易胡服，改兵制，习骑射。"

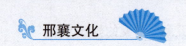

夫谁使余及此兮？乃谗言之孔张！

良臣淹没兮，社稷沦亡；余听不聪兮！敢怨秦王？①

后来赵国逃亡出去的大夫们在代地拥立赵王迁之兄公子嘉为王，世称代王嘉。6年之后王翦之子王贲攻破代国，俘虏代王嘉。赵国彻底灭亡。此后秦国正式开启了横扫六国一统天下之路。

三、李左车及其后世子孙

李牧的孙子李左车是秦汉之际的谋士，在秦末六国并起的反秦战争和刘邦项羽之间的楚汉战争中屡创传奇。根据《元和姓纂》"李姓"记载，李牧再传有三子：李泪、李宏和李鲜。李牧的长子李泪，曾为秦朝中大夫、太子詹事，生子李谅，李谅之子为李左车、李仲车（见图5-1）。

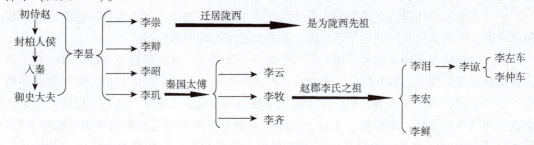

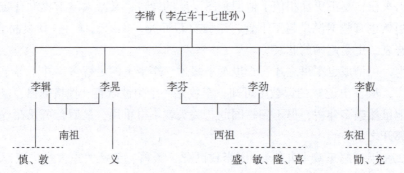

图 5-1 李昙及其后世子孙

李左车曾在楚汉争霸中战功赫赫，为汉朝一统天下立下了汗马功劳，最凸显李左车才能的就是《史记·淮阴侯列传》中的"井陉之战"：

赵王、成安君陈馀闻汉且袭之也，聚兵井陉口，号称二十万。广武君李左车说成安君曰："闻汉将韩信涉西河，虏魏王，禽夏说，新喋血阏与，今乃辅以张耳，议欲下赵，此乘胜而去国远斗，其锋不可当。臣闻千里馈粮，士有饥色，樵苏后爨，师不宿饱。今井陉之道，车不得方轨，骑不得成列，行数百里，其势粮食必在其后。愿足下假臣奇兵三万人，从闲道绝其辎重；足下深沟高垒，坚营勿与战。彼前不得斗，退不得还，吾奇兵绝其后，使野无所掠，不至十日，而两将

---

① ［明］冯梦龙，蔡元放.东周列国志［M］.黄骏，校注.北京：人民文学出版社，2016：1009.

之头可致于戏下。愿君留意臣之计。否，必为二子所禽矣。"成安君，儒者也，常称义兵不用诈谋奇计，曰："吾闻兵法十则围之，倍则战。今韩信兵号数万，其实不过数千。能千里而袭我，亦已罢极。今如此避而不击，后有大者，何以加之！则诸侯谓吾怯，而轻来伐我。"不听广武君策，广武君策不用。……于是汉兵夹击，大破虏赵军，斩成安君泜水上，禽赵王歇。于是有缚广武君而致戏下者，信乃解其缚，东乡对，西乡对，师事之。广武君对曰："方今为将军计，莫如案甲休兵，镇赵抚其孤，百里之内，牛酒日至，以飨士大夫醳兵，北首燕路，而后遣辩士奉咫尺之书，暴其所长于燕，燕必不敢不听从。燕已从，使喧言者东告齐，齐必从风而服。虽有智者，亦不知为齐计矣。如是则天下事皆可图也。兵固有先声而后实者，此之谓也。"韩信曰："善。"从其策，发使使燕，燕从风而靡。

李左车初侍赵王歇，为赵国谋士，公元前204年赵军统帅陈馀与汉将韩信在井陉口背水一战，赵军失败，李左车被俘，后李左车辅助韩信取齐、燕，为统一汉室天下立下功劳，封广武君。

李左车之后至十七世孙李楷，字雄方，晋治书侍御史，生有五子。长子李辑，字护宗，高密太守；次子李晃，字仲黄，镇南府长史；三子李芬；四子李劲，字少黄，治书侍御史；五子李叡，字幼黄，高平太守。兄弟五人分茅列土，李辑、李晃兄弟二人居平棘城南，为南祖房；李劲、李芬兄弟二人居巷西，为西祖房；李叡居平棘巷东，为东祖房。

赵郡李氏家族的分茅列土，正值北魏初期，鲜卑贵族拓跋氏统一北方后，极力拉拢汉族豪门士族以巩固他的封建统治。赵郡李氏凭借他旧族的威望、经济实力和高官厚禄，各祖房很快便又发展为庞大的家族。只有李辑徙居柏仁后，因子孙甚微，家境衰落。

因赵郡李氏家族发迹较早，所以史称"山东旧族"（指太行山以东）。因为早在秦王朝时期，赵郡李氏就发展为较大的家族，奠定了这个家族雄厚的经济基础和政治基础。从南北朝开始，赵郡李氏进入鼎盛发展的时期。他们在北魏统治集团中做高官的越来越多。

根据李坚城的《河阴之变与北朝士族的仕宦》论证："李顺系，北魏中期时为赵郡李氏最显赫的家支。李顺于世祖时受宠，位居机要；其子李敷、李式、李弈并被文明太后信任优待，'兄弟亲戚在朝者十有余人'；李宪雅为高祖所赏……河阴之变前，李顺系9人为官，其中3人外任，1人转历中央地方官职。外任官职比例为38%。说明这一时期李顺系支成员较多出仕于中央，家族发展与朝中势力消长密切相关。……河阴之变后，李顺后代亦有人于中央任官，李希宗以姻亲关系受到高欢礼遇，李希仁官至侍中、太子詹事。这一时期，李顺系8人为官，其中4人外任，1人转历中央地方官职。外任官职比例为56%。相比河阴之变前，外任官成员数量增加了18%。"[①]

赵郡李氏的李灵系也是北朝非常显赫的一支。"北魏中期至河阴之变前时李灵系共14人为官，地方任职者7人，转历中央地方官职者3人，外任官职比例为61%，相比其他支系为最高。……河阴之变后为官者共12人，地方任职者4人，转历中央地方官职3人。外任官职比例为45%。相比河阴之变前，更多李灵系成员进入中央为官，中央官比例增加了16%，是赵郡李氏诸多支系唯一不减反增的一支。"

① 李坚城. 河阴之变与北朝士族的仕宦 [D]. 西安：陕西师范大学，2021.

李灵的孙子李显甫为河南太守，"集诸李数千家于殷州西山，开李鱼川方五六十里居之，显甫为宗主"①。据宋孝王《关东风俗传》称："诸如此辈，一宗将近万室，烟火连接，比屋而居。"同族人每年要在一定时间内一起祭祀先人，宗族之间互相照顾，相互接济。他们利用血缘关系和地域纽带连接起来的盘根错节的宗族关系，不仅可以控制所在地方的政治、经济，连地方官吏也要受到控制。另一方面，赵郡李氏家族的政治代表很多已进入国家统治集团，并占据了不少全国各地的要职，他们可以"上干王法、下乱吏治"。据不完全统计，自两晋南北朝以后，赵郡李氏家族仅出任太守、刺史一级官职者有230多人。

到唐代因李氏为国姓，陇西李氏承认自己的祖先出自赵郡李氏，再加上"仍然保持经学传统、礼法传家，重视婚姻、仕宦"，因此赵郡李氏在唐朝也是显赫的家族。

四、唐王朝与赵郡李氏

唐王朝建立后，李氏统掌天下。根据邓文睿《唐代赵郡李氏相关史迹初探》论证："唐高宗至玄宗时期，赵郡李氏入仕数量比唐初显著增加，共计38位，其中担任五品以上官职的有10位，担任地方官的有21位。……这一时期赵郡李氏出现了5位宰相，即李敬玄、李日知、李怀远、李元素、李峤。

"唐肃宗至宪宗时期，赵郡李氏不仅有李栖筠、李若初、李巽等这样五品以上的朝廷重臣，甚至出现了5位宰相：李泌、李都、李吉甫、李藩、李绛。他们对赵郡李氏家族声望的保持和发展起到了重要作用。

"文宗、武宗两朝是赵郡李氏家族势力的最后一次闪光，这一时期李氏家族出现了5位宰相：李德裕、李固言、李游道、李绅、李珏，除此之外便只有任县尉的李翼和李正卿。"②

然而随着阶级矛盾的日益深化，经过唐代后期的安史之乱，赵郡李氏也和唐王朝一样，逐渐走向衰败。随着唐朝的灭亡，赵郡李氏家族失去了其政治和经济优势，不复再起。自唐朝末期，赵郡李氏家族进入仕途的已寥寥无几。从考古发现上也得以证明，在赵郡李氏家族所聚居的境域内，所发现的墓葬，已很少有一定身份、刻有墓志的李氏族人。该家族的衰败与唐代末期政治经济形势有着直接关系。

关于赵郡李氏的里居问题，多年来人们一直认为赵郡即指今河北赵县，所以很多资料涉及赵郡李氏人物时，都注称为赵县人。然这种提法并不确切，因为历史上的赵郡置废盈缩时有变更，治所也不断变迁，导致赵郡李氏的郡望有着多种说法。

赵郡东汉时曾治房子（今高邑县西南），北魏赵郡始治平棘（今赵县东南），孝昌二年改设殷州治广阿（今隆尧县城东），北齐又改赵州治广阿，后移治平棘，隋又复为赵郡，唐武德初又改郡为州，始治柏乡，后又移平棘。赵郡的辖区基本包括有现在的赵县、高邑、赞皇、临城、柏乡、宁晋、隆尧、栾城、元氏等县。欧阳修在《新唐书·宗室世系

---

① 转自李坚城《河阴之变与北朝士族的仕宦》第54页：学界多引《北史》所载李显甫率宗族开李鱼川一事。有观点认为李显甫开李鱼川一事被夸大，对这一事件的时间、地点和迁徙规模进行了辨析。然不论李显甫所任"宗主"性质如何，李显甫相比李顺等其他支系成员有着更浓重的地方色彩，这是毋庸置疑的。见杨际平，李卿. 李显甫集诸李开李鱼川史事考辨——兼论魏收所谓的太和十年前"唯立宗主督护"［J］. 厦门大学学报（哲学社会科学版）：2003（3）：93-102.

② 邓文睿. 唐代赵郡李氏相关史迹初探［J］. 西部学刊，2019（9上）.

表》中说，唐高祖李渊祖籍在柏人县西，唐高祖李渊虽属陇西李氏，但他们也尊李昙为先祖，自称祖籍为唐尧故地柏人县，即今之邢台隆尧县。至今隆尧县城南王尹村存有唐"大唐帝陵光业寺大佛堂"碑，南北朝时期，碑文较详细地记述了唐太宗、唐高宗时修建祖陵，并追封二祖帝号的经过，碑文称："维王桑梓，本际城池。"

李兰坷先生在1988年《文物》第四期发表的《隆尧唐陵·光业寺碑与李唐祖籍》一文中认为，李唐世系是出自"赵郡李氏"，并非两《唐书》所称出自"陇西李氏"，追根溯源，考证颇详，并引证已故著名史学家陈寅恪先生之说，认为李唐祖籍为北魏南赵郡广阿县，即唐之赵州昭庆县，亦即今之隆尧县。《隆平县志·陵墓》记载：李唐祖陵在县南王尹村北，有唐高祖李渊之四代祖宣简公李熙和三代祖李天锡父子合葬茔，"隋义宁初，尝有五色云笼其上"。这是现存地方志中关于李唐祖陵最早的记载，这里就是李唐家族累代所葬之地，其陵地的肇始约在北魏后期。后来李渊的祖父李虎帮助北周创建有功，北周皇帝以其祖籍来自唐尧故地柏人为由，封其为唐国公，后来李渊世袭唐国公，因而称帝时，建国号为"唐"。

据《旧唐书》记载，李渊即皇帝位之初，于"武德元年五月备法驾迎宣简公、懿王、景皇帝、元皇帝神主祔于太庙"[①]。至高宗仪凤中，追尊宣简公李熙为第一代立祖宣皇帝，懿王李天锡为光皇帝。这是唐初100余年间，李唐祖籍在河北隆尧不争之事实。隆尧县作为李唐祖籍，是"李唐故里文化""隆尧李氏文化"的发祥地。元朝学者郝经为尧山唐帝庙写碑文时言："唐山苍苍，唐水汤汤。帝德是昌，綦于有皇。"

至今幸存下来的"光业寺碑""安乐寺碑""尊善寺碑""永康寺碑""龙华寺碑""石佛寺碑""王璠碑""张习碑"等八通唐碑和20多件精美的唐塔、造像等珍贵文物都是"李唐故里文化"的艺术结晶，是隆尧"李氏文化"的重要组成部分。近年来，隆尧建成了历史文化园和李氏祖庭，成为当地文化交流、旅游观光的一处姓氏文化游园。此后，隆尧也成为全球李氏宗亲的寻根问祖圣地。

第三节　清河张氏

清河为张姓起源地，这一说法被学界和张氏后人广泛认可。宋修《百家姓考略》、元人《氏族大会》、明人凌迪知《万姓统谱——张》、清代熊峻运《氏族笺释》、邓洪波《中华姓氏通史·张姓》等都有类似的记载。如邓洪波《百家姓考略》有言："青阳以其在清河以南而得名，汉代它属于清河郡、清河国。"[②]

清河张氏是我国古代著名的名门望族之一，在宋朝版的《百家姓》中列第24位，已经是全国第三大姓；到元明时期上升为第二大姓，至今也是中国的大姓。根据2007年4月公安部治安管理局公布的统计分析，全国张姓人口共8 750.2万人，占全国人口总数的6.83%，在中国姓氏中排名第三。另外海外还有大量的张氏华人，如果加在一起张姓人口

---

① ［后晋］刘昫等《旧唐书·志卷五·礼仪五》："武德元年五月，备法驾迎宣简公、懿王、景皇帝、元皇帝神主，祔于太庙，始享四室。贞观九年，高祖崩，将行迁祔之礼，太宗命有司详议庙制。"

② 邓洪波. 中华姓氏通史·张姓［M］. 北京：东方出版社，2000：70.

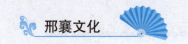

总数已经过亿。

一、张姓的来源

张姓的最早来源跟其他上古姓氏一样，源于其先祖的职业。《说文解字》言："张，施弓弦也。"即张字的本义是拉紧弓弦，引申为展开、拉开。关于张姓的来源见于战国时期《世本》的记载："黄帝子挥为弓正，始制弧矢，张网罗，姓张氏。"北宋时的《姓解》中载："张氏出自轩辕第五子挥，始造弦弧，以张网罗取禽鸟，世掌其职，遂以为氏。"

从文献记载得知，张姓的起源可以追溯到远古传说时代，并且与战争有关。在原始社会末期，人类基本以狩猎为生，弓的发明无疑是一件可以载入人类文明发展史的大事。挥曾负责兵器的制造，受到大自然的启发，发明了弓箭，引发了一场狩猎与战争工具的革命；黄帝部族因此成了战争的主导者并最终统一了华夏。挥随后被黄帝封为专门制造弓的"弓正"这一官职，也称"弓长"，以此得为"张"姓，是为天下张姓人的始祖。

二、张姓的早期发展

清河作为张氏的发祥地，被后世张姓谱书列为张氏最早最大的郡望。明嘉靖年间张俊等纂修的《张氏统宗世谱·得姓郡望》记载："吾张氏之得姓者，自轩辕黄帝第三妃彤鱼氏之子曰挥，观弧制矢，赐姓张氏，官封弓正，主祀弧星，居尹城国之青阳，后改清河郡。"《太平寰宇记》中记载："青阳县，汉县，属清河郡。"因此河北清河自古就有"天下张氏出清河"之说。

张姓先民自得姓始祖张挥之后，张姓家族便在清河这块古老的土地上渔猎和农耕，用血与火、弓与矢默默地书写着"弓长张"家族悲壮与辉煌的发展史。张氏在信史中确有记载的第一人应该是周宣王时期的张仲，这体现在《诗经·小雅·六月》中"侯谁在矣·张仲孝友"。《小雅·六月》记述的是周宣王时期内史大臣尹吉甫北伐狁狁的诗歌。诗中在赞美尹吉甫在战争中的丰功伟绩、英雄风范的同时，也在诗的末尾写了班师回朝宴飨时"侯谁在矣，张仲孝友"，一方面强调张仲的孝行，一方面体现了张仲的地位之高。在《新唐书·宰相世系表》对张仲的解释为"周宣王时有卿士张仲，其后裔事晋为大夫"，周宣王时期应该在尹吉甫和张仲在辅佐下达到了中兴。

历史上清河张氏名人辈出，人才济济。除了《诗经》里的"张仲"以外，在考古中发现了刻有"张仲""张伯"的周宣王时期的青铜器，青铜器是上层贵族才有资格铸造的。可见，在周宣王时期张氏已经颇具势力。

三、清河张氏的崛起和发展

汉代清河张氏发迹成蔚为壮观的一大家族，在两汉时期无论在政治上还是在学术上，清河张氏都颇有成就，既不乏朝堂上的达官显贵，也有很多博学大儒。

汉高祖刘邦开始设置清河郡，清河张氏族谱记载其郡望始祖为张良的嫡孙张典。汉文帝时期张典曾就任清河太守，被封为清河郡公，开始在清河郡里仁乡节孝坊居住。张典有子为张默，张默有子为张金，他们先后世袭清河郡公。在学术上，"根据蛟川张氏《传经表-通经表-两汉五经博士考》（花雨楼丛钞）统计，传鲁诗的张长安、张游卿，传伏生《尚书》的张生、张山附，传施氏易学的张禹、京房易学的张鲂均应属于清河张氏，其中张禹已明确为清河人"①。因此可以说秦汉时期足智多谋的留侯张良是清河张氏的奠基者。

张良，字子房，是战国末期的韩国人，为韩国贵族，其祖父、父亲均为韩国之相，相韩五世。张良是秦末汉初著名的谋臣，因其在楚汉战争中立下汗马功劳而成为汉高祖刘邦的开国功臣，与韩信、萧何并称为"汉初三杰"。传说张良曾几经考验而"圯上受书"——黄石公赠其《太公兵法》，之后勤读苦研，成为一位熟知文韬武略、深明胜算智谋的奇人。秦国灭韩以后，张良带领仆从倾尽全部家财寻找刺杀秦王政的机会，在与仓海君联合密谋下，铸下重锤，潜伏于秦始皇东巡必经之地博浪沙伏击秦始皇。虽然因秦始皇并没乘坐天子的六驾马车而幸免于难，但自此张良名满天下。陈胜、吴广起义后，张良亦起兵，并奉韩国公子成为韩王。后投奔刘邦，在秦末起义和楚汉之争过程中屡次献策于刘邦，如智取宛峣、安抚咸阳、鸿门斗智、暗度陈仓、下邑奇谋、谏阻分封、虚抚韩彭、劝都关中、纠封雍齿等。为了避免"鸟尽弓藏"的悲剧，最后张良功成身退，自请封回留地，而被封为留侯。公元前186年，张良病逝，谥号文成侯。

从十六国到隋唐时期，清河张氏依然显赫。十六国时期清河张氏族人并未全部南迁，一部分人在北朝担任高官，比如张幸历仕南燕、北魏，其五世孙张晏之为北齐的北徐州刺史。张晏之两子张虔威、张虔雄均仕于隋朝。张虔雄有三子——张文禧、张文瓘、张文琮，三人同居一处，各家宅门前面都被列戟以示尊贵，当时号称"三戟张家"。张晏之后代如图5-2所示。

张文瓘在唐高宗时任宰相，深受高宗倚重。其四子均官至三品以上，时人称为"万石张家"；张文琮官至吏部侍郎，三子均为高官，其幼子张锡曾在武则天、唐少帝时期两次出任宰相。清河张氏一时风光无两，被列为十"国柱"之首，号称"一门三宰相"。

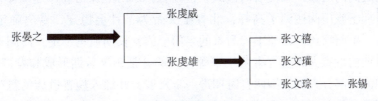

图5-2 张晏之后代

由于自然条件变迁，加之人口大幅度增长，张姓先民不断从祖居地清河北移南迁。历史上曾有三次大的迁徙。第一次始于西汉末年。一张氏先祖率领众多族人，迁往浙江、江西、福建等处；一先祖迁入浙江湖州；一先祖迁往福建建州；一先祖迁入越南演州府。第二次是东晋至南北朝时期，张姓先民由中原及关中地区大量南迁。第三次起于北宋末年金兵南下，到后来蒙古人南下，张姓族人等北方人口不少开始向巴蜀、两淮、东南、岭南地区流移，各成桑梓，遍及全国，之后播及海内外。

今天的清河张、广东的始兴张、四川的犍为张、江苏的吴郡张、陕西的冯翊张、山西的河东张、江西的龙虎张、河北北部的中山张，均为张良之后，皆出清河，他们支族家承

---

① 刘春魁. 两汉而兴的清河张氏考［J］. 邢台学院学报，2018（3）.

谱书中多标有"清河堂"字样。张良之后还遍及今东南亚等地。马来西亚就有"沙巴州·清河堂"张氏公会。清河之外的海内外张姓人士，其家承谱书多标有"清河堂"，一是说明他们的先祖居清河，二是说明他们这一支族是从清河迁出的。

张氏发展到今天有数不尽的历代先贤，这些人在历史进程中留下了或多或少的色彩，对每一个时代产生了不可低估的影响。张氏文臣武将、济世英才、文化名家等辈出，他们引领当时的社会发展，产生了很大的影响。仅清河籍载入史册的就有西汉大儒张禹、北魏数学家张丘建、南北朝天文学家张子信、唐代著名诗人张祜等。汉留侯张良的孙子张典也曾官居清河郡太守。他们的影响不仅局限于当时，还对后世子孙予以启迪，引领后人不断向其学习，为社会发展做出贡献。

第四节　清河崔氏

相比于邢襄大地的其余几家有名的姓氏，清河崔氏的崛起相对较晚。清河崔氏是在门阀制度的影响下，到曹魏时期才跻身于名门望族之列，但这并不影响崔氏在历史上的显赫声名，甚至到中晚唐时期同出于清河崔氏的博陵崔氏一度达到了"士族之冠"。

一、门阀制度下清河崔氏的显赫

汉代因为实行"察举制"的选拔人才制度，当时士人特别重视人格名望、风骨气节、学识才能等士名，从东汉后期士人盛行清议品题人物之风到三国魏文帝时期的九品中正制，实现了人物品评从民间到官方的过渡，士族制度也在曹魏、西晋时期开始形成，确立了士族与寒门之间的对立，致使名门世族累世高官，寒门上升无望。

南北朝时期士族门阀达到了高峰，北魏孝文帝为了社会稳定，专门确定了以范阳卢氏、清河崔氏、荥阳郑氏、太原王氏为首的名门望族，长期冠冕不绝，门阀不坠。据学者研究，魏晋时期的世家大族主要有两个来源：一部分是东汉后期形成和发展起来的大族、名士，他们中的一部分人到三国两晋时期进一步发展，并加入魏晋世族的行列；另一部分就是曹魏、两晋之前并不闻名于世，至曹魏时期才通过政治机缘跻身士族阶层的一些家族，其中就包括清河崔氏。

二、崔琰

清河崔氏是中国魏晋至隋唐时期的著名大家望族，出于姜姓，其先祖为齐国姜太公。齐丁公的嫡子季子以崔地为采邑，其子穆伯及其后世子孙便以崔为氏。西汉初期崔氏分为清河崔氏与博陵崔氏。清河崔氏以崔业居清河东武城开始，在清河代代繁衍，其间各类典籍中并无崔氏的记载，直到《三国志》载有清河崔氏的崔林、崔琰两兄弟的传记，是崔氏第一次出现在正史记载中。

崔琰是东汉时期的冀州名士，曾师从郑玄，后被袁绍征召为骑都尉。据《三国志》记载，当时汉献帝困于许昌，崔琰劝袁绍助顺天子，言"天子在许，民望助顺，不如守境述职，以宁区宇"①，袁绍不听，而曹操"挟天子以令诸侯"占尽先机，导致官渡之战袁绍大败。之后，曹操自任冀州牧，征召崔琰任别驾从事史，受到曹操的赏识。

> 初授东曹时，操曰："君有伯夷之风，史鱼之直，贪夫慕名而清，壮士尚称而厉，斯可以率时者已。故授东曹，往践厥职。"②

206 年，曹操出征并州，曹丕留守邺城，由崔琰辅佐。曹丕留守期间经常以打猎为趣，而不关心家国社稷之事。崔琰以周文王不敢打猎、鲁隐公观鱼、袁绍的公子生活奢侈等例子劝谏曹丕，"世子宜遵大路，慎以行正，思经国之高略。唯世子燔翳捐褶，以塞众望，不令老臣获罪于天"③。曹丕听从崔琰的劝告，自此焚烧了猎具，专心于国事。曹植因其才华而受到曹操的偏爱，崔琰的侄女嫁给了曹植，但是当曹操想立太子而考查曹植和曹丕时，崔琰却并非任人唯亲，而是信不封口地给曹操建议宜立曹丕为太子："盖闻春秋之义，立子以长，加五官将仁孝聪明，宜承正统。琰以死守之。"④ 曹操大受感动，认为崔琰是一位有着高风亮节的人，升迁其为中尉。

除了《三国志》对崔琰的记载以外，《世说新语》也记载了崔琰与曹操的逸闻，即"捉刀人"的故事：

> 魏武将见匈奴使，自以形陋，不足雄远国，使崔季珪（崔琰）代，帝自捉刀立床头。既毕，令间谍问曰："魏王何如？"匈奴使答曰："魏王雅望非常；然床头捉刀人，此乃英雄也。"魏武闻之，追杀此使⑤。

从这则故事中可以看出当年崔琰确实英姿非凡，这与《三国志·崔琰列传》所载"琰声姿高畅，眉目疏朗，须长四尺，甚有威重，朝士瞻望"是一致的。崔琰一生清誉，为清河崔氏日后成为名门望族享誉天下奠定了基础。北魏孝文帝时期的崔宗伯，为崔琰后人。崔氏被魏孝文帝定为"四姓"之一，成为北魏上层核心统治集团的一部分，清河崔氏在南北朝时期达到鼎盛，素有"门榜盛于天下，鼎族冠于海内"之称。

三、崔林

崔林为崔琰的从弟，字德儒，清河东武城人，是三国时期崔氏辉煌的代表人物。《三国志·魏书·崔林传》介绍崔林：

> 崔林字德儒，清河东武城人也。少时晚成，宗族莫知，惟从兄琰异之。太祖定冀州，召除邬长，贫无车马，单步之官⑥。

崔林大器晚成，少年时并不显于宗族，只有其堂兄崔琰相信他日后必成大器。曹操打败袁绍安定冀州之后，招募崔林为邬地的长官，崔林穷得连马车都没有，而步行就任。曹

---

① [西晋] 陈寿. 三国志 [M]. 北京：中华书局，1959：369.

② 同①。

③ 同①。

④ 同①。

⑤ 徐震堮. 世说新语校笺 [M]. 北京：中华书局，2001：333.

⑥ 同①：682.

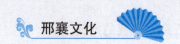

操征伐拿下壶关的时候，询问谁是政绩和德行最好的官员，并州刺史举荐崔林，于是曹操提拔崔林为冀州主簿，后来又提拔为署别驾、丞相掾属。魏国初建，又提升为御史中丞。

魏文帝曹丕即位以后，拜崔林为尚书，出任幽州刺史。当时一向与曹丕交好的吴质统领黄河以北（幽州、并州）的军事，因崔林不谄事上司而降为河间太守。但他依然为国担忧，建议正确对待那些北方少数民族部落。魏明帝即位后，崔林被封为关内侯，又任转光禄勋、司隶校尉。崔林为政期间注重诚信，明识大体，因此他每次离职以后他的属下都会常常惦念他。如陈寿《三国志·魏书·韩崔高孙王传》中记载的景初元年，司徒、司空并缺散骑侍郎孟康推荐崔林之言：

> 夫宰相者，天下之所瞻效，诚宜得秉忠履正本德仗义之士，足为海内所师表者。窃见司隶校尉崔林，禀自然之正性，体高雅之弘量。论其所长以比古人，忠直不回则史鱼之俦，清俭守约则季文之匹也。牧守州郡，所在而治，及为外司，万里肃齐，诚台辅之妙器，衮职之良才也①。

由于孟康的推荐，第二年崔林就封侯拜官："遂为司空，封安阳亭侯，邑六百户。三公封列侯，自林始也。顷之，又进封安阳乡侯。正始五年薨，谥曰孝侯。"②

崔林历仕曹魏四朝，受到曹操、曹丕、曹叡、曹芳四代的赏识，官至司空，开启了三公封列侯之始。崔林的子孙在曹魏、西晋、十六国时期一直非常显赫，据记载其重孙崔悦一脉在北朝为官者13人，平均品级为3.5。北魏太平真君十一年（450年），崔浩主持编纂国史，因没有避讳直书拓跋氏祖先的耻辱历史，再加上位高权重和才华出众受到嫉妒馋毁，遭到北魏太武帝拓跋焘的诛杀，被夷灭五族。直到北魏孝文帝拓跋宏时期，崔氏才恢复其士族地位。

唐代，清河崔氏亦是在当时社会影响力最大最具清望的"七姓十家"之一。因其本身有着家学渊源，唐朝科举制度下也颇有斩获，算上源出清河崔氏后迁居外地的清河崔氏子弟的后人，清河崔氏出了8位状元、13位宰相，清河崔氏小房还被视为阀阅之最。

古邢地的姓氏文化同中国姓氏文化历经了几千年的绵延和传承，它以宗族血缘的特殊形式记录了中华民族生生不息的发展历史，更成为中华民族灿烂文化的重要组成部分，也是一笔宝贵的精神财富。它与邢地地域文化、民众文化等一起，在促进中华民族大家庭的团结融合、繁荣发展中具有不可忽视的重要意义。

---

① ［西晋］陈寿. 三国志［M］. 北京：中华书局，1959：682.
② 同①。

第六章
邢台的非物质文化遗产

悠久的历史积淀了灿烂的文化，邢襄大地虽历经 3 000 多年的沧海桑田，很多绚丽多彩的文化已经在历史长河中被冲刷殆尽，但既然曾经有过辉煌，总会留下些许痕迹证明这世间它们曾经来过，而目前依然闪耀在邢襄大地的物质文化遗产中，邢窑白瓷无疑是其中一颗耀眼的明星。

第一节　邢窑白瓷的前世今生

20 世纪 80 年代之后，在河北省邢台市内丘、临城两县境内的太行山以东丘陵和平原地带数百平方千米的范围内，发现了许多古代白瓷烧窑。而内丘的白瓷窑内发现了很多唐代官窑瓷器，内丘在唐代属于邢州，因而被称作邢窑。目前考古发现邢窑是中国最早的白瓷窑址。

一、陶与瓷

陶瓷是陶器和瓷器的总称。陶与瓷区别在于原料土的不同和温度的不同。陶器烧制温度在 800~1 000 摄氏度，瓷器则是用高岭土在 1 300~1 400 摄氏度的高温下烧制。随着技术的完善，当陶器工艺温度超过 1 230 摄氏度时就会变成瓷器。我国古人早在公元前 8 000—前 2 000 年就发明了陶器，距今有 6 000 多年历史的河北武安的磁山文化，是古邢地最早的文化之一，其中就出土了许多陶器。

商周时代，邢台古地就出现了原始的古青瓷，东汉时期青瓷得到普遍认可，魏晋时期开始大批量生产。北齐末期到唐朝中期，瓷器生产进入由青瓷向白瓷发展的技术革命时期，这时的邢窑扮演了白瓷工艺生产的创制、定型、发展扩张的角色。在改造过程中，邢窑既有在青灰色胎体上涂上白色化妆土的粗白瓷，也有精选高岭土，改进烧制方法的精白瓷，增加花色品种，加大产能，这样就使邢窑脱颖而出。根据《国史补》记载，"内丘白

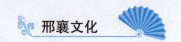

瓷瓯，端溪紫石砚，天下无贵贱通用之"①。由此可见，当时邢窑白瓷的产量已经非常可观。

二、北朝邢窑白瓷

从目前出土的邢窑白瓷及其残片来看，邢窑白瓷的烧造是在北朝时期开始的。1958年，考古学者们从邢台市三义庙的北朝墓葬群中挖掘到一批瓷器，有青瓷、青黄釉瓷和一些粗白瓷。其中北齐天保二年（551年）的墓葬中，除了青瓷直口实足碗以外，更多的则是粗白瓷，有粗白瓷直口实足碗和粗白瓷敛口平底钵。1980—1985年，又在临城和内丘境内发现了北魏时期的瓷窑遗址。

临城县陈刘庄村东瓷窑遗址中，除了有一些青瓷出土外，还有粗白瓷深腹实足碗、粗白瓷敛口钵和粗白瓷平底盘等器物残片出土。内丘县多个瓷窑遗址中，都出土了青瓷和粗白瓷，粗白瓷有深腹实足杯、深腹实足碗、敛口盘、浅腹平底盘等残片。另外在邢台县尹郭村附近也曾发现北魏时期的邢窑遗址，也出土了很多青瓷和粗白瓷残片。

北朝一系列邢窑遗址的发现，反映了我国在北朝时期邢襄地区的瓷器烧造技术水平就已经很高，其中青瓷烧造已经步入成熟阶段，青瓷胎色多样，品种众多。而众多粗白瓷及粗白瓷残片的发现，则表明唐朝时被选为贡品的邢州白瓷在北魏时就已经开始具备了不错的技术。我们可以说唐代似银类雪的邢州白瓷，是在北魏粗白瓷烧制技术的基础上，经过长期摸索、反复试验发展而成的。

曾经一度默默无闻的邢地瓷器制造业，为什么突然进入如此成熟的状态呢？

这要从魏晋南北朝时期的历史和政权更迭说起。曹操自被封为魏王以后，就开始经营易守难攻、曾为魏文侯陪都的邺城，即现在的邯郸市临漳县所在地。曹操虽未称帝，但邺城基本按照国都之制建造。作为"挟天子以令诸侯"②的曹操，自然会注重日常用品的精美，邺城周围的瓷器制造业应该相对发达。西晋"八王之乱"导致中原地区包括赵王司马伦的辖区重新陷入战乱，导致很多百姓逃难离开家园，而那些熟悉瓷器制作的匠人也纷纷离开战乱之地，或南移或北移。北移的陶瓷匠人逃到内丘、临城一带以后，用当地特殊的土质，开始烧制出一些白瓷制品。随着白瓷烧制技术的成熟，后来便迎来了隋唐时期的邢窑白瓷的兴盛。

三、隋唐邢窑白瓷的概况

北朝时期陶瓷匠人就已经掌握了粗白瓷烧制技术，打破了自商周以来青瓷一统天下的地位。后来邢窑的匠人们不断创新生产技艺，在长期的实践中，凭借瓷土原产地的资源优势，到隋代时白瓷制作技术更加炉火纯青，邢窑白瓷成为我国北方白瓷的代表（见图6-1）。

① ［唐］李肇. 国史补［M］. 上海：上海古籍出版社，1979：41.
② ［西晋］陈寿. 三国志［M］. 北京：中华书局，1959：195.

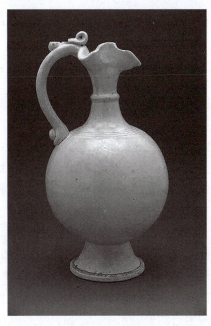

图 6-1　白瓷

白瓷的制作在数量和质量上都有很大发展：产量上，与青瓷难分伯仲；质地上，胎质愈加细腻强韧，色彩明亮，釉体均匀。内丘西关窑址出土的四件细白瓷杯残片，杯壁厚度仅 1~1.5 毫米，通体温润光洁，高度瓷化，甚至可以与现代白瓷相媲美。细白瓷的发现，说明邢窑白瓷的制作技术在隋代已经成熟。白瓷的材质和白陶相同，技术在青瓷制作的基础上进行了革新。

白陶是用含铁量相当低的陶土在窑炉内以高温烧制而成，颜色以素面为主，质地比灰陶、砂陶等更坚硬。最开始，窑工用当地含铁量较低的土，通过控制火候来减少烧制时氧化铁含量，烧制出的瓷器便呈现灰白色。后来，窑工们在陶坯外涂上白色的化妆土，再进行烧制，就达到了给瓷器增白的效果。从此逐渐生产出了雅白恬静、胎质细腻、釉质莹润的精细白瓷。邢窑烧制的白瓷种类丰富，造型多样，有饮食器、陈设器、文房用品和明器等。

经考古调查，在今内丘县境已发现的隋朝瓷窑遗址分布于冯洞、北双流、县西关、县礼堂北等多处，采集到的隋代邢瓷器形有青瓷小盘、黄釉长颈瓶、青瓷高足盘、双耳壶、三系罐、碗、钵、青黄釉小口印花扁壶、长颈瓶、白瓷炉和黑瓷炉等。在临城县境内已发现隋朝窑址的有刘庄、陈刘庄等处，采集到的隋朝邢瓷器形有平底外釉不到底青瓷碗、白瓷碗、白瓷小盂、白粗瓷平底碗、施化妆土的白瓷小碗、白瓷平底钵、青瓷双系罐、白瓷平底敛口钵等，并且发现了烧制白瓷用的套高体匣钵，和置于窑中沙基上的中空橄榄式加底座半球形窑具。此外，在邢台市境内的东、西坚固和南、北尹郭一带也发现了南北朝至隋的瓷窑遗址。

邢台市曹演庄隋墓的出土文物中，有两件平底碗和一件双龙瓶。双龙瓶胎灰白，施化妆土，青釉呈灰白色。据考证，该碗、瓶均系隋朝邢窑生产。同墓出土的"大隋大业四年五月丙寅"墓志砖，则明确了该碗、瓶烧造时间的下限。可以看到，开皇时期政治的清

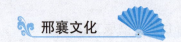

平、农业的丰收、户口的繁盛，极大地促进了襄国郡一带的陶瓷业发展，为唐朝精美绝伦的邢州白瓷形成奠定了基础。

四、唐代邢窑白瓷——邢窑白瓷发展的顶峰

唐朝时期，社会经济高度繁荣，百姓生活水平逐渐提高，文化艺术得到长足发展，人们对美的认知能力也在不断提升。此时邢窑白瓷的制作技艺在隋代基础上更加完善，到唐中期时，无论制作的数量、质量及工艺，还是器物的种类、样式及应用都达到了前所未有的高度，与以浙江慈溪越窑为代表的青瓷平分秋色，形成了唐代"南青北白"的格局。

唐邢窑的制瓷技术成就非常突出地表现为四个之最：最早创烧成了精美异常的白瓷制品，并以"南青北白"的中国两大瓷系之"北白"著称于世；邢窑白瓷烧成温度最高，一般在 1 320±20 摄氏度，个别标本可达 1 360 摄氏度，比越窑青瓷的烧成温度高约 80 摄氏度，比同期巩县窑白瓷高约 40 摄氏度；邢窑白瓷釉中最早加入了 MgO 和 P_2O_5，从而使釉的高温黏度增强，减少了流釉缺陷，对胎体遮盖愈加严密并衬托得瓷胎更加洁白光润；邢窑最早使用了匣钵，从而提高了产品的质量和数量，极大地发展了邢窑的生产力。可以说，邢窑白瓷体现了唐代白瓷生产的最高水平，产量巨大，高中低档品种俱全，市场非常广阔。

据《唐六典》《新唐书·地理志》记载，精美的白瓷作为地方特产，是邢州必须向朝廷进献的常用贡品之一。邢台市顺德北路的唐邢窑遗址出土了署有"盈""大盈"款的白瓷残片精品，证实了白瓷是为了进献至大盈库而烧制的。大盈库是唐代宫廷的仓储机构，其所存物品只有皇帝才能支配使用。向朝廷进贡的署有"盈""大盈""翰林"款的白瓷（见图 6-2）体现了当时白瓷烧制技术的最高水平。

图 6-2 署有"盈"款的白瓷

邢州白瓷除了受皇家推崇外，当时的封建士大夫、文人雅士也对邢州白瓷青睐有加，常将白瓷作为品茗、饮酒的心爱器皿。元稹在诗中写道："七月调神麴，三月酿醹醅。雕镌荆玉盏，烘透内丘瓶。"[①] 薛能的《夏日青龙寺寻僧》也有"凉风盈夏扇，蜀茗半邢

① [清] 彭定求，等. 全唐诗（中）[M]. 郑州：中州古籍出版社，1996：2471.

瓯"①之句。同时，在出土的古瓷片中，不仅有和唐大明宫遗址、邢台唐墓出土的同类"盈""翰林"款邢瓷一样的贡瓷残片，也有百姓生活所需各种器形的瓷器残片，以及大量的瓷器烧造用具。据考古工作者的调查采集，发现该遗址器形有碗、盘、杯、盒、盆、瓶、坛、罐、灯、砚、注壶、马袋壶、高足杯、玉璧底碗、刻花小碟等②。

除大量"类雪""类银"的邢州细白瓷残片外，还发现了三彩、青黄、青、黑、酱等不同釉色的瓷片与刻花、印纹、雕塑工艺兼施的工艺瓷品种，以及伴出的陶窑遗址与大量的陶片堆积。经考证，这些陶窑烧制的陶器器形不仅有大型储酒器、储粮器、储水器瓮、盆、坛、罐等，还有大小不一的佛龛、佛像及各种人物、动物俑，证明自仰韶文化以迄，唐代邢州一带的陶器烧造已经达到炉火纯青之境。

根据已经发现的内丘、临城两县和邢台市区的唐邢州瓷窑遗址，与全国各地大量唐代遗址、墓葬，以及著名的埃及福斯塔特，印度勃拉名纳巴特，叙利亚沙玛拉，日本平城京、平安京，乃至伊拉克、伊朗、斯里兰卡、巴基斯坦等国古遗址中出土的大量唐代邢州白瓷，证明唐邢瓷不仅在国内无贵贱通用之，而且远销世界各国，使中国得到"瓷器之国"的美誉，在中国陶瓷史和世界陶瓷史中占有非常显赫的地位，是我们的国宝。

由于唐末五代局势动荡，邢窑白瓷缺少烧造的环境，于是逐渐衰落。直到北宋时局稳定后，邢窑白瓷的生产才部分复苏，虽然依旧因其坚细的胎质、精美的装饰和轻盈的造型被进贡朝廷使用，但总体上生产数量减少，样式的灵巧早已不能和之前顶峰时相比。到了金元时期，北方连年战乱，民不聊生，邢窑白瓷便更加衰落，造型单调，质地简陋，釉色凝滞。

五、邢窑白瓷的艺术成就

隋唐邢窑白瓷能够著称于世成为贡品，是因为它确实有很高的艺术成就。邢窑白瓷具有规范整齐的造型、朴素大方的形态、灵动轻盈的胎体、细润光滑的胎质、洁白晶莹的釉色、纯正无瑕的釉质、考究严谨的做工、精湛卓越的技艺等一系列优秀品质。其造型浑厚庄重，风格简朴凝练，整体制作非常讲究规范端正。唐代诗人皮日休在《茶瓯诗》中称赞："邢客与越人，皆能造兹器。圆似月魂堕，轻如云魄起。枣花势旋眼，蘋沫香沾齿。松下时一看，支公亦如此。"③用"圆似月魂"来形容白瓷规整的造型，用"轻如云魄"来比喻轻盈的胎体，造型和质量的完美统一，使人更加赏心悦目，难以忘怀。

"茶圣"陆羽在其所著《茶经》中从品茶所用器皿方面，将白瓷茶碗和青瓷茶碗进行比较，称赞白瓷"类银""类雪"，是对白瓷纯白无瑕特点的极度赞美；段安节《乐府杂录》记载了唐代大中年间的乐师郭道源曾经"以邢瓯、越瓯共十二只，旋加减水于其中，以箸击之，其音妙于方响也"④，形容白瓷能像金属一样发出悦耳清脆的奇妙声响，更肯定了白瓷玲珑剔透、瓷化度高的特点。

唐代烧制的白瓷以素面无纹为主，器物形状和胎体釉色远胜同时期其他瓷器，装饰上更是以雄浑饱满的质感为特色，体现了唐人高雅品格的同时，还反映出唐代社会的审美倾

①　[清] 彭定求，等. 全唐诗 [M]. 北京：中华书局，1960：6506.
②　参见贾永禄. 河北内邱出土"翰林"款白瓷 [J]. 考古，1991 (5).
③　张倩. 邢台市图书馆与邢窑相关文献的保存与传承 [J]. 邢台职业技术学院学报，2020 (2).
④　见 [唐] 段安节《乐府杂录》（一卷）《击瓯》，守山阁丛书本。

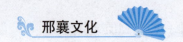

向。唐代白瓷所运用的装饰技法，主要有刻划、模印、堆贴、雕塑和点彩等技法，其中的一些技法，也促进了定窑的刻花、划花、印花的发展。

六、邢窑白瓷的今生

邢窑白瓷，作为实用品，满足了人们的实用需求，作为艺术品，激发了人们的审美情操，造型上融合了时代的风尚，技艺上渗透了工匠的追求。邢窑白瓷不仅反映了社会的审美要求，也积聚了广大人民群众的意愿，是形式和意识的完美统一。为了使这一古老的技艺得以延续并发扬光大，邢台人做了很多方面的工作。

（一）邢窑白瓷的文化传承

邢窑遗址主要分布于今邢台市信都、襄都两区和内丘、临城县一带，1996 年被国务院公布为第四批全国重点文物保护单位，其相关遗址得到了较好的保护与管理，为研究邢窑白瓷的历史文化提供了重要依据。2011 年河北省文物局批准注册了邢窑博物馆；2014 年 7月，"邢窑陶瓷烧制技艺"入选第四批国家级非物质文化遗产代表性目录。内丘县等地有专业的技师传承邢窑白瓷制作技艺，通过开设专业课、举办培训班等方式培养新一代传承人，为保留这一璀璨夺目的宝贵非物质文化遗产而努力。

邢台学院成立了邢台市邢窑研究所，聘请国家级非物质文化遗产代表性传承人张志忠担任所长、工艺美术专业学科带头人和特聘教授，并在美术设计学院创办陶瓷专业，建设邢瓷博物馆和陶瓷传习工作坊，积极开展与中小学的合作，共建文化传承基地，2020 年邢台学院的"邢窑白瓷"文化传承项目成功获批为全国普通高校中华优秀传统文化传承基地。近 30 名专家、教师参与，对标基地建设的原则、任务和要求，深入挖掘邢窑文化传承创新的价值和内涵，科学设计"邢窑白瓷"文化传承项目规划建设，从历史、文化、艺术、科技等多个角度探讨其价值。邢窑白瓷的相关研究成果不仅丰富了中国陶瓷史的内涵，也为邢窑白瓷的传承与发展提供了理论支持。

另外，邢台学院还将邢窑白瓷文化纳入学校课程体系，开设相关专业课程和公共选修课程，如邢窑白瓷烧制技艺、邢窑白瓷文化赏析等，让学生系统学习邢窑白瓷的历史、文化、制作工艺等知识；发挥高校的文化辐射作用，通过举办邢窑白瓷文化讲座、展览、培训班等活动，向社会公众普及邢窑白瓷文化知识，提高社会对邢窑白瓷文化的认知度和保护意识；同时，与中小学、社区等合作，开展文化传承活动，推动邢窑白瓷文化的传承与发展。

（二）邢窑白瓷的复烧与创新

邢窑细白瓷是高温硬质瓷，需超 1 300 摄氏度烧制，但早期复烧实验中，温度升至 1 280 摄氏度后难以提高。通过科研院所帮助，在配方中增加熔剂和延长烧制时间，解决了这一关键问题，最终在 1987 年成功烧出品质不输唐代邢窑细白瓷的瓷器。近年来，在传承邢窑古陶瓷材料的基础上，相关人员成功研发出 10 余种稳定的泥胎、釉料，复烧了几十种仿古邢窑典型器物，使邢窑白瓷的传统工艺和经典造型得以重现，让人们能够欣赏到古代邢窑白瓷的风采。复烧工作者们对邢窑遗址附近的原料进行了深入研究和搜寻，像临城祁村的瓷土，在了解其与煤层伴生原理后，于废弃煤窑中找到了足量本地瓷土，并且严格按照古代工艺，结合现代科技，恢复了如选矿、原料处理等 8 道加工工序，以及设计、造型等造型工序，共 72 道仿古邢白瓷烧制工序，实现了邢窑文化的传承。

另外，在继承传统的同时，邢窑白瓷也不断进行创新。陶艺家们结合现代审美和生活需求，创作出上百件不同风格的优秀陶艺作品，在器形、装饰、功能等方面都有所突破，使其更符合当代人的审美和使用习惯。其创新主要体现在以下几个方面：

第一，器形设计创新。引入现代工业设计方法，如 3D 建模来设计器形，改变传统手工成型方式，使器形更加多样化、个性化。不仅有传统的茶具、餐具、摆件等，还出现了如用透影白瓷做灯罩等新颖的设计，将实用性与艺术性相结合，拓展了邢白瓷的应用场景。

第二，装饰手法创新。在继承传统装饰技法基础上，融入现代审美观念，发展出多种新的装饰手法。除了传统的刻花、印花等，还增加了手绘、浮雕等方式，并且纹样题材也更为丰富，将现代元素与传统文化符号相融合，使邢白瓷更具时代特色和文化内涵。

第三，功能拓展创新。从单一的观赏、实用功能，向多元化功能拓展。如邢台学院研发的瓷乐器，包括瓷瓯、瓷编管、瓷编磬、瓷编钟等，不仅具有演奏功能，还成为文化传承和艺术表演的新载体，赋予邢白瓷新的生命力。

第四，文化融合创新。将邢白瓷与其他文化元素、产业相结合，实现跨界融合创新。例如比亚迪新款汽车的"邢白釉"配色，汲取了邢白瓷的颜色灵感，使传统文化与现代工业设计相互碰撞，擦出新的火花，让邢白瓷文化在不同领域得到传播和发展。

第五，制作技术创新。利用现代科技手段，如计算机视觉分析等，在原料处理和调色方面更加精准高效。通过电磁吸附装置去除原料中的铁质，降低铁含量，使白瓷更白；并且仅需一块瓷片样本或高清图片，经两三次调色就能得到用户所需颜色，一个白色可做出几十个层次，提高了产品质量和生产效率。

（三）邢白瓷产业发展

邢台市积极推动邢窑白瓷文化产业的发展，将其作为展示邢台文化魅力的亮丽名片和发展文旅文创产业的有效载体。通过组建工作专班、制定规划、强化资金支持等措施，打造以邢窑白瓷文化为核心的中高端产品，努力在海内外打响"大唐瓷都"品牌，延伸产业链，增强市场竞争力。目前邢白瓷产业发展呈现出多方面的特点和趋势。

首先，邢台市高度重视邢白瓷产业发展，市领导主持召开邢窑白瓷文化产业发展座谈会，强调要深入推进"文化兴市"战略，一体推进邢窑白瓷整体性保护、系统性传承、创新性发展，将其打造成展示邢台文化魅力的亮丽名片和发展文旅文创产业的有效载体。省人大常委会法工委调研组到邢台就陶瓷文化遗产保护传承利用和陶瓷产业发展协同立法工作开展调研，推动相关立法保护，为邢白瓷文化遗产保护和产业高质量发展提供有力的法制保障。邢台市政府制定了近中远期规划，明确邢白瓷产业发展方向，合理布局产业结构，统筹创意、生产、包装、推介等各个环节，不断延伸产业链，增强市场竞争力。

其次，推动邢白瓷产业的融合创新发展。邢台市推进邢白瓷文化企业与中医药文化、茶文化、书画艺术以及旅游业等多产业融合，打造具有邢台特色的白瓷文化产业集聚区，拓展邢白瓷的应用场景和市场空间，实现产业间的协同发展和互利共赢。坚持文旅融合发展方向，将邢白瓷与当地旅游资源深度结合，打造具有文化内涵的旅游产品和线路。例如内丘县建设邢白瓷公园等文旅园区，开发研学旅游产品，让游客在旅游过程中体验邢白瓷文化的魅力，以文塑旅，以旅彰文，提升邢白瓷的知名度和影响力。利用现代技术激发创新意识，结合当代时代特征，创制能够代表先进工艺水平的白瓷作品。在产品设计上不断推陈出新，如研发生产手绘茶具、餐具、文创摆件、国潮首饰等产品，并提供定制服务，满足不同人群的喜好，使邢白瓷更贴近百姓生活，走进千家万户。充分运用科技力量，唱好"艺术瓷"和"工业瓷"两台戏。例如在制作工艺上，借助现代科技手段实现更精准的原料处理、调色和烧制控制，提高产品质量和生产效率；在产品功能上，开发如瓷乐器等具有创新性和文化附加值的产品，赋予邢白瓷新的生命力等。

最后，加强邢白瓷的品牌建设与市场拓展。市县镇三级政府与企业、事业单位一起，加强对邢白瓷品牌的知识产权保护，维护公平竞争的市场环境，通过多种方式逐步擦亮邢窑白瓷品牌。例如注册"邢盈""邢窑白"等商标，树立品牌形象，提高品牌知名度和美誉度。做好"请进来、走出去"的文章，发挥上级单位政策优势、专家智库权威优势、文创营销专业优势、各类企业资金优势，积极参加各类文化产业展会、旅游商品大赛等活动，展示和推广邢白瓷产品，拓展国内外市场，使邢窑白瓷形成综合发展格局。

邢白瓷技艺的传承犹如一条坚韧的纽带，连接着过去与现在。邢白瓷在发展中传承经典，在传承中勇于创新，从古代的辉煌盛景到近现代的复兴之路，它在时代的浪潮中起伏前行。它不仅是一件件精美绝伦的瓷器，更是邢台乃至中国文化的生动符号与鲜活载体。相信在未来，邢白瓷将继续以其独特的艺术魅力与文化底蕴，在世界舞台上绽放更加耀眼的光芒，让更多人领略到这一古老工艺的不朽传奇，为中国陶瓷文化的繁荣昌盛添上浓墨重彩的一笔。

第二节　邢台的武术文化

中华武术从古老的冷兵器时代走来，是我国民族发展史中的重要元素，是中华文化的重要符号和代表。它博大精深、源远流长，伴随着华夏儿女在岁月的长河中历经风雨洗礼，不断发展演变。它不仅仅是一种防身健体的技艺，更是一种蕴含着深刻哲学思想、道德观念和审美情趣的文化载体。其招式变化万千，或刚猛有力，如黄钟大吕震撼人心；或轻柔舒缓，似潺潺溪流润泽心田。无论是少林的刚健、武当的飘逸，还是峨眉的灵秀，各门派都有其独特的魅力与传承。在全球化的今天，邢台武术也正跨越国界，吸引着世界各地的人们去探寻其中的奥秘。它成为连接不同文化的桥梁，向世界展示着邢襄人民的智慧、勇气和坚韧不拔的精神风貌。

一、邢台梅花拳

梅花拳作为一个独具特色的优秀拳种于 2006 年 5 月被国务院确认为首批国家级非物质文化遗产，因发源地在邢台的平乡、广宗一带，首批国家非遗名录上命名为"邢台梅花拳"。

（一）梅花拳的起源与传承

关于梅花拳的起源，民间和学界有多种说法，在流传的梅花拳拳谱上有"落地梅花世间稀，明末清初始建立"的记录，虽然何人所传尚且不详，但目前学者们大多认可梅花拳始创于明末清初的说法①；其次，梅花拳的发展脱离不了整个中华武术发展的历史背景，中国传统武术形成于宋代，成熟于明清，所以梅花拳极有可能是在明末清初开始流传的，《平乡县志》中也有记载，梅花拳在明末清初传入当地。据《梅花拳根源经》和《梅花拳传承谱》描述，梅花拳第一代为收元老祖，是一个虚拟人物，第二代为江苏徐州张三省，带有浓厚的神话色彩。前两代均以开法传道为主，且单一相传，影响面非常窄。自第三代邹宏义开始，才有文理武功的具体记载。

梅花拳自邹宏义始，才正式传播于民间。邹宏义原名邹诋亮，字魁阳，江苏铜山人。明朝崇祯末年，邹宏义拜武林高人张三省为师学习武艺。历经数载风霜雪雨，邹宏义将张三省传授的拳法与家传武功相结合，融周易八卦于拳理，化阴阳五行于拳法，精心推敲演练，创出了一整套别具一格的拳术——梅花拳。

梅花拳分作桩步五势，宛若梅花怒放，而行步三法，又恰似梅花枝干穿插交错，相传最初多在梅花树下练习，故冠以"梅花拳"之名。此外，梅花拳还有取梅花在冬未尽、春未到之时开放，蕴含先知先觉之意，暗合先备先用之理，达成先发制胜之功。梅花拳内容丰富、形式多样，具有强身健体、舒筋壮骨、祛病延年之效，加之武德高尚，历来深受民众的喜爱，是中华武术库中绚丽的瑰宝。五势桩是梅花拳最核心、最具代表性的功法。

梅花拳在旧时以家族传承为主，传承的理念是父传子、子传孙，代代相传，"传内不传外、传男不传女"，因此又称为"父子拳"或"夫子拳"。经过时代的变迁与朝代的更替，清朝初期以师徒传承为主开始逐渐成为主流的传承方式，邹宏义便是通过师徒的传承方式使邢台的梅花拳得到了空前的繁荣与发展。

如今梅花拳已经梅开四方、花落各处，遍布冀鲁豫等十几个省份，同时辐射世界。在经济浪潮席卷全球、各种价值观念不断冲击当今社会的环境下，"天下梅拳是一家"的古训依然保持着旺盛的生命力，充分显示了这一优秀武术拳种的文化魅力。

（二）梅花拳的特点

梅花拳有独特的组织特点和严谨的文化表达，理论内涵丰富，融合了易经八卦，从儒释道三家理论中汲取营养，形成了自己特有的"文场"和"武场"体系。

梅花拳又称为"文武大法"，由文场和武场组成，文场领导武场，文场传道，好似树之根；武场传拳，好似树之梢。故有"要论文通上天消灾去苦，要论武原来是武教天元"之说。文场敬祖师，研究拳理，修心养性，炼神炼气，它集儒释道三家学说和周易之理为一体，有文化典籍世代相传，称为"文功"，是梅花拳派的领导核心。

直到今天，梅花拳拜师、敬香等礼仪中仍然蕴含着儒家"天地君亲师""尊三纲守五常"，倡导"仁义忠信、重视武德"的思想。在汲取佛学思想中，用清修静练的理论引导习练者"修身养性"，用所学之长"渡人渡己"；而传统道教思想中的"天人合一"、追求"无为、主静、抱一、守朴"等简单生活理念，以及阴阳、五行、八卦、太极等道家概念都在梅花拳文场理论中有深刻阐释。

梅花拳武场主要进行武功锻炼，目的是《梅拳秘谱·中气论》中所言"练形以合外，

---

① 参见周伟良. 梅花拳考略［J］. 成都体育学院学报，1992（4）.

练气以实内，由外及内，再由内而达外，内外一体。精气神合一，自成金刚不坏之体"①。因此，武场是文场的基础，而文场则是武场的高级阶段。这种特殊的组织文化结构，对梅花拳的历史发展起着方向调适、理论提升和团结拳派的重要作用，最终使梅花拳发展成为一个庞大、深奥的文化体系。

（三）邢台梅花拳的起源

梅花拳在邢台地区的开端源于"三德请师"。"三德"即平乡县东田庄的徐进德、平乡县停西口的李进德、南和县郑庄的郑玉德，"师"即梅花拳第三代传人邹宏义。"三德"皆为梅花拳第六代传人，系邹宏义高徒蔡光瑞之再传弟子。

据记载，最早将梅花拳传到河北广宗、平乡、威县等地的，是第四辈宗师蔡光瑞和邹文聚，这是现在邢台梅花拳的最初源流。起初，蔡光瑞替师傅邹宏义到河北寻访故籍，蔡光瑞在河北的第一个徒弟是张复（今邢台市平乡县后马庄人），这是梅花拳第五代传人河北籍第一人。清康熙乙酉年（1705 年），为扩大梅花拳在北方影响，命"三德"将师父邹宏义请到后马庄传拳，师徒 4 人渡过黄河，几经周折，先后到南和三关店、广宗魏村，最终定居平邑（平乡）后马庄，并在此设场收徒，传拳授艺，一时从学门徒不下百人，此事被武林传为佳话。

（四）梅花拳的担当

梅花拳在平乡、广宗、威县一带城乡广泛传播，并演化出一场轰轰烈烈的义和团运动。

1900 年，在西方势力侵入、华北教案频发、天灾多难与清政府无能等内忧外患之下，义和团运动爆发了。据统计，仅平乡、广宗两地参加起义的梅花拳弟子就达上百人。梅花拳在清兵入关前后，在广大乡村已经具有相当的形式和规模，它的理念与主张恰好适应了广大农民阶层反对战乱、反对洋教的愿望，因而迅速发展成一支不可忽视的力量，因此，梅花拳的重要作用并不是历史的偶然性。在义和团运动中，以其武场的武功拳法与列强的洋枪洋炮做抗争，其文场以兼具"儒释道"精神内涵的信仰体系抵制西方教会，文武场共同作用，在一定程度上阻止了列强的入侵。

在近代抗战中，邢台梅花拳也担当起抗日救国的重担。1939 年杨秀峰同志组建冀西抗日大队，众多梅花拳弟子踊跃参军。梅花拳第十四辈弟子邢玉栋，曾任抗日儿童团团长，组织童兵为抗日贡献力量，负责为八路军警卫、通信和联络；第十五辈弟子邢尚斌，自发组织青壮年劳动力为八路军搬运粮食、军火，承担伤兵运送与保护工作。许多梅花拳弟子在争取国家解放和民族独立的战争中，发挥了不可估量的积极作用，甚至献出了自己的宝贵生命。虽然在"文化大革命"时期，邢台梅花拳遭遇生存危机，但邢台梅花拳传承者们依然坚持传习。

在新时期，随着梅花拳 1988 年入选奥运会开幕式"空中彩虹"表演节目，再次掀起梅花拳热潮。在 1990 年召开的义和团运动起源学术讨论会上，路遥、燕子杰教授介绍梅花拳的发展脉络与组织源流，之后带领美、日、德等多国学者前往邢台广宗县观看梅花拳表演，进行实地考察，这直接推动了梅花拳在国际上的传播，不仅在学术界，在武术界也掀起热潮，各国武术爱好者前往邢台地区学习梅花拳。2006 年，邢台梅花拳入选首批国

---

① 见于燕子杰 1992 年批注校对的《梅花拳秘谱》，第 13 页。（此书作者不详，初为民间手抄本）

家级非物质文化遗产，梅花拳重要的文化价值得到认可，标志着梅花拳迎来曙光。

新时期梅花拳传承人尝试开拓梅花拳发展的新领域。著名的梅花拳弟子山东大学燕子杰教授在梅花拳校园的传承发展上付出了巨大努力，成立了山东省梅花拳研究交流中心，以山东大学为基地，开启了梅花拳入校园的时代，教授了来自美国、德国、意大利、比利时、韩国、英国、法国等20余个国家的成百上千名弟子。近年又应邀多次出国教拳，传播中国武术文化，推动梅花拳走向世界，为传统文化的传播做出了贡献，充当了国际交流的使者。

（五）梅花拳的功能

梅花拳组织具有独特的社会治理功能。梅花拳因其"文场"和"武场"的共存，成为一个独具特色的传统武术文化，而历史上梅花拳严密的组织也是其发挥社会治理功能的有力保障，这使得梅花拳具有精神信仰功能。

有据可考的梅花拳真正形成的历史时期是明末清初，彼时正处于乱世，乡民不仅需要武技来自保，同时在对所处社会背景的无奈中希望寻求一定的精神慰藉。梅花拳著名的经卷《根源经》中多有宗教色彩的"救黎民于水火"的描述，这种多元文化共同作用下形成的民间宗教在远离朝堂的乡村巷陌拥有广阔的市场。这些有着精神寄托的传说与教化则是我国民间历史上众多教门、宗派成长的催化剂，梅花拳组织就是在这样的社会历史背景下逐渐壮大。

梅花拳在历史发展传承中还具有村落自治功能。历史上的梅花拳在"文场"的统领下有着严密的组织，尤其是在清军入关后，清政府对于民间结社活动严格禁止，梅花拳被迫转入隐蔽状态，但依然在民间有着旺盛的生命力，这得益于梅花拳"文场"中的价值观。客观上，梅花拳文理在乡民自治中发挥着巨大的作用。在封建时期的社会治理中，不外乎"政治""法治"和"礼治"。处理国家大事须用"政治"，治理社会秩序则用"法治"，但封建社会中社会治理的最基层——乡镇和村落，一般是用长期形成的基本礼教行为范式来约束乡民，即"礼治"。梅花拳"文场"中有着多种关于礼教规范的约束理念，如梅花拳弟子入门习文练武必须遵守的"入门规矩十二条"中，第一条就是："凡立教之始，务要知孝、悌、忠、信、礼、义、廉、耻之道，异日可以入则事其父兄，出则事其长上，不愧有勇知方之士。"这种礼教思想对梅花拳弟子有着绝对的约束力，在梅花拳组织和乡村自治中发挥着既朴素又重要的作用。

在社会变迁中的梅花拳还有一大功能，即社会动员功能。梅花拳的外在表现是技击之法，乡民习练的目的之一就是保卫家园。在历史上，梅花拳组织的确在抵抗匪患、保家卫国中发挥过重要作用。比如在举世震惊的义和团运动中，梅花拳就发挥了相当重要的作用，也可以说没有梅花拳就没有义和团。在中国反帝反封建的历史大潮中梅花拳扮演了极其重要的角色，文化价值与社会影响于此可见一斑。再如在日寇大举侵略中国，中华民族面临危亡的历史关头，梅花拳担当起抗日救亡的历史重任，大批梅花拳弟子参加了中国共产党领导的武装斗争。

自梅花拳问世以来，广大拳民打击强暴、张扬正气、教人向善、扶危济贫的行为，则更加广泛深入地培育了燕赵大地的纯正民风，维护了社会稳定赖以支撑的道德公义和普遍原则。梅花拳所发挥的培养正气、教化民众、凝聚人心、维护稳定的社会作用，甚至是某些行政力量和法制手段所无法替代的。

二、邢台的太极拳

太极拳以其独特的魅力和深厚的文化底蕴，在我国武术史上占据重要地位。它不仅是一种强身健体的运动方式，也是一种蕴含丰富哲学思想和文化内涵的艺术形式，更是优秀文化传承的鲜活纽带。

（一）邢台太极拳的历史渊源

太极拳历史源远流长，可追溯至明朝末年。其起源与发展和中国古代的多种文化元素及地域传承紧密相连。普遍认为太极拳发源于河南省焦作市温县陈家沟，相传由陈王廷所创。陈王廷精通武术与兵法，他汲取了前人武术的精华部分，将古代导引术、吐纳术融入其中，同时结合中医经络学说以及道家养生理念，创编出了陈氏太极拳这一太极拳的雏形。最初陈王廷所创的拳法只在陈家沟内部传承演练，作为陈氏家族强身健体、保家护院的技艺。随着时间的推移，在传承过程中，陈式拳法经历了不断的演变和完善。例如，陈长兴等前辈对拳法进行了整理和规范，渐渐形成了比较完整的陈氏太极拳体系，为之后各派太极拳的传承和传播奠定了坚实基础。

在后续传承历程中，各太极拳传承人根据自己的演练基础和关注特点进行了创新改编，并形成了自己的特色，创建出多个流派，如杨式、武式、吴式、孙式太极拳等。

邢台也是太极拳的重要传承地之一。在这里，太极拳有着广泛的群众基础和深厚的历史渊源，多种太极拳流派在此生根发芽、传承发展，如糅合了杨氏和武氏太极拳而自成一家的王其和太极拳、杨式寇家太极拳等，它们各具特色，共同构成了邢台太极拳丰富多彩的文化景观。

（二）王其和太极拳

在中华武术的浩瀚长河中，太极拳以其独特的哲思与精妙的技艺独树一帜。而邢台，这片承载着厚重历史与丰富文化的土地，则是王其和太极拳这一珍贵拳种的重要发祥地与传承之所。

1. 王其和太极拳初创

王其和太极拳诞生于清末民初的风云变幻之际，由邢台任县环水村的王其和所创。王其和生于1889年的邢台市任县环水村，此地民风豪爽，习武成风，他自幼便对武术感兴趣，从小随大人们习练少林洪拳。后来，他还拜师于清末武举景廷宾门下学习拳术，在名师的教授下，他的武术功底日益深厚，刀术等技艺精湛，青年时练就了一身过硬的外家拳功夫，如180斤①重的铸铁大刀他能舞得上下翻飞，还能站在屋里用绳鞭透过窗棂将屋顶上的人拿住。

在青年时期，王其和跑到20里②以外的大北张村，投师于北方著名镖师刘瀛洲门下学习三皇炮锤，学了七八年。刘瀛洲对这位身材魁梧、谦恭好学、宽厚待人的弟子十分喜爱，将自己的一身本事倾囊相授，包括十二趟三皇炮锤、一趟折手拳、一套技击法"夫子三拱手"和诸多器械套路。后来，王其和与本村的郭三刚切磋较技时落于下风，并了解到郭三刚当时正师从郝为真学习太极拳，便背起行囊到广府城投奔郝为真学习武式太极拳。

---

① 1斤＝500克。
② 1里＝500米。

此后 6 年，王其和每年正月十五元宵节之后直到腊月二十三日过小年，一直在广府城跟随郝为真，无论严寒酷暑，他都是夜以继日地习练郝家拳术和太极内功心法，如此坚持了 6 个年头，王其和的武功日渐长进。

民国初年，王其和随同郝为真前往北京。后来郝为真染疾，王其和便辞别郝师投奔了杨家。因杨师家眷曾被王其和救过，所以他进杨家后受到杨氏一家老小的热情接待。杨健侯、杨澄甫父子以及杨少侯亲自教拳，将杨家三代摸索出的太极技法毫无保留地传授给了他，王其和在此学习了 8 个月，其太极拳技艺更为精进。

王其和转益多师，博采众长，在研练多家拳械功夫的基础上，将武式太极拳与杨式太极拳的精髓融会贯通。他吸收了杨式太极拳"舒展大方，圆活飘逸"的特点和打法，并结合自身独到的体会，对拳理、拳势进行融合，同时还吸收多家拳种之精华，最终创编出一套形神兼备、练用结合、独具特色的太极拳套路——王其和太极拳。其动作或行云流水，展现出柔和之美；或刚劲有力，迸发出雄浑之势，于动静开合之间尽显阴阳相济的智慧。

2. 王其和太极拳的演练特点

王其和太极拳在演练过程中需要注意的特点，可以从身体形态与姿态、手法、步法等方面来说。

第一，身体形态与姿态方面的要点。

立身要中正：演练时要求头如悬丝、尾如吊坠，保持身体的中正安舒，使身体的各个部位能够节节贯串，实现内外相合，为力量的传递和整体的协调运动奠定基础。

舒展大方：上身动作舒展，手臂的伸展、身体的转动等都显得自然流畅、张弛有度，给人一种开阔、大气的视觉感受，充分体现出太极拳的韵味和美感，同时也有助于身体各部位的充分活动和气血的畅通。

上下相随：强调身体各部位的协调配合，手脚动作相互呼应。在动作过程中，手起胯松，脚落手到，周身齐动，实现身体上下的整体性和连贯性，使力量能够从脚底通过腿部、腰部传递到手臂，发挥出太极拳整体的威力。

第二，手法方面的特点。

立掌如刀：基本掌形为"荷叶掌"，意念为舒指凹掌，多采用立掌的形式，即大拇指侧在上，小指侧在下，指尖向前，小臂的桡骨和尺骨处于上下平行状态。这种立掌姿势左右旋转幅度大、灵活多变，实战时威力较大且不易被对方拿住，同时在防守时能够沉肘护肋。

掌出多样：出掌位置丰富多样，有"掌从口出""掌从肋出""掌从心出"等多种方式，分别体现了曲中求直、顺势疾出、护中取中等不同的技法特点和实战意义，使手法更加灵活多变，难以捉摸。

螺旋多变：手掌在运行过程中呈螺旋运动，包括内旋、外旋、上旋、下旋、正旋、反旋、穿旋、切旋、抽旋等多种变化，同时手的形状还能在掌、拳、钩手等之间相互转换，体现了太极拳以柔克刚、引进落空的特点，增强了手法的攻击性和防御性。

第三，步法特点。

方向明确，定位精准：太极拳的步法可谓底盘基础功夫，在行功走架方面，步法决定着方向是否正确，身法能否到位；在推手实战方面，步法则决定着重心能否稳定，劲能否顺畅。王其和太极拳遵循"八门五步"的基本要求，入门第一课便是拳架姿势的方向和步法练习，即使功夫达到高级阶段，步法仍然是再提高的重点。严格遵循"太极十三式"中关于八个方位的要求，即"米"字八向，每个动作的拳架行功都有明确的方向定位。其八条步法要领，能够确保步法的准确性和稳定性，为整个拳架的正确性和协调性提供保障，同时也有助于练习者更好地掌握身体的平衡和重心的转换。

虚实分明，灵活多变：采用轻灵沉稳的"蹚泥步"，步伐随着重心的转换而移动，行拳时步随身换，低进高退，逢进必跟，逢撤必随。这种步法能够在实战中实现阴阳虚实的灵活变化，使练习者在腾挪闪战中进退自如，充分体现了太极拳的灵活性和机动性。

底劲深厚：强调脚步沉稳，劲道充实，要求步分虚实，定步如桩，植地生根。从预备式开始，就要有"顶天立地"之意，两脚如踩淤沙，意深入地，脚掌踏实，脚心含蓄，通过足底涌泉穴与地气相接，形成"五弓"之整体劲，从而体会到上下联动、周身齐发的威力。

第四，整体运动风格。

匀缓柔和：演练速度较为缓慢均匀，动作柔和连贯，体现出太极拳以慢生柔、以柔克刚的理念。这种缓慢柔和的运动方式有助于练习者更好地感受身体内部的气息运行和力量的流动，增强身体的协调性和柔韧性，同时也能够使练习者在练习过程中达到身心放松的状态。

刚柔相济：在动作转换和发力过程中，刚柔相济是王其和太极拳的重要特点之一。通过肌肉的放松与收缩、力量的蓄发转换，将刚劲与柔劲有机地结合在一起，既表现出太极拳的柔和之美，又不失刚健之力，使拳法更具实用性和攻击性。

意动身随：强调以意导行，以心行气，要求练习者在演练过程中用心去感受每个动作的细节和变化，用意识引导身体的运动。通过心意的专注和引导，使身体的动作更加自然流畅，达到心神、气力、形体的协调统一，体现出太极拳内外合一的境界[①]。

3. 王其和太极拳的传承

王其和创编太极拳后，便进行传播，首先在当地及邻近村镇传授，后逐渐传至任县、巨鹿、隆尧、平乡、邢台及山西一带。传承王其和衣钵的有多位高足，如刘仁海、王景芳、张金榜、吴振奎等，这些人成为王其和太极拳传承的重要力量，他们全面继承了王其和太极拳的技艺，凭借家族传承、师徒传承、社会传承等方式，在之后的岁月中积极传播。目前已经有五代传承人。

第二代传承人：刘仁海等第二代传承人继承师业，为太极拳的传承打下坚实基础。刘仁海还在师传拳架的基础上，吸收了一些杨式太极拳的拳式和拳势打法，改编出了更具健身性、艺术性和观赏性的八十四式新架，为太极拳的发展做出了贡献。

第三代传承人：以李剑方等为代表，他们肩负着承上启下的重要使命，在继承传统的基础上，进一步推动王其和太极拳的传承与发展。李剑方强调在太极拳非遗保护上要处理好挖掘和完善的关系，在传承上要处理好继承和创新的关系，在发展上要处理好普及和提高的关系。

第四代传承人：有檀杏敏、韩明智、王俊堂等，他们活跃于当下，通过多种方式传承

---

① 李剑方. 王其和太极拳功法述略［J］. 武当，2020（9）.

和推广王其和太极拳。檀杏敏作为河北省王其和太极拳协会主席，积极组织各类活动，如举办会员家庭友谊赛、传承人培训班等，为太极拳爱好者搭建交流平台，促进太极拳的传承发展。王俊堂 30 多年来一直致力于推广王其和太极拳，通过录制简化套路视频，开展太极云教学，带动更多人习练。

第五代传承人：众多年轻人加入传承队伍中，如参加 2024 年王其和太极拳第五代传承人培训班的 50 余名 7~65 岁不同年龄段的代表。这体现了太极拳传承的年轻化趋势，为太极拳的持续发展注入了新的活力。

从早期的王其和亲传弟子到如今遍布各地的众多传承人，他们代代坚守，在家族、师徒以及社会等多元传承路径中，传递着王其和太极拳的一招一式、一理一法。无论是古朴的拳架，还是蕴含其中的哲学思想，都在传承中得以延续与升华。

4. 王其和太极拳的发扬光大

王其和太极拳因其在强身健体和文化精神方面的独特性和普适性，得到社会的广泛认同。2014 年 11 月王其和太极拳被列入国家级非物质文化遗产代表性项目，2020 年 12 月又被联合国教科文组织列入人类非物质文化遗产代表作名录，这是对其文化价值和传承意义的高度认可，也为其传承发展提供了更广阔的空间。

为此，王其和太极拳传承人也在理论上进行了支持，近几年出版发行了《太极文武论》《王其和太极拳图册》《王其和太极拳探秘》《王其和太极拳二十四式简化传统套路》《王其和太极拳十三式简化传统套路》等专业书籍和中英文教材，形成了丰富完备的拳理功法体系，还在《武魂·太极》《中华武术》《太极》《武当》《中国功夫》等武术期刊上发表多篇功理功法文章，探讨王氏太极拳的演练策略与创新发展。

除此之外，河北省太极拳协会也积极利用现代传媒技术对王氏太极拳加强宣传，王其和太极拳第三代主要代表性传承人、中国武术八段李剑方通过线上直播的形式，开展了太极拳文化与习练专题教学培训活动。而邢台市任泽区政府也给予王其和太极拳以巨大的支持。将王其和太极拳十三式雕塑融入城市公园，打造"游一座园、学一套拳、寻红色根"的文化 IP，通过在雕塑下设置二维码，方便居民、游客扫码观看太极拳习练视频，实现了非遗文化与现代生活的有机结合，创新了传承方式。

于邢台而言，王其和太极拳不仅仅是一种肢体的运动，一代又一代的传承人坚守初心，在街头巷尾、公园庭院演习；而且作为一种独特的教育资源，丰富了学校教育的内容和形式。邢台多地开展太极拳进校园活动，将体育、文化、艺术等多方面的教育元素融为一体，为学生提供了一种全新的学习体验，让学生在学习太极拳的过程中，不仅锻炼身体，还培养他们的耐心、毅力和专注力，提高学生的综合素质，推动了王其和太极拳这一非物质文化遗产传承和弘扬。

（三）杨氏寇家太极拳

1. 杨氏太极拳

杨氏太极拳由杨露禅所创。杨露禅出生于清朝中叶，是直隶广平府人（今河北省邯郸市永年区）。当时，太极拳在陈家沟一带已经流传，杨露禅为学习太极拳，三下陈家沟，拜陈长兴为师。经过多年的刻苦钻研和勤奋练习，他深得太极拳精髓。之后，杨露禅对太极拳进行了适当的修改和完善，以适应更多人的需求，尤其是在京城教拳期间，考虑到贵族、文人等练习者的身体素质和习练目的，使其更加柔和、缓慢、舒展，从而逐渐形成了

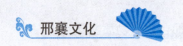

杨氏太极拳的风格。

杨氏太极拳具有鲜明的拳法特点。其动作舒展大方，如"野马分鬃"，双臂伸展自然流畅，似骏马奔腾时的矫健姿态，大开大合间尽显潇洒，给人以极为开阔之感，可以充分拉伸身体经络。其速度均匀缓慢，整套拳演练时似行云流水，毫无急促之感，使习练者能于缓慢进程中，细腻感受气息在体内的悠长流转，体会每一处劲道的生发与传递。圆活连贯是其显著标志，动作转换皆呈弧形，像"云手"，双手交替画圆，身体协调配合，一气呵成，毫无滞涩，尽显柔和之美。刚柔相济更是其精髓所在，多数时候动作轻柔舒缓，然而在"搬拦捶"等特定招式发力瞬间，展现出刚劲爆发力，刚柔转换恰到好处，既能强身健体、修身养性，又保留了一定的技击功效，深受广大武术爱好者喜爱与推崇。

杨氏太极拳有着广泛而严密的传承体系。从杨露禅开始，历经数代传承，其子孙如杨班侯、杨健侯、杨澄甫等都为太极拳的传承和发展做出了巨大贡献。他们在传承先辈技艺的基础上，不断总结经验，编写太极拳著作，如杨澄甫所著《太极拳体用全书》，对太极拳的推广起到了重要作用。杨氏太极拳在全球范围内得到了广泛传播。2024年上海杨浦区已将传统杨氏太极拳列入其第五批非物质文化遗产代表性项目名录。在国内，各大城市都有杨氏太极拳的练习群体，在公园、广场等地经常可以看到人们练习杨氏太极拳的身影。在国际上，许多国家和地区也成立了杨氏太极拳协会或俱乐部，吸引了大量武术爱好者学习。其柔和、舒缓的特点以及所蕴含的中国传统文化内涵，使其成为中国文化对外交流的重要载体之一。

2. 邢台杨氏寇家太极拳的形成

杨氏寇家太极拳是杨式太极拳的一个重要分支，由杨露禅长孙杨兆林所传，以杨露禅的三子杨健侯定式的杨式老架为基础发展而来的太极拳流派，在邢台当地具有广泛影响。

杨露禅将毕生所修的太极功夫传给了长子杨凤侯、次子杨班侯和三子杨健侯。杨凤侯之子杨兆林的功夫得自父亲及叔父班侯、健侯。清末民国初，杨兆林经南和县冀贵林先生举荐，到南和县贾宋一带教拳，后来又应任县刘瀛洲先生的邀请，转至任县、尧山、隆平（后合并为隆尧）等县农村教拳，其传授的拳架保留了杨氏拳的原貌。杨兆林所教弟子中，曹珂跟随其学习杨式太极，后曹珂在邢台收徒，寇长青是其入室弟子之一。寇长青幼习少林拳技，17岁从师曹珂改学杨兆林所传太极，历经数十年研练，传承并发展了这一拳术，在邢台当地影响颇深，邢台当地武术界为区分其他杨式拳，称其为"杨式寇家太极拳"。

3. 杨式寇家太极拳的演练

杨式寇家太极拳架式多于常见的杨式太极拳流派，与杨澄甫所传同宗异流。以杨式太极要领为指导，包含全部杨式动作名称，还另有"沿磨锤、膀打、迎面掌、大捋、单沉、掩顶锤、推窗望月、三换掌（引手）、通天锤"等招式。

杨式寇家太极拳刚柔相济、快慢相间，发力明快，势势相连，运柔发刚，劲生丹田，发自命门，由脚而腿而腰完整一气。其中"提手上势""膀打""迎面掌""斜飞势""箭步指裆锤"等动作，蹿蹦跳跃，发力干脆，充分展现了内劲的外在表现。杨氏寇家太极拳演拳时内固精神，外示安逸，行云流水，连绵不断，沉中现轻，中正圆满；打用架时，静如山岳，动如江河，气势腾挪，荡击合一。授拳注重盘架子功夫，强调拳打万遍身法现，且与人对阵重视实战，追求制人之法，讲究"四两拨千斤"的同时，更注重练得力千斤，以强大的实力为基础来实现巧妙的技击。亦强调中心运用，中土不离，守中用中，以保持自身中心稳定，破坏对方平衡，从而在实战中占据优势。

杨氏寇家太极拳演练时具有武当拳风，风格飘逸潇洒，既实用又优美，给人以艺术享受，内外皆美。练习时内谦和守中，沉静固神，外形中正协调，周身舒展，轻盈自然，如风吹杨柳，行云流水，姿态潇洒，让人沉浸其中，充分展现了太极拳的魅力与神韵。

4. 杨式寇家太极拳的现代发展

杨式寇家太极拳主要在邢台及周边地区民间传承，在邢台的一些太极拳爱好者和习练者中有着较为稳定的传承群体，他们通过师徒传承、家族传承等方式，将这一拳法代代相传，如寇长青所传弟子及其再传弟子等，延续着该拳法的传承。邢台市有武术协会寇长青太极拳社等相关社团组织，这些组织积极推广杨氏寇家太极拳，组织各类培训、讲座、交流活动，吸引了众多爱好者参与，为习练者提供了学习和交流的平台，促进了该拳法在当地的传承与发展。一些武术研究者和爱好者对杨氏寇家太极拳的历史渊源、拳法理论、技术特点等进行了深入研究和整理，通过撰写文章、出版书籍等，系统地阐述该拳法的理论体系，为其传承和发展提供了理论支持。

随着人们健康意识的提高和对传统文化的重视，传统武术作为一种优秀的文化遗产和健身方式，受到了越来越多的关注。杨氏寇家太极拳作为太极拳的重要流派之一，其独特的风格特点和健身价值，为其发展提供了广阔的空间和机遇，有望吸引更多的人加入习练者的行列中来。但现代社会快节奏的生活方式和多元化的文化娱乐选择，使得传统武术的传承和发展面临一定挑战。杨氏寇家太极拳也不例外，其传承面临着习练者数量相对较少、传承范围较窄、年轻一代对传统武术兴趣不高等问题，需要进一步加强推广和普及工作。

邢台的武术承载着先辈们的智慧与精神，在岁月流转中沉淀为邢台独特的文化标识。如今，邢台武术的传承人秉持对传统武术的热爱与执着，代代相传，不断弘扬中华民族的武术文化。在邢台，梅花拳、太极拳已不仅仅是一种武术技艺，更是人们生活中不可或缺的一部分，它融入了当地的文化生活，成为邢台城市文化的一张亮丽名片。

第三节　邢台戏曲文化艺术

邢台悠久的历史和丰厚的文化底蕴，孕育出了丰富多彩且独具魅力的戏曲文化艺术。这些戏曲剧种不仅有极高的艺术价值，更与邢台人民的生活紧密相连。它们是人们庆祝节日、婚丧嫁娶等重要场合不可或缺的组成部分，是情感交流与文化传承的重要纽带。在过去的年代里，邢台戏曲艺人们走街串巷，用精彩的表演为百姓带来欢乐与慰藉，成为乡村文化生活的一道亮丽风景线。邢台戏曲文化艺术中，邢台四股弦、威县乱弹、隆尧秧歌、邢台梨花大鼓是邢台的四大地方戏，也都是国家级非物质文化遗产。

一、邢台四股弦

四股弦又名"二夹弦""五腔调"。《中国戏曲曲艺词典》说："山东菏泽一带的二夹弦传入河北邢台后，改成'四股弦'。"[1] 安阳市四股弦剧团所撰《四股弦剧种介绍》说：

---

[1]　上海艺术研究所，中国戏剧家协会上海分会. 中国戏曲曲艺词典［M］. 上海：上海辞书出版社，2019.

"清同治九年，秧歌艺人罗九、王二黑、王玉海等和一个拉四股弦的民间艺人相结合，吸收了'哈哈腔''大锣腔''丝弦''二夹弦'等五种唱腔的特色，在河北省巨鹿王虎寨村创建了五腔调戏班，因在长期演出过程中，只用一把四股弦伴奏，所以群众称为'四股弦戏班'。久之，四股弦变成了这个剧种的名称。"

四股弦剧种以演反映民间生活的小戏为主，保留剧目有 30 多种，如《王定保借当》《蓝桥会》《王小赶脚》《贾金莲拐马》《何文秀私访》《吕蒙正赶斋》等。四股弦曲调质朴明快、清婉流畅，富有浓郁的乡土气息和地方色彩，是最为冀南豫北民众喜闻乐见的剧种之一。

四股弦脱胎于山东省菏泽一带的民间花鼓丁香。清朝道光年间，民间艺人齐大牙将这一艺术形式带到了河北威县，并在此创立了河北省的第一个四股弦子弟班。之后四股弦在邢台地区广泛传播，巨鹿县逐渐成为四股弦传承和发展的重要区域。在巨鹿县，四股弦深深扎根于当地的文化土壤，这里的民间艺人众多，其剧目内容和表演风格也与巨鹿当地的文化传统、风俗习惯相融合，深受当地群众的喜爱，在巨鹿县形成了浓厚的四股弦文化氛围，因此邢台四股弦又被称为"巨鹿四股弦"。

2007 年巨鹿四股弦被确定为国家级非物质文化遗产，四股弦国家级非物质文化遗产传承人解会谦，从 17 岁开始学习四股弦艺术，师承当地四股弦艺术名家。解会谦以巨鹿为基地，对四股弦进行传承和创新。他吸纳其他剧种的精华来丰富四股弦剧的唱腔，并且在 2007 年重新组织四股弦艺人创建了剧团（现更名为巨鹿县会谦四股弦表演有限公司）。2014 年，又成立了巨鹿县四股弦传承基地和四股弦文化研究会，培养学生数十名，其剧团每年巡回演出 100 余场，足迹遍布多地。

巨鹿四股弦被确定为国家级非物质文化遗产后，国家出资 20 万元为剧团更新了音响、乐器，添置了服装、道具，改善了演出条件。巨鹿县等地方政府也积极落实相关政策，推进非遗文化的传承与发展，坚持保护与开发、传承与创新并重的原则，增强文化自信，守护历史文脉，让文化遗产保护利用惠及人民群众。巨鹿县四股弦剧团不断发展壮大，演员发展到 50 多人，演出足迹遍布河北、山东、河南、山西等多省市，多在农村市场演出，且影响不小。

近几年，该团还新编排了《王莽篡朝》《小红袍》《天河配》《追鱼》等剧目，丰富了演出内容。2015 年起，巨鹿县响应国家"非遗文化进校园"的号召，以"进校园"的方式为四股弦"传薪"，在全县 30 多所中小学及教学点组织四股弦教学，聘请非遗艺人进校授课，为学生提供体验和传承非遗文化的机会，培养了孩子们对四股弦的兴趣和爱好，为四股弦的传承培养了后备人才。巨鹿县纪委监委将四股弦与廉洁文化相结合，通过这种具有浓郁地方特色的戏曲，唱响了弘扬清风正气、反腐倡廉的主旋律，实现了非遗文化与廉政教育的有机融合。巨鹿县文化广电和旅游局组织四股弦剧团到各村、社区进行展演，还在旅发大会等活动期间进行展示，国家级非遗传承人现场介绍四股弦的历史及发展，提升了四股弦的影响力。

二、威县乱弹

（一）威县乱弹的形成和传承

威县乱弹是河北南部的传统戏曲剧种之一，具有深厚的历史底蕴和独特的艺术价值。

清初刘献廷的《广阳杂记》有"秦优新声，有名乱弹，其声甚散而哀"①的记载，可知乱弹原是陕西艺人在秦腔的基础上发展出的变种。给威县乱弹伴奏的是弹拨乐器，"乱弹"之"乱"是指伴奏乐器弹拨的技法和频率。这种戏曲主要用这种弹拨乐器和弹拨技法及频率，而被称为"乱弹"。

乱弹起源于明末清初时期，当时随着京杭大运河的漕运兴隆，南北通商贸易繁荣，秦腔等戏曲系统的西调、西秦腔，伴之"秦优"的戏曲活动，传到枞阳、安庆等地，南北艺人合班，联袂演出，相互融合，产生了"梆子乱弹腔"秦腔，因秦腔以枣木梆子为击节乐器，所以又叫"梆子腔"。

乾隆年间，"梆子乱弹腔"在河北威县和山东临清一带广为传播，称为"河北乱弹"。道光至同治年间，乱弹在民间发展并衍变分流，分为东、西两路。东路流行在山东西北部的临清、夏津、聊城、武城一带，西路流行在河北南部的临西、威县、清河、南宫、馆陶等地。

威县乱弹从腔调和流布区域也可以分为东、西路两派。东路乱弹大致流行于威县、南宫二县东南部和清河、临清一带，西路乱弹大致流行于威县西北部、南宫西部、广宗、巨鹿、隆尧、任县、邢台乃至赞皇、藁城一带。乾隆时期乱弹已在河北演出，且雅俗共赏。乱弹受到燕赵、齐鲁民俗和北方弦索声腔、梆子声腔影响，威县当地的文化传统、民俗风情和语言特色等，也为乱弹的发展提供了肥沃的土壤，使其不断融入当地元素，形成了独特的艺术风格，最终在冀南形成高亢激越、浑朴粗犷、风格独特的威县乱弹，并逐渐发展成为具有代表性的地方剧种。

道光十五年（1835年），威县东赵庄的尼大六等以"风顺台"为名，在经镇连续开办五期乱弹班，培养出大量乱弹艺人。当时邢台乱弹东西路尚未分流，其科班所授即日后的西路乱弹，现仍流行于威县河里庄、鱼堤、银边庄和广宗治村一带。活跃于邢台周围各县的乱弹艺术代代相传，一直保持着乱弹初创期的基本特点，受其他剧种影响较小，遂被称为西路乱弹。

（二）威县乱弹的特点

威县乱弹作为多声腔剧种，其唱腔以板腔体的乱弹腔为主，同时含有昆腔、吹腔（扬州调）、高腔、罗罗腔、唢呐二黄腔及其他杂腔小调成分。具体地说，威县乱弹腔的板式主要有二鼓头、慢乱弹（西路称慢板或慢流水）、流水板、一鼓头等。昆腔作为独立声腔，只保留在西路乱弹的某些特定剧目中。邢台乱弹的唱腔均为本音咬字，假声拖腔，生角唱腔较接近，旦角唱腔区别较大。如西路乱弹旦角唱腔拖尾翻高时发 ou 音，俗称"带吼"；东路乱弹旦角唱腔拖尾翻高不带吼，落音稍有下滑。在音乐的用律上，采用"纯律"，其唱腔与伴奏之间"支声复调"的科学运用，在全国其他声腔中是独一无二的。

威县乱弹唱词均为上、下句结构，以七字和十字句为基本句式；其昆腔和曲牌配词则为长短句。邢台乱弹的伴奏乐器分文、武场。文场配乐器为唢呐两支、竹笛一支、方笙两把。武场配乐器基本与京剧和河北梆子相同，以板鼓、大锣、手锣和铙钹为主。威县乱弹的传统曲牌分混牌子和清牌子两类，有 100 多支。常用的混牌子有山坡羊、粉蝶儿、大泣颜回、朝阳歌、一江风等；清牌子有大、小开门，扬州开门，二板揣，老调揣，开门序，

---

① 黄琼. 资本运作与文化跃迁：清代徽商推动乱弹戏宫廷化的动力机制［J］. 艺术评鉴，2024（15）.

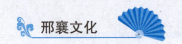

唢呐皮等。威县乱弹的剧目十分丰富，有 300 多出，其中有代表性的传统剧目有《临潼关》《光武山》《两狼山》《长寿山》《石佛寺》《全忠孝》《岐山角》《五雷阵》《白逼宫》《王莽篡朝》《盗绣龙甲》《大上吊》《汴梁图》《下燕京》《高平关》《调寇》等，这些剧目大多取材于历史演义及古代传奇、杂剧等，以反映帝王将相、宫廷纠纷的内容为主。

乱弹戏形成初期，无论演员或乐队全都围在桌子四周，坐在凳子上演唱，称为"坐唱"。后来又聘请名师把每个行当的角色，编排成动作、舞蹈、对打等形式来进行表演，来表达人物的思想感情。乱弹在表演中讲究"四功五法"，四功即"唱、念、做、打"，五法即"手、眼、身、法、步"，通过演员们惟妙惟肖、活灵活现的表演，来展现每个角色的喜怒哀乐。

（三）威县乱弹的现代传承与弘扬

2008 年，威县乱弹被列入国家级非物质文化遗产代表性项目名录。威县有中国唯一的乱弹剧团。近年来，威县乱弹剧团及相关艺术团积极开展各类演出活动，如 2024 年 8 月 31 日，"遇见艺术"系列之"遇见乱弹·传承艺术"活动进入邢台主城区，为广大观众呈现了威县乱弹优秀传统剧目。威县乱弹有国家级非物质文化遗产代表性项目代表性传承人孟凡真以及省级传承人时敬华等。时敬华作为"乱弹世家"第四代传人，40 多年来致力于乱弹艺术的保护、传承和发展，义务演出 1.3 万余场，培养了 100 余名乱弹从业人员。

威县乱弹，这一古老而珍贵的戏曲艺术，历经岁月的磨砺与洗礼，依然在邢台这片土地上顽强地传承与发展。从明末清初的起源萌芽，到成为国家级非物质文化遗产，它经历了无数的变迁与兴衰。如今，在传承人的坚守、政府的大力扶持以及社会各界的广泛关注下，威县乱弹正努力走出一条传统与现代交织的复兴之路，在新时代的舞台上焕发出新的生命力。在未来的日子里，威县乱弹将继续弦歌不辍，让更多的人领略到其豪放的声腔、精彩的表演和深厚的文化内涵，使这一古老剧种的艺术火种得以绵延不绝，福泽后世。

三、隆尧秧歌

隆尧秧歌是邢台隆尧地区富有特色的传统戏曲剧种，素有"吃饭吃窝头，看戏看秧歌""扶犁锄地唱丝弦，纺花织布唱秧歌"之说，足见这一地方剧种在当地农民群众中的深远影响。

（一）隆尧秧歌的形成

隆尧秧歌产生于明末清初，是在当地民间歌舞、说唱艺术的基础上发展而来。隆尧秧歌最初产生于隆尧县东部，距今已有约 400 年的历史。乾隆十五年（1750 年）《顺德府志》"风俗"则记载："如乡社赛神，遇春祈秋报时，乡人酿钱谷，具牲醴，盛张鼓乐，扮杂剧于神庙前。"① 秧歌源于稻歌。历史上隆尧为水乡，盛产稻米，因当地农民在稻田劳作或休息时经常在田间哼唱而得名，有时在往返的路上也随时传唱，因此，又称道歌或道腔。隆尧秧歌在稻歌的基础上，吸取其他民间艺术的养分逐渐发展起来。

（二）隆尧秧歌的表演形式

早期的隆尧秧歌演唱形式很简单，表演者背包袱、推车挑担、走村串乡进行演出。不

---

① 马新. 论中国古代节日所构建的岁时空间 [J]. 东岳论丛，2021 (10).

仅参与民间社火活动，而且还为乡里迎亲、丧葬"演出"。不论是酬谢之事、请神还愿、生儿育女过"十二晌"（当地有生小孩儿后第 12 天办喜事的习俗），还是修房盖屋讨吉祥，都有秧歌班去应景演送子戏、敬宅戏。

隆尧秧歌最初仅在平地"划锅"（画一圆圈作场地）演出，随着观众的增多，变为高台演出。隆尧秧歌表演极为自由，初期边唱边扭，唱舞并重，没有一定的程式。表演者穿彩服，着彩巾，浓妆艳抹，腰系彩色长绸。绸两端系于手指，随着鼓点和音乐边跳边扭，彩绸上下翻飞，左右飘逸，如繁花盛开，似彩波涌动。秧歌有扭长龙的，有扭方阵的，有交叉扭的，有贯穿扭的，不断变换队形，展现各种舞姿。

隆尧秧歌唱腔具有浓郁的地方特色，曲调丰富多样，包括慢板、二性板、快板、散板等多种板式。唱腔旋律优美流畅，节奏明快且富有变化，能够细腻地表达人物的情感与性格。例如在一些表现悲伤情绪的唱段中，唱腔往往悠扬婉转，如泣如诉；而在欢快的场景中，则节奏紧凑，充满活力。隆尧秧歌语言简单，贴近生活，通俗易懂。唱法与民间说唱基本相同，唱句无拖腔，优美动听。演员们通过生动的表情、夸张的动作以及富有生活气息的对白，将一个个故事鲜活地呈现在观众面前。在表演中，注重人物形象的塑造，不同角色有着各自的表演特点和动作规范。丑角的滑稽幽默、旦角的婀娜多姿、生角的儒雅潇洒等都表现得淋漓尽致。伴奏只用鼓、锣、镲、手锣、梆子 5 种乐器。

隆尧秧歌早期的表演多系单人单舞的独角戏，后发展为三小、中型、大型，甚至长达 7 本的连台戏。但表演仍没有固定规范，基本上是根据表演者自身的天赋，随意发挥，善唱者勤唱，善舞者多舞，其内容大多为日常生活琐事。有些剧目，还可根据观众的情绪拉长或缩短。

隆尧秧歌传统剧目有 200 多个，多是家长里短、儿女情长、打老婆骂孩子戏，如《小二姐做梦》《山东嗛》《站花墙》《血汗衫》《刘定僧上坟》《丁秀英求情》《王小二打鸟》《张大郎休妻》《闹花厅》等；也有一些历史故事、民间传说等题材，如《杨家将》《岳飞传》等以历史英雄事迹为蓝本的剧目，展现了忠君爱国、英勇无畏的精神。

目前，隆尧秧歌面临着一些传承挑战，如观众群体逐渐老龄化、专业人才短缺、资金投入不足等问题。不过，当地政府和文化部门已经意识到这些问题，积极采取措施加以保护和传承。

自 2006 年隆尧秧歌被列入第一批国家级非物质文化遗产名录后，政府对其保护与传承的重视程度不断提高，一方面，积极开展隆尧秧歌的普查工作，对传统剧目、曲谱、表演技艺等进行整理和记录，建立相关的档案资料；另一方面投入一定的资金和人力，通过举办培训班、研讨会等形式，培养年轻一代秧歌艺人，提高他们的表演水平和艺术素养。还有一些学校如隆尧县成龙易衡实验学校积极响应政府号召，开展"非遗进校园工程"，邀请民间秧歌艺人进校园，口传心授培养戏剧苗子。同时，鼓励和支持秧歌剧团开展演出活动，走进校园、社区、乡村，扩大其社会影响力，让更多的人了解和喜爱隆尧秧歌，为这一传统戏曲剧种的传承与发展注入新的活力。

四、梨花大鼓

梨花大鼓是邢台地区一种历史悠久且极具特色的曲艺形式，也是全国曲坛上一支别具风采的奇葩，颇受群众的欢迎。

关于梨花大鼓的起源有多种说法：一种说法是梨花大鼓最早起源于山东农村，最初它是农民在农闲时节自娱自乐的一种说唱形式。大约在明代末期，这种说唱形式在鲁西北一带逐渐兴起。它的名称来源是演唱者用两片半月形梨木片作为击节乐器。还有一种说法，说梨花大鼓是在"大秧歌"基础上逐渐演变发展而成。原来叫犁铧大鼓，其雏形是农民在田间地头敲击犁铧唱农歌的艺术形式，当时曲调和词均不固定，演唱者手持犁铧片伴奏而得名"犁铧大鼓"，后来逐渐得到发展并加以雅化，而叫"梨花大鼓"。

梨花大鼓历史悠久，刘鹗在《老残游记》中说，黑妞"左手取了梨花简，夹在指头缝里，便丁丁当当的敲，与那弦子声音相应；右手持了鼓槌子，凝神听那弦子的节奏。忽羯鼓一声，歌喉遽发，字字清脆，声声宛转，如新莺出谷，乳燕归巢"，又说白妞："启朱唇，发皓齿，唱了几句书儿。声音初不甚大，只觉入耳有说不出来的妙境：五脏六腑里，像熨斗熨过，无一处不伏贴；三万六千个毛孔，像吃了人参果，无一个毛孔不畅快。唱了十数句后，渐渐的越唱越高，忽然拔了一个尖儿，像一线钢丝抛入天际……"把女高音描写成一线直入云天然后尚能回旋转折的钢丝，拟喻奇绝，前无古人。刘鹗写法的绝妙让我们在百年之后还能品味到梨花大鼓那独特唱腔的无穷韵味。可见梨花大鼓很早就传流于世、备享盛名。

梨花大鼓一般为单人表演，演员坐在椅子上，面前放置矮脚鼓，一手持鼓槌击鼓，另一手用月牙板击节，同时配合丰富的面部表情和适当的肢体动作来增强表现力。

清嘉庆年间，邢台籍梨花大鼓艺人有五位姓名中均带"山"字，即威县王奎山、临西吕连山和李明山、清河徐靠山和临城冯云山，时称梨花大鼓的"五大山"，风噪冀鲁两省，他们及其门人把梨花大鼓的发展推到了一个高峰，以邢台地区的威县、新河、南宫为中心，风行华北。"五大山"门人中的康兴重、张兴本、张兴隆、张兴立、孙春瑜、吴春华、潘春聚等，都是清末民初名噪冀南的梨花大鼓艺人。孙春瑜之徒李利杰、韩利来、吴利祥、赵利俊、杨利忠、陈利江均为著名演员，尤以陈利江名声最大，水平最高，在冀东南、鲁西北地区，被誉为"第一说书响将"，红极一时。

20世纪30年代，李明山门人中的"金"字辈名艺人有孙金枝（女）、孙金兰（女）、刘金榜、郭老彬、赵桂存、张广兴等。除上述艺人外，程长会、李和春、张明斗、刘成名，也是有名的梨花大鼓艺人。演出书目，短篇有《荐诸葛》《古城会》《让成都》等"三国段"和《宝玉探病》《下西厢》《丁香割肉》《雪梅吊孝》《小黑驴》《小黑牛》等共百余篇，中篇书目有《李天保吊孝》《大宋金球》《海公案》《五女兴唐传》《响马传》《丝绒计》等50余部。30年代流行在冀南地区的梨花大鼓著名演员有魏金凤、穆大爱、孙金梅等。20世纪40年代后，梨花大鼓逐渐衰落，许多艺人改唱河南坠子和木板大鼓。在冀南地区，专唱梨花大鼓的仅有邢台威县的孙金枝、孙金兰姐妹二人。孙金枝（艺名大金枝）是孙金梅的小妹，堪称梨花大鼓的后起之秀，她的功底厚、造诣深，表演风格朴实细腻、酣畅大方，运字行腔，声情并茂。唱腔丰富多变，素有腔多字少、九腔十八调、七十二哼哼之称，为河北省著名的梨花大鼓演员。至20世纪80年代中期孙金枝去世后，梨花大鼓在冀南几成绝响。

威县县委、县政府将梨花大鼓列入非物质遗产重点抢救保护对象，确立了传承人，扶持成立了威县梨花大鼓曲艺班，制定出台了保护计划和保护方案。2008年，梨花大鼓被确定为国家级非物质文化遗产之后，梨花大鼓传承人张君立等通过创新编排曲目，如将国家安全知识融入表演，使梨花大鼓更贴合时代需求，让群众在欣赏传统艺术的同时，接受新思想、新知识；举办各种演出活动，如威县在2024年梨园赏花踏青活动中进行梨花大鼓展演，梨花大鼓还登上了河南电视台梨园频道。

2024 年 8 月 21 日在威县孙家寨村成立了国家级非遗威县梨花大鼓传承基地，积极开展传承与推广工作，由非遗传承人对少年儿童进行系统公益培训，传授基本伴奏技法、表演要求、唱腔、念白等内容，为梨花大鼓的传承培养后备人才。

梨花大鼓用独特的唱腔、生动的表演和丰富的剧目，为无数听众编织过精彩的文化梦境。尽管在现代多元文化的冲击下，它面临着诸多困境，观众流失，传承艰难，但值得欣慰的是，我们看到了社会各界为保护它所付出的努力。我们坚信，邢台梨花大鼓不会在时光中沉寂。只要我们用心浇灌，总有一天会再次枝繁叶茂、重绽芳华。它将继续向世人诉说这片土地的故事，传递传统艺术的温度与力量。

第七章
文学作品中的邢襄与邢襄文学

邢襄文化历史悠久，积淀了深厚的文化底蕴，或渗透进这片土地上人们的日常生活，或伴随着古邢台出现在那些文学作品之中。同时，一些成长于邢襄的作家，也用他们的作品在中国文学史上留下了浓墨重彩的一笔。古邢地文化作为中华民族文化的重要组成部分，蕴含着深厚的文化精神。

第一节　文学作品中的古邢襄

因为其地理位置的特殊性和气候的宜居性，邢襄古地很早且经常出现在我国的一些古代典籍中，在那些经、史、子、集中几乎都能看到邢襄古地的身影。

一、早期文史典籍中的古邢襄

古邢襄大地早在先秦时期的典籍中就已出现。《尚书·尧典》中记载尧为了选取合格的接班人，给舜设置了不少考验，其中之一就是舜"纳于大麓，烈风雷雨弗迷"。经考察舜是一位合格的帝王人选之后，尧才禅让帝位于舜。

我国第一部诗歌总集《诗经》中，就提到了古邢国。这首诗是《卫风·硕人》，被称为千古描写美人之始，写齐国的公女出嫁到卫国去的盛大场面，在介绍这位美女的高贵身份时，写到了齐国与卫国、邢国、谭国的关系："硕人其颀，衣锦褧衣。齐侯之子，卫侯之妻，东宫之妹，邢侯之姨，谭公维私。"这里的"邢侯"就是指周初分封的周公第四子姬苴所辖直至春秋时期被卫国所灭的古邢国的邢侯，邢国就在今河北省邢台市所辖地区。"邢侯之姨"与开头的这几句，是来形容硕人庄姜出身之高贵，那么也正说明古邢国在当时的繁盛。

《左传》中出现邢国的地方就更多了。《左传·僖公二十四年》记载富辰谏诚周王的时候，介绍"周公之胤"有"凡、蒋、邢、茅、胙、祭，周公之胤也"，是说周公的儿子除了嫡长子伯禽代父就封之外，其余儿子分别被封到了凡国、蒋国、邢国、茅国、胙国和祭国。《汉书·王莽传》也有类似记载，说《春秋》记载着"善善及子孙，贤者之后，宜有土地，成王广封周公庶子，六人皆有茅土"。《左传·闵公元年》记载"狄人伐邢"、管仲劝齐桓公救邢的经过。但齐国具体怎样救邢，则出现在《韩非子·说林上》，体现的是齐桓公并没有及时救邢，他听取了鲍叔牙的建议"待邢亡而复存之，其名实美"，确实等到邢国被卫国灭亡了，才去救并为之复国。关于卫国灭邢的历史事件，也记载在《春秋公羊传·僖公二十五年》中，它对卫国灭邢的"非义战"性质进行了评价，这些事件也都在《史记》中记载。

成书于战国时期至汉代初期、展示了远古文化与文明的《山海经》一书中，也有关于古邢地的描绘。《山海经·北山经》篇中说："又北百二十里，曰敦与之山，其上无草木，有金玉。溁水出于其阳，而东流注于泰陆之水；泒水出于其阴，而东流注于彭水；槐水出焉，而东流注于泒泽。"郭璞注曰："（泰陆之水）大陆水。今泒水出中丘县西穷泉谷，东注于堂阳县，入于漳水。"泰陆水即为邢台东北部地区的大陆泽；泒水即为今隆尧泒河；中丘县即为内丘县。这是关于古邢地水资源的最早记载。

司马迁《史记·殷本纪》中有着邢国确为信史的记载，"祖乙迁于邢"，这是古邢地曾作为商朝国都首次被记录在《史记》这部重要的历史文化典籍当中。

另外，《穆天子传》《水经注》等典籍中也都有对古邢襄的记载。《穆天子传》记载了邢侯邢利（井利）随周穆王出行的事件。而郦道元的《水经注》则涉及古邢襄大地的河流、县域。澧河是发源并流经邢台市的一条河流，古名澧水，《水经注》说："渚水出常山中丘，东入渊，至任合澧。"澧河发源于邢台市内丘、信都和沙河这三个区县西部山区的五条大河，流经内丘、邢台市区、沙河、南和、任县、隆尧、宁晋七县，分别注入大陆泽和宁晋泊，河道绵延200千米左右，是邢台市境内最大的一条河流。澧河的支流有七里河、白马河、牛尾河、马河、小马河、泒河等。澧河上游称作沙河、大沙河，在古代叫渊水。

"左渎又北，迳经城东，缭城西，又迳南宫县西，北注绛渎。"根据《汉书》记载，经城是汉代设置的经县县城。经过历史的变迁，到宋代时已经成为废墟。《水经注》中的遗址应是汉代至唐代经县的旧城遗址。缭城，即缭县故城，也是西汉时期设置的，属于当时的清河郡，其治所设置于现在的河北省南宫市东南部约26里处，到东汉时期被废。南宫即原南宫县故城遗址，河北文物局认为位于现在邢台市境内南宫市西郊北部的旧城村北，属于汉代遗址。

除此之外，《汉书》《后汉书》《三国志》《晋书》等史籍中记载的发生在邢襄大地的历史大事件更是不计其数，如巨鹿、柏乡千秋亭、清河郡、襄国、信都、广宗等地，或是帝王称王称帝，或是当时的著名战役，或其他大事件的发生地。

二、唐宋诗词中的古邢襄

唐宋时代的人善于歌咏，他们通过漫游、贬谪、出仕等各种方式游历大江南北，写景抒情、赋诗填词，写下一首首动人的诗篇。在他们的作品里，关于古邢襄的记载也很多。

诗人胡曾（约840—？年），邵阳人。为军官多年，历览古代兴废陈迹，辄慷慨悲歌，作有《咏史诗》三卷。其有一首《过豫让桥》，就是感怀当年豫让事迹的怀古诗歌：

豫让酬恩岁已深，名垂千古到如今。年年桥上行人过，惟有当年国士心。

胡曾这首诗感叹的就是当年豫让为报答智伯的知遇之恩，"士为知己者死"，以命酬知己的义举，也为当时没有这种"国士心"的豪侠而感叹。

晚唐皮日休有《茶中杂咏茶瓯诗》赞颂邢人与越人制造的精美绝伦的瓷器："邢客与越人，皆能造瓷器。圆似月魂堕，轻如云魄起。枣花势旋眼，萍味香沾齿。松下时一看，支公亦如此。"此诗明确地描述了诗人所用的茶具一部分乃是邢窑所产，表明当时邢窑白瓷已经能够占据瓷器的半壁江山。

宋代苏轼有一首诗《临城道中作》，就是作于今邢台市临城县，他在序中详细地记录了写诗的缘由、地点和感受，其言："予初赴中山，连日风埃，未尝了了见太行也。今将适岭表，颇以是为恨。过临城、内丘，天气忽清彻，西望太行，草木可数，冈峦北走，崖谷秀杰。忽悟叹曰：'吾南迁其速返乎？退之《衡山》之祥也。'书以付迈，使志之。"诗中写道："逐客何人著眼看，太行千里送征鞍。未应愚谷能留柳，可独衡山解识韩。"在诗人被贬谪之时，只有这眼前绵延千里的太行山相送，眼前的景物使他想到了韩愈笔下的衡山，当时韩愈在被释放的途中经过衡山，写下了《谒衡岳庙遂宿岳寺题门楼》一诗，表达对投身蛮荒之地活着北归的庆幸，以及对仕途坎坷表示愤懑不平。苏轼显然是因太行之景联想到衡山，进而将自己比作韩愈，期待自己能够像韩愈一样遇到大赦，免于流放，这无疑流露出苏轼的乐观。

范成大（1126—1193年），字致能，号石湖居士，平江吴郡（郡治在今江苏省苏州市吴中区）人。他与尤袤、杨万里、陆游齐名，号称"中兴四大诗人"。他写过很多关于邢襄地域风光的诗歌，其中有一首《邢台驿》：

太行东麓照邢州，万叠烟螺紫翠浮。谁解登临管风物？枯荷老柳替人愁。

这首诗为作者路过邢州，住邢台驿，游览柳溪亭后所作。"枯荷老柳"指邢台的柳溪春涨景观。

柳溪是邢台市达活泉、紫金泉、白沙泉汇集形成的一处旖旎的水乡风光，这里有著名的柳溪亭，杨柳遍布，荷叶田田，后取莲花乃花中的君子之意，柳溪亭又名君子亭，从唐代起直到近代，上千年来一直是老邢台具代表性的邢州八景之一。范成大另有一首写邢台市柏乡县传说的诗为《柏乡》，诗曰："贯生名压汉公卿，自古逢雠不反兵。仇虏滔天无敢动，柏乡空涸迫人名。""贯生"指汉代赵相贯高，汉朝建立后，封张耳为常山王，建立常山国，都襄国。张耳死后，封张耳的儿子张敖为赵王，建立赵国，仍都襄国，汉高祖刘邦的大女儿嫁与张敖。贯高为赵国的相，由于刘邦经常欺压张敖，把他当作下人随意指使，贯高气不忿，欲为张敖出气，背地里计划暗杀刘邦。刘邦视察到柏人（今邢台柏乡隆尧一带）时，贯高埋伏人员在那里等待，但是刘邦到后，一问这个地方叫柏人，于是说柏人谐音"迫人"，这个名字不好，于是拒绝住那里，离开了，也躲过了贯高的谋杀。

范成大还有一首《过唐山县诗》："勋唐遗德照清湾，百圣闻风不敢班。何物苦寒胡地鬼，二名犹敢废尧山。"唐山县，即今天的邢台隆尧。"勋帝"即尧帝。"尧山"，顺德府唐山县内的山，相传尧帝曾于此观测天下水势。

南宋著名的文学家洪迈（1123—1202年），学识渊博，著书极多，文集《野处类稿》、志怪笔记小说《夷坚志》、编纂的《万首唐人绝句》、笔记《容斋随笔》等，都是流传至今的名作。他亦曾作有关于邢州的诗——《过邢州诗》：

蕞尔邢侯国，巍然昭义军。未能为晋重，忽已被梁分。

壤沃连三郡，时移出四君。苍茫怀古意，群丑漫纷纭。

这首诗是诗人出使金国路过邢台，暂住在离清风楼不远的邢台驿时，眼望古邢台黯然消去的帝王之气怅然赋诗。诗人首先提到邢襄的历史掌故和名人，其中"邢侯国"指邢台在西周时为邢侯的封国。"昭义军"是唐代设置的方镇名，治所在邢州，即今邢台。"四君"则是指五代时期出自邢台的柴荣、郭威、孟知祥、孟昶四位帝王。这首诗通过对邢州历史掌故的叙述，来表达历史变换的沧桑感、虚无感。

同时期的诗人李壁（1159—1222 年）有一首《邢台》。李壁，字季章，号雁湖，又号石林，眉州丹棱（今属四川）人。焘子，以父任入官。光宗绍熙元年（1190 年）进士。宁宗即位，徙著作佐郎兼权礼部郎官。后进权礼部尚书，拜参知政事。侂胄诛，谪居抚州。嘉定十五年（1222 年）卒，时年 64 岁。谥文懿。有《雁湖集》，已佚。《邢台》一诗为开禧元年（1205 年）作者出使金国贺生辰时，路过邢州所作：

北地霜重九月寒，驰裘破晓上征鞍。也知骨相非麟凤，惭愧州人向掌看。

诗人在北方九月寒冷中，穿着骆驼皮大衣踏上了征途。他自谦自己不是什么贵人，时人却对自己很看重，有惭愧之意。

三、《赵氏孤儿》等元杂剧的故事取材

在今邢台市西北 25 里有一个村庄，名叫赵孤庄。这个村庄的名字与中国家喻户晓的"赵氏孤儿"的故事有些渊源。"赵氏孤儿"的故事广为流传，最初是因为元代纪君祥的杂剧《冤报冤赵氏孤儿》，这个故事是在先前史作《左传》《国语》《史记》中汲取原型并加工而成的。后世又几乎为所有剧种如京剧、越剧、秦腔、话剧甚至电影、电视剧所演绎，故事的梗概为：

春秋时代，晋国的大臣赵盾（孤儿赵武的祖父）辅佐晋襄公，治理国家有方，使晋国越来越强盛。襄公死后，他的儿子晋灵公继位，荒淫无道，残害臣民。赵盾多次劝谏，晋灵公不但不听，反而怀恨在心。然而此时以赵盾为首的赵氏家族却权势盛大，连晋灵公都嫉妒和恐惧，因此赵盾不得已而出逃。后来他的兄弟赵穿发动政变，杀了晋灵公，拥立襄公的弟弟即位，为晋成公。这时赵盾又被请回来，主持朝政。

赵盾死后，他的的儿子赵朔继承了爵位，娶了成公的姐姐赵庄姬为夫人。成公死后，儿子景公继位。晋国大将屠岸贾心高气傲，但一直受赵氏的轻视和排挤，对赵氏早就恨之入骨。他对景公说，灵公遇难，祸首是赵盾，作为臣子而弑君，应当灭族。诬陷赵盾谋反，假传圣旨令赵朔自裁，屠岸贾在晋王的默许下把赵氏一族 300 余口全部杀死。

赵朔的妻子因系公主身份，幸免于死。但是得知公主庄姬即将分娩，屠岸贾想要斩草除根，彻底铲除赵氏家族。庄姬在自杀前将刚刚出生的婴儿交给经常进出驸马府的民间医生程婴，希望他能将孩子带出宫。于是，程婴将婴儿藏在其药箱之中，但是在他出宫时却被守门将领韩厥发现，谁知韩厥也是忠义之士，韩厥将程婴与孤儿放出宫去，为赵氏保留了唯一的血脉，他自己却拔剑自刎。屠岸贾得知赵氏孤儿外逃，竟下令若三日之内找不出赵氏孤儿，要将全国上下一月以上、半岁以下的婴儿全部杀光。为了救赵氏孤儿，也为了拯救全国无数无辜婴儿，程婴决定献出自己亲生儿子，代替赵氏孤儿赴死。原晋国大夫公孙杵臼硬要以年迈之躯代替程婴承担藏匿赵氏孤儿的罪名，让程婴去向屠岸贾"告密"，

说赵氏孤儿在公孙杵臼处，屠岸贾领兵抓到公孙杵臼和程婴的儿子，当即处死。程婴则带着赵氏孤儿藏匿起来。相传赵孤庄就是程婴藏匿赵氏孤儿的地方，因此得名（见图7-1）。程婴将赵氏孤儿称为自己的儿子，又因告发公孙杵臼而取得了屠岸贾的信任被收为门客，其子还被屠岸贾认为义子。

20年后，赵氏孤儿赵武长大成人，程婴将事情原委全盘告知，赵武随即将屠岸贾杀死，为赵氏全族报仇。后来赵武的曾孙赵襄子和韩氏、魏氏三家分晋，建立了赵国，是赵国的创始人。赵襄子后来把都城迁到了邢，就是我们今天的邢台。

赵孤庄的名称就源于"赵氏孤儿"这个历史故事。《清一统志·顺德府》载，赵孤庄，"相传程婴匿赵孤处"。道光七年、光绪三十一年《邢台县志》记载，"赵孤庄在城西北二十五里，为程婴匿赵武处"。村名最早为"单羊庄"，后因匿藏赵氏孤儿更名为"赵孤庄"，村里原有为程婴、公孙杵臼所立的藏孤牌坊。"赵孤庄"的村名一直使用至今。赵孤庄的命名与"赵氏孤儿"之间的渊源，虽无更多史实可考，但纵使杜撰，也表达了邢襄人民对忠义之士的崇敬之情。

图7-1　赵孤庄村

四、明清文学作品中的古邢襄

明清文学中对古邢襄的描写达到了繁盛的局面。其一是因为相对于唐宋作家，明清文学创作群体增多，尤其是邢襄地区的作家增多，关于这一地区的作品流传下来很多；其二是明清时期的作家作品大都得到很好的保存，诗文集等能够流传至今。因此，关于邢襄地域的描写，较前代更为丰富，为我们展现出一幅多彩的邢襄历史画卷。

明代在邢台任职的最为知名的应属"后七子"的领袖人物李攀龙。嘉靖三十二年（1553年），李攀龙出任顺德府知府，任期3年，政绩卓越，实施了很多利民措施，如减免赋税、政刑宽简、增设驿站等，其间还创作了很多诗歌作品，著名的有同题五律、七律《登黄榆马陵诸山是太行绝顶处》各四首，都写得意境开阔、气象雄浑。

不尽寒云外，青峰落照多。秋阴生大卤，木叶下滹沱。

巨壑藏风雨，飞梁挂薜萝。重关三辅地，跃马意如何。（其二）

另有《秋胡行》四首，其一：

太行易驱仕路难为工，太行易驱仕路难为工。
谀佞丧志，磬折不衰。自负者忌，自异者攻。
智力相御，莫知所终。歌以言之，仕路难为工。

明代诗人顾绶，任顺德府知府期间作有《游览皇寺镇》一诗：

众峰环抱见山泉，碧玉凝池翠却圆。一派真源停冽洁，分流远丽各潺潺。
天开图画晴光照，地接边关杀气连。胜迹应知风土厚，桑麻随处编平田。

皇寺镇是邢台西部的古镇，这里三面环山，古老的玉泉禅寺位于此，有著名的邢台老八景之一"玉泉夕照"。顾绶这首诗写皇寺镇众山环绕、池水清澈、泉水冽洁的景象，以及皇寺镇与边关相接，映照边塞肃杀之气。诗歌的末尾，作者感叹邢襄地域风土淳厚，桑麻和平田遍地。

明代还有几首游览诗是描写邢襄的风景名胜，如李京所作《郡楼晚眺》一诗（郡楼即邢台市的清风楼）：

百尺丽谯不记年，千家灯火夕阳天；登临平讶乾坤合，荡漾低看日月悬。
帘捲行山来暮景，窗开陆泽起寒烟。钟声报漏仍高望，夜气苍茫北斗边。

明代李京，《顺德府志》记载曾为邢台正员，还作有《游顺德府西黄榆岭》一诗：

百丈悬崖万岭围，半天瀑布雨霏霏。日光水影碧空落，疑是春山上下飞。

黄榆岭，即邢台西部太行山，为黄榆关长城所在，与马岭关相望。

傅来鹏《游邢州仙翁山酒后作》：

秋仲寻真紫府宫，霜天曙色景分明。
风恬翠柏苍岩静，月映寒潭碧水清。
几度猿啼惊雪岭，数声鹤唳过松棚。
洞中夜半相传箪，身世恍疑在玉京。

朱诰《仙翁古洞》：

蕴隆千里乾封禅，天际栖霞涌碧泉。
信是仙灵祷有应，甘霖一夜满山川。
缘寻民瘼拜古洞，诚为苍生祈丰年。
西岭桑麻应澍雨，仙家原本有真元。

这首诗是朱诰任邢台县县令时，因连年干旱来张果老山剃发求雨，当夜邢州大地便普降甘霖，朱县令心花怒放，赋诗一首赞美仙翁古洞有灵。

马健《尧山隐见》：

大造钟神秀，名山有圣朝。冲霄惊远望，平地拔清标。
邱垤依依近，云天矗矗遥。穹碑昭帝力，披读忆唐尧。

"尧山"指顺德府尧山县内的几座小山，相传上古尧帝在这里视察天下水势，尧山脚下的柏人城是尧帝所都。

明代诗人王鸿儒有一首《柳溪亭》：

> 溪亭临水面高城，杨柳芙蓉绿映红。
> 遥想使君来游戏，伏天鼓吹月明中。

"溪亭"指柳溪亭，又名君子亭、柳公亭。柳溪是邢台市达活泉、紫金泉、白沙泉汇集形成，这里有著名的柳溪亭，杨柳遍布，荷叶田田，后取莲花乃花中的君子之意，柳溪亭又名君子亭，"柳溪春涨"是邢州八景之一。首句"溪亭临水面高城"，指柳溪亭在牛尾河与围寨河、达活泉、白沙泉、紫金泉等水合流交汇处，距离邢台城北城墙三四里，柳溪亭位于这片风光旖旎的水乡西部的南北官马大道东侧，站在亭内，东望是一片汪洋的水乡，杨柳依依荷叶田田，南望是巍峨的顺德府城墙和北城门楼、箭楼、魁星楼、角楼等，西边官马大道上是往来南北的商贾游客士子等，北望则是著名的豫让桥。第二句"杨柳芙蓉绿映红"，柳溪湖四周满布杨柳，湖内荷叶田田，红色的荷花竞相开放，绿色红色触目皆是。"伏天"一句，写夏夜里的柳溪，城内人们多在这里纳凉游戏，热闹依然。

明末清初的诗人屈大均写有一首关于豫让桥的诗《豫让桥·国士感知己》：

> 国士感知己，能将七尺轻。击衣警已报，吞炭气难平。
> 漳水西风急，邢台落日晴。千秋石桥上，过客马犹惊。

感叹豫让漆身吞炭、为知己而死的壮志。

明末清初著名的思想家、诗人顾炎武（1613—1682年）作有一首《邢州》：

> 太行从西来，势如常山蛇。邢洺在其间，控压连九河。
> 唐人守昭义，桀骜不敢过。凭此制山东，腹心实非他。
> 事已溯悲风，芒然吹黄沙。乞食向野人，从之问桑麻。

"唐人守昭义"一句写出了邢州在唐代军事上的重要地位。唐朝末期，藩镇割据，河北一带尽皆割据不听朝廷，唯有邢州听从唐王朝，邢州事实上成为唐朝在河北地区唯一能控制的重镇，唐朝在邢州建立昭义镇节度，派重兵驻守，维持唐王朝形式上的统一。

清初陈维崧（1625—1682年）写有《南乡子·邢州道上作》一词，咏叹像豫让一样的燕赵地区慷慨悲歌的精神，其词曰：

> 秋色冷并刀，一派酸风卷怒涛。并马三河年少客，粗豪，皂栎林中醉射雕。
> 残酒忆荆高，燕赵悲歌事未消。忆昨车声寒易水，今朝，慷慨还过豫让桥。

清代顺德府广宗知县吴存礼曾作《凭吊沙丘》一首：

> 闲来凭吊数春秋，阅尽沧桑土一杯。本籍兵争百战得，却同瓦解片时休。
> 祖龙霸业车中恨，主父雄心宫里愁。惟有朦胧沙上月，至今犹自照荒丘。

沙丘在邢台的广宗县，是商纣王的沙丘宫苑，中国历史上第一个皇家园林，战国时期是赵武灵王的行宫。诗中写到与沙丘有关的两个典故，其中"祖龙"是指秦始皇，秦始皇出巡途中死于邢台市广宗县的沙丘地，"主父"指赵武灵王，赵武灵王晚年因太子章的事情被赵惠文王围困沙丘，无物可食，不得已而以鸟雀鼠类为食物，最终饿死。诗的末尾表达了一种物是人非之感。诗人王恽《探雀宫月》一诗也是咏叹沙丘以及赵武灵王的诗歌：

　　武灵遗恨满沙丘，赵氏英名于此休。月去月来春寂寞，故宫雀鼠尚含羞。

　　清代还有两首关于玉泉寺（邢台市信都区皇寺村内）的诗歌，一首是王毓阳《玉泉寺》：

　　　　苍松白石两相依，与客攀临眺晚晖；地迥昙云迷远嶂，林空碧叶舞禅扉。
　　　　老僧面壁浑无语，闲鸟依巢解息机；大觉由来不住相，随缘何必慕袈衣。

　　该诗描述了玉泉寺周围的秀丽景色。

　　玉泉寺又名皇寺，南有龙山，龙山又称棋盘山，北有雷公山，西靠山坡，东临皇寺镇，据皇寺镇流传下来的古石刻资料记载："皇寺镇玉泉寺南有泉曰玉泉，尝考邢台县城西北五里为达活泉，又五里为野狐泉，又三十里马鞍山南为金泉……为玉泉。说者曰：玉泉清澈如玉，故以玉名，而寺介其侧，故名其寺为玉泉寺，而后改名曰皇寺。"相传元末顺帝为明洪武军追杀，避难于玉泉寺，因此该寺又得名皇寺。另一诗人宋岳《玉泉》：

　　　　半亩虚拟万斛泉，碧云高引日华圆。山围石窦灵源起，地接仙房喷玉湲。
　　　　更喜郊番通禹凿，试听樵夫颂尧天。新秋胜会当壬戌，图画于今一辋川。

　　玉泉一年四季永流不涸，民间俗称"流不干"。玉泉寺景色优美，旧志誉为"玉泉夕照"，是邢台八景之一。

　　清风楼位于邢台旧城中心，原府衙前左侧，今府前南街北端，是邢台的名胜，也是古城顺德的象征。清风楼虽然经历了600多年的风风雨雨，至今依然伫立在邢台市区中心，俯瞰着邢台的新旧变迁。清风楼始建于唐宋时期，明朝宪宗成化三年（1467年），邢州知府黎光亨筹资重建。楼高七丈余，下有砖石筑台，斗拱飞檐，庄严雄伟，具有明代建筑风格，为重檐歇山式建筑，共分三层。第一层为砖石拱券，券下既可通车，又能行人，还是夏日消暑纳凉之佳处；第二层四周青砖围栏，中间为正厅，前后两门对开，在厅内西南角的墙壁上镶嵌着唐代诗人、画家王维的夏、秋、冬三景山水图石刻三块。明代的陈音曾作《清风楼记》来描摹清风楼的风景，这篇记文写道：

　　　　政暇集客登其上，四牖洞辟，徘徊远眺，客曰："是楼也，高凌霄汉，俯绝尘埃，远近山泽之胜，举在指盼间，维时淑气方熙，群翎奏巧，嘉禾葱郁，远山如黛，画景舒长，云踪出岫，槐柳垂阴，芰荷歆馥，玉露方浓，银蟾万里，鹰鹫高飞，水天一色，凝寒沍冻，竹松晚翠，积雪未消，列峰堆玉。四时万景，纷萃毕陈，曷不一取以题子之楼，而独以'清风'名？"
　　　　公曰："风之来也，凭高者先得，有伉斯楼，凉飙四集，爽我襟裾，驱此炎烈，有耳者，孰不闻声？有形者，孰不夷怪？此吾所以有取于风乎。"
　　　　客曰："吾子抱济物之志，非流连风月如庾亮者，岂美风于斯楼。夫有声之风足以袭人之外，无声之风足以感人之中。周公告君陈曰：'尔唯风。'孔子曰：'君子之德风，德之为风，入人也，深矣。'昔杨震、胡质、包拯、赵忭、李及诸贤以廉为吏，脱然不污，至今千百载之下想其清节，犹使人兴起踊跃，如盛暑而御凉风也。今子之为郡，固扃私门，芭苣无路，污政涸渚，清风涤之。猛政酷烈，清风凉之。下吏承风，黔首戴德。有歌曰：'三冬皓雪兮，我公之室；三春膏雨兮，我公之泽；君子之风兮，小人是则。'故子以'清风'名楼，使后之人

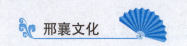

将指斯楼为伯夷之居，亦将慨慕清风而兴起，有如今视昔者乎。"

……

正是因为这些文史典籍和文学作品中对古邢地的记载和描摹，让我们能够了解那曾经湮没在历史长河中的古邢国的辉煌，想象古襄都的风采，凭吊古邢州的沧桑，重温古顺德的繁华。

第二节　古邢襄著名作家、作品

邢襄文化历史悠久，风景如画，人杰地灵，孕育出了许多著名作家、诗人。因为魏晋之前的文学尚处于没有觉醒时期，文学与经学、史学纠缠，故不作为邢襄文学作家、作品的考察时期。魏晋南北朝及其以后，邢襄的著名作家有魏收、魏徵、宋璟、张祜、常建、于濆、刘秉忠、元明善、曹鼐、魏裔介、顾随等，他们是邢襄文化的谱写者，以自己生花之妙笔撰写的文学作品在文学史上留下了浓重的一笔。

一、"北地三才"之一——魏收

魏收（505—572 年）字伯起，钜鹿（今河北邢台）人，历仕北魏、东魏及北齐，并为北齐文坛领袖，与温子升、邢邵并称"北地三才子"。温子升去世后，他与邢邵形成北齐文坛上并驾齐驱的两大派别领袖，合称"大邢小魏"。

魏收年少成名，初入仕北魏，拜太常博士。东魏建立，因其不打草稿一挥而就封禅书成名，受到东魏节闵帝元恭的赏识，黄门郎贾思同称赞他已经超越了"七步诗"之誉。北魏孝武帝期间，魏收曾写下《庭竹赋》来抒发心情。后来在高澄的推荐下开始撰修国史。549 年，高洋建立北齐，谥号文宣帝。551 年诏令魏收撰修《魏史》，记载了鲜卑拓跋部早期至 550 年东魏被北齐取代这一段历史。由于魏收撰史颇有私心，书成之后虽多有矫饰而被人质疑、诟病，但依旧不失为研究北朝历史的重要史著。

魏收擅长诗赋，又工于文章。他于诗歌华美轻艳，于文章则庄重凛然。

北魏以后，文人盛行学习南朝齐梁诗歌的形式之美。魏收诗歌也以学习南朝宫体诗的创作较多，如《喜雨诗》《庭柏诗》《晦日泛舟应诏诗》《挟琴歌》等。其《挟琴歌》："春风宛转入曲房，兼送小苑百花香。白马金鞍去未返，红妆玉箸下成行。"以流水对开篇，风格轻柔幽婉，用词细腻，画面优美，节奏感强。魏收本为北朝人，自然受到北地艺术风格的影响。但魏收因倾慕南调，这类豪迈刚健、贞刚之气的北地风格的作品并不多。其《大射赋诗》"尺书征建业，折简召长安"刚健豪壮，《七月七日登舜山》亦属于这类作品：

　　　　述职无风政，复路阻山河。还思麾盖日，留谢此山阿。

魏收的文章大多为诏策诰令，东魏孝静帝武定二年（544 年）以后，国家大事的诏命、军国文词，皆为魏收所作。魏收的骈文代表作有《枕中篇》《上魏书十志启》《为侯景叛移梁朝文》；赋作有《南狩赋》《聘游赋》《皇居新殿台赋》《怀离赋》《庭竹赋》等。

二、唐代邢州作家（诗人）及其作品

唐代的诗歌创作成就辉煌，其发展一般分为四个时期，即初唐、盛唐、中唐、晚唐。邢州一带在不同时期，也出现了众多文采斐然的诗人及风格迥异的诗歌作品。

（一）初唐时期的邢州作家（诗人）

1. 唐朝名相魏徵在文学上的贡献

一代名相魏徵不仅在政治和史学上颇有建树，在文学上也造诣颇深，不但诗文兼善，创作了不少文学作品，还反对唐初受齐梁遗风影响之下的诗文风格，提出了自己的观点，对后世有很大影响。

（1）文质彬彬，尽善尽美

魏徵不仅是史学家、政治家而且对唐代文学的发展也颇有贡献。唐初的文风受南朝齐梁余风影响，片面追求形式美和辞藻的华丽，内容却空洞匮乏，缺少诗人真情实感的抒发。魏徵极力反对这种淫靡浮华的作品，重视文学自身的发展规律，主张文学的实用功能和贞刚质朴的文风。在文学史上魏徵最早论及南北文学思想的对立，主张集南北文风之长，"江左宫商发越，贵于清绮；河朔词义贞刚，重乎气质……各去所短，合其两长，则文质彬彬，尽善尽美矣"（《隋书·文学传序》）。在唐诗发展的发轫期，魏徵以宰辅之尊主张将内容的教化与浓郁的情感、形式的华美结合起来，这一思想深刻影响了唐诗未来的发展方向。

（2）气势刚健，诗文兼善

魏徵以大义凛然之气创作了刚健慷慨之诗，即便是祭歌与颂歌，也富于燕赵贞刚之气，一扫南朝诗歌的柔媚之态。《全唐诗》存其诗 36 首，包括 30 首祭祀乐歌、应诏诗 2 首、杂诗 2 首，内容大多为宗庙祭祀、朝会活动等，用词优雅、凝重，烘托了庄严的气氛，充满仪式感，偶有抒情之作，如《述怀》"请缨系南粤，凭轼下东藩"，也写得壮怀激烈。沈德潜评价其诗"气骨高古，变从前纤靡之习，盛唐风格，发源于此"[①]（《唐诗别裁集》）。魏徵流传于世的作品虽然数量不多，但都有很高的文学价值，读他的作品，我们可以直观地感受到魏徵卓越的文学水平和素养，是唐代文学发展中不可或缺的一环。

魏徵流传于世的还有散文。《全唐文》中收录魏徵的散文共有 35 篇，其中以谏议政论文为主，包括 18 篇疏文，9 篇表、议，8 篇其他作品。其中魏徵的经典之作《谏太宗十思疏》，力谏太宗"居安思危""戒奢以简"。文章内容丰富，逻辑严密，切中事理，用语恳切简约，气势宏大，毫无堆砌辞藻之病，表现出由骈入散的倾向。另外著名的还有《十渐不克终疏》《论时政疏》等 4 篇，魏徵的谏议政论文在文学史上，对宋朝欧阳修、苏轼的奏议文章产生了巨大影响。

魏徵作品的艺术性突出地体现在两个方面：一是善用比喻，二是大量用典。《谏太宗十思疏》中，将国家比喻成"树木"和"河流"，深入浅出地说明国家只有"积其德义"才能长治久安，如同树木只有"固其根本"才能枝繁叶茂、河流"浚其泉源"才能源远流长。形象贴切的比喻，起到了很好的劝谏作用。《奉和正日临朝应诏》中用"轩后"比喻皇帝，用"涂山"比喻夏禹，均暗指唐太宗，"东日户""南风篇"是用了"东户"

"南风"的典故，称赞当下是百姓安居乐业的太平盛世。魏徵用典如探囊取物，驾轻就熟，显现了他丰厚的学识和扎实的文学功底。

魏徵对前朝史籍进行了整理编纂，提出了很多符合时代发展的史学理论，对史学界做出了不可磨灭的贡献；他创作的诗歌、散文等文学作品，吹响了唐朝文学繁荣的号角；他治国理政的思想和直言进谏的作风，为贞观之治的开创奠定了坚实的基础。总之，魏徵作为唐太宗时期的股肱之臣，是初唐时期不可或缺的人才，也是中国历史星空中的明星。

2. 清河三张

张文瓘与其弟张文琮、张文收均为清河张氏，其父为隋内史舍人张虔威，俱有诗名，被称为"清河三张"。张文瓘，清河县人，明经及第，历任并州参军、水部员外郎、云阳县令、中书舍人，迁中书侍郎、大理卿。唐高宗年间，官至宰相，参知政事、同三品，累迁侍中。张文瓘诗歌今已不传，他曾参与修撰《永徽留本司格后》，《全唐文》收录其奏疏一篇，名为《谏造蓬莱上阳宫疏》。

张文琮，约唐太宗贞观十四年（640年）前后在世。贞观中，为治书侍御史。永徽初，献文皇帝颂，优制褒美，拜户部侍郎。神龙中，累迁工部尚书，兼修国史。韦后临朝，诏同中书门下三品。旬日，出为绛州刺史。累封平原郡公。张文琮好自写书，笔不释手，有《张文琮集》20卷行世。张文琮诗《全唐诗》收录6首，有《昭君怨》《同潘屯田冬日早朝》《蜀道难》《咏水》《赋桥》《和杨舍人咏中书省花树》。

昭君怨

戍途飞万里，回首望三秦。忽见天山雪，还疑上苑春。
玉痕垂泪粉，罗袂拂胡尘。为得胡中曲，还悲远嫁人。

蜀道难

梁山镇地险，积石阻云端。深谷下寥廓，层岩上郁盘。
飞梁架绝岭，栈道接危峦。揽辔独长息，方知斯路难。

张文收，善音律，入唐，官协律郎。太宗时，与祖孝孙参定雅乐。孝孙卒后，复依《周礼》厘正郊庙雅乐。贞观十四年（640年），创《景云河清》乐，名为"宴乐"，为诸乐之首。咸亨元年（670年），迁太子率更令，卒于官。张文收撰有《新乐书》12卷，今存诗1首，即《大酺乐》：

泪滴珠难尽，容残玉易消。傥随明月去，莫道梦魂遥。

3. 李怀远

李怀远，字广德，邢州柏仁县（今河北省邢台市隆尧县）人。唐中宗时任宰相，出自赵郡李氏，应四科举擢第，初时曾任司礼少卿，后迁为同州刺史。李怀远为官清廉崇尚简朴，最高官至同中书门下三品，最后被封为"赵郡公"。706年去世，谥号为成。曾编创诗集，目前《全唐诗》收录了李怀远的2首诗，一为《凝碧池侍宴看竞渡应制》：

上苑清銮路，高居重豫游。前对芙蓉沼，傍临杜若洲。
地如玄扈望，波似洞庭秋。列筵飞翠幄，分曹戏鹢舟。
湍高棹影没，岸近榜歌遒。舞曲依鸾殿，箫声下凤楼。
忽闻天上乐，疑逐海查流。

李怀远的另一首诗，题目比较长，为《凤阁南厅槐树半生死虽遇阳和终呈枯朽托根清禁颇觉非宜感物缘情率尔为咏》：

> 庭槐岁月深，半死尚抽心。叶少宁障日，枝疏不碍禽。
> 帷幄谅无取，栋梁非所任。愧在龙楼侧，羞处凤池阴。
> 未能辞雨露，犹得款衣簪。惜悲生意尽，空余古木吟。

4. 张昌龄与张昌宗

冀州南宫人张昌龄，弱冠之年便以文词闻名于世，当时冀州想举荐他为秀才，张昌龄很坚决地以当时荒废此科已久而推辞。后来张昌龄在贞观二十年（646 年）以进士贡举而及第，被授予考功员外郎。贞观二十一年（647 年），翠微宫建成的时候，张昌龄前往翠微宫献颂，唐太宗召见了他，并命令他试作《息兵诏》，张昌龄很快就撰写成文。太宗大悦，让他做了昆山道记室，并叮嘱他："昔祢衡、潘岳，皆恃才傲物，以至非命。汝才不减二贤，宜追鉴前轨，以副吾所取也。"可见唐太宗见到张昌龄以后试出来他才华横溢，堪比祢衡、潘岳，所以惜才而对他警示，不要像祢衡、潘岳那样恃才傲物而重蹈他们的覆辙。

张昌龄后又任襄州司户，丁忧去官之后，经贺兰敏之引荐为北门修撰，"寻又罢去"，于唐高宗李治乾封元年去世。张昌龄著有《张昌龄文集》20 卷，他的《破卢明月》《平龟兹》《军书露布》等作品为世人称赞。张昌龄曾在唐太宗面前自我评价其文其诗"华而少实，其文浮靡，非令器也。取之则后生劝慕，乱陛下风雅"（《新唐书》），表达自己不愿以诗文求仕的意愿。

张昌宗在太宗时官至太子舍人、修文馆学士，著有《古文纪年新传》数十篇，合为一卷传世。《全唐诗·第八〇卷》收录其诗三首。

奉和圣制夏日游石淙山

> 云车遥裔三珠树，帐殿交阴八桂丛。洞险泉声疑度雨，川平桥势若晴虹。
> 叔夜弹琴歌白雪，孙登长啸韵清风。即此陪欢游阆苑，无劳辛苦向崆峒。

少年行

> 少年不识事，落魄游韩魏。珠轩流水车，玉勒浮云骑。
> 纵横意不一，然诺心无二。白璧赠穰苴，黄金奉毛遂。
> 妙舞飘龙管，清歌吟凤吹。三春小苑游，千日中山醉。
> 直言身可沉，谁论名与利。依倚孟尝君，自知能市义。

太平公主山亭侍宴

> 淮南有小山，嬴女隐其间。折桂芙蓉浦，吹箫明月湾。
> 扇掩将雏曲，钗承堕马鬟。欢情本无限，莫掩洛城关。

（二）盛唐邢州诗人及其诗歌

诗歌至唐达到顶峰，而盛唐的诗歌则是名家辈出的时代，这时邢州著名作家和诗人有名相宋璟和李乂。

1. 名相宋璟的文学创作

宋璟博学多才，20 岁就中了进士，不但是唐代四大名相之一，辅佐唐玄宗成就"开元盛世"，而且他的诗赋也为人称颂。《全唐诗》目前存其诗有《送苏尚书赴益州》《奉和圣制送张说巡边》《奉和圣制答张说扈从南出雀鼠谷》《蒲津迎驾》《奉和圣制同二相已下群官乐游园宴》《奉和御制璟与张说源乾曜同日上官命宴都堂赐诗应制》6 首，均为奉和应制之作，风格典重古朴。其中的《送苏尚书赴益州》（721 年作）如下：

> 我望风烟接，君行霰雪飞。园亭若有送，杨柳最依依。

此诗通过眼前和想象中苏尚书将要奔赴的益州风景对比，写出朋友之间的惦念，又通过依依杨柳的映衬，写出了二者的依依惜别之情。诗歌语言通俗流畅，暗含典故，涵蕴丰厚。其《蒲津迎驾》（723 年 3 月作）：

> 回銮下蒲坂，飞斾指秦京。洛上黄云送，关中紫气迎。
> 霞朝看马色，月晓听鸡鸣。防拒连山险，长桥压水平。
> 省方知化洽，察俗觉时清。天下长无事，空余襟带名。

这首诗虽为迎接皇帝而作，但写得不卑不亢，却又通过"黄云""紫气"暗含祥瑞。结尾时又表达了自己竭忠尽责的心意，对仗工整，通俗中又显示出典雅的诗歌风格。

宋璟中进士后，以《长松篇》和《梅花赋》2 篇文赋献给当时的丞相苏味道，苏味道读过文章后评价宋璟是"真王佐才"。开元四年（716 年）宋璟果真成为丞相，之后《梅花赋》便天下闻名。

《梅花赋》是唐律赋名篇。这篇赋是宋璟 25 岁时所写，全篇一共 560 个字，以花喻人，赞美了梅花淡泊名利、孤傲高洁、坚韧不拔、卓然独立的品格，"栖迹隐深，寓形幽绝，耻邻市廛，甘遁岩穴"，辞藻华丽优美，对仗工稳，多处化用典故，铺陈扬厉，文采飞扬，被历代文人称道。颜真卿、刘禹锡和皮日休写的文章中都提到了这篇赋，皮日休对《梅花赋》进行点评更是别出心裁："余尝慕宋广平之为相，贞姿劲质，刚态毅状。疑其铁肠石心，不解吐婉媚辞。然睹其文而有《梅花赋》，清便富艳，得南朝徐、庾体，殊不类其为人也。"[1] 他从宋璟铁石心肠的品格和《梅花赋》文辞华丽的风格的矛盾出发对《梅花赋》进行评价，成为文学史上一大赏评热点。

后来《梅花赋》的真作遗失，宋代文人又多爱梅花，便写了很多伪作来弥补他们的遗憾。元代方回的《桐江集》中收录了两篇考证、赏析疑似宋璟《梅花赋》的文字，并附录了有"宋广平璟"署名的《梅花赋》全文，于是才有了现今流传下来的版本。

梅花赋

　　垂拱三年，余春秋二十有五。战艺再北，随从父之东川授馆舍。时病连月，顾瞻危垣，有梅花一本，敷葩于榛莽中。喟然叹曰："呜呼斯梅！托非其所出群之姿，何以别乎？若其贞心不改，是则足取也已！"感而乘兴，遂作赋曰：

　　高斋寥阒，岁晏山深，景翳翳以斜度，风悄悄而乱吟。坐穷檐而后无朋，进一觞以孤斟。步前除以彳亍，荷藜杖于墙阴。蔚有寒梅，谁其封植？未绿叶而先葩，发青枝于宿枿，擢秀敷荣，冰玉一色。胡杂遝乎众草，又芜没于丛棘，匪王孙之见知，羌洁白其何极？！

　　若夫琼英缀雪，绛萼著霜，俨如傅粉，是谓何郎；清馨潜袭，疏蕊暗臭，又

---

① ［唐］皮日休. 皮子文薮［M］. 上海：上海古籍出版社，2017：10.

如窃香，是谓韩寿；冻雨晚湿，宿露朝滋，又如英皇泣于九巘；爱日烘晴，明蟾照夜，又如神人来自姑射；烟晦晨昏，阴霾昼闭，又如通德掩袖拥髻；狂飙卷沙，飘素摧柔，又如绿珠轻身坠楼。半开半合，非默非言，温伯雪子，目击道存；或俯或仰，匪笑匪怒，东郭顺子，正容物悟。或憔悴若灵均，或欹傲若曼倩，或妩媚若文君，或轻盈若飞燕，口吻雌黄，拟议殆遍。

彼其艺兰兮九畹，采蕙兮五柞，缉之以芙蓉，赠之以芍药，玩小山之丛桂，掇芳洲之杜若，是皆出于地产之奇，名著于风人之托。然而艳于春者，望秋先零；盛于夏者，未冬已萎。或朝开而速谢，或夕秀而遄衰。曷若兹卉，岁寒特妍，冰凝霜冱，擅美专权？相彼百花，孰敢争先！莺语方絷，蜂房未喧，独步早春，自全其天。

至若托迹隐深，寓形幽绝，耻邻市廛，甘遁岩穴。江仆射之孤灯，向寂不怨栖迟；陶彭泽之三径，投闲曾无悁结。贵不移于本性，方有俪于君子之节。聊染翰以寄怀，用垂示于来哲。

从父见而勖之曰："万木僵仆，梅英载吐；玉立冰洁，不易厥素；子善体物，永保贞固！"

2. 李乂

李乂即李尚真，房子县（一说为柏人县）人。他凭借突出的才华及进士第，历任监察御史、中书舍人、修文馆大学士，与其兄李尚一、李尚贞俱以诗作文章名世。开元年间李乂与苏颋对掌论诰，唐玄宗把他们比同苏味道和李峤，并称"苏李"。

《旧唐书·经籍志》著录《李乂集》5卷，但原本均已无传，《全唐文》卷二六六收文3篇。李乂和其二兄创作的诗歌合编为《李氏花萼集》，在当时被诗歌界传为美谈，但该书今佚，仅有李乂诗一卷编入《全唐诗》，共计43首，流传至今，其中多为应制之作，比如《春日侍宴芙蓉园应制》《奉和登骊山高顶寓目应制》《陪幸临渭亭遇雪应制》《送沙门弘景道俊玄奘还荆州应制》等。其《春日侍宴芙蓉园应制》如下：

　　水殿临丹篽，山楼绕翠微。昔游人托乘，今幸帝垂衣。
　　涧篆缘峰合，岩花逗浦飞。朝来江曲地，无处不光辉。

在李乂43首诗中，只有一首绝句《饯唐永昌》，简洁明白，颇可吟赏，其诗曰：

　　田郎才貌出咸京，潘子文华向洛城。愿以深心留善政，当今强项谢高名。

（三）中唐邢州诗人及其诗歌

中唐时期，邢州诗人张祜名噪一时。张祜（约785—854年），字承吉，邢台清河人，出身于清河望族张氏，晚唐著名诗人，与李商隐、杜牧、温庭筠齐名。元和十五年（820年）秋，令狐楚（一说裴度）表荐张祜，令其入朝献诗300首，然为元稹所抑。长庆元年（821年），纵游淮南；三年（823年），曾至杭州谒白居易；会昌五年（845年）秋，赴池州会杜牧。平生曾转徙各地，结交诗友，干谒权要，屡辟使府，因狷介不容物，不久即离去。张祜晚年喜好曲阿（今江苏丹阳）风物，遂移居于此而终。

张祜早期的作品多流连光景的诗篇，五言、七言宫体尤辞曲艳发，声调流美。中期多题名胜、咏史事、献将相、交诗友之作，多姿多彩，较有价值。晚期作品多为闲适诗，然豪气未消，时有不平之音。

张祜的名作颇多，在其《张处士诗集》中有很多精品。如描写游历山水名胜的《题惠山寺》等诗，体物图貌，气韵生动；描写村野乡居景色的诗，如《江南杂题三十首》，描摹真切，颇有特色。张祜的《题金陵渡》，仅28字，有景有情，着笔轻松巧妙，成诗潇洒空灵，令人拍案叫绝。张祜壮游江南北归清河后，特赋《感归》一首，表述自己"由来不是求名者，唯待春风看牡丹"（《京城寓怀》句）的诗人情怀；张祜诗《赠内人》《集灵台二首》《纵游淮南》等各有千秋，脍炙人口：

题惠山寺

旧宅人何在，空门客自过。泉声到池尽，山色上楼多。
小洞生斜竹，重阶夹细莎。殷勤望城市，云水暮钟和。

江南杂题三十首（之三）

鸟逸溪云静，人行野岸稀。茅峰三点翠，练水一条辉。
晚蝶花心少，阴萤草里微。何妨孟朱舍，夜饮醉歌归。

江南杂题三十首（之五）

野岸烟花好，东园自插篱。蚖姑交宛叶，喜子抱游丝。
尽日人稀到，终年井不窥。何当谢贞白，《真诰》是吾师。

题金陵渡

金陵津渡小山楼，一宿行人自可愁。潮落夜江斜月里，两三星火是瓜州。

感归

行却江南路几千，归来不把一文钱。乡人笑我穷寒鬼，还似襄阳孟浩然。

集灵台二首

日光斜照集灵台，红树花迎晓露开。昨夜上皇新授箓，太真含笑入帘来。

虢国夫人承主恩，平明骑马入宫门。却嫌脂粉污颜色，淡扫蛾眉朝至尊。

赠内人

禁门宫树月痕过，媚眼唯看宿燕窠。斜拔玉钗灯影畔，剔开红焰救飞蛾。

纵游淮南

十里长街市井连，月明桥上看神仙。人生只合扬州死，禅智山光好墓田。

张祜的诗体裁形式多样，尤工近体诗。他的近体诗格律严谨，对仗精巧工稳，有建安之风，张为的《诗人主客图》称其为当时诗坛领袖白居易的入室弟子。"僧归夜船月，龙出晓堂云。树色中流见，钟声两岸闻。"（《题润州金山寺》）优美的诗句，真实的心路历程，引起了众多诗人的共鸣，从唐代至清代很多诗人为这首诗次韵。对此，杜牧的评价是，"谁人得似张公子，千首诗轻万户侯"（杜牧《登池州几峰楼寄张祜》）。李涉的评价是，"新钉张生一首诗，自余吟著皆无味"（李涉《岳阳别张祜》）。令狐楚评其诗"研几甚苦，搜象颇深。辈流所推，风格罕及"（《唐才子传》）。

张祜也以喜作宫词饮誉诗坛，宫女多能传唱，最有名的是他的《宫词二首》，其一曰：

故国三千里，深宫二十年。一声河满子，双泪落君前。

这首宫词直叙其事，直言其情，举重若轻，驭繁如简，把一位宫人远离故乡，被长期幽闭深宫的遭遇浓缩在短短 20 个字中，不仅有高度的概括性，而且有强烈的感染力。据说唐武宗病重时，孟才人特为他吟唱张祜的这首宫词，结果怨情愁肠交结，魂断深宫。张祜得知后，特作《孟才人叹》以示凭吊说，"却为一声何满子，下泉须吊旧才人"。杜牧当时也评论说，"可怜故国三千里，虚唱歌词满六宫"（《酬张祜处士见寄长句四韵》）。

（四）晚唐邢州诗人及其诗歌

晚唐时期，宦官掌权、士大夫党争不断，社会政治极端黑暗，唐王朝已经走向末日，文人再也没有上升的路径，因此大部分文人仕途坎坷，彷徨无措，这些失意、彷徨也渗透到他们的诗歌作品中，呈现出一种王朝末日的颓败之感，这些特点也同样体现在邢州的诗人、作家的作品中。

1. 张蠙

张蠙（894—897 年），字象文，生于晚唐乾宁年间，出身于清河张氏。著名诗人，以善律与许棠、张乔、郑谷等人齐名，并称"咸通十哲""九华四俊"之一。诗风多受贾岛影响，精于锤炼，注重苦吟，擅长律诗。张蠙的诗作中既有同情社会底层的一面，但更多地流露出对个人遭际的抱怨。如其《登单于台》：

> 边兵春尽回，独上单于台。白日地中出，黄河天外来。
> 沙翻痕似浪，风急响疑雷。欲向阴关度，阴关晓不开。

他晚期在蜀地生活，较为安逸，此时的诗风纤弱细致。其酬赠诗情感真挚，意境深远。多述末世离乱的伤感和仕途多舛的苦闷。著作有《乱中寄友人》《下第述怀》《伤贾岛》等。其《下第述怀》：

> 十载长安迹未安，杏花还是看人看。名从近事方知险，诗到穷玄更觉难。
> 世薄不惭云路晚，家贫唯怯草堂寒。如何直道为身累，坐月眠霜思柱干。

张蠙还以写边塞风光见长，这些诗歌境界开阔，语言浑朴。如其《吊万家》：

> 兵罢淮边客路通，乱鸦来去噪寒空。可怜白骨攒孤冢，尽为将军觅战功。

张蠙诗名虽显，但多次科举都未及第，仕途艰难，诚如其《投所知》《言怀》等诗所言，"十五年看帝里春，一枝头白未酬身"，年近五十才进士及第，因此才会"战马到秋长泪落，伤禽无夜不魂飞"。张蠙的诗直抒胸臆，虽多感慨，颇具真情。《全唐诗·第七〇四卷》收其诗百首，如其《钱塘夜宴留别郡守》：

> 四方骚动一州安，夜列樽罍伴客欢。膹粟调高山阁迥，虾蟆更促海声寒。
> 屏间佩响藏歌妓，幕外刀光立从官。沈醉不愁归棹远，晚风吹上子陵滩。

2. 于濆

于濆，字子漪，邢州尧山人，后游历至京兆（今陕西西安）。会昌末应进士举，唐懿宗咸通二年（861 年）方得进士及第（一说会昌中乡贡进士），终泗州判官。于濆善以古风体为诗，一反"拘束声律而入轻浮"（《唐才子传》）的唐代声律诗之风，曾"作《古风》三十篇，以矫弊俗"（《唐才子传》），自号"逸诗"。

于濆现存诗歌有 45 首，收录于《全唐诗·第五九九卷》。于濆生活在晚唐时期，他的诗歌风格既没有盛唐气象的昂扬，也没有中唐中兴的创新追求，并且于濆的诗作也并不符合晚唐时期的大众审美风格。

晚唐时期的唐王朝已是日落西山，诗歌字里行间亦充斥着颓废之气，诗人大多喜雕琢，习惯在细微处着眼，细腻绵密，追求辞藻华丽、对仗工整的形式之美。而于濆是一位极具现实主义创作特色的诗人，其作品古朴无华，明快直切，与曹邺、刘驾等风格类似，属于受汉魏乐府及中唐张籍、王建、白居易影响的一个晚唐诗歌流派。因此他的诗歌无论是内容，还是艺术风格，都不被时人看重。明胡震亨《唐音癸签》谓诸诗人"其源似并出孟东野，洗剥到极净极真，不觉成此一体"，其诗"多有惬心句，堪击节"。于濆的诗大多反映社会现实以及民生疾苦，较同一流派的其他诗人显得更有分量。如其《苦辛》（一作《辛苦吟》）：

> 垄上扶犁儿，手种腹长饥。窗下抛梭女，手织身无衣。
> 我愿燕赵姝，化为嫫母姿。一笑不值钱，自然家国肥。

于濆常常平铺直叙、直抒胸臆，像素描一样反映平民疾苦，这样的诗还有《田翁叹》《里中女》《陇头水》《边游录戍卒言》《山村叟》《织素谣》《富农诗》等作品。

田翁叹

> 手植千树桑，文杏作中梁。频年徭役重，尽属富家郎。
> 富家田业广，用此买金章。昨日门前过，轩车满垂杨。
> 归来说向家，儿孙竟咨嗟。不见千树桑，一浦芙蓉花。

陇头水

> 行人何彷徨，陇头水鸣咽。寒沙战鬼愁，白骨风霜切。
> 薄日朦胧秋，怨气阴云结。杀成边将名，名著生灵灭。

边游录戍卒言

> 二十属卢龙，三十防沙漠。平生爱功业，不觉从军恶。
> 今来客鬓改，知学弯弓错。赤肉痛金疮，他人成卫霍。
> 目断望君门，君门苦寥廓。

织素谣

> 贫女苦筋力，缫丝夜夜织。万梭为一素，世重韩娥色。
> 五侯初买笑，建章方落籍。一曲古凉州，六亲长血食。
> 劝尔画长眉，学歌饱亲戚。

于濆曾在《富农诗》的自序中说："濆寓居尧山南六十里，里有富农得氏琅琊，人指其貌：此多藏也，积粟万庾，马牛无算，血属星居于里土，生不遗，死不赠。环顾妻孥，意与天地等。故作是诗，用广知者。"也正是有了对创作对象的深入观察了解，于濆动起笔来，才能入木三分地把自己所要描写的东西刻画出来，完成自己的创作意图。《富农诗》如下：

> 长闻乡人语，此家胜良贾。骨肉化饥魂，仓中有饱鼠。
> 青春满桑柘，旦夕鸣机杼。秋风一夜来，累累闻砧杵。
> 西邻有原宪，蓬蒿绕环堵。自乐固穷心，天意在何处。
> 当门见堆子，已作桑田主。安得四海中，尽为虞芮土。

3. 李嗣真

李嗣真，邢州柏仁人。进士及第，候补许州司功参军。因博学晓音律，兼善阴阳推算之术，迁弘文馆学士、司礼丞，参与《五礼》仪注，授中散大夫、常山县子，出任潞州刺史。永昌年间，拜右御史中丞，为酷吏来俊臣所陷，流放于岭南，万岁通天元年（696 年）征还。

李嗣真多才多艺，对诗词、书画理论造诣颇深，著有《诗品》《书品》《画品》《书后品》各一卷，是盛唐当之无愧的书画家和书画理论家。另有现代学者考证《二十四诗品》的作者并非司空图，而是李嗣真："从《诗品》的产生时间、与画论的关系、思维表达方式看应该是盛唐书画家、书画理论家李嗣真的作品。"[①] 此《诗品》即文学批评史上著名的《二十四诗品》。因《二十四诗品》在中国诗学史上地位显赫，它的重要性和影响力从后人对它的不断摹仿以及历代文人创作的续作上得以证明，具有持久不衰的魅力，一旦有了传统的说法之后不容易扭转。

学术界对李嗣真是否确为《二十四诗品》作者尚无定论，但从已经确定的李嗣真的诗词、书画理论作品来看，他对诗歌艺术的品格高下进行评述的高度，绝对有可能是这部作品的创作者。

唐朝是中国诗歌艺术的鼎盛阶段，唐代诗坛出现众多的邢地诗人，正是燕赵自古多慷慨悲歌之士的生动反映。

三、元明善与《万竹亭记》

元明善，大名清河（今河北邢台）人，《元史》有传，生于 1269 年，1322 年 3 月葬于清河王家原（今清河县王官庄附近）。曾任礼部尚书、翰林学士等职，马祖常为其撰写神道碑《翰林学士元公神道碑》，载其著述有：诗歌 163 首，铭赞传记 59 篇，碑志 130 篇，序 30 篇等。苏天爵的《元文类》中收录其 29 篇文章，缪荃孙将其《清河文集》收入《藕香零拾》丛书。

元明善是元代散文家，他的文章将儒家经典融会贯通，众体兼备，制、诏、记、表、碑、传、序、跋等不一而足。其文风凝重简约，清丽典雅，同时又宏赡纵横，豁达奔放，有秦汉纵横之风，在散文史上占有一定的地位。其中《万竹亭记》一文，文笔优美清丽，描绘出万竹亭周围自然山水之美，表现了一种遗世独立的道家情怀。

> 亭之西，雪山嵯峨，玉立霄汉。东则岷江之支洪流达海，亭并长溪，可汲可渔，抱亭几合而去与江会。每风日清美，目因境豁，群虑冰释，神情散朗，超然遗世。或风雨之夕，溪声与竹声乱，耳入清音，幽思以宣，肃如也。或雪或月，亭与竹尽宜，吾兄弟时相过而爱亭甚，日对哦、夜对床者，春与秋多。将弃官归老矣，君与吾弟记之。

四、曹鼐与《中秋》

曹鼐（1402—1449 年），今河北省宁晋县人，明朝吏部左侍郎兼翰林学士。1449 年亡于土木堡之变。英宗复位，加赠太傅，改谥文忠。曹鼐墓至今尚存，在宁晋县东王里村，

---

① 马茂军，张海沙.《二十四诗品》作者考 [J]. 中国社会科学院研究生院学报，2006（2）：119-125.

1993 年成为河北省文物保护单位。曹鼐的代表作《中秋》，继承了李白、苏轼狂放自由的风神，秋高气爽，风卷云舒，海天寥廓，明月孤悬，客醉狂歌，与嫦娥一道，白芒起舞，与自然融为一体。此诗对仗工稳，流畅自然，豪俊犷放，体现了曹鼐不凡的气度和深厚的学养。全诗如下：

> 风卷浮云散九区，海天澄澈月轮孤。三秋爽气凌空碧，一点寒光照太虚。
> 狂客醉酣歌白芒，素娥起舞击苍梧。何须更觅神仙术，我已藏身白玉壶。

五、清初诗人魏裔介

魏裔介（1616—1686 年）字石生，号贞庵、昆林，谥文毅。直隶柏乡（今邢台市柏乡县）人，清初大臣。顺治三年（1332 年）进士，选庶吉士。任太子太保、吏部尚书、保和殿大学士等职。

自顺治到康熙初年，魏裔介以其政治身份，成为一代诗坛之领袖，他的诗学思想是既代表朝廷主流思潮，又掺杂个人的性情因素，保留了更多庙堂文人文学思想的原貌，因而在畿辅地域诗学与文化的建构中有重要的地位。

魏裔介忠厚的性格特征直接决定了其诗学思想的主要内涵是儒家的诗教，推崇中和清雅的儒家诗学观念。在这种观念的指导下，一方面他反对当时的淫艳浮靡、绮靡淫佻的诗风，推举前代诗人杜甫和李梦阳作为诗歌创作的典范；同时，他认为诗歌除尊尚体格外，最主要的应该是抒发诗人自己的性情，明代公安派敢于抒发个人之真性情比复古派的雕章琢句更能符合诗歌的创作理念。

魏裔介的诗歌作品中，不仅有忠厚、复归大雅、境界阔大、叙述流畅之作，也有凸显诗人情怀的流畅圆润之作。如《凹泽仅二里有江湖万千之秋》：“清旷来风雨，寒塘汇碧流。翠微封古寺，红树障飞楼。暝色春城晚，清言万丈幽。因思淮北日，天际发归舟。”《送友人白青玉归》：“故园一片月，相照共生平。俭岁无忧色，山田惟力耕。床头留旧酿，世事尽浮名。余亦明年去，闲看春草生。”这首送别诗表达了作者与友人真挚的友谊和期望摆脱尘世浮名羁绊的情怀。这首五律风格平易自然，不事雕琢，外平淡而实美丽，颇有陶渊明的风神。《咏玉簪花》诗曰：“烦暑拟将退，幽花渐吐茎。不争桃李色，岂有绮罗情。澹澹迎朝露，娟娟对晚晴。秋风行有信，芳馥满前楹。”情怀澹荡，体物细腻，诗风清新流利，构成了其诗歌创作的另一种倾向。徐世昌在其传记中评价魏裔介之诗：“诗宗陶、韦，而于君臣、父子、兄弟、友朋之间，尤惓惓三致意焉。”即是此意。

魏裔介的诗集中有许多描写燕赵自然和人文景观的诗作，如《南和十二景吟》等。其中十二景之一的《仙京平泉》：

> 古树扶疏映雉墙，垂红秋色正苍苍。野花满地喷娇茜，芳草齐塘迟碧凉。
> 一井渟泓甘若醴，半池明月夜生香。中泠相去知无几，何必图澄学洗肠。

诗歌的最后一句还引用了邢台历史上的佛图澄洗肠的典故。

六、诗词研究大家顾随

顾随（1897—1960 年），邢台清河人，字羡季，别号苦水，晚年号驼庵。他一生致力于古典诗词的研究、教学和创作，是一位古典文学研究专家，又是诗词作家。其论词说诗见解深微、精彩卓绝，其诗词创作情真意切、沉郁流转，尽显大师风采。其著作主要包括诗词集《无病词》《苦水诗存》等，学术著作有《元明残剧八种》《佛典翻译文学》等。

他在《木兰花慢·赠煤黑子》一词中成功地塑造了"煤黑子"的形象，续写了白居易《卖炭翁》的感动。

> 策疲驴过市，貌黧黑，颜狰狞。倘月下相逢，真疑地狱，忽见幽灵。风生。黯尘扑面，者风尘不算太无情。白尽星星双鬓，旁人只道青青。豪英。
>
> 百炼苦修行。死去任无名。有衷心一颗，何曾灿烂，只会怦怦。堪憎。破衫裹住，似暗纱笼罩夜深灯。我便为君倾倒，从今敢怨飘零。

送煤工为了万千家庭的温暖，面目变得"黧黑""狰狞"，其中"白尽星星双鬓，旁人只道青青"一句饱含了对劳苦大众深厚的人文关怀。在创作上，顾先生极为重视思想感情的作用。

顾随的《贺新郎·咏驼》则通过描写骆驼历经几千里大漠风沙的艰难旅程而从不放弃，表达了作者对骆驼坚韧深沉品格的崇敬。

> 又是寒冬矣。也颇思、村醪取暖，市楼买醉。踽踽行来举头见，一队明驼迤逦。爱他有些儿画意。
>
> 曲项高峰肉蹄软，想来从大漠风沙里。一步步，几千里。庞然卧息长街内。又木然、似眠似醒，非悲非喜。
>
> 偶一摇头铎铃响，声落虚空无际。有谁识、此君心理。万里长城曾见否，问凋零破败今余几。驼不语，蹶然起。

词中"一步步，几千里"，"驼不语，蹶然起"，骆驼担荷艰苦却无怨无悔的品格，令历经人生各种艰难的顾随产生了极大共鸣。顾先生以驼自喻，把自己的书房命名为"倦驼庵"。

尚实重义的邢襄民风，哺育出质朴粗犷、重气浓情的文风，与5 000年中华文化同步。邢襄文学从先秦到元明清，茫茫千载，一路风雨，魏收、魏徵、宋璟、张祜、常建、于濆、刘秉忠、元明善、曹鼐、魏裔介、顾随等邢襄作家，引领邢襄本土文学的发展，使邢襄文学成为中国古代文学不可或缺的一部分。

第三节　刘秉忠的文学成就

元代初期的邢州人刘秉忠，不但在政治、建筑、科技等方面大有作为，他作为邢州学派的杰出代表，在诗歌和散曲等方面也有很深的造诣。

一、刘秉忠的诗歌

评价刘秉忠的诗歌成就，主要依据《四库全书》所载《藏春集》6卷，卷本以收录诗和词为主，据统计《藏春集》中共有诗词5卷，收录七律239首，七绝151首，词79首，附录1卷，载刘氏行状、墓志、神道碑等。

刘秉忠是一个学贯儒释道三教思想之人，以儒家思想为主，他的诗歌理论以儒家传统诗教为主，但是同时也受到其他两教影响，因此，形成了比较独特的诗歌创作理论。在诗歌理论方面，刘秉忠提倡诗学"雅骚"，主张向《诗经》与《楚辞》学习，表现社会人生。《诗经》与《楚辞》一直被历代诗人视为学习的典范，刘秉忠就是它的一个践行者。刘秉忠认为，作诗首先需要研习"雅骚"，他的两首《吟诗》正能表现出这样的诗歌创作理论。

> 帷里吟情含蓄原，胸中造物混茫开。拈时轻快功夫到，得处平常磨炼来。
> 骚雅清雄随事赋，纵横长短可题裁。癖成未有惊人句，马上窗前愧不才。

> 七情荒逸难追雅，六义纷纷始到骚。句稳先须扁长短，字工端要定推敲。
> 言当精当功应少，意不包含气谩高。脱手若能圆似弹，千回万转任吟嘲。

在诗集《藏春集》中，刘秉忠也有多篇诗作提到《诗经》与《楚辞》并引用其中的典故和人物，这一做法也进一步论证了他对追溯诗歌创作源头的践行。如《秋感》中写道：

> 流光渐渐日相抛，镜里班班见二毛。世事短长量不定，人生趋舍咄徒劳。
> 愿翻夜月还三楚，鹤驾秋风唳九皋。独有紫庭闲散客，碧云哦罢读离骚。

又如《寄友人四首》其一写道：

> 闲里诗书慰寂寥，低垂绛帐谢尘嚣。心如秋月十分朗，病逐春冰一向消。
> 陋巷颜渊贫有乐，安车子贡富无骄。更看万丈颓波里，砥柱巍巍不动摇。

这两首诗中都提到了读书、读诗，就是诗人在呼吁多读《诗经》、《离骚》、佛经，追求内心平静安定，远离尘嚣，反映了他追求"雅骚"的诗学观。刘秉忠作诗博采众诗人之长，虽不能说他是位集大成的诗人，但他这种儒释道多元结合的创作理念值得提倡。

刘秉忠主张诗歌反映社会人生，但是诗人所生活的地区是金元之际北方的邢州，其时正是"中州隔绝，困于戎马，风声习气，多有得苏氏之遗，其为文亦曼延而浩博矣"，其诗歌创作理念自然受到了苏轼风格的影响。因此，刘秉忠的诗论提倡以自然为宗，这"自然"一方面是受苏轼影响。苏轼论诗主张自然，反对人为雕琢，然而他的自然不是"窘乏"的朴素，而是经过了"绚烂之极"后的平淡，是将"人为"和"雕琢"同化在其"自然艺术"之后的"自然"。刘秉忠的自然即是学习了苏轼经过雕琢的阶段，而追求的"一字莫教无下落"的美学规范。这"自然"的另一方面是释道二教的人生观、哲学观影响了刘秉忠的诗歌美学追求，禅宗追求的是心性的本真，是不被污染的原始状态，即"自然"。道教更是将"自然"视为最高境界。从哲学上来说，道教尊重自然，善待万物，认为自然是道性的显现，万物皆有道性。其提出的"素朴""自然""真实"的观点便成为刘秉忠"抒真情、写真意"与"意明辞达"的理论基础。

二、刘秉忠的诗歌类型

刘秉忠的诗歌创作，题材丰富，主要包括怀乡诗、军旅诗、赠别诗、咏史咏物诗等。

（一）怀乡诗

刘秉忠对故乡邢州感情深厚，这一方面源于中国人对家园的深深眷恋之情，另一方面更是由于邢州承载着诗人的政治成就。了解刘秉忠生平便知，刘秉忠早年即为邢州节度副使，虽满怀抱负却无处施展，被迫远离故乡，数年后因奔丧回归故里，却因故乡的破败、百姓的苦楚而深深伤感。所以在他为忽必烈所重用之后，便多次上书请求治理家乡，并将家乡贤能之士推荐给忽必烈，因此，与大多数诗人只停留在吟诵思乡之情不同，刘秉忠的怀乡诗是将思念家乡与建设家乡结合统一。如《思友人》中写道：

> 乱飚苍山壮地形，西风白草动秋声。几条野水马争饮，一带黄田人不耕。
> 蜗舍雁程随处客，龙冈鸳水故园情。关河月底人千里，一夜相思白发生。

该诗写的是邢州当时破败的情景，"西风白草""几条野水"，场景萧瑟，环境恶劣，所到之处皆是兵荒马乱、人田荒芜，诗人如雁行一般，多年在外漂泊，虽是"随处客"但依然对家乡与亲友含有无限的思念之情。

1246年冬天，刘秉忠父亲去世的消息传到了和林，忽必烈"温言慰谕"，赐黄金百两，并于次年春天遣使将刘秉忠送回邢州，面对阔别将近10年的故乡，刘秉忠万般感慨，写下了《丁未始还邢台三首》：

> 十年朔漠到乡城，里巷传闻喜复惊。老者相看更相命，小童争拜又争迎。
> 忘怀不讲世俗礼，无外始知乡党情。向日垂髫尽冠带，旋通小字始知名。
>
> 布袍抖擞客途尘，闾里归来感慨频。一代衣冠风又变，十年城郭物还新。
> 黄者总作墓中鬼，街巷半局乡外人。精舍东边存旧宅，眼前浑不识比邻。
>
> 清明左侧上归鞍，急到邢台六月间。万里春风吹绿鬓，一城和气暖朱颜。
> 昔年林下闲为贵，今日乡中贵是闲。布衲蓝衫人调笑，如何不着锦衣还。

忽必烈听从刘秉忠的建议，以汉法治理邢州，取得"邢州大治"的显著成绩后，刘秉忠的欣喜之情溢于言表，他在《过田家》中写道：

> 柳映长堤水浸沙，夏初骑马过田家，鸣鸡唤住西天雨，桑叶如云麦始花。

邢州逐渐恢复了往日的富庶与繁华。

刘秉忠《藏春集》收录的390首诗作中有17首怀乡诗，除前面提到的《丁未始还邢台三首》，还有《将归见雁》、《岁末有感三首》其三、《宿中山乾明寺》、《岁暮遣怀》、《思友人》等。刘秉忠后半生追随忽必烈去过很多地方，但是走的路越多，诗人对故乡的思念就越深，即使在梦中诗人也饱含对故乡的思念之情。他有很多诗句涉及羁旅思乡：

> 接地阴云晚不开，故乡归梦到邢台。枕边忽听雷声起，风雨揪揪一泼来。
> 几年羁旅雁声里，千里家乡蝶梦中。梦到家来殊不远，情随人去更还多。

（二）军旅诗

研究刘秉忠的军旅诗，首先要考究刘秉忠追随忽必烈一同进行的征途路线。据历史资料考证，刘秉忠一共进行过三次出征，第一次是在1253年，跟随忽必烈一起南征大理，1254年冬返回桓州。此次南征元军分三路南下进攻，刘秉忠随忽必烈中路南下，《元史·世祖本纪》中对其行程路线有所记载：

秋八月，师次临洮……九月壬寅，师次忒剌……乙巳，至满陀城……冬十月丙午，过大渡河。又经行山谷二千余里，至金沙江……丁酉，师至白蛮……庚子，次三甸……十二月丙辰，军薄大理城……

由此可见，其主要经过临洮、忒剌、满陀城、大渡河、金沙江、白蛮、三甸、大理城等地，这些地点在刘秉忠的军旅诗中都有所反映，如其诗《满坦北边》《西藩道中》《堤畔二首》《乌蛮道中》《乌蛮江上》《过白蛮》《下南诏》《灭高国主》等，与其南征路线大致相符。

刘秉忠的第二次出征是在1257—1259年，跟随忽必烈率军进攻南宋，对此《元史·世祖本纪》记载为：

岁戊午冬十一月戊申，祃牙于开平东北，是日启行。岁己未春二月，会诸王于邢州。夏五月，驻小濮州……秋七月甲寅，次汝南……八月丙戌，渡淮……壬辰，次黄陂……辛丑，师次江北……己酉，抵鄂，屯兵教场。庚戌，围鄂……己丑，至燕。

记载中的邢州、濮州、汝南等都属河北、河南境内，由此可推知，这次出征的主要路线是从开平经由河北、河南，最后抵达湖北。刘秉忠的《过也乎岭》《鸡鸣山》《过居庸关》《过并州》《自泽州过怀卫》《过天井关》等诗可以为证。

刘秉忠第三次出征是跟随忽必烈同与阿里不哥进行汗位之争，此次出征路线主要集中于西北和岭北地区，据考证刘秉忠的《岭北道中》《西州客中》《驼车行》《将归见雁》等大概写于第三次征途之中。由此可见，刘秉忠的军旅诗所涉及疆域范围广大，因此其军旅诗所描写内容丰富，地域特点鲜明。诗中表现了异域风土人情和独特地貌，如其诗《乌蛮》和《过玲珑山》：

华夷图始岂虚传，经过分明在目前。日月照开诸国土，乾坤包著几山川。
曾闻仙阙多官府，足信人寰有洞天。万木岁寒青不落，乔松古柏想长年。

世外徒闻说洞天，桃源迷路再无缘。摩青磈磊谁能凿，透白玲珑自可穿。
别有一壶藏日月，正看万窍吐云烟。劳生得遇崆峒客，炼诀还丹问隐仙。

这两首诗表现出乌蛮之地的奇特风貌和玲珑山中的世外美景，表达出诗人对异地风貌和景致的赞美与喜爱之情。类似的诗作还有《过居庸关》《驼车行》等：

车箱来往若流泉，绝壁巉岩倚翠烟。限破中州四十里，凿开大路几千年。
函关不谓平如地，蜀道谁知险似天。万里挥鞭犹咫尺，谁能掌上保幽燕。

驼顶丁当响巨铃，万车轧轧一齐鸣。当年不离沙陀地，辗断金原鼓笛声。

刘秉忠的诗歌还有表现战功赫赫的篇章。他作为忽必烈的贤士门人，自然赞扬元军的骁勇善战、英雄战绩，但同时也在诗中表达出对战争利害的理性思考，如七律《过百蛮》和《云南北谷》。

脊背沧江面对山，兵逾此险更无难。投亡置死虽能胜，履薄临深未敢安。
赵赵一夫当入路，萧萧万马倒征鞍。已升虚邑如平地，应下诸蛮似激湍。

征馨震作旅魂惊，直入云南谷口行。一水循环通地脉，四山连壁壮天城。

兵还失律难依险，国既无人立可平。马援班师铜柱在，谁知儿戏得功名。

他的诗作中同样还表现出"神武不杀"的好生之德。虽然刘秉忠跟随忽必烈出征大理、讨伐南宋，歌颂元军的无往不胜，但是却对元军的屠城旧制坚决抵制。他多次上书忽必烈，废除屠城旧法，忽必烈听从刘秉忠和臣僚们的劝谏，下达止杀令，体现其好生之德，赢得民心，从而也加速了元军征伐的胜利进程。因此，在刘秉忠的军旅诗中也有多篇对忽必烈这种"神武不杀"仁德之心的赞扬，如其《过鹤州》与《山寺》：

千山险阻此川平，未审州何鹤得名。绿水洄还浇万垅，黄尘隐约认孤城。

田畴傍舍从恒产，兵火谁家得乐生。伐罪今行原不杀，远蛮归服感仁声。

棕花堆白麦苗青，山寺南头帐玉停。流水纵横成篆字，远山前后簇园屏。

汉唐浩瀚开疆土，蛮貊依旧在典刑。士庶何曾避戎马，总知仁主惜生灵。

（三）赠别诗

赠别诗是诗人用来送别友人的诗歌，刘秉忠的《藏春集》中有赠别诗 69 首，这些赠别诗中有具体对象 16 人，大多是刘秉忠的佛道师友，同僚至交；没有标明具体赠别对象的，也多是诗人的同乡或亲朋。这些对象是诗人社交的主要载体，因此在这些诗中蕴含了诗人真挚的情感和朴实的心态。这些诗有的是对亲友抒怀达意，表达自己的理想抱负，期待建功立业，报效君主，救济苍生；有的也表现出厌倦仕途，寄情山水，向往闲淡静雅的生活。这两种相互矛盾的情绪经常充斥在刘秉忠的赠别诗中，如其《别张平章仲一》：

四旬未老头先白，可笑区区纸上名。张翰且休归故里，谢安应不负苍生。

穷通此际难开口，离合中年易动情。恨杀溪流与山色，天南地北送人行。

再如《寄津长老》：

云溪侧畔竹林边，未塞平生未了缘。诗里久怀方外士，酒前犹伴饮中仙。

真经纵眼开金卷，难字还慵捡玉篇。槐火石泉烹雪蕊，阿师此梦共谁圆。

刘秉忠赠别诗的另一个主题是劝慰酬谢。诗人除了借诗歌抒怀传情外，还借助诗歌表达对亲友的劝慰和答谢之情。或是对友人的盛情款待作诗答谢，或是对友人的苦闷与感伤作诗劝慰，如诗作《寄张平章仲一二首》其一、《寄中山乾明寺主》、《答崔梦臣》、《答隰客》等：

寄张平章仲一二首（其一）

主家殷重客宽怀，席面春风胜谢台。弦管美声消酒晕，壶觞清兴引诗才。

翠帘重卷月新上，羯鼓不摧花自开。帽侧袖垂扶又倒，家人轰笑醉归来。

寄中山乾明寺主

十年朔漠走风尘，今日乾明伴水云。长老周旋待宾客，僧中也有孟尝君。

答崔梦臣

青春去却再难寻，白发还从鬓际侵。顾我百年成几事，得人一语胜千金。

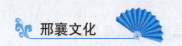

佳宾久望孙弘阁，旱稼专祈传说霖。此意朱弦但聊复，不能声处有知音。

<h3 style="text-align:center">答隘客</h3>

坎蛙自蔽无余地，海若汪洋纳百川。士子行藏须达节，人生贵贱定由天。
翰林自不拘吟放，御史谁曾管醉颠。万事转头都是梦，枉教愁扰转头前。

（四）咏史咏物诗

咏史诗是我国诗歌的传统题材，是将诗人的自我情志蕴含于对历史人物和历史事件的点评中，以此传情达意。刘秉忠的咏史诗虽数量不多，但主题鲜明，主要表现为通过对历史豪杰的追慕，寄托自己的政治抱负。

对历史人物的吟咏刘秉忠主要集中在诸葛亮身上，与诸葛亮有关的咏史诗多达5首，分别是《读诸葛传》《署先主孔明》《诸葛亲细务》《卧龙庐》《读梁甫吟》，可见其对诸葛亮的钦佩与仰慕之情，而他之所以如此赞赏诸葛亮，是由于诸葛亮在乱世之中，顺应时势，主动入仕，兼济天下，拯救苍生，这些都与刘秉忠的政治理想相契合。同时，他也感慨自身同诸葛亮一样，能遇良主，感念知遇，希望通过建功立业酬谢贤主之恩。如《读诸葛传》中写道：

圣贤随时出处同，道存元不计穷通。一番天地鸿蒙后，千载君臣草昧中。
玄德必咨当世事，孔明良有古人风。长才自献成何用，三顾还酬莫大功。

整首诗作充满英雄气概，刘秉忠以诸葛亮为榜样激励自己，要辅佐君主，兼济苍生，大展宏图。刘秉忠在追随忽必烈之后，君臣互敬，关系和谐，因此其在《署先主孔明》中写道：

智涉图深往事非，茅庐一论定真依。风云龙虎随时有，鱼水君臣自古稀。
月照锦江翻夜色，烟波玉垒动朝晖。精英不死青天上，留得文昌奉紫薇。

诗中借刘备与诸葛亮的关系暗指自己与忽必烈的关系，感慨自己能获得如此鱼水般的君臣关系。

刘秉忠的咏史诗还表现在抒发以史为鉴、警戒自我的隐忧。他在《读韩信传》中写道：

将将将兵各有权，棋家一着要争先。依平得路犹难保，弄险成功岂易全。
破赵有谋都一日，假齐无分仅三年。良弓高鸟俱尘土，赢得英雄一惘然。

诗中感慨与同情韩信兔死狗烹的悲惨结局，告诫自己要学会功成身退，及时止步。

在刘秉忠的《藏春集》中还有少量托物言志、借物抒情的咏物诗，刘秉忠的咏物诗所吟咏的对象比较丰富，植物有竹、竹笋、梨花等，动物有鹏、凤、鹤、雁、鸠、莺、蝶、蜂等。虽借以咏怀言志的事物多样，但所抒发的思想较为集中，主要体现在以下方面：

一借"鹏""凤"等形象表达自己救济苍生的远大理想和建功立业的雄心壮志。如：

击水三千云翼垂，抟风九万赴天池。蓬蒿斥鹦休想笑，我志应非尔所知。
来仪之日贺清朝，一返丹山信息遥。倘使而今有归意，谁能复奏九萧韶。

二借所描绘事物抒发自己的闲情逸致和清静恬淡的境界情怀。如：

化禽原是帝王身，万里飞来逼暮春。尘路尽奔名利客，苦啼归去劝何人。

此外，刘秉忠还喜欢以竹自喻，在其咏物诗中，有两首诗是吟咏竹子，即《竹笋》和《竹》：

> 亭亭瘦玉倚疏篱，日夕摩挲恐长迟。立节未能森似束，出头休若锐如锥。
> 共言爱物总成癖，不道忘情却近痴。料得此君霜雪后，虚心唯有子猷知。

> 几杆苍翠抵千金，对鼓焦桐意更深。双泪洒时匀作点，七贤居处密成阴。
> 飞霜著叶不改色，流水漱根还有音。我似此君君似我，枝枝节节本无心。

纵观刘秉忠的诗歌创作风格，如其人格一般淳朴率真、恬静闲淡。《元史》就从刘秉忠的人格追求角度评其诗歌风格为"萧散闲淡，类其为人"，后世研究也皆认同这一评价。

三、刘秉忠的散曲

刘秉忠现存曲作为 12 首小令，作品数量虽少，然于元散曲发展的研究中却较为知名。门岿、李昌集、赵义山、梁乙真、王星琦等名家都注意到了他的散曲成就以及其在曲坛上的地位，并对其散曲创作的特色和贡献于深入探讨后给出了允当的评价。相比其诗词文，其散曲得到的关注要更多更深。

刘秉忠的散曲，今知有小令《干荷叶》一组 8 首和《蟾宫曲》一组 4 首，分别载《阳春白雪》前集卷一和《阳春白雪》后集卷一，《全元散曲》收录。

奠定刘秉忠在曲坛地位的主要是他的 8 首《干荷叶》小令。《干荷叶》原是当时以干荷叶起兴的民间小曲，又名《翠盘秋》，此曲属南吕宫，专作小令用。《干荷叶》4 首依次写荷叶从经霜枯黄、柄折、根折，到枝柯倒入秋波的过程，在彻底衰败之后追想当初的繁盛，借自然界中一种具体物的盛衰，表达人事与历史兴衰之慨，曲中表现的虚无与幻灭之感，刘秉忠在诗中词中曾反复抒写。曲中表现的纯是文人格调，没有研究者所说的民歌风味。

《蟾宫曲》4 首，《乐府群珠》题作"四时游赏连珠四曲"，《雍熙乐府》题作"四季"，题旨是很明确的。曲的风格，可借每曲的最后相同的四个字概括为"散诞逍遥"，曲中表现的是高士、隐士、雅士的生活和情趣，正是刘秉忠所当有。曲中表现的，更是文人格调。刘秉忠散曲未脱词之雅，未成曲之俗，带有明显的从词向曲过渡时期的特点。

刘秉忠散曲的突出倾向不是阔大雄浑而是平淡悠远。即使是那秋风中枯败零落的干荷叶，作者寄寓的苍凉意味，使我们也能玩味出其中的旷达，就更不要说市井行乐的风流洒脱了。在其现存小令中，衰败、哀痛、俗艳风格的作品都存在。正如赵义山先生的所说："他以朝廷重臣的身份而向民歌学习，从而创造出一种清新活泼、通俗自然的曲体风格，昭示着元代文人散曲创作的正确道路。刘秉忠对于元散曲发展的贡献，或许正在这里。"

第八章
邢襄著名文化遗迹与古建筑

邢台有着丰富多样的著名文化遗迹与古建筑，它们是先人的智慧结晶，是邢台历史文化的重要载体。邢台的每一处文化遗迹与古建筑都蕴含着独特的历史价值与文化内涵，历经风雨洗礼、岁月沉淀，见证着城市的兴衰变迁，诉说着往昔的辉煌传奇，不仅为我们研究古代社会的政治、经济、文化、宗教等提供了珍贵的实物资料，也让我们在时光的长河中得以追溯邢台的历史渊源，感受古人的生活风貌和精神追求。它们以独特的艺术魅力和历史底蕴，吸引着无数游客和学者前来探寻、研究，成为邢台走向世界的文化名片，彰显着这座城市深厚的文化底蕴和独特的文化魅力。

第一节　邢襄著名文化遗迹

邢襄大地有着美丽的神话传说和悠久厚重的历史，又经历了"五朝古都"的岁月沉淀，这些孕育了邢州大地上众多著名的文化遗迹，它们是历史的见证者，承载着这片土地曾经的辉煌与变迁。从古老的大陆泽遗址，到神秘的鲧堤；从先商、西周的东先贤遗址，到君王谈之色变的沙丘平台遗址；从不同时期的柏人城遗址，到曾阻挡北方铁蹄的邢台明长城遗址，每一处遗迹都诉说着历史的沧海桑田，有着独特的历史价值和文化内涵。

一、邢台大陆泽遗址

邢台任县大陆泽遗址位于任县城东北 15 千米处，大陆泽遗址南北长 10 千米，东西宽 7 千米，为古之漳河以北、泜河以南众水所归处。大陆泽其名最早见于成书于战国的《禹贡》，司马迁在《史记》中也有记载，《尚书·禹贡》中提到"导河积石，至于龙门……北过降水，至于大陆"[1]，其中的"大陆"即指大陆泽。

大陆泽形成于约 2 500 万年前，处于太行山冲积扇与黄河故道的交接洼地，为漳北、

---

① 李学勤. 十三经注疏·尚书正义 [M]. 北京：北京大学出版社，1999：160-161.

泜南诸水所汇，水面辽阔，跨今河北省邢台市的隆尧、巨鹿、任县、平乡、南和、宁晋等县，是中国境内最早发现的第四纪冰川运动遗迹，经过亿万年的河流侵蚀和填充，古大陆泽于冀南平原逐渐形成。尧舜时期，大禹曾引导黄河水经过大陆泽北流入海，春秋中期黄河东移后，大陆泽成为冀南地区众多河流的汇聚之地。在先秦之前大陆泽就曾名列全国著名的九处大型湖泊之内，但隋唐时因植被破坏加剧，入泽河流含沙量大增，泽内泥沙沉积严重，唐后期大陆泽显著缩小。宋大观二年（1108 年），黄河在邢州发生"北流"决口事件，大量泥沙涌入大陆泽，湖底抬高，积水向北部相对低洼的地区排泄，最终汇入宁晋县的低泽，导致后者扩展成宁晋泊，明清时期大陆泽被称为南泊，水域不断缩小，清末渐渐淤平。

大陆泽周边在古代有着适宜人类生存的环境，孕育了古老的文明，它见证了邢台地区从远古到近代的历史变迁，与许多重大历史事件和人物相关联，如尧曾在大陆泽对舜进行考察，后将帝位禅让给舜，留下了众多相关的遗址遗迹，如尧台遗址等，还有如大陆村镇、洨口、延白等体现其历史的地名、村落名，以及小南海、明刘村兴龙寺等寺院名。

任泽区西固城镇发现的一批明清时期碑刻，其中路村的"石桥记"碑刻详细记载了路村村东百泉河水流状况，是古大陆泽变迁的重要佐证；小东吴"甘棠遗迹"碑记载了朝廷官员为大陆泽一带村民免除税赋之事。这些碑刻为研究清代任泽区古大陆泽文化和百姓生活提供了历史证据和实物资料。周边地区还出土过一些其他文物，如宁晋大杨庄出土的五代时期两方墓志，这些考古发现从不同角度反映了大陆泽地区在不同历史时期的社会、经济、文化等方面的情况。

任泽区实施了大陆泽国家湿地公园建设工程，通过"八河十二湖"工程、"两河一路"大陆泽生态修复工程 PPP 项目等，构建"以绿为底、以水为韵、水绿交融"[①]的生态景观，实现了河湖贯通，邢州湖、点水湖等相继蓄水成功，牛尾河、南澧河治理等工程完工，顺水河、留垒河完成水生态治理和全线引水，恢复了大陆泽水网密布的景观，增强了湿地的生态功能，2017 年被国家林业和草原局批复为国家湿地公园试点单位。

二、东先贤遗址

东先贤遗址位于河北省邢台市信都区南石门镇东先贤村及其附近区域，是商代后期和战国时期的重要文化遗存。它南临七里河，东临滨江路，东北距邢台市区约 3 千米，西距太行山余脉 3 千米左右，地势略高于四周，海拔 90 余米，地貌属山前平原地区，占地面积约 75 万平方米，遗址分为东先贤村南文化堆积层区、村北文化堆积层区，其中村南重点遗址区面积为 8 万平方米，村北重点遗址区面积约 10 万平方米。

（一）东先贤遗址的发现和挖掘

1957 年 11 月，河北省文物工作队对邢台地区商代遗址进行普查时发现了该遗址。1998 年、2000 年，河北省文物研究所、中国社会科学院考古研究所和北京大学考古文博院联合对东先贤遗址进行了两次考古发掘，共布探方 17 个，发掘面积 400 余平方米，陆续发掘发现了房址、陶窑、灰坑、墓葬等遗迹，出土了大量遗物，以陶器为主，另有少量石器、骨器及蚌器等，生产工具数量较少，且多数与制陶有关，如陶拍、垫、骨锥等，据

① 王永晨，武娜. 建设幸福河湖，绘就人水和谐生态画卷［N］. 河北日报，2024-08-21.

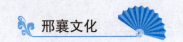

此推断该遗址应为一处制陶作坊。

东先贤遗址的商代文化遗存可分为连续发展的五个时期，东先贤遗址第一期早于殷墟一期而晚于郑州小双桥，与商代祖乙迁邢的时段相吻合，为证明祖乙所迁之邢即邢台，提供了珍贵的考古资料，属于夏商周断代工程中一个重要环节，其发现、发掘丰富了商文化考古资料，补充了西周考古特别是邢国历史研究的实物资料。这里的第二至五期与殷墟一至四期大体对应。

（二）东先贤遗址的保护

2006 年 5 月 25 日，东先贤遗址被国务院公布为第六批全国重点文物保护单位。2016 年，该遗址被国家文物局列入大遗址保护"十三五"专项规划，邢台市编制了《邢国墓地保护规划》和《东先贤遗址保护规划》，划定保护区范围，规划保护区内文物保护、基础设施、展示路线的设计和管理、宣传工作；成立专门的遗址保护管理机构，负责遗址的日常巡查、维护与管理工作，配备专业人员，对遗址进行定期检查，及时发现并处理如自然侵蚀、人为破坏等各类安全隐患，确保遗址的安全；运用先进的科技手段，如地理信息系统（GIS）、遥感技术等，对遗址的环境、文物本体等进行长期监测，定期对遗址的保护状况进行评估，根据监测和评估结果，及时调整保护策略和措施，以适应遗址保护的新需求。对考古发掘出土的各类文物，建立专门的文物库房，配备适宜的保存环境和保护设施，进行妥善保管和保护修复，确保文物的安全和完整性，通过对文物的研究，进一步揭示遗址的历史文化价值，为遗址保护提供学术支持。

三、隆尧柏人城遗址

隆尧柏人城遗址位于河北邢台隆尧县城正西 12.5 千米的双碑乡亦城、城角二村周围，是中国保存较好的古代大城池之一。柏人城遗址北临泜河，正南 1.5 千米为木花岗，东南 1.5 千米为光泰岗，西南 2 千米为马棚岗。三面环岗，地势险要。

（一）柏人城的历史沿革

据以前的地方志记载，柏人城始建于春秋中后期，春秋周襄王十七年（前 635 年），卫侯毁灭邢、并于卫，遂属卫，二十八年晋文公伐卫取邢，又属晋邑，乃为柏人。战国时期，柏人城是赵国仅次于邯郸的第二大城市，是当时该地的政治、经济、军事、文化中心。赵王迁元年（公元前 235 年）曾予以重修，当时赵国只有邯郸和柏人两地铸造钱币，可见柏人城经济繁荣、商业发达、人丁兴旺。两汉时期柏人城为县级行政首府，达到鼎盛。从考古发掘来看，此地出土了大量两汉时期的各类遗存，包括陶器及制陶工具等，为研究当时的制陶业以及城市布局等提供了重要线索。北魏时期，柏人城曾易名"柏仁"城，到唐天宝元年（742 年），因遭水患，柏人城被水淹，县治东迁尧城镇，遂更名为尧山县，历时 948 年的古柏人城被废弃①。

（二）柏人城遗址的规模形制

柏人城城址近方形，西北部为斜角，城墙全长共 8 017 米，其中东城墙 2 225 米，南城墙 1 915 米，西城墙 1 451 米，北城墙 2 426 米，占地面积 4 平方千米左右。城墙平均残高 2~6 米不等，最高处 7 米，基宽 16.5 米，为夯土筑就，城墙夯土层为 10 厘米左右，每

---

① 参见刘心长. 柏人城应是尧始都之地［J］. 邯郸职业技术学院学报，2017（4）.

高 60 厘米铺有一层桄木，桄木间距为 30~60 厘米不等，其作用相当于现代建筑的钢筋。该城共九门，东、西各三门，南二门，北一门，城门宽约 16.5 米，护城河距城墙 10 米，河宽 18 米。中心宫殿建筑区在城内中北部，南北宽 300 米，东西长 1 400 米，占地面积 42 万平方米。

（三）柏人城遗址的发掘和保护

柏人城遗址城墙轮廓较为清晰，保存相对完好，较早便受到关注。1995 年被公布为省级大型重点文物保护单位，2013 年被国务院公布为第七批全国重点文物保护单位。

2016 年、2018 年河北省、邢台市、隆尧县文物部门对柏人城遗址进行了两次考古发掘。2016 年受河北省文物局委托，河北省文物研究所、邢台市文物保护和研究中心对柏人城遗址开展首次发掘。发掘面积共 600 平方米，共发掘灰坑 23 个、路 1 条、沟 1 条、窑 1 座、墓葬 1 座，出土可复原陶器、各类小件 30 件。2018 年河北省文物研究所、邢台市文物保护和研究中心与吉林大学考古学院合作，对柏人城遗址开展第二次考古发掘。这次共发掘 1 000 平方米，发掘灰坑 147 个、灰沟 4 条、墓葬 6 座、房址 2 座、水井 3 个，出土陶、铜、铁和骨蚌器等标本 2 800 余件。此外，在对东城墙北段进行局部解剖时，在城墙旁发现长、宽约 1.65 米的人骨坑，坑内有几百具人骨，人骨均不完整、较为散乱，初步推测为建造城墙祭祀性遗存。

2022 年，经国家文物局批准，中国人民大学历史学院与河北省文物局开展长期合作，在柏人城遗址建立考古实习基地，并进行了第三次考古发掘。此次发掘历时 4 个月，发现了一处规模较大的呈"中"字形的单体建筑夯土，这是该遗址首次发现此类夯土。此次发掘的文化层年代跨度从西汉到东汉，主要遗迹遗物都是两汉时期的，同时也发现了少量战国和唐代及以后的遗物，年代最早的遗物是春秋晚期的鬲足，最晚的是唐晚期邢窑"盈"字款白瓷碗底，初步明确了柏人城遗址在不同时期存在着布局分区。

2023 年 8 月起，中国人民大学师生对柏人城遗址进行了第四次考古发掘，在柏人城遗址北部布设了 16 个 5 米见方的探方，与 2022 年发掘区相连接。经过 3 个多月的发掘，共计发掘了约 400 平方米的区域，深度 2~5 米，发现夯土、灰坑、房址、水井、陶窑等各类遗迹 200 多个。在 2022 年发现的大规模夯土东侧，发现了其延伸部分以及数个排列有规律的磉墩，基本确认这是一处规模较大的夯土建筑基址，主体建筑长约 20 米、进深约 15 米，推测为战国中晚期到汉代的重要核心建筑物。此外，还发现了大量陶器、制陶工具以及陶窑等遗迹、遗物，还有羊、牛、猪等动物骨骼，且很多有加工痕迹，应为骨器半成品，由此推测该区域可能是手工作坊区。

2024 年 7 月，经国家文物局批准，由中国人民大学、河北省文物考古研究院、邢台市文物保护和研究中心、隆尧县文物保管所组成的考古队，对柏人城遗址进行第五次考古发掘，共有三处发掘点：一处在 2023 年发掘位置东南部 200 米处，另外两处是柏人城遗址的东城墙和北城墙，总发掘面积约 800 平方米。此次发掘取得新进展，首次发现了一条宽约 40 米的柏人城主干道，该道路为南北走向，路面存在大量车辙痕迹，路土坚硬，包含大量砂粒、碎砖瓦和碎陶片，两侧堆积有较多废弃砖瓦、陶片，最厚处超过 1 米，分多个阶段，延续时间较长，初步推断一直使用至汉代，为探清柏人城的城市布局和城址变迁过程提供了重要线索。

柏人城遗址考古发掘出土了丰富的遗迹和遗物，包括不同时期的建筑遗迹、墓葬、灰坑、陶器、青铜器、铁器等，为完善从春秋至唐的地方城市发展脉络、明晰赵国政治经济格局及相关历史事件提供了实物依据，极大丰富了历史研究资料。柏人城遗址的布局和结构反映了古代城市规划的理念和方法，如城墙的修筑、城门的设置、宫殿建筑区的位置等，都体现了当时在军事防御、交通组织、功能分区等方面的考虑。这些经验对于现代城市规划和建设具有一定的借鉴意义。

四、邢国墓地遗址

邢国墓地遗址，位于邢台市信都区葛家庄，经学者根据出土文物考证此为邢国公室墓地。1993 年，在河北轮胎厂扩建的过程中，邢台市信都区葛家庄发现了内涵丰富的先商遗址及分布密集的周代墓群，这是邢国墓地被首次发现，此后又经多次发掘，目前遗址规模东西长 2 000 米，南北宽 500 米，总面积 100 万平方米，在此范围内密集分布着两周诸侯、贵族墓葬，先商及商代中、晚期遗址。

（一）邢国墓地遗址概况

1997 年，考古人员对该遗址进行了大规模发掘，共发掘大型墓 3 座、中小型墓 30 余座，其中西周时期的 20 余座，春秋时期的 2 座，出土了一批珍贵文物。此后，考古工作者持续对邢国墓地进行研究和保护工作，又有诸多新发现。截至 1999 年，共发掘发现墓葬 500 余座，其中大型墓葬 6 座，包括邢侯墓 4 座和邢侯夫人墓 1 座，以及中型墓葬 31 座，其余为小型墓葬，大型和部分中型墓葬有陪葬车马坑 35 座，发掘面积共计 4 200 平方米，发现房址 6 座，窖穴、灰坑 120 余个，出土青铜器、金器、漆器、玉器等各类器物 1 500 余件，后又累计出土各类器物 3 000 余件。1999 年对遗址北区的发掘中，发现的文化遗存可分为四期，分别属于龙山文化晚期、先商文化、中商文化和晚商文化。

邢国墓地遗址出土文物种类丰富，包括青铜鼎、簋、戈、剑及青铜工具等铜器，各类动物形象如鱼、蝉、猪、龙等的玉器，尊、豆、器盖等原始青瓷器，鬲、簋、罐、豆、器盖等陶器。这些出土文物为研究商周时期的历史、文化、艺术等提供了珍贵的实物资料，例如 M72 号墓中出土的玉戈、青铜剑，M73 号墓中发现了幸存在二层台上的青铜鼎、有铭铜簋及蚌饰件。M202 为大型甲字形墓，出土了随葬 6 辆马车和大量精美的车马器。

除此之外，在邢台市信都区南小汪村亦发现邢国墓地遗址，该遗址区内发掘清理的百余座西周墓葬，大部分为中小型墓葬，贵族墓葬亦有零星发现。

（二）邢国墓地的保护

自从邢国墓地遗址被发现后，邢台市相关单位对古墓葬进行定期监测，安装监控设备、加强巡逻和警戒等，防止盗掘等不法行为的发生，确保墓地的安全。2006 年，邢国墓地被国务院列入第六批全国重点文物保护单位。2016 年，邢国墓地被国家文物局列入"十三五"期间重要大遗址规划。同年，邢台市文物管理处与河北省文物部门协商，将葛家庄墓葬发掘的文物引回本市。邢台市正在编制《邢国墓地保护规划》，该规划通过后，邢国墓地的保护就有了专门法规。为了寻找邢国都城遗址，文物部门正在利用卫星遥感技术，寻找城墙的位置。另外，邢台市启动了邢国墓地遗址公园规划建设工作，拟将遗址密集区建设成为考古展示区，基本还原邢国墓地的历史原貌，并在文物保护基础上，体现旅游元素，远期将其建设成为国家考古遗址公园，通过合理开发利用促进保护。

葛家庄遗址是商周时期重要的文化遗存，见证了邢台在商周时期的重要地位和灿烂文明，是邢台历史文化的重要载体。邢国墓地遗址的发现解决了学术界争论多年的邢国地望问题，证实了邢侯都城就在当今邢台市区或附近的郊区，为先商文化及商族起源"河北南部说"提供了考古新资料，也为研究邢国历史、周代丧葬制度以及西周时期的邢文化提供了珍贵的实物资料，为研究中国古代文化的多元性和传承性提供了重要线索。

五、鹿城岗遗址

鹿城岗城址位于河北省邢台市北郊元庄村北。城址随地形而建，南高北低，背山面水。城址平面略呈不规则形，东西约 2 000 米，南北约 2 000 米，占地面积约为 48 万平方米。"鹿城岗位于太行山脉丘陵区和平原区交接处，西部为岗，直通太行，东部低洼，俯瞰华北平原，北临白马河，南接泉水湿地，符合古代建造城池的选址理念。"①

（一）鹿城岗遗址的发现及发掘

2005 年 8 月，邢台县西沙窝村村民温凤岐向邢台名城办工作人员提供了线索：鹿城岗可能就是邢国古城遗址。邢台市名城办主任刘顺超"看到高大的城墙，明显的夯土层，清晰的夯窝"等古代城址特点后，就向上级汇报，随后引起了高度重视，一系列的考古勘探和研究工作由此展开。

2005 年 9 月份邢台市政府邀请 10 余位专家考察之后，发现有夯筑城墙和瓦当残片，认为鹿城岗遗址发现具有重大意义。2006 年 2 月 28 日河北省文物研究所到邢台市全面考察，3 月 13 日河北省文物工作队进驻工地，正式启动第一期勘探工作。"他们发现，鹿城岗遗址城墙高出地面 1~8 米，破坏程度严重，只有西城墙残留大部，北城墙西端、南城墙一段，仍有保留。南北墙距离 500 米，东西 800 米左右，整个古城呈不规则长方形。南城墙中部偏西有一豁口，推测为南城门旧址。""他们在西、北两处城墙各挖掘出一个工作面，对城墙进行解剖。他们发现，北城墙的横断面底宽为 13.5 米，夯土层清晰，质地紧密且极硬；夯窝明显，深浅不一，城墙系自平地建起，有夹板痕迹，没有发现基槽，也没有发现护坡。城墙内外出土的陶片、瓦当和铜镞为东周时期的遗存，遗址是东周时期确定无疑。"② 在鹿城岗遗址城垣坍塌堆积中出土有陶器、铜器和石器三类，保留了丰富的原始信息。

（二）鹿城岗的来历

据明代成化年间《顺德府志》和清乾隆六年（1741 年）《顺德府志》记载，西周初年，邢侯姬苴随父亲周公东征邢地后，被周成王封于邢，获许按天子制建立城池。邢侯选定鹿城岗作为筑城之地，并命随从立标，然而晚间一只鹿跑到岗上，叼起城标飞奔它处。周人将鹿视为神圣吉祥之兽，邢侯认为这是吉祥的征兆，于是人们便将此地称为鹿城岗。鹿在古代本就是吉祥的寓意，先秦时期很多大型祭祀都需要有鹿，鹿又与禄同音，渐渐鹿便成为权力、权势的指代，因此《史记·淮阴侯列传》："秦失其鹿，天下共逐之。"③ 裴骃集解引张晏曰："以鹿喻帝位。"④ 也经常有"逐鹿""获鹿"之说。

---

① 董广顺. 邢台鹿城岗惊现东周古城遗址 [N]. 河北日报，2006-04-12 (011).

② 同①.

③ [汉] 司马迁. 史记 [M]. 北京：中华书局，2017：2629.

④ 同①.

（三）鹿城岗遗址的保护

2008 年 10 月，鹿城岗城址被河北省人民政府公布为省级文物保护单位。2013 年 3 月 5 日，鹿城岗城址被中华人民共和国国务院公布为第七批全国重点文物保护单位。

六、清河贝州古城遗址

清河贝州古城遗址位于河北省邢台市临西县县城东南的仓上村东，是北魏至金代的古城遗址。在当地民间，一直有关于古代城市的传说和记忆。一些老人会讲述过去这里有高大的城墙、繁华的街市等故事，这些口口相传的内容为贝州古城遗址的发现提供了早期线索。同时，在农业生产等活动中，村民偶尔会挖出一些古代的砖瓦、陶瓷碎片等。20 世纪 80 年代，当地的文物工作者就开始关注贝州古城遗址，并进行了初步的调查和研究，发现了城墙、城垣等遗迹以及一些陶瓷碎片等文物，1982 年贝州古城遗址被公布为县级重点文物保护单位。

（一）清河贝州古城遗址的考察和发掘

贝州古城遗址被公布为县级重点文物保护单位以后，考古人员对遗址进行了更深入的勘察，进一步确定了遗址的范围、城墙的走向和残存情况等基本信息，对城址的布局和结构有了更清晰的认识。

清河贝州古城遗址发现了大量的城墙遗迹，城墙的夯土结构清晰可见，部分城墙残高仍有数米，还出土了城门基石、房基等建筑遗迹。遗址面积较大，体现了当时城市的宏大规模。其城墙周长约 10 千米，城郭呈方形。另外还出土了丰富的陶瓷文物，包括唐宋时期的各类瓷器，如邢窑白瓷、磁州窑瓷器等。这些瓷器的种类繁多，有碗、盘、瓶、罐等，有的带有吉祥寓意的图案，瓷器上的装饰图案和造型可以展现当时的绘画、雕刻等艺术形式，反映了当时的制瓷工艺和审美观念，也能体现当时人们的宗教信仰、生活习俗等文化内涵。遗址中还有铜器、铁器等金属文物出土。其中，铜器包括铜镜、铜佛像等，铜镜的纹饰精美，铁器则有农具、兵器等，为研究当时的农业生产和军事装备提供了实物证据。

（二）贝州古城的确认和保护

考古专家通过查阅《旧唐书》《新唐书》《宋史》等历史文献，发现其中对贝州的地理位置、城市规模、经济繁荣程度等方面的描述与考古发现的遗址情况相契合。例如，文献记载贝州在唐宋时期是重要的城市，交通便利，商业繁荣，而考古发现的遗址中存在规整的街道布局和丰富的商业、手工业遗迹，从而相互印证，最终确定了贝州古城遗址的身份。

1993 年，贝州古城遗址被河北省人民政府公布为省级重点文物保护单位。21 世纪以来，随着考古技术的不断发展和对大运河文化遗产保护的重视，围绕贝州古城遗址开展了更为系统的考古工作。2014 年中国大运河申遗成功后，河北省持续推进大运河沿线重要遗址遗迹考古工作，贝州古城遗址作为与大运河密切相关的重要历史文化遗址，其考古工作也得到了进一步加强。

2019 年 10 月，贝州古城遗址被中华人民共和国国务院公布为第八批全国重点文物保护单位。2022 年，清河县文旅局为弄清隋唐贝州城遗址的确切位置，进一步研究清河历史文化遗产，经河北省文物局同意，由邢台市文物处实施并安排邢台市大邢文化遗产保护中心考古调查队进驻清河进行了考古调查。2024 年，河北省文物考古研究院等单位在对大运河永济渠衡水段的勘察中，也涉及对贝州古城遗址相关文化内涵的研究，通过对遗址出土文物的分析以及与周边地区遗址的对比，进一步探讨贝州古城在大运河历史文化中的地位和作用。

邢台的古代文化遗址犹如一部部无言的史书，生动地记录着这片土地上曾经辉煌的历史与灿烂的文明，见证了邢台作为中华文明早期发源地之一的重要地位，以及在历史长河中所经历的多次兴衰变迁。这些古代文化遗址的发现与研究，为我们了解邢台地区在不同历史时期的政治、经济、文化等方面的发展提供了丰富而翔实的实物资料。随着考古工作的不断深入和文化遗产保护意识的日益增强，邢台的古代文化遗址得到了越来越多的关注和保护。这些遗址不仅是学术研究的重要资源，也是开展文化旅游、传承和弘扬中华优秀传统文化的宝贵财富。

第二节　邢襄著名古建筑

一、邢台清风楼

邢台清风楼位于河北省邢台市襄都区东门里街与府前南街交叉口北 50 米，处于邢台古城的中轴线上、原顺德府衙南面，是中国北方现存较为完整的明代古楼之一（见图 8-1）。

（一）邢台清风楼的历史沿革

据《顺德府志》记载清风楼始建于唐宋时期，在当时它已是河朔名楼，但因战乱等原因被毁坏。明朝宪宗成化三年（1467 年），邢台知府黎光亨不惜巨资重新修建，并始以"清风"命名，沿称至今。清光绪版《邢台县志》的《清风楼记》记载了此事，"发公帑之赢，鸠工伐木，作郭门郡治之东南，上为巍楼，匾曰清风楼"，文内还记述了知府黎光亨重建清风楼的目的，一是"政暇集客登其上，四牖洞辟，徘徊远眺，以悦目称心，备享其乐"，即为供这些文人政客登临消遣，二是"皇风清穆，来自帝侧，我先宣之，播于八极，保我皇图，巩为盘石"，即为了自我标榜清廉一身的豪气，表明自己从皇帝身边而来，要忠君报国、巩固江山。重建后的清风楼具有典型的明代建筑风格。

清光绪二十八年（1902 年），直隶总督袁世凯下令邢台县知县戚朝卿等人主持修缮，以此迎接慈禧太后和光绪皇帝的"两宫回銮"。1928 年，国民政府京畿卫戍总司令鹿钟麟于邢台清风楼上开办中山图书馆，将其作为公众文化活动场所。中华人民共和国成立后，邢台清风楼多次修缮，1982 年被列入河北省级文物保护单位，2019 年被国务院列入第八批全国重点文物保护单位。

（二）清风楼的建筑特色

清风楼整体结构为重檐歇山式，总高 7 丈①多，因古称高 10 丈，又名百尺楼，共分三层。二、三层是歇山式重檐复屋四角攒尖顶的木质斗拱结构，飞檐外张，前后有廊檐柱，外围有栏杆，楼基座落在旧城制高点上，凭栏远眺，可将古城全景尽收眼底，故有"郡楼远眺"之称，也是旧时"邢台八景"之一和顺德府十二景之一。

清风楼的布局：下部为一座方形大台基，拱券洞门南北穿通，阶梯在西侧。第一层台柱环绕，外围设立砖花栏杆，四周设有围廊，中间有拱形券门，门内可通车辆行人，夏日还可在此避暑。第二层的围栏用青砖砌成，中间为正厅，南北两扇门对开，门两旁连有大型花窗，厅内有王维的四季山水图刻石（春景石刻已丢失）、诗人李攀龙的清风楼题咏诗石刻，以及其他顺德府官员作的清风楼题咏诗石刻共计 13 方，东南角设有楼梯可达第三层。第三层为木质楼板，正厅四面开门，设有花窗，正厅四角铺设青砖，并开有八面满月形洞窟，称为"四牖洞辟"。2001 年，邢台清风楼由河北省文物局主持落架重修。这次重修除略去了第三层正厅四角的八个满月形洞窗外，其他一仍其旧保留了清风楼的明代建筑风格。檩题下有一巨匾，榜书"清风楼"三字，原为明代一宰相所书。

图 8-1　清风楼

（三）清风楼相关文物遗存

1. 王维四季图石刻

在清风楼的第二层正厅西南墙壁、西墙壁与北墙壁上，原有一组相传为唐代大诗人王维所作的春、夏、秋、冬四季诗画的石刻，现在春景石刻已经流失，仅存夏、秋、冬景石

---

① 1 丈 ≈ 3.33 米。

刻。这些石刻体物精细、风物传神，是不多见的文化艺术珍品。

2. 李攀龙及其他官员的题咏诗石刻

清风楼第二层厅内有明嘉靖年间顺德府知府李攀龙的清风楼题咏诗石刻，以及明清两代其他顺德府官员所作的清风楼题咏诗石刻共计 13 方，这些题咏诗从不同角度描绘了清风楼的景色与文化内涵，具有较高的文学与艺术价值。

3. 《清风楼记》石刻

清风楼内还存有明代陈音编修的《清风楼记》石刻共 10 块，同样对邢台清风楼一年四季风光进行了描绘，是研究清风楼历史与文化的重要资料。

4. 其他相关文献

《清风楼》绝句

［明］黎永明

人海红尘丈五深，夜来才息晓相寻。清风独在青宵外，故作层楼共古今。

顺德府志

［明］李京

郡城内有楼焉，高十余丈，俯视城内外，望十五里远。西山爽气，入窗牖栏楯间，日夕万家烟火，如缕如织。城南七里河如带，百泉、达活泉如雨落星湾。鼓钟其上报晨昏，为郡谯楼。进府署由楼下行。建自唐宋。

百尺丽谯不记年，千家灯火夕阳天。登临平讶乾坤合，荡漾低看日月悬。帘卷行山来暮景，窗开陆泽起寒烟。钟声报漏仍高望，夜气苍茫北斗边。

（四）邢台清风楼传说

除了顺德府知府黎光亨标榜的原因以外，邢台清风楼建造的原因还有一些传说。

1. 镇压龙脉说

传说清风楼下原来有一泉水，是邢台的文脉与龙脉之首。北宋初年，赵匡胤征伐北汉，驻跸邢州，华山道士苗广义进言，称邢州自古具天子之气，泉中金鳞一旦上岸即会成龙，金鲤一旦腾空即会化凤。赵匡胤为镇压邢台的帝王之气，命人填平该泉，并在泉眼上建造古郡楼即现在的清风楼，自此邢台再无帝王出世，也无王朝建都。

2. 关乎文脉

据传说，邢台清风楼楼台正中之门不可堵塞，若堵塞会导致邢台人民贫穷、人才枯竭以及黄河水患使开封城陷入灭顶之灾。崇祯年间，顺德府知府汤一湛不信此言，堵塞清风楼楼台之门，新开"凤凰街"，结果导致此后 30 年间邢台县无人中举，还使邢台陷入兵荒马乱、水旱无常、国破家亡的灾难，顺德府知府吉孔嘉与乡贤"不屈死"，百姓被屠城，黄河也决口淹没开封城。清顺治十六年，顺德府知府郭础接受教训，重新打开清风楼台之门，邢台人才复出。

二、邢台的文庙

文庙，又名孔庙、夫子庙等，是专门祭祀我国儒家学派创始人孔子，尊崇其儒学文化

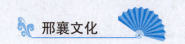

的纪念性建筑，各地文庙的建造，正是统治者和地方政府对儒学和教育重视的一种体现。

（一）文庙始建

公元前479年，孔子去世，第二年即公元前478年，鲁国第26位君主鲁哀公为了纪念孔子，下令将孔子的三间故居改作庙堂，收藏、陈列孔子生前所用的衣、冠、琴、书、车等物品，供孔子的弟子、再传弟子以及敬仰孔子的人前来瞻仰。这便是中国第一座文庙——曲阜孔庙。鲁哀公对曲阜孔庙的创建，客观上宣扬、传承了孔子的思想，表明儒家思想在当时已经被很多人认同，具有了很高的地位。

西汉汉武帝"罢黜百家，独尊儒术，表章六经"，设立五经博士，儒家思想上升到国家意识形态的地位，自此社会上尊孔、祭孔靡然向风，汉代对孔庙的重视自然也水涨船高。153年，东汉桓帝下令扩建曲阜孔庙，由国家管理；489年，北魏孝文帝下令在首都平城（今山西大同）建立第一座皇家孔庙，各郡县也大力斥资修建文庙祭祀孔子。唐太宗贞观年间，为了确立儒家在国家意识形态中的地位，实施了"升孔子为先圣""改称孔子为宣父""诏州、县学皆作孔子庙"等一系列尊孔崇儒的措施，推崇孔子、诏尊儒术，号召各地建立孔庙，为尊孔、祭孔的风气推波助澜，使尊孔、祭孔活动更盛。

再后来历朝历代的统治者，都大力推崇孔子及其儒家学说，并且在科举中以"四书五经"作为科考内容，正如《朱子语类》所谓"天不生仲尼，万古如长夜"，确立了孔子"至圣先师"无与伦比的崇高地位，明清时期达到鼎盛。与此相应，各朝各代在各个府、州、县必建文庙，文庙成为儒家文化传承的标志性建筑。据记载，到清朝末年，全国建造的文庙总共有1 560座。因此文庙成为我国古代最具广泛性、代表性的建筑之一。

（二）邢台的文庙

邢台作为历朝历代重视的地方，很早就开始建造文庙。明清时期的教育制度与科举制度是相辅相成的。具体到顺德府一带，其教育管理机构分府、县两级。按清制，府学和县学为官学。顺德府学设在府治所在的邢台县城府文庙内。目前河北省邢台市的文庙遗址共有5处：顺德府文庙、平乡文庙、沙河文庙、内丘文庙、南宫文庙。

1. 顺德府文庙

顺德府文庙是邢台的5处文庙遗址中，目前保存最完整、规模最大的。目前它是河北省重点文物保护单位，是历史上著名的顺德府十二景之一，也是目前河北省建筑规模最大的文庙大成殿，是邢台市自古至今举行祭孔大典之地。大成殿是文庙中奉祀孔子神位的主殿，也是古代知识分子设馔祭孔的场所。每年春秋两季，各府、县的主要官员，都要到文庙行"释奠"礼。学童入学和年轻人考中秀才后，也要到文庙行"释菜"礼。

据《顺德府志》记载，顺德府文庙旧址位于邢台市桥东区顺德路，顺德府文庙最早修建于唐代，当时称为文宣王庙，唐末战乱期间荒废。宋元时统称孔庙，宋代曾多次维修；元初，忽必烈推举儒学，"诏修天下孔庙"。1280年顺德府文庙进行了重新修缮，目前的文庙大成殿为元代重修时的建筑。明朝天顺四年（1460年）和成化六年（1470年）又进行了两次重修。重修的大成殿内有孔子及四配、十二哲塑像和孔子圣迹图36幅彩绘，是祭祀孔子的地方。明神宗万历十一年（1583年），知府王守诚倡议"拓地扩修文庙"，加筑四周围墙，外有大成殿月台栏板和改建后的台阶，东、西两侧建有廊庑，使文庙规模渐趋完备。入清以后，雍正十三年（1735年），于文庙棂星门左右增建门楼。民国时期文庙为邢台十二景之一，为此李京专门缀文以记之：

> 顺德府儒学，南北长二百三十一步，东西广一百一十一步，殿庑弘敞，宫墙崇峻。古柏数百株，霜皮溜雨，黛色参天，童童曲曲，皆唐宋间物。形胜甲天下，日月丽影，印拂阶墀，如筛金沥玉，风动声清远，袅袅似鸾凤鸣经，行其下，起人仰止敬肃，爽朗畅悦。诗曰：
>
> 宫墙古柏碧森森，培植千年雨露深。泮水滋成苍秀色，芹香熏老岁寒心。
> 讲堂照日云流砌，书阁凌空月满林。天际笙簧风细细，诸生弦诵和歌吟。

顺德府文庙以其规模宏大的大成殿为主要建筑，位居全庙中心，该殿为砖木结构，坐北朝南，建在长方形石砌台基之上，面阔7间，达21米，进深4间，为15米，单脊歇山顶，飞檐四起，檐下斗拱三跳六铺，脊上二鸱吻东西对列，造型庄严肃穆。从南至北，依次有牌坊门楼、玉振坊、奎文阁、泮桥、碑亭等建筑，与大成殿共同构成了完整的祭祀建筑群。

中华人民共和国成立后顺德府文庙曾经作为邢台师范校区，之后又做过邢台地区行署驻地。1981年河北省拨款修整大成殿，被列为省级重点文物保护单位。1993年，邢台地市合并以后又作为邢台市政府办公场所。2000年经国家文物部门批准，把大成殿整体框架移建于达活泉公园内。2012年邢台市政府按照昔日顺德府的建筑原貌重修大成殿，历时9个月，重现大成殿昔日风采。2023年，邢台市对顺德府文庙大成殿进行了修缮保养，本着"修旧如旧"的原则，对琉璃屋面、建筑前脸、建筑构架等进行修补、油漆、除虫等作业，以确保其历史风貌得以延续。

如今的邢台文庙大成殿在达活泉公园西侧，门的左侧立着块红色大牌子，上面写着"顺德府文庙大成殿"等字，如图8-2所示。

图8-2　邢台文庙大成殿

以下是曲阜师范大学文学院教授梅庆吉先生在其微信公众号的文章《跟着孔子去旅行之214：河北最大的文庙大成殿》描摹邢台文庙大成殿的部分原文：

这是一座典型的歇山式建筑，大气、流畅、舒缓、稳健。歇山式的建筑特点是正脊两端的脊到屋檐处中间折断了一次，分为垂脊和戗脊，好像"歇"了一歇，故名歇山顶。其上半部分为悬山顶或硬山顶的样式，而下半部分则为庑殿顶的样式。歇山顶结合了直线和斜线，在视觉效果上给人以棱角分明、结构清晰的感觉。因为这种建筑由一正脊、四垂脊、四戗脊组成，因此又称"九脊顶"。

正脊两头各有一个兽形装饰，那就是鸱吻。相传它是龙王的九子之一，喜欢登高眺望，且能喷水成雨。中国古建筑多为木结构，最怕的是火，所以将鸱吻置于房脊上，有用以防火的象征意义，同时也满足了鸱吻登高望远的特点。人们会发现，它的身上总是插着一把剑，那是因为它好动，常常不忠于职守，所以用这把剑把它牢牢地固定在这里，让它哪也跑不了，好好坚守岗位。从鸱吻那里，有两条向下斜向延伸的垂脊，垂脊的头上也有一个龙头形的吻兽，它的名字叫垂脊吻，又叫嘲风，也是龙王的九子之一。最热闹的莫过于戗脊上的那一群小兽了，它们使单调的房脊顿时活跃起来。在我国古代房脊上安放的这群小兽，基本都是奇数，只有北京故宫太和殿为10个，取十全十美之意。在这群小动物队列里，最前边的领队是骑鹤仙人，其后依次为龙、凤、狮子、天马、海马、狻猊、押鱼、獬豸、斗牛、行什。根据地位级别的不同，小兽的数量会有所变化。邢台文庙大成殿上的跑兽为7个。古代祭孔，清光绪以后改大祀，以前皆为中祀，这7个小兽表明了孔子的中祀地位。

作为古代祭祀孔子的场所，顺德府文庙承载着丰富的儒家文化内涵，是传播和弘扬儒家思想的重要阵地，对当地的文化教育和社会道德观念产生了深远影响。

其建筑风格和艺术特色体现了不同历史时期的文化交流与融合，对于研究古代建筑艺术、雕刻艺术等具有重要的参考价值。

2. 平乡文庙

平乡文庙位于河北省邢台市平乡县平乡镇学前铺，始建于宋真宗大中祥符年间（1008—1016年），曾于宋徽宗大观元年（1107年）、明洪武七年（1374年）、明永乐三年（1405年）、明英宗正统六年（1441年）、明武宗正德十五年（1502年）、明穆宗隆庆六年（1572年）、清乾隆十六年（1751年）先后7次进行过重修改建。平乡文庙一直是县学所在地，是历代全县的最高学府和教育行政机关。抗日战争时期，日军飞机轰炸平乡城，将大殿顶部西北角炸毁。20世纪60年代初将木质屏风加固为砖式墙体，做粮库沿用30余年，1993年由县政府出面协调将粮库迁出。

平乡文庙目前仅存大成殿和北宋大观碑。大成殿建筑面积315平方米，为元代建筑风格，有个别梁架构件仍传承了宋代建筑风格，承载了宋、元、明、清四朝众多的人文信息、建筑学信息。大成殿为单檐歇山绿琉璃屋面，面阔5间（25.8米），进深3间（11.27米），殿高12米，四椽栿、对乳栿用四柱，重昂五铺作，斗拱置于平板枋之上，整体建筑造型及附着于本体之上的艺术构件具有较高的审美欣赏价值。据《平乡县志》所记载的学宫图，文庙建筑分为东西两路，大成殿位于西路中轴线的中心位置，东路为附属建筑，整个文庙建筑群规模宏大，功能齐全，主次布局分明（见图8-3）。

图 8-3　平乡文庙

原保存于平乡文庙中的"北宋大观圣作之碑"，现迁至平乡县丰州镇平安公园内。北宋大观元年（1107 年）九月十八日，资正殿学士郑居中奏乞将宋徽宗的御笔八行诏旨摹刻于石，立于宫学，次及太学、辟雍以及天下郡邑。次年八月二十九日，礼部尚书兼侍讲郑久中奉御笔令将所赐刻石，遂立于平乡县学宫文庙内。碑额"大观圣作之碑"为权相蔡京题写，其书法严谨规整，大气磅礴。碑文的书写则模仿宋徽宗"瘦金体"，笔法俊逸、严谨规整，不失为书法妙品。碑阳所刻内容为宋徽宗颁发的孝、悌、睦、姻、任、恤、忠和"八行"取士的诏旨，实际上是以至高无上的皇权颁布的封建教育方针和校规，共 1 021 字，现残存 729 字。此外，该碑浮雕七龙盘顶以及四周浅刻的两方连续卷龙缠枝牡丹图案，展现了娴熟的雕刻工艺，是研究宋代石刻工艺和宋代书法的珍贵史料。该碑通高 5.14 米、宽 1.38 米、厚 0.38 米，碑额身高 1.40 米、宽 1.50 米，浮雕七龙盘顶，龟趺座高 0.80 米、宽 1.50 米、长 2.70 米，为两半块拼制而成。

1993 年，河北省人民政府将平乡文庙大成殿公布为省级文物保护单位，2013 年 5 月 3 日，被国家文物局公布为第七批国家重点文物保护单位。2021 年，平乡县文庙大成殿修缮工程启动，这是中华人民共和国成立以来第一次对其进行大型、全面的修缮，工程按照"保持原貌、修旧如旧"的原则，对文庙大成殿进行全面修缮。

3. 邢台市其他文庙

目前沙河文庙建筑只剩下大成殿，大成殿墙体外部为土灰色砖，部分砖块脱落后露出土坯，瓦片屋顶已坍塌形成多个大洞，椽木和屋檐岌岌可危，窗框木架脱落，殿内空空荡荡。原有的一些石碑柱石等也大部分无存。

南宫文庙建筑已经荡然无存，目前只有文庙内《重修南宫县学碑》刻碑。内丘文庙建筑均毁于 20 世纪五六十年代，地面上存有 9 棵千年以上树龄的古柏。内丘文庙一度只剩下遗址。2006 年 7 月，在内丘文庙遗址出土了 3 件古碑刻和 10 余件石刻。3 件古碑刻为明代嘉靖帝"圣旨碑"，分别是《敬一箴》《程子动箴注》和《圣谕》碑，上面用篆字刻有"宸翰""圣谕""御敕"，这自然是皇帝的象征，因而周围刻有龙纹。2008 年在文庙遗址处出土了保存完好的北宋天圣四年（1026 年）的《至圣文宣文记》，碑额为篆文"至

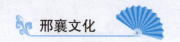
圣文宣文记"，全文极力歌颂孔子宣扬的"礼""乐""德""义"。

三、邢台著名的佛教建筑

(一) 南宫普彤寺塔

1. 南宫普彤寺塔的建造

邢台的佛教发展是与佛教传入中国同步的，对于邢襄大地来说，亦是走在了前列，并且留下了标志性遗存——南宫普彤寺塔（见图 8-4）。

南宫普彤寺塔坐落于邢台市辖区内的南宫市旧城村北。1966 年邢台地震时，从塔顶震落铜造像三尊，其中一尊铜佛背部刻有铭文："汉明帝永平十年正月十五日……至太和十五年正月十五日海和尚重修，至嘉靖十五年七月十五日清江、青海主持重修。"明朝万历年间的《南宫县志》亦有记载，也就是说普彤寺塔于东汉永平十年（67 年）由印度高僧摄摩腾和竺法兰主导下始建，建成于永平十五年（72 年）正月十五日。据说当年佛教初入中国，除了京都洛阳纪念白马驮经而回建了白马寺以外，同年便在南宫建普彤寺是为了纪念阴丽华皇后曾经追随光武帝刘秀征讨彭宠期间，在元氏县生下汉明帝刘庄，在南宫市旧城村北驻跸。

那么，这座塔距今已有 1 900 多年的历史，是名副其实的中国最早的佛塔之一。不过，对于其确切的始建年代，学界仍存在一定的争议，但这并不影响它在佛教建筑历史上的重要地位。

2. 南宫普彤寺塔的建筑结构

普彤寺塔为八角九级楼阁式实心砖塔，塔高 33 米，底层直径约 5 米，整体呈现八角形，共 9 级，塔身每级出檐，檐下翘置斗拱。第八层斗拱外出翘头上不施令拱，而置山斗一枚托住塔檐，使每面略呈弧形，两角翘起，这种形制较为奇特。据传每一级塔体中的每个佛龛中都供有佛像，下层为石佛，上层为铜佛。塔的须弥座正南面有一门洞直至塔心，塔心下有一砖井，砖井东、西、北三面之上分坐石佛三尊。1990 年南宫市对上四层塔体落架重修时，在龛中发现铜佛像、菩萨像及供养人立像 44 尊，均为明代所塑，其中二级文物 9 件、三级文物 33 件、有待鉴定文物 2 件。

在漫长的历史岁月中，普彤寺塔历经魏（三国）、唐、宋、明、清等各朝重建、维修。最早一次主持重修就是曹魏时期的海和尚；唐太宗贞观四年（630 年）曾由"大耳禅师"主持重修；宋朝大观元年（1107 年）也重新修

图 8-4　南宫普彤寺塔

缮；明嘉靖二十四年（1545 年）进行了较大规模修缮，在塔顶装置了"仰莲钻首"铁制塔刹；清朝光绪年间又进行重修，并有普彤塔寺重修碑保存尚好；民国以后又修了两次。现存的普彤塔呈现出明代的建筑风格。

1982 年 7 月，南宫普彤寺塔被河北省人民政府公布为省级文物保护单位。2013 年 3 月 5 日，普彤寺塔被中华人民共和国国务院公布为第七批全国重点文物保护单位。

（二）邢台大开元寺

邢台大开元寺，原名开元寺，又称东大寺，位于河北省邢台市襄都区开元北路 88 号，始建于后赵石勒年间，距今已有近 1 700 年历史，是我国历代名刹之一。开元寺的建筑风格并非单一朝代的印记，而是巧妙地融合了唐的雄浑、宋的精致、元的包容、明的细腻等多个朝代的显著特点，犹如一幅绚丽多彩的历史画卷徐徐展开。现存的古开元寺始建于唐开元年间，是佛教曹洞宗的祖庭之一，也是禅宗二祖的传钵之地和禅宗七祖神会大师的驻锡之地，确实为中国古代佛教建筑艺术的杰出代表之一。

1. 大开元寺建造和历史变迁

西晋永嘉四年（312 年），西域高僧佛图澄跟随石勒一路向北，走到邢台宣传佛教。319 年，石勒建立后赵，把佛教隆举为国教，封佛图澄为国师，举全国之力弘扬佛教。据记载，后赵时期以邢台为中心，在高僧佛图澄的推动下曾兴建了 893 座佛寺，还通过兴修水利、行医送药等各种方式造福百姓、吸引大众，当时有很多人削发出家，赢得佛教大兴，其中一座寺为泛爱寺，这就是大开元寺的前身。

唐初道、佛俱兴，并对佛教进行了统一的管理。武则天为了自己的称帝合法化，大力弘扬佛教，在各地建造大云寺以供奉、宣扬改造后的《大云经》，这时候邢州的泛爱寺又被敕封为大云寺。

唐玄宗开元年间，正处盛世，政治清明，经济繁荣，社会各类文化欣欣向荣。由于唐王朝李氏八代祖李熙和七代祖李天赐都埋在了邢州的尧山县，且备受玄宗器重的名相宋璟也是邢州人，所以唐玄宗很重视邢州的发展，在邢州城内新建了很多寺院。唐玄宗将武则天时期在邢州修建的大云寺用当时自己的年号给寺院命名，改名为开元寺，不仅说明皇帝对开元寺的重视，也说明了这座寺庙地位的重要性。开元寺除了供奉佛祖外，主要是为了供奉唐玄宗的金身塑像，还命令地方官员每年都要到寺内恭颂他的丰功伟绩，为他祈福。此时的开元寺已成为皇家御用寺，有明显的政治倾向，开元寺的名声也越来越大。

五代时期，佛教在中原地区已具有广泛影响，并与中国本土文化深度融合。在佛教教义、经典等方面有深厚造诣的天竺高僧空本，希望通过翻译佛经让更多的中国人了解和学习佛教的教义与智慧，促进佛教在中国的进一步发展。空本选定当时已是北方重要的佛教寺院之一的邢台开元寺，与开元寺的其他高僧以及当地的佛教界人士共同探讨佛经中的教义、疑难问题等，相互学习、相互启发，结合中国的文化背景和语言习惯，逐字逐句地翻译佛经。空本的翻译工作促进了佛教思想在中国的深入传播。他将印度佛教经典中的哲学思想、修行方法等内容，以当时中国人能够理解的方式进行转化，让中国佛教徒更好地理解诸如"因缘""轮回"等佛教核心概念。同时丰富了汉语的词汇和表达方式，许多佛教术语融入了汉语词汇体系。

五代后周时期，佛教在社会生活中占据重要地位。周世宗柴荣诏命在开元寺建立大圣塔。大圣塔的建立使开元寺的建筑规模和宗教地位得到进一步提升。从它的意义上看，一方面是出于宗教信仰的需要，当时佛教寺庙建筑的兴盛被视为对佛法的尊崇，是统治者维护社会稳定、安抚民心的一种方式；另一方面，大圣塔的修建也体现了当时的建筑工艺水平和经济实力，开元寺大圣塔成为当时建筑技术的代表作品，其结构、工艺等方面可能融合了当时最先进的建筑理念，对后世寺庙建筑的塔型建筑风格产生了一定的影响。

北宋末期，虽然朝廷面临金朝的威胁，风雨飘摇，但为了维护寺庙建筑的完整性和庄严性，对大圣塔塔身、塔檐、塔刹等各个部分进行了细致的修缮和加固。宋徽宗下诏赐名重修后的大圣塔为"圆照塔"，寄予了他美好的祈念："圆"在佛教中有圆满、完备之意，象征着佛法的完备无缺；"照"则有观照、洞察的含义，代表着对佛法的洞察和领悟，"圆照"寓意着佛光普照大宋，祈求大宋江山稳固。皇帝的赐名体现了官方对佛教文化的认可和推崇。这一举措提升了开元寺圆照塔在社会文化中的地位，使其成为当时重要的文化地标之一。

蒙古人南下初期，邢州顺德府为忽必烈的封地，元朝建立之后，元世祖忽必烈下令对开元寺进行大规模的修缮与扩建，修建了众多支院，使得开元寺的规模不断扩大，1250年，赐名邢州开元寺为大开元寺，使其成为皇家寺院，忽必烈曾数次驾幸开元寺。元朝二十二年（1258年），万安禅师请奏将支院合并统一管理，朝廷赐名为"大开元万寿禅寺"，由此出现了"千人共住"的盛况。同时万安禅师将受到兵火损毁的圆照塔修复为十三层，并经刘秉忠奏请，忽必烈下诏改"圆照塔"为"普门塔"，该塔成为中国历史上最高最大的木佛塔，寺院由此更为昌盛。

当时开元寺吸引了众多高僧大德及信徒前来交流、学习和修行，这也使开元寺成为集合了不同佛教宗派的大型寺院，开元寺成为元代佛教文化交流与传播的重要场所，促进了不同宗派之间的融合与发展，同时推动了建筑、雕刻、绘画等相关艺术形式的发展。例如，寺内的建筑风格融合了当时的官方建筑特点与佛教文化元素，体现了高超的建筑技艺和独特的艺术魅力，成为元代文化艺术的重要载体之一。

明武宗正德十三年（1518年），本地地方官员、士绅以及寺庙的僧众等共同商议决定对开元寺进行修缮，在开元寺殿前增加了四根雕花滚龙石柱，这些石柱各高4.5米、柱围2.5米，柱上的游龙石雕工艺精湛，线条流畅。龙或盘旋而上，或蜿蜒而下，或回首凝视，且龙首龙体皆凸出柱外20~35厘米，力度感强烈，宛如真龙游跃腾舞。这四根石柱的增添，极大地提升了开元寺建筑的艺术价值和观赏性，也成为此次修缮工程的一大亮点。除了增添石柱外，还对开元寺的其他建筑结构进行了修复和维护，如屋顶的修缮、墙壁的加固、门窗的更换等。对寺庙内的佛像、壁画、经幡等宗教文物也进行了保护和修复，也对寺庙的配套设施进行了完善，如改善了排水系统、增加了照明设施等，使其得以保存和传承。这次修缮体现了当时的雕刻技艺和审美观念，也展现了当时的建筑工艺和艺术水准。开元寺鸟瞰如图8-5所示。

图 8-5　开元寺鸟瞰

2. 邢台大开元寺的建筑布局

邢台开元寺在唐宋及元代是以塔为中心的寺院，元代末期普门塔被烧毁，明代重修时形成现存的建筑格局。整体坐北朝南，占地 45 亩，由山门进入依次为天王殿、毗卢殿、观音殿、大雄宝殿、护国仁法堂、丈室等，大殿阁楼多重，建筑之间以配殿、厢房及回廊相连，形成多进式院落。中轴线两侧还建有僧舍、斋堂、库、厨等供僧徒生活的设施，以及供在家居士使用的居士林。寺东还有多重院落，有卧佛殿、万佛殿等建筑。寺院以"佛、法、僧"三宝为三大功能区，山门至大雄宝殿为大众朝礼区；法堂、藏经楼为讲学法务区；其后千僧阁、寿昌院、赵州院等建筑为生活禅修区。图 8-6 为开元寺大门。

图 8-6　开元寺大门

3. 邢台开元寺的主要殿阁

开元寺的主要殿阁有大雄宝殿、释迦牟尼殿、弥勒佛殿、观音殿和毗卢殿等。

大雄宝殿又称三世佛殿，是开元寺规模最大的核心建筑之一，是僧众举行重要法事活动和信徒朝拜的主要场所，承载着深厚的宗教信仰和文化内涵。它采用了单檐歇山布瓦顶，既增加了建筑的层次感和立体感，又有利于排水和采光。大雄宝殿的柱子、梁架以及屋顶的构造，都是巧妙的榫卯结构，体现了古代工匠对建筑美学和实用性的完美结合。整个大殿飞檐斗拱、雕梁画栋，整体气势恢宏，具有典型的明清时期佛教建筑特点，展现了传统建筑的精湛技艺与古朴韵味，体现了古代建筑的对称美与庄严肃穆感。殿内供奉着三世佛等佛像，这些佛像造型优美、工艺精湛。壁画色彩鲜艳、内容丰富，描绘了佛教故事、神话传说以及各种佛国净土的景象，大雄宝殿内的壁画人物形象生动，线条流畅，具有很高的艺术价值，为研究古代绘画艺术和佛教文化提供了珍贵的实物资料。

释迦牟尼殿为硬山式建筑，面阔 5 间，进深 2 间，结构精巧，巍峨壮观。这种建筑形式简洁而稳重，屋顶两端与山墙墙面齐平，显得古朴大气，展现了明代建筑的典型风格。其殿前就是建于明正德十三年（1518 年）的四根雕花滚龙石柱，堪称一绝。

弥勒佛殿是开元寺的头殿，面阔 5 间，进深 3 间，悬山布瓦顶，整体建筑规模较大，展现出恢宏的庄重大气之感。殿内除供奉弥勒佛外，四壁皆为历代名人所题诗词，文化氛围浓厚，具有很高的艺术价值和历史价值，这些诗词反映了当时的社会风貌、文人思想以及对佛教的感悟等。相传"八仙"之一的钟离权也曾拜访该寺住持万安长老，并留下草书题壁诗，虽其是否到过邢台已无从考证，但此诗被后人刻于石碑，使得开元寺声名远扬，也为弥勒佛殿增添了神秘的文化色彩。

观音殿面阔 5 间，进深 2 间，这种较为宽敞的平面布局，使得观音殿内部空间开阔，能够容纳较多的信众进行参拜等活动，同时也为殿内佛像的摆放及相关宗教仪式的举行提供了充足的空间。观音殿为硬山式建筑，结构精巧，风格独具，是开元寺建筑中的精华所在。这种硬山式屋顶形式的特点是屋面仅有前后两坡，左右两侧山墙与屋面相交，所有木梁架皆封砌于山墙内，屋顶两端与山墙墙面齐平，显得质朴坚硬，且利于防风火。观音殿坡屋面中额枋斗拱相互穿插，形式复杂。斗拱作为中国古代建筑中特有的一种结构构件，在观音殿中发挥了重要的承重和装饰作用。它不仅能够将屋顶的重量传递到柱子上，增强建筑的稳定性，还以其精巧复杂的造型，增添了建筑的艺术美感，体现了古代工匠高超的技艺和独特的审美情趣，在古建筑中较为常见。在观音殿前南隅，立有陈振撰文、晁泳之书丹的《敕勒开元寺圆照塔记》石碑，此碑记载了开元寺圆照塔的相关历史，对于研究该塔以及开元寺的历史具有重要的参考价值。

毗卢殿位于开元寺的中轴线上，主要用于供奉毗卢遮那佛等佛像，佛像通常位于殿内的中心位置，高大庄严，造型精美，是整个殿堂的核心焦点，遵循了中国传统佛教寺院的对称布局原则，体现了严谨的规划和设计理念，从前至后的建筑依次排列，营造出一种庄严规整的宗教氛围。毗卢殿采用单檐歇山顶的屋顶形式，这种屋顶九条屋脊错落有致，造型优美，既庄重又典雅，且垂脊和戗脊的线条流畅自然，使得整个建筑更具层次感和立体感；其木构体系是其主要的结构形式，由柱子、梁枋、斗拱等木构件相互榫卯连接而成，形成了一个稳固而富有弹性的框架结构，能够有效地承受屋顶和上层结构的重量，并抵御风雨等自然力的侵蚀，历经多年仍保持较好的稳定性。其中斗拱结构复杂而精巧，造型美观，具有承重和装饰的双重作用，它不仅将屋顶的荷载传递到柱子上，还通过其独特的形状和排列方式，增添了建筑的艺术美感，体现了古代工匠对力学和美学的深刻理解与巧妙运用。殿内的梁枋、斗拱等部位通常绘有精美的彩绘图案，色彩鲜艳，图案内容丰富多样，以佛教题材为主，如佛像、佛塔、经幡、花卉等，这些彩绘具有极高的艺术价值。

4. 邢台开元寺的其他文物古迹

唐十六面经幢：邢台开元寺的唐十六面经幢是中国现存唯一的一座唐代十六面经幢，具有极高的历史、文化和艺术价值。该经幢为十六面体，造型独特，结构精巧，是唐代经幢建筑的典型代表之一（见图 8-7）。

图 8-7　唐十六面经幢

幢体上刻有大量的佛教经文，这些经文书法精美，字体端庄秀丽，具有很高的书法艺术价值，同时也为研究唐代佛教经典的传播和书法风格演变提供了重要的实物资料。除了经文，经幢上还雕刻有丰富多样的图案纹饰，如佛像、菩萨像、飞天、花卉、瑞兽等。这些雕刻线条流畅，形象生动逼真，展现了唐代高超的雕刻技艺和丰富的艺术想象力，其中的佛像和菩萨像造型优美，面部表情慈祥，体态婀娜，具有极高的艺术感染力；飞天则身姿轻盈，衣带飘舞，仿佛在空中翩翩起舞，给人以灵动之美；花卉和瑞兽的雕刻也十分精细，寓意着吉祥如意，增添了经幢的艺术美感和文化内涵。经幢上的雕刻和文字记录了唐代的社会风貌、文化交流、宗教政策等方面的信息，为研究唐代的历史、文化、社会等提供了珍贵的第一手资料。例如，通过对经幢上的捐赠者、建造者等信息的研究，可以了解唐代邢台地区的社会结构和经济状况；通过对经文和图案的分析，可以探讨唐代佛教与其他文化之间的交流与融合。

五代后梁尊胜陀罗尼经幢：位于邢台开元寺大雄宝殿后侧北围墙处，建于后梁天祐二十年（923 年），有拓片存世。另刻《陀罗尼经》一部，并题有"印度副使李逢书"等字样，雕刻精细，为浮雕珍品（见图 8-8）。

图 8-8　五代后梁尊胜陀罗尼经幢

金代铁钟：在释迦牟尼殿前东侧钟楼内，存有一个金代巨型铁钟（见图 8-9）。该钟铸于金大定二十四年（1184 年），高 2.7 米，下围长 7.2 米，钟厚半尺，重达 3 万多斤。钟壁铸有日、月、人、兽、牛、鱼等 12 种图案，与黄道十二宫相对应，还铸有乾坤、震巽、坎离、艮兑等八卦图像及数百文字，清晰可辨，记载铸造、监制、资助人姓名或身份、籍贯等，是研究中国古天文学不可多得的实物资料。

图 8-9　金代铁钟

道德经幢：邢台道德经幢（见图 8-10）原来位于邢台市旧城内东北部，即现南长街办事处后院内，并非在开元寺内，但它是开元寺附近的重要文物古迹之一。1987 年迁至河北省邢台市襄都区凤凰街清风游园内。

邢台道德经幢为石质，经幢通高 6.89 米，以亭覆庇，由顶、身、座三部分组成，呈八面棱形，分为三截，目前上段、下段为原件，幢顶为原件，用一块巨大的青石雕成。道德经幢共十八面，上刻有老子《道德经》，是国内仅存的三座同类经幢之一。

道德经幢正面为篆书，第一面开头阳刻篆书"大唐开元圣文神武皇帝注道德经一部"16个大字，一至七面阴刻楷书《道德经》原文及玄宗皇帝对《道德经》的逐句注释，第八面上部有"大唐开元二十七年，岁在单阏月中南吕五日乙丑，皇五从弟中散大夫使持节邢州诸军事守邢州刺史上柱国质建"的字样，第八面的中部为大宋端拱元年（988年）邢州军事柱国何缵撰文、卢华书撰、李思顺镌刻的"重修邢州龙兴观道德经台记"，第八面的下部为清道光十八年（1838年）十月师段圻观所写之《记》以及民国二十八年（1939年）邢台县县长苗作新为募资修台建亭事所写之《记》。

《道德经》是道教重要经典，经幢上阴刻的楷书《道德经》原文及玄宗皇帝的逐句注释，书法字体刚劲有力，具有很高的艺术水准，体现了唐代书法艺术的风格和特点。此经幢的存在反映了当时道教在邢台地区的传播与影响，体现了唐代统治者对道教的尊崇及道教文化在地方的渗透。道德经幢现仅存两块幢体，字迹清晰可辨。1987年迁址维修重立，2013年3月5日，邢台道德经幢被中华人民共和国国务院公布为第七批全国重点文物保护单位，得到了妥善保护。

图 8-10　道德经幢

作为一座声名远扬且历史源远流长的名刹，邢台开元寺宛如一部活着的史书，静静诉说着往昔的故事。自后赵石勒年间初建以来，它历经了无数次的修缮与重建，犹如一位坚毅的老者，在岁月的长河中顽强地坚守。在唐代，它沐浴着盛世的光辉，接受敕建，奠定了坚实的基础，那时的大开元寺彰显着大唐的大气磅礴和雄浑气度。宋代末期，尽管社会动荡不安，但对开元寺大圣塔的重修工作依然有条不紊地进行，宋徽宗的赐名更是为其注入了独特的文化内涵，此时的建筑细节之处尽显宋代的精致与典雅。元代，在朝廷的重视与支持下，开元寺迎来大规模的修缮与扩建，众多支院一起涌现，它成为不同佛教宗派汇聚交流的中心，融合了多元文化元素的建筑风格，展现出元代的包容与宏阔。明正德年间，那四根雕花滚龙石柱的增添，将明代精湛的雕刻技艺与独特的建筑审美完美地融入其中。

邢台开元寺见证了不同历史时期的王朝的兴衰更迭、社会变迁、文化交流以及民间百

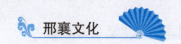

姓生活百态的演变，见证了不同地域、不同阶层的人们怀着对佛教的虔诚之心纷至沓来，在这里进行思想的碰撞与文化的交融。

（三）天宁寺前殿

天宁寺俗称西大寺，位于河北省邢台市襄都区凤麟街与珍珠街交叉口西 200 米，是我国北方著名禅宗寺院。

1. 天宁寺的建造和重修

天宁寺始建于唐初贞观年间，原名"华池若兰"，在唐代已具规模，当时应有相应的建设与维护。宋代的华池若兰已成为中原重要禅林道场，宋徽宗政和年间赐名"天宁万寿禅林"，成为邢州城内的皇家赐建寺院，其间或有修缮以维持其规模与地位。蒙古人南下至邢州，至元五年（1268 年），虚照禅师对天宁寺进行了重修，恢复了大唐初期莲花塘上最具特色的水殿等建筑，使寺院重现辉煌，成为邢州的名刹。在此期间刘秉忠在天宁寺出家，后经虚照禅师推荐晋见忽必烈，成为元朝开国重臣。后来，元、明、清三朝均有增修，后经明、清屡次修葺，仍保持着元代的规模。不过在 20 世纪 40 年代，寺内建筑多毁于战火，现仅存建于元代晚期的前殿一座，是邢台现存最早的木结构古建筑。图 8-11 为天宁寺前殿。

2. 天宁寺前殿的特点

天宁寺前殿屋顶为单檐歇山绿琉璃瓦顶，这种屋顶形式在古代建筑中具有较高的等级规格，体现了天宁寺在当时的重要地位。绿琉璃瓦色彩鲜艳、光泽亮丽，不仅使建筑外观更加华丽庄重，而且具有防水、隔热等实用功能。天宁寺前殿面阔 3 间，进深 2 间，整体布局较为规整。檐下使用五铺作双昂斗拱，斗拱布置疏朗，既起到了支撑屋顶重量、分担荷载的结构作用，又增添了建筑的艺术美感。普柏枋出头刻成海棠瓣式，这是典型的元代建筑装饰手法，线条流畅自然，造型优美，富有韵律感，展现了元代建筑的独特风格和精湛工艺。殿后门两侧的抱鼓石为元代遗物，雕刻精美，图案丰富，具有很高的艺术价值和历史价值，是研究元代雕刻艺术和文化习俗的重要实物资料。

图 8-11　天宁寺前殿

天宁寺前殿作为元代晚期的建筑遗存，对于研究元代建筑的结构、风格以及当时的佛教文化等都具有重要的实物参考价值。

邢台的文化遗址与古代建筑遗迹，宛如一部部凝固的史书，静静诉说着往昔岁月。它们承载着深厚的历史价值，从东先贤遗址到邢国墓地，为探究古代邢台政治、经济、社会状况等勾勒清晰轮廓。其文化意义非凡，开元寺传递佛教智慧，清风楼彰显廉政等精神内涵和丰富的地方文化底蕴，其艺术魅力令人赞叹。天宁寺前殿的独特结构与精湛工艺，尽显古代工匠高超技艺与创造力，为建筑艺术提供了典范。其科学价值亦不可小觑，古城墙选址与建造折射当时规划与防御理念。保护这些文化遗址与古代建筑遗迹，政府、社会与民众责无旁贷，需完善法规、加大投入、推动研究、提升公众意识，让它们在现代重焕生机，持续助力邢台文化昌盛、经济腾飞，使后人得以领略其独特而永恒的魅力。

四、邢台南关

邢台南关位于邢州古城的南端，是相对于内城而言的外城。南关位于七里河北岸，是古城通往中原的南大门，正扼古御道的咽喉，优越的地理位置使其成为南北交通的重要枢纽，为商业的发展提供了便利条件。其范围大致包括了现在邢台市区东南部的一片区域，以东大街、西大街、北大街、花市街、马市街、牛市街、羊市街等八条主要街道为骨架，形成了一个繁华的商业区域。

（一）邢台南关的历史

邢台南关的历史可以追溯到很早以前，据相关记载，其作为一个居民聚落，甚至有可能比邢台城的历史还要早。在西周时期，邢侯国的故城就在邢州外城内西南角，可见这一区域在当时就已具有一定的重要性。

邢台南关形成聚居区的历史要超过 600 年。自元世祖忽必烈时期"邢州大治"后，部分蒙古人、色目人迁居至此，因他们擅长畜牧和畜产品加工，南关逐渐形成了以屠宰和贩卖牲口为主的街道，后发展成为重要的商业聚集区。

明清时期，邢台形成了府城与关城结合的空间布局。内城最晚建于汉代，而南关作为外城，其重要性日益凸显。明万历年间，因南关之民众多，且商业繁荣，官府决定修筑南关寨墙以卫商民，进一步促进了外城的发展。邢台南关是闻名中外的商业重地，是当时国内手工业和商业重镇，产品远销海外，外商常出入南关商行采购商品。这里集中了顺德府有名的五大行，如北大街和西大街的布庄、杂货商铺，东大街的麻行、山货、药材，花市街的棉花及棉织品，牛市街和马市街的牲口家禽买卖，羊市街、羊市道的皮毛业更是其中的"老大"，是全国最大的皮毛集散地，被誉为"九省冠盖通行之路，百产菁华聚会之区，烟火万家，客商辐辏，冀南重镇，天府婉雄"。

（二）邢台南关的布局建筑风貌

邢台南关的街道布局：以中兴东大街为界，北为内城，南为外城即南关外，这里有八条阡陌纵横的大街，包括北大街、花市街、羊市街、西大街、靛市街、东大街、牛市街、马市街等，各街道分工明确，共同构成了繁荣的商业网络。南关是邢台古城形成的府城与关城结合空间布局的重要组成部分，南关寨城北接内城墙，四周设有寨门，这种独特的城市格局和防御设施，反映了当时的城市规划和军事防御思想。邢台南关建筑多为冀南民间风格，如平檐式门楼、影壁、厢房、穿堂、布廊和起脊布瓦正房等。其中，北大街的建筑

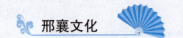

经过修缮后呈现出民国风，沿街有青砖外墙、红色门窗等，宛如穿越到了民国时期。

（三）邢台布袋院

羊市街的布袋院则是邢台南关的一大特色民居建筑。1206年蒙古汗国建立后，忽必烈推动"邢州大治"，邢台的皮毛业在游牧民族的影响下蓬勃发展，产生了一批富足的商人。到了明代前期，手工业者有了更多"自由趁作"的时间，促进了手工业的进一步发展，羊市街、羊市道形成全国最大的皮毛市场。随着商业规模的扩大，集市形式的经营方式已无法满足需求，商家纷纷在临街位置建设店铺。由于临街面窄，只能沿着摊点的长巷进行建设，于是形成了狭长的院落，即布袋院（见图8-12）。

图8-12　邢台南关布袋院

布袋院以传统四合院为基础，采用前店后厂、多进式院落的布局，一般由倒座、正房和东西厢房组成。院落的平面为长方形，长度一般在50~80米，宽度在10~13米，其纵深形如布袋，因而得名。入口与中轴线的关系多为偏离，这样可做到通而不透，符合中国传统的含蓄思想，同时也增加了居住院落的私密性。功能分区明确，很好地解决了销售空间、储藏空间、主人居住空间、仆人生活空间、会客空间、休憩空间等多种功能需求。前院多为店铺，用于商业经营；中院可作为加工场所；后院则是主人的住宅，居住生活功能突出。布袋院建筑风格为冀南民间风格，古风古韵的青砖墙，前店后厂，多进式院落狭长而灵活，配以平檐式门楼、影壁、厢房、穿堂、布廊和起脊布瓦正房等。这种古老的商住综合建筑多为砖石结构，古朴厚重，青石板路、木质门窗、精美的雕刻等细节，都透露着浓厚的历史气息。

邢台市高度重视布袋院的保护工作，将其列为历史文化名城保护对象，并制定了相关的保护条例。目前，现存40余套布袋院，部分已得到修缮和保护，如羊市道的23号和25号布袋院等，修缮工作遵循"以人为本"和"修旧如旧"的原则，尽量保持原有建筑的风貌和特色。并且在保护的基础上，对布袋院进行了活化利用，通过引入非遗展示、手工艺体验、文化讲堂、影视体验等丰富多彩的文化创意业态，将其打造成独具特色的邢台民居商业文化群落，成为游客打卡游玩的历史文化点位，让布袋院在新时代焕发出新的生机与活力。

（四）邢台南关的修缮与保护

邢州古城保护修复及配套设施城市更新项目被列入邢台 20 项重大专项全力推进，其中包括南关、天宁寺、清风楼等历史地段和历史风貌区的系统性更新改造。邢台南关的修缮工程正在稳步推进。北大街作为南关的重要组成部分，修缮已取得显著成效，其启动区已于 2024 年 5 月 1 日初步亮相，并于"十一"期间再次开放，重现了昔日的繁华盛况。羊市街的修缮保护提升工作已经完成，古风古韵的青砖墙、灵活狭长的院落焕然一新，成为游客感受传统文化的重要场所，通过设立名家工作室、非遗展演等形式，让布袋院等历史建筑焕发出新的生机。花市街段的改造工程已经全面展开，并逐步延伸到马市街，将全面展示晚清民国时期的风貌。

邢台南关虽历经风雨沧桑，却依然散发着迷人的魅力，承载着先辈们的智慧、汗水与梦想。那些古旧的街巷、独特的布袋院、林立的店铺，无不在诉说往昔的繁华盛景。尽管时代已发生天翻地覆的变化，但南关的价值并未被时光掩埋。通过修缮与保护，它正逐渐从历史的深处走来，重新融入现代生活。在传承与创新的道路上，邢台南关让古老的记忆与现代的活力交织碰撞，为邢台这座城市增添一抹文化底色，成为连接过去、现在与未来的情感纽带，吸引更多的人去探寻它的奥秘，感受它的独特风情，成为地域文化的不朽标识与骄傲。

五、直隶第四初级师范学校旧址

直隶第四初级师范学校旧址位于邢台市襄都区师专街邢台学院院内，它是废除科举制度后在邢台地区建立的第一所新式学校，也是河北省建立最早的师范学校之一，有着 110 多年的历史，承载着邢台大地深厚的教育文化底蕴与波澜壮阔的历史记忆，见证了邢台近现代教育的兴起与发展，对邢襄文化的传承与弘扬有着不可磨灭的意义。

（一）学校的创立与早期发展

20 世纪初叶，中国社会正处于剧烈变革与转型的关键时期，教育现代化的浪潮逐渐兴起。1910 年 9 月，在直隶提学使傅增湘的积极推动下，直隶第四师范学堂在邢台北关外的旧时校场应运而生。当时，先借用旧时考棚开启了新式教育，这是邢台近代师范教育的萌芽。1912 年，学校在邢台北关外河伯祠兴建的校舍落成，正式更名为"直隶第四初级师范学校"。这一时期，学校汇聚了一批有志于教育事业的先驱者，他们秉持着先进的教育理念，在这片土地上辛勤耕耘，为邢台乃至周边地区培养了最初的近代教育师资力量，播撒下知识与文化的种子。

在新文化运动的浪潮席卷全国之际，直隶第四初级师范学校也积极投身其中。进步学生们敏锐地接受了马克思主义思想，使学校迅速成为马克思主义在邢台的传播中心。他们在这里探讨新思想、新文化，组织各种进步活动，为邢台地区的思想启蒙与社会变革注入了强大动力。1931 年的学潮斗争更是在全省范围内产生了深远影响，学生们以无畏的勇气和坚定的信念，表达着对社会不公与民族危亡的抗争，展现出邢襄学子强烈的爱国情怀与社会责任感。这一系列事件不仅在学校的历史上留下了浓墨重彩的一笔，更深刻地影响了邢襄地区的社会文化走向，成为邢襄文化中革命精神与进步思想的重要源泉。

（二）直隶第四初级师范学校著名的教师和优秀学生

直隶第四初级师范学校在 1910—1937 年的存续岁月里，可谓是桃李芬芳，英才辈出。

这里培养出了一大批优秀教师和学生，他们如同星星之火，散布在邢襄大地及更广阔的区域，点燃了无数人求知的火焰，为推动地方教育事业的发展做出了卓越贡献。这些毕业生不仅在教育领域辛勤耕耘，更有许多人在社会的各个领域崭露头角，成为国家建设与发展的栋梁之材。

1. 著名教师

①燕世奇：1914—1924 年任校长，早年留学日本，学术造诣颇深，熟悉近代教育，重视学校基本建设及教师选聘和学生培养。

②孟宪禔：1932—1935 年任校长，提出"三杆子"教育主张，允许学生自办进步刊物，组织学生成立工读团、耕读团，推动了教育与生产劳动相结合。

③晁哲甫：1932—1935 年任国文教师，积极推行教学改革，选用李大钊、鲁迅、郭沫若等人的文章作为教材。

④白寿章：著名美术教育家、书画家，1929 年到邢台河北省立第四师范任教，其书法绘画成就卓著，号称"书画双绝"。

⑤周抡园：1916 年考入直隶四师，1920 年毕业后留校任美术教师，是著名山水画大师。

⑥杨叙九：1930 年到邢台四师任事务主任兼音乐教师，为人正直，对党的事业和进步学生运动大力支持。

2. 优秀学生

①王亚平：1920 年考入，时名王福全，组织文艺研究社和革命剧团，创办《心声》周刊，是现代著名诗人、作家。

②王克新：1920 年考入，1925 年加入中国共产党，曾担任中共河南省委常委、宣传部部长和农民部部长等职。

③刘宁一：1924 年考入，1925 年加入中国共产党，发起成立文学会并任会长，是中共工人运动主要领导人之一。

④于光汉：1929 年考入，次年加入中国共产党，任学校党支部书记，是平山县党组织的创始人。

⑤乔晓光：1932 年考入，1934 年入党，曾担任多项重要职务，如驻越南大使、驻朝鲜大使等。

⑥王雪波：1936 年考入，著述 30 余部，获多项大奖，曾任华北群众剧社社长等职。

（三）从直隶四师到邢台学院的行政沿革

1937 年，日本发动全面侵华战争给学校带来沉重打击，当年 10 月 15 日邢台沦陷，师范学校师生南迁，学校被迫停办。此后，校址历经磨难，先后被日军、国民党军警盘踞，校园内的建筑与设施遭受不同程度的破坏。

1969 年，河北省邢台地区师范学校重建，学校经过多次升级与发展，最终在 2002 年成为邢台学院。自直隶四师的创立到邢台学院的具体行政沿革如下：

1910 年，直隶第四初级师范学堂成立，暂借考棚开学，后迁至南关宝寿庵；

1912 年，更名为直隶第四初级师范学校，同年 11 月搬迁至顺德府北关外河伯祠旁新校园；

1914 年，学校再次更名为直隶第四师范学校；

1928 年，直隶省改为河北省，学校随之改称河北省立第四师范学校；

1935 年年底，邢台简易师范并入，学校更名为邢台师范学校；

1937 年，因抗日战争爆发，学校被迫停办；

1941 年，伪河北省教育厅整合四师与三女师成立省立邢台师范学校；

1948 年，学校改名为河北省立邢台师范学校；

1951 年，开始招收中师班；

1952 年，学校更名为河北邢台师范学校；

1962 年，邢台师范学院并入学校；

1984 年，升格为邢台师范专科学校；

1996 年，与原邢台教育学院、邢台经济管理干部学校合并成立邢台师范高等专科学校；

2001 年，威县师范学校、隆尧师范学校和邢台市外国语师范学校并入邢台师范高等专科学校；

2002 年，经教育部批准升格为本科院校，更名为邢台学院。

（四）直隶四师建筑风貌

直隶第四师范学校原校址有九进院落，现仅存两排校舍，宛如一幅凝固的历史画卷，生动地展现着那个时代的建筑风格与工艺水准。前排校舍长 39 米，整齐排列着 12 间房屋；后排校舍则长 48 米，有 15 间房屋。它们均采用灰砖硬山式砖木结构，这种结构既体现了传统建筑工艺的精湛，又融合了当时的实用需求与审美观念。图 8-13 为直隶四师旧址之后排校舍。

图 8-13　直隶四师旧址之后排校舍

前排房屋中间的原四师正门，宛如历史的门户，引领人们走进那段尘封的岁月。石质券顶式的大门，高 3.05 米，宽 1.9 米，其券门两侧及顶部正中精心雕琢的方石雕图案，以及两侧的两根倚柱，无不彰显着昔日的庄重与典雅。抬头仰望，券门上方傅增湘所题"直隶第四初级师范学校"的匾额，字迹刚劲有力。后排房屋与大门相对处有石质券门，

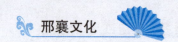
门两侧有两排倚柱。石券门券面上两侧雕饰的卷云、花卉等图案，依然散发着艺术的魅力，让人不禁感叹当时工匠们的高超技艺与细腻匠心。图8-14为直隶四师旧址之前排校舍。

图8-14　直隶四师旧址之前排校舍

院内有立于清宣统二年（1910年）的地界碑，为白色石质，地面以上高1.22米，宽0.21米，望柱形，球形柱头，柱身四面刻有"直隶第四师范学堂地界"字样。

（五）百年文化传承

直隶第四初级师范学校旧址，作为邢襄文化的重要组成部分，不仅仅是一座古老的建筑群落，更是一部生动的历史教科书，一个承载着无数记忆与梦想的精神家园。

2002年，直隶四师旧址被邢台学院精心辟为校史陈列馆，这一举措不仅是对学校历史的尊重与铭记，更是对邢襄文化传承的重要体现。通过校史陈列馆中的丰富展品与翔实资料，一代又一代的学子能够深入了解学校的光辉历程，感受邢襄教育文化的博大精深，从而激发他们传承和弘扬邢襄文化的使命感与责任感。

直隶四师旧址见证了邢襄地区教育事业从近代走向现代的艰辛历程，见证了无数先辈为了知识的传播、思想的进步而不懈努力的奋斗足迹。在当今新时代，我们要更加珍视这一宝贵的文化遗产，深入挖掘其蕴含的历史文化价值，让直隶第四初级师范学校旧址所承载的邢襄文化精神在新时代焕发出更加耀眼的光芒，激励一代又一代邢襄儿女为家乡的繁荣发展、为中华民族的伟大复兴而努力拼搏。

第九章
邢台的民俗文化

邢襄文化是燕赵文化的重要组成部分，本身具有燕赵文化的慷慨任气、质朴悲凉、实事求是、开放兼收的底蕴，但因其自身历史的特殊性，在民俗文化方面又独具特点。

第一节　邢襄婚俗文化的体现——周公与桃花女的传说

我国汉民族的很多礼仪文化都是从周代礼乐文化沿袭演化而来的。周代实施的是以血缘关系为核心的宗法等级制度，婚姻是他们最为重视的，因为这关系到国家的根基。《周易·卦序》中言，"有天地然后有万物，有万物然后有男女，有男女然后有夫妇，有夫妇然后有父子，有父子然后有君臣，有君臣然后有上下，有上下然后礼义有所错"①。他们认为婚姻是"人伦之始"，婚姻是周王室治理国家的基础。他们一方面通过婚姻繁衍人口，加强国力，一方面通过婚姻与异姓诸侯缔结友好政治关系，以加强姬姓天下的国祚长存。即《礼记》所谓"昏礼者，将合二姓之好，上以事宗庙，而下以继后世也，故君子重之"②。

一、邢襄婚俗文化——中国最早的婚俗文化

周代礼乐文化是以周公姬旦为核心的周王室贵族建立起来的，而西周分封的第一代邢侯姬苴姬靖渊是周公的第四个儿子，当年周成王不但赏赐给邢侯很多珍宝，还准许邢侯在礼制上享有与天子同等的特权。

因为邢国西北、北部都与戎狄相邻，东部紧接原来的东夷部落聚居区，南部是安置殷商遗民旧部的安阳殷墟，邢国这样特殊的地理位置自然使它成为抵御戎狄游牧部落、防备殷商遗民和东夷旧部的重要诸侯国，因此邢国核心的使命有二：一是屏藩周王宝，二是推

---

① 王弼. 周易注 [M]. 北京：中华书局，2011：387.
② 钱玄，钱兴奇，徐克谦，等. 礼记·下 [M]. 长沙：岳麓书社，2001：811-817.

行西周的礼乐文化。而对于周代礼乐文化中最重要的一项——婚礼，他们更加重视，因此古邢地的婚礼是最接近华夏制礼之初的婚姻礼仪，甚至这些婚姻礼俗文化在流传中形成的民间故事里的主人公也被称为"周公"，这个故事就是"周公与桃花女"的传说。在3 000多年的时间变迁中，故事传说和婚姻礼仪会有些许变化，但其核心的环节、礼仪依然可以说是周代婚姻礼仪的保留。

二、周公与桃花女的传说

在邢台市的西南部，有一个村庄叫周公村，在西边有一座山叫周公山。在这个古老的村庄及其周边地区，自古以来就流传着许多关于周公的传说，如《易经》中的黄河阵、周公与桃花女的传说、周礼和古代北方的婚姻文化。周公村、大桃花村和小桃花村据说是周公和桃花女传说的发源地。据该村古碑刻的有关记载，周公原名周乾，桃花女原名尹桃花。中国北方汉族的婚俗起源于周公和桃花女的传说。

周公与桃花女的故事传说由来已久。元末刘庭信所著《正宫端正好·金钱问卜》中就有"恰便似破八卦桃花女计量"的文词；明代小说《西游记》第三十五回，写孙悟空将金角大王、银角大王装进宝葫芦，口里不断祷念"周易文王、孔子圣人、桃花女先生、鬼谷子先生……"① 等。而真正让桃花女成为家喻户晓的故事，有赖于《桃花女破法嫁周公》（又名《破阴阳八卦桃花女》）元杂剧的传唱。据考，《桃花女破法嫁周公》的作者是元末杭州人王晔。

据说周公和桃花女是两个传奇人物，他们特殊的经历和机遇使他们获得了普通人没有的本领。周公得到了天书上卷《天文》，可以用来计算阴阳运转。桃花女得到了天书下卷《地理》，它可以破解吉凶祸福。他们都用自己的本领解决了老百姓的危险和困难，成为人们心目中的神，但是周公的本领比起桃花女来还略逊一筹。

有一天石坡头石婆婆的儿子外出三年没有回家，杳无音信，她就找周公算算，周公对石婆婆说：你儿子将会死在外地，见不到他了。石婆婆特别伤心，又去找桃花女，桃花女帮石婆婆破解了周公的卜算，使石婆婆的儿子安全回家。石婆婆非常感念桃花女之恩，也跟周公说他算得不准，周公非常恼火，便想种种机关算计桃花女，结果被桃花女一次次识破。最后周公竟想央求彭祖代他去向桃花女家求亲。当两家都同意结亲并定下吉日举行婚礼的时候，周公又想在举行婚礼的路上制订一系列伤害桃花女的计划，但当天都被桃花女一一破解。周公终于被桃花女的真情打动，成为恩爱的一对，给世人留下了一段完美浪漫的爱情故事。后来，他们俩都被归入神仙班。为了纪念他们，葬周公的地方叫"周公村"，葬桃花女的地方叫"大桃花村"，桃花女成仙的地方叫"小桃花村"。

现在，周公村还留有周公塔，大桃花村还留有桃花女轿。周公与桃花女斗法所形成的民间婚姻文化不仅保留了下来，而且传播到了华北大部分地区。

周公与桃花女的故事最为精彩的就是周公迎娶桃花女情节。黄石先生曾就周公迎娶桃花女时两人法术的较量得出结论："桃花女对付周公的方法和手段，差不多完全与今日民间嫁娶时的礼节俗例一一相合。这传说的起源，为的是说明嫁娶的礼节的。"② 在婚礼的过程中，桃花女运用各种避邪的神器和符咒，如携镜、五谷、桃弓、柳箭等，以及跨鞍、

---

① ［明］吴承恩. 西游记［M］. 北京：人民文学出版社，1980：448.
② 高洪兴. 黄石民俗学论集［M］. 上海：上海文艺出版社，1999.

撒谷豆、开弓、洞房陪坐等形式，生动地再现了民间各种婚姻传统。

三、古代婚姻"六礼"与"周公与桃花女的传说"的比较

中国最早的婚礼仪式程序"六礼"，即纳采、问名、纳吉、纳征、请期以及亲迎①，记载于《仪礼》中。"婚姻'六礼'是汉代以来贵族士大夫阶层的婚礼仪程规范，在之后的2 000多年封建社会里，婚姻基本上都是宗法'六礼'的仪程规范。不过时异俗迁，随着历史的发展，对'六礼'时有损益，或简化其程序，或增添民间风俗内容，各代有所不同。"②南宋朱嘉《朱文公家礼》将其合为三礼：纳采、纳币、亲迎三礼，民间用之。"朱子《家礼》对传统婚姻'六礼'进行了简化合并，保留纳采、纳币、亲迎三目，也就是婚姻三大仪式，纳采为议婚仪式，纳币为订婚仪式，亲迎为完婚仪式。"③

"纳采"仪式。《仪礼·士昏礼》曰："昏礼，下达纳采。用雁。"④纳采，乃六礼之首礼。男方欲结亲与女方，需请媒人前往女方家提亲，得到应允之后，再请媒人正式向女方家纳"采择之礼"。周公在前两场与桃花女的比试中皆败，遂生妒意，由妒生恨，由恨生谋，便想求人做媒，要娶桃花女为妻，想在娶亲过程中害死桃花女。周公在定"计"之后，第一步是找媒人。古时儿女嫁娶乃父母之命，媒妁之言。早在先秦《诗经·氓》中就有媒人的记载"匪我愆期，子无良媒"⑤。可见媒人是一个男女双方结成婚姻时搭桥引线、沟通信息的重要人物。在"周公与桃花女"的传说中，媒人就是撮合两人的彭祖。一直到现在这一习俗在邢台各地依旧流传。

"六礼"中的"问名、纳征"环节在周公与桃花女的故事中虽并未涉及，但这两个风俗在邢台地区仍然流传。"问名"即男方遣媒人至女方家询问女儿家姓名、生辰八字。取回庚帖后，卜吉合八字。在邢台各地，媒人将女方的"庚帖"，即生辰八字，送往男家，请占卜者推算是否合婚，有无冲克等，如愿后，需"还帖"并议聘礼数目。时至今日，这一习俗在邢台各地仍很盛行。

"纳征"亦称纳成、纳币，是"婚俗六礼"中的第四礼，即指男方向女方送达聘礼。《礼记·士昏礼》孔颖达疏："纳征，玄纁束帛，俪皮，如纳吉礼。"⑥彭林注释《仪礼》，纳征也就是现代社会所说的"彩礼"，这无论在现代还是古代都是婚姻已经成立的主要标志之一。在周代虽然特别尊崇婚姻"六礼"，但当时"纳征"中的彩礼并不多，后来的朝代也都重视人口的繁衍，为了不让大家形成负担，能够负担得起嫁娶的花费，很多朝代专门规定了彩礼的数量。《晋书》记载，当时"婚礼纳征，大婚用玄纁束帛，加珪，马二驷。王侯玄纁束帛，加璧，乘马。大夫用玄纁束帛，加羊"，百姓则更少。

"请期"，又称告期，俗称选日子，指男方家派人到女方家去通知成亲迎娶的日期。《仪礼·士昏礼》："请期用雁，主人辞，宾许告期，如纳征礼。"在婚姻六礼中，除了纳征"不用雁"以外，其余五礼去女家都不能空手，都需要带点礼物，每个环节有多有少，但五礼中都要必备的就是"大雁"，因为大雁是忠贞的象征，送大雁也是为了表明心迹。

---

① 十三经注疏丛书：礼记正义 [M]. 郑玄，注. 孔颖达，疏. 上海：上海古籍出版社，2008：1680.

② 郭兴文. 中国传统婚姻风俗 [M]. 西安：陕西人民出版社，2002.

③ 钟敬文. 中国民俗史（隋唐卷）[M]. 北京：人民出版社，2008.

④ 阮元，等. 十三经注疏（附校勘记）[M]. 北京：中华书局，1980：961.

⑤ 阮元，等. 十三经注疏：毛诗正义 [M]. 影印清嘉庆刊本. 北京：中华书局，2009：684.

⑥ 彭林译. 仪礼 [M]. 上海：上海古籍出版社，2008：42.

正因如此才有元好问的《雁丘词》："问世间，情是何物？直教生死相许？""请期"仪式历代相同，请期的依据是"择吉"。古人认为婚姻关系的确立乃"天作之合"，所以结婚的日期也应该顺应天时才会有好的结果。在周公与桃花女的故事中，周公娶桃花女并非诚心，所择成亲之日是几大凶煞当值之日。桃花女早已算出周公欲害己的诡意，对来提亲的人提出了种种需准备的物件及要求用来攘除凶神恶煞。邢台对这一习俗也称"送日子"。

"亲迎"环节，《诗经·大雅·大明》："大邦有子，天之妹，女定阙祥，亲迎于渭。"在周公与桃花女的故事中，亲迎环节描述了从出门到进入洞房的详细情节，这一环节是整个婚礼中最为详细且精彩的一段。

首先是桃花女出门。桃花女在出嫁这一天的装扮很有讲究，凤冠霞帔，手提宝瓶，另外还有家人哭送，锣鼓声声。

桃花女出嫁时头戴八宝珠冠，红绸盖在头上，据史料记载起源于汉魏。唐杜佑《通典》卷五十九曰："自东汉魏晋以来，时或艰虞，岁遇良吉，急于嫁娶，乃以纱縠蒙女首而夫氏发之，因拜舅姑，便成婚礼。六礼悉舍，合卺复乘。"[1] 可见，在当时盖头蒙首只是一种简化的婚礼仪式。随着时代的变迁，逐渐成为古代婚礼中必不可少的程序。现如今，邢台地区仍保留这一风俗习惯，新娘盖着大红色的盖头，渲染喜气洋洋氛围的同时，也旨在避妖除邪，消灾避祸。

在送桃花女出闺口时，其父大哭，这体现的是古时悲歌哭嫁习俗。在邢台地区，父母嫁女哭泣则是表示对养育大的女儿的依依不舍，或对女儿成家的一种喜悦。北宋《东京梦华录》卷五"嫁娶"记载："至迎亲日，男家刻定时辰，预令行郎，各以执色……及和倩乐官鼓吹，引迎花檐子或棕檐子、藤轿，前往女家迎取新人。"[2] 迎亲的途中鼓乐喧天，一方面是为了喜庆，另一方面是用来震慑路途中的凶神恶煞。在邢台地区，这些婚俗仪式时至今日仍很盛行。

其次是在迎亲路上，桃花女让人在经过的路上的大石、老枣树、水井台、石磨等处都贴上了红喜字，分别镇住了无头鬼、吊死鬼、溺死鬼、屈死鬼等恶煞，又破了周公布的九曲黄河阵。在邢台地区，迎亲的花车经过的主要道路，要用红纸压在井盖上，压住晦气之物，以图吉利。在贴井盖的同时也要贴红喜字，一般是由远向近、由外向里贴。首先要贴在村口，然后是举行婚礼的礼堂（酒店）大门——小区大门——住宅大门——楼道门——婚房门、窗，最后贴婚房中的家具等。

到了周家下车时，因那天是"黑道日"，"新人踏着地皮，无不立死"，所以她专门穿着黄色的鞋，让人取两领席子铺在车前，行一领倒一领，将黑道换了黄道，脚不踏土地以免踩着黑道。当时的这些习俗在元人笔记小品中也有反映，如陶宗仪《南村辍耕录》卷十七记载说："今人家娶妇，舆轿迎至大门则传席以入，弗令履地。"然唐人亦尔，如乐天《春深娶妇家》诗云"青云转毡褥，锦绣一条斜"，这些习俗不仅在元代流行而且传到了今天，不过是席子换成了毡毯而已。

桃花女入院时，正值鬼金羊、昴日鸡当直，桃花女命人以碎草、米谷和染成五色的铜钱步步抛撒，自己拿镜子照了脸。撒碎草米谷之俗在汉时已出现，据高承《事物纪原》记载：汉术士京房之女适翼奉子，奉择日迎之。京房认为其日不吉，有青羊、乌鸡、青牛三

---

① 杜佑. 通典：卷六十 [M]. 北京：中华书局，1984：342.

② 孟元老. 东京梦华录笺注 [M] 伊永文，笺注. 北京：中华书局，2007：495.

煞在门。翼奉便命用谷豆与草禳之，三煞只顾吃草米谷，就没有时间作祟了①。以后渐成风俗，而今日婚礼中所撒的五彩花纸就是碎草米谷的演变，邢台地区仍保留该风俗习惯。

在我国，婚礼用镜是历史极为悠久的民俗文化传承，从可靠的史料记载来看，此法至少可上溯至汉代。在婚礼中明确提到用镜的，多是唐宋文献。孟元老《东京梦华录》卷五"娶妇"一则中也载："新人下车檐，踏青布条或毡席，不得踏地，一人捧镜倒行……"不仅如此，"次日五更，用一桌，盛镜台镜子于其上，望堂展拜，谓之新妇展拜"。可见在宋代婚礼中，镜的地位极高，有时比尊长亲戚还重要。镜子在民间俗信中的巫傩功能很是普遍的，至今邢台一些地区结婚时新娘要带着镜子，做驱邪避害用，寓意婚姻顺利。

在入门时，正逢丧门吊客当直，为了不犯丧门吊客，桃花女叫人对着门先射三箭。望门射箭这一习俗今在河北、内蒙古一带仍流行，有的是射箭，而有的则手持单刀朝房间四方墙角虚砍一刀，以赶走凶神。最后一关是进洞房行坐床仪式。新人要先到卧房中坐床，等坐过了床还要出堂行礼，拜见公婆。周公"在白虎头上铺床"，想趁着鼓乐声把白虎惊起让白虎咬伤桃花女，不料桃花女让小姑腊梅陪坐，反而咬到了腊梅。邢台地区新人入洞房要有人相陪就是为帮新人避凶神恶煞的危害。

以上整个婚俗过程从纳采、迎亲、迎娶等各方面体现了古时的嫁娶习俗，这些婚俗现在仍在邢台及周边地区农村畅行。如：婚前男方要"下庚帖""送食盒"，城市改成了"请亲家""定情礼"。新娘出嫁时要"穿红袄、黄套鞋"，戴"护心镜""坐花轿"，现在一般"黄套鞋""护心镜"不兴了，花轿坐不成了，但蒙"红盖头"还是有的。其他如迎亲途中"鸣锣放炮"，娘家兄弟"送亲押轿"，遇到奇石怪树、井台磨坊，要贴"红喜帖子"，迎亲队伍"不走回头路"，新娘到了夫家门口要"拉弓射箭""跨马鞍""踏火盆""踩红毡"，新郎家门前点"长明灯"，天地桌上"放斗、搁秤"等。

第二节　天河山与"七夕"文化

"七夕"节是指农历七月七日之夕，来自我国四大民间传说之一"牛郎织女"的传说。人们因为对"牛郎"和"织女"之间忠贞不渝爱情的同情和赞赏，而把"七夕"称为中国的"情人节"。位于邢台西部的天河山因为广泛流传着"牛郎织女"的传说，并有大量的历史文化遗存，而被称为"中国爱情山"。

一、"七夕"节的渊源

"七夕"是属于现代中国人独有的"情人节"。有人把"七夕"称作"紫色情人节"，赋予了它更加高贵与神秘的色彩。如果与西方的情人节相比，"七夕"的历史更为久远，内容更为美好，相关的文化更加丰富多彩。

"七夕"节涉及的核心文化意象有"牵牛""织女"和"天河"，这起源于远古先民对原始的星历之学的认知，也就是指天上的"牵牛星""织女星"和"银河"（也被称为"星汉""河汉"）。

---

① 高洪兴. 黄石民俗学论集［M］. 上海：上海文艺出版社，1999.

现存出现"牵牛""织女"之名最早的文献是《诗经》，在其《小雅·大东》篇中有："维天有汉，监亦有光。跂彼织女，终日七襄，虽则七襄，不成报章。睕彼牵牛，不以服箱。"另外在《夏小正·秋》中也曾出现过"织女"和"河汉"的记载："七月莠蕚苇……汉案户，寒蝉鸣，初昏，织女正东乡，时有霖雨。"学者们认为《夏小正》出现的时间是战国或两汉时期，但它记载的是夏代的历法，是我国被看作信史的最早的历法文献，因而我们可以认为在夏朝人们已经名其曰"织女""河汉"，映射出当时的男耕女织生活的普遍性。

《诗经·小雅·大东》中的"牵牛"和"织女"指天上的"牵牛星"和"织女星"，并没有涉及爱情方面的描述，只是以"织女星"虽然每天移动七次位置但却不能织出一匹美丽的布帛、"牵牛星"也并不能负载车厢为喻，来讽刺当政者徒有其名而无其实。这首诗中对于"牵牛星"和"织女星"的描述虽跟爱情无关，但其中"牵牛""织女"已经相对而出，并有一些悲伤的基调，也为后世演绎成爱情悲剧打下了基础。

睡虎地秦简《日书》有这么一条类似卜筮预测的记载："戊申、己酉，牵牛以取织女，不果，三弃。"有学者认为这是战国时期已有"牵牛织女"成为夫妻但最终为悲剧的民间传说的标志。

但西汉司马迁的《史记·天官书》中对"牵牛"和"织女"星的解释却截然不同："牵牛为牺牲。其北河鼓。河鼓大星，上将；左右，左右将。婺女，其北织女。织女，天女孙也。"[1] 其中"牵牛"只表示着祭祀之用，而"织女"却是"天女孙也"，根本没有夫妻相对之说。东汉前期班固《西都赋》中的"临乎昆明之池，左牵牛而右织女，似云汉之无涯"，与东汉中期张衡《西京赋》中的"牵牛立其左，织女处其右。日月于是乎出入，象扶桑与蒙汜"中的"牵牛""织女"，俱指西都长安昆明池两边的牵牛、织女雕像，而昆明池类似于二星之间的银河，勾勒的是天上的星宿图而已，这些典籍和文学作品中都没有将其作为夫妻而言。

直到东汉后期的《古诗十九首·迢迢牵牛星》中，"牵牛""织女"才被真正赋予了爱情的意味。

> 迢迢牵牛星，皎皎河汉女。纤纤擢素手，札札弄机杼。
> 终日不成章，泣涕零如雨。河汉清且浅，相去复几许？
> 盈盈一水间，脉脉不得语。

这首《迢迢牵牛星》全力描摹二人相爱而不能朝朝暮暮的伤感之情，尤其是"终日不成章，泣涕零如雨""盈盈一水间，脉脉不得语"的深情思恋更是千百年来让人们唏嘘不已。自此以后，各类文学作品中"牵牛""织女"便成为忠贞爱情的象征。

二、"牵牛织女"的传说和相关文化

"牵牛""织女"的星历文化与神秘的"七"数字崇拜、"重日"为"天地交感""天人相通"的日子相结合，再加上如《夏小正》所言"七月初昏，织女正向东"的"织女星"与"牵牛星"位置看起来离得最近，便有了"七夕"节与"牵牛织女"结合的传说。

自古以来我国先民就歌颂忠贞不渝的爱情，歌颂那些为了爱情历尽波折的痴男痴女，

---

① [汉] 司马迁. 史记 [M]. 北京：中华书局，2014：1564.

我国千百年来广泛流传着四大传说《牛郎织女》《孟姜女哭长城》《梁山伯与祝英台》《白蛇传》都是关于爱情的。

《孟姜女哭长城》是说孟姜女千里寻夫到长城送寒衣，因寻不见丈夫，哭声悲切而感天动地，使长城倒塌，露出丈夫被埋在长城城墙中的尸体，孟姜女痛斥暴君，自己投水自尽的故事。《梁山伯与祝英台》则是关于门阀制度盛行下的东晋时期因为门第不相当寒门之子梁山伯与高门之女祝英台同窗三年相爱而不被允许，最后梁山伯抑郁而亡，祝英台在出嫁高门马文才的途中路过梁山伯之墓附近时狂风大作、坟墓裂开，祝英台投身入坟，二人双双化蝶的故事。《白蛇传》则是因许仙与白蛇、青蛇在杭州西湖遇雨邂逅，主动借伞与二人，许仙与白蛇产生情愫，但人妖殊途，被法海阻拦，经过激烈大战，白蛇被法海镇于雷峰塔下，人们为了获得大团圆的美好结局，又延长到许、白二人之子许仕林长大成人之后劈塔救母，一家团圆。而"牵牛织女"的传说更是家喻户晓，除了牵牛、织女的爱情获得大家颂扬以外，还产生了大量的相关文学作品和与此相关的文化。

历代诗人用它作为素材进行创作的很多，大多数作品中有因为天帝干涉了他们的婚姻而埋怨天帝的，有为他们长期分居而感到悲哀的。总之，在各种文学作品中，他们都是以超人间的方式表现人间的悲欢离合。

自《古诗十九首》中的"迢迢牵牛星，皎皎河汉女""终日不成章，泣涕零如雨"之后，曹丕的《燕歌行》中有"明月皎皎照我床，星汉西流夜未央。牵牛织女遥相望，尔独何辜限河梁"，李商隐的《辛未七夕》中也有"由来碧落银河畔，可要金风玉露时"之句，等等。宋代的欧阳修、柳永、苏轼、张先等人也曾吟咏这一题材，虽然遣辞造句各异，却都因袭了"欢娱苦短"的传统主题，格调哀婉凄楚。而秦观的《鹊桥仙·纤云弄巧》："纤云弄巧，飞星传恨，银汉迢迢暗度。金风玉露一相逢，便胜却人间无数。柔情似水，佳期如梦，忍顾鹊桥归路。两情若是久长时，又岂在朝朝暮暮。"结尾句"两情若是久长时，又岂在朝朝暮暮"，以独特的手法抒写牛郎织女悲欢离合的复杂感情，歌颂了真挚不渝的爱情，立意高远，一扫陈腐，翻出新意，成为千古绝唱。这是词人对牛郎织女致以深情的慰勉——只要两情至死不渝，直至地老天荒，又何必贪求卿卿我我的朝欢暮乐？同时也是词人对真爱的深刻感悟。这一感悟之笔，使全词升华到了一个新的思想高度。其构思奇巧，意境新颖，自然流畅而又婉约蕴藉的风格，让古老的爱情故事，绽放出了新鲜耀眼的火花，是对传统言情作品的一个挑战。

除此之外，关于"七夕"节，还有丰富多彩的传统文化一直流传，比如女孩子在"七夕"乞巧，摆香案祭拜或在葡萄架下穿针、乞求巧艺、祈祷姻缘等。男孩子会在这一天晒书，据说七月七日这一天也是魁星的生日，魁星是北斗七星的第一颗星，对于读书人来说拜魁星、晒书，都是为了求取功名、一举得中。东汉崔寔《四民月令》云："七月七日，曝经书及衣裳，不蠹。"宋代"晒书"已经成为官方主持的文化活动，宋高宗绍兴、宋孝宗淳熙年间，以及宋宁宗庆元年间都有"晒书会"。宋代"晒书会"一般由掌管图书的秘书省主持，由临安府具体承办，大多定在七月初五、初六、初七进行，基本上是三天。

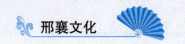

三、邢台天河山的"七夕"文化

天河山位于邢台市西部晋冀交界的太行山深处，距邢台市 65 千米，交通便利，是邢台地区著名的国家级 4A 级风景区。景区主峰天河梁海拔 1 780 米，这里山势突兀，奇峰林立、峡谷幽峻，一年四季群瀑飞流、清泉鸣筝，植被丰茂、生态奇好，总面积 20 余平方千米。这里文化底蕴深厚，早在新石器时代，天河山就有人类居住。附近有一处夫子岭，又叫夫子岩。据明成化年间的《顺德府志》记载："夫子岩，在县西南一百三十里，其岩可避风雨，孔子周流至此，故名。"传说春秋时期孔夫子曾到此游学，"夫子岩"因此得名。

天河山广泛流传牛郎织女的故事并拥有大量的文化遗存，经多位专家考证，这里就是牛郎织女故事的原生地。2005 年，天河山在国家工商总局（今国家市场监督管理总局）注册为"中国爱情山"。2006 年，天河山被中国民俗学会命名为"七夕"文化研究基地，被中国民间文艺家协会命名为"中国七夕文化之乡"。

邢台天河山景区自 2006 年起，每年举行"七夕爱情文化节"，提倡我国传统的婚俗形式，引起了很多人的关注，吸引了各地的游客。目前邢台市政府以"山水太行、和谐邢襄"为主题，以"天河山七夕爱情文化节"为契机，开展"七夕"系列文化活动，举行大型集体婚礼、开展手工织布比赛、发行牛郎织女纪念邮票等，带动了邢台旅游业的发展，对促进邢台经济的发展也起到了积极作用，更对正确的爱情观有着一种正向的引导。

因为爱情是一种真情、一种深情，无须跟物质条件牵扯在一起。有人说爱情也要吃饭，爱情也要穿衣，其实当我们强调吃饭穿衣的时候，已经忘了爱情是一种情，是一种心灵活动的美的过程。在牛郎那边，他有什么？无非是一头老牛三分薄地。在织女这边，她有什么？无非是一双巧手，一腔真情。手牵手、心连心，近在咫尺的爱情令人羡慕，但心牵心也可以远隔银河、千里万里，因为两颗心的相互吸引，足以奠定海枯石烂的爱情。

千百年来，牛郎织女的故事一直在发展演变，不过无论故事怎样演变，牛郎织女这两个人物形象却越来越受人喜爱，两个人物形象成了执着于爱情、追求美好幸福生活的象征，正因如此天河山的"七夕"节越来越热闹，爱情山的明天会越来越美好。

第三节　邢台其他民俗文化

邢台地处河北省的南部地区，这里四季分明，是典型的温带季风气候，自古就以农耕文化出名，这也导致邢襄大地的很多民俗文化跟中国北方大多数地方一样，大都是来自节气和农耕节日。所谓"五里不同风，十里不同俗"，邢台的民俗文化也是五彩缤纷，各有不同，至今绵延不绝。

一、邢台的元宵节

元宵节，又名上元节、元夕节、元月节，是新年后第一个月圆夜，第一为元，月夜为宵，故名元宵，是全国各地都特别重视的节日，邢台人民这一天也是张灯结彩，喜迎元宵。

元宵节以张灯、观灯、散灯、玩灯为乐，又称为灯节。节间配有各种花会、社火等游艺活动，场面壮观，群情激奋，民间称为过小年、闹元宵。

本地俗谚说："除夕火最盛，中秋月最明，赶不上元宵大逛灯。"花灯以民间自制为主，专业工匠制作为辅。自制花灯一般以高粱秆儿、竹篾、木条、铅丝等为骨架，以纸、绢、纱、绸、玻璃等为外罩，经过盘折绑扎，制成各种形状，外加彩绘勾画，缨穗相配，方算告成。豪华的宫灯、纱灯、走马灯等对技艺要求较高的灯种，一般由专业灯匠制作。邢台不少村庄至今仍有专业工匠在大量制作花灯。

除了大家都熟悉的一般花灯外，邢台一带还有一种特殊的灯，叫灯地儿，看它的玩法应该跟书上或网上文雅叫法的"九曲黄河阵"类似。九曲黄河阵，又名九曲黄河灯、转黄河，扎起来占地广、费料多、工序复杂，要先立 360 多根桩子，在桩子上设灯，必须按照事先做好的图谱进行，有人说是按照九宫八卦阵做的，转起来也特别费力。据说在甘肃、山西、陕西、河南、河北一带某些地方都有，"某些地方"应该大都属于黄河流经的故地吧，当年应该是为了向黄河祈祷。这条母亲河既滋养了这块土地，也会因为某些年雨水太多怒而发威，因此人们向它祈祷风调雨顺、平平安安，长期以来就形成百姓们驱邪防疫、祈盼安宁的一种活动。邢台历史上也曾是黄河流经之地，也流行在第一个月圆之夜扎这种灯，但是本地叫"灯地儿"，是不是还有另一种美好的寓意"登第"呢？因为毕竟这一带历史上就特别重视教育。

猜灯谜也是元宵节不可缺少的节目，又名打灯谜、打灯虎，是猜粘贴在花灯上的谜语，明清以后，成为全省各地春节、灯节期间必不可少的娱乐活动。除观灯、赏灯外，还有各种娱乐活动，如放焰火。

相传传统的放焰火习俗由爆竹演变而成，始于隋唐，盛于宋代，南宋末期周密《武林旧事·元夕》就有"上元节夜在宫中一次就要宣放烟火百余架"[①] 的记载。近代以来，烟火种类众多，尤其是集中燃放的烟花深受人们的喜爱。庙会是农村的物资交流大会，在庙会上有舞狮、舞龙灯、踩高跷、扭秧歌、战鼓、腰鼓、旱船、跑驴、大头舞、二贵摔跤、拉花、少林会等数百个品种，乡土气息浓厚，有极强的艺术表现力和感染力，常常是锣鼓喧天，灯火如昼，人流如潮，摩肩接踵。

元宵节最主要的食物是元宵，元宵又称汤圆、糖元、团子，原是一种糯米粉食，古称粉果、面茧，开始在南方形成，后来传到北方。邢台的元宵有两种：一种为实心，不带馅儿，食时蘸糖；一种是带馅儿的，通常有芝麻、白糖、枣泥、豆沙、果仁、山楂等甜酸馅儿，也有的用虾仁、菜泥、鲜肉、火腿做成咸味鲜香馅儿。元宵有汤煮、油炸、水蒸多种

---

① 辞海·文化、体育分册［M］. 修订版. 上海：上海人民出版社，1977：94.

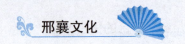

食法。人们之所以喜爱元宵，不仅因为它皮面细软，馅儿料香甜，还因为它是合家团圆、和睦幸福的象征。

二、邢台的冬至

根据《汉书》记载："冬至阳气起，君道长，故贺。"这表明冬至在汉代已成为一个重要的节日，有了相应的庆祝活动，且与阴阳观念相结合，被视为阳气开始回升的象征，具有一定的吉祥寓意。冬至节有冬节、长至节、贺冬节、亚岁等多种称谓，时间在农历十一月中下旬、阳历 12 月 22 日前后。

因为冬至标志着太阳直射向北的起始，自古崇尚太阳且以农耕为主的华夏民族，自然特别重视冬至，因此才有"冬至大如年"的谚语。此节起源较早，汉代起列为时令之节。唐宋以后，此俗更盛，如同年节。明清承袭此俗。光绪七年（1881 年）《唐山县志》中也有"冬至，行拜贺礼"的记述。旧时过此节，不仅官府放假（最长 7 天），商铺歇市，织工停织，渔家停网，学馆停课，同时，此节又是变更契约、清欠债务、交换佃农等经济活动的决断期，有冬至如年关之说。

在邢台有冬至吃饺子的习惯，"冬至饺子夏至面"，冬至吃饺子的风俗在邢台特别流行。饺子的兴起缘于张仲景创制"娇耳"的传说。相传有一年冬天，天气格外寒冷，许多人耳朵被冻烂。张仲景教人们熬制"祛寒娇耳汤"，即把羊肉、辣椒和一些祛寒药材一齐放在锅里煮，煮好后把羊肉和药物捞出来切碎，用面皮包成耳朵样子的"娇耳"吃，吃后，人们浑身发暖、两耳生热，冻烂的耳朵不久痊愈。人们为感激、纪念张仲景，每年冬至都包饺子吃。战国时期神医扁鹊被封于内丘鹊山，因而邢台人特别重视养生，冬至这一天邢台地区普遍有吃饺子的习俗。另外邢台隆尧、内丘、任县及市区等地区还有喝羊汤的习俗。羊肉性温，在寒冷的冬至时节食用，有驱寒保暖、滋补身体的功效，同时也寓意着生活红红火火。

除了这些节日以外，邢台的自然旅游资源也非常丰富，有天河山、太行山、云梦山、燕赵第一景九龙峡、秦王湖等，这些地方也都有美丽的传说，寄寓着邢襄大地的人们美好的愿望。在人文旅游资源方面，邢台是太行山革命老区，有远近闻名的中国人民抗日军政大学旧址、明长城遗址、玉泉寺、张角起义寨等，这些都是邢台优秀传统文化的重要组成部分。

三、邢台火神庙庙会

邢台火神庙会是当地一项历史悠久、极具影响力的传统民俗活动，是华北最大的"火神庙会"。邢台火神庙位于顺德府南门率宾门之瓮城内，始建于明代天顺四年，即 1460 年。清末民国时期又有不同程度的维修扩建，其建筑保留了明代的风格，成为当地的重要文化地标和宗教场所，为庙会的举办提供了固定的场所和精神核心。邢台火神庙最初供奉燧人氏，后来受封神榜影响，改为供奉火神罗宣。

（一）邢台火神庙会形成的原因

邢台火神庙庙会形成的主要原因在于火崇拜。火在人类文明发展中具有重要意义，它给人类带来了光明、温暖和熟食，推动了生产生活的进步，同时也具有极大的破坏力，火灾往往给人们的生命财产造成严重损失。因此，古代人们对火既感恩又敬畏，于是通过建立火神庙定期对"火神"进行祭祀，祈求火神保佑平安、消除火灾。

后来受《封神榜》等神话传说的影响，火神罗宣被赋予了惩恶扬善的形象，人们相信通过供奉和祭拜火神罗宣，可以得到神灵的庇佑，同时也希望借助火神的力量来教育后人互助互爱、多做善事。此外，一些与火神相关的传说故事在民间广泛流传，如火神显灵惩罚为富不仁者等，这些传说进一步加深了人们对火神的信仰和敬畏之情，推动了火神庙会的形成和发展。后来人们又逐渐加入了某些娱神、商贸等活动，成为当地民众生活中不可或缺的一部分。

随着社会的发展，纯粹的祭祀渐渐被集宗教祭祀、商贸交流、文化娱乐等多种功能于一体的活动形式——庙会所代替。邢台地处交通要道，地理位置优越，在明代以后，当地农业生产较为发达，人们在秋收之后有了更多的闲暇时间和剩余物资，需要一个集中的场所进行商品交换和文化交流。火神庙会正好满足了这一需求，为人们提供了一个交流互动的平台，促进了当地经济的发展和文化的传播。

到了清代及民国时期，邢台火神庙庙会逐渐发展成一个盛大的民俗活动。每年农历十月十六开始，周边十里二十里村子中的人们，甚至邻县的人都会赶来参加。庙会期间，不仅有隆重的火神出驾仪式，还有各种丰富多彩的表演活动，如社火、大戏、马戏、杂技等，同时也有众多的商贩摆摊设点，进行商贸交易。这些活动使得庙会的规模不断扩大，影响也越来越广泛，成为顺德府地区乃至冀南地区的重要节日之一。

中华人民共和国成立后，火神庙会曾一度改为物资、集贸、农机具大会等形式，继续发挥着促进经济交流和社会发展的作用。近年来，随着对传统文化的重视和保护，邢台火神庙庙会作为一项重要的非物质文化遗产得到了传承和发展，其宗教祭祀、文化娱乐等传统功能也得到了恢复和弘扬，成为展示邢台地方文化特色和民俗风情的重要窗口。

（二）邢台火神庙

邢台火神庙现存建筑六座——火神宝殿、东西配殿、库官殿、奶奶殿、送子殿，均为在原址上修复重建，保留了明代建筑风格。火神庙有完整的院落，东西长39米，南北宽50米，其中包括一段长38米、宽12米的古城墙，占地面积2 200平方米。

火神宝殿坐北朝南，悬山绿琉璃瓦顶，面阔3间8.5米，进深4间10.1米，其中前部2间为卷棚顶抱厦3间，面阔同殿身，殿身构架为七架梁用三柱，梁柱多为自然材，前檐用一斗三升斗拱，共八攒，前部抱厦四架梁用二柱，抱厦与殿身顶部相交处形成天沟。殿内有塑像为火神及侍从；东配殿为药王殿，西殿为瘟神殿，均为绿琉璃瓦剪边的悬山顶建筑，面阔3间，进深1间，灰瓦硬山顶。内院北段为奶奶殿，又称寝宫，面阔3间，塑有火神夫人。东侧为送子殿，坐东朝西，面阔1间，塑抱子老母。庙内还存有明清重修碑九通。2001年2月，邢台火神庙被河北省人民政府公布为省级文物保护单位，它也是华北最大的火神庙（见图9-1）。

图9-1 邢台火神庙

（三）庙会时间与流程

每年农历十月十八是顺德府火神庙传统庙会举办的日子，会期通常为十月十六至十月二十一。

火神出驾仪式：农历十月十六是火神出驾的日子，距城十里二十里村子的人们，甚至邻县的人们都要赶来请火神。由南关有钱有势有威望的人担任"会首"，组织火神出驾盛典。人们把火神塑像请到搭好庙楼的架子上，前有鼓乐队鸣锣开道，庞大的仪仗队紧跟，随后是猪、牛、羊三牲祭品，再后便是火神的牌位及尊身，成千上万的老百姓手执香烛，虔诚地紧随其后，最后是各路社火，边走边舞，一直把火神请至"小河子"早已搭好的火神棚中。

正会与表演：十月十八是正会，前来烧香磕头、求签卜卦的人络绎不绝，昼夜不断。火神棚前两台大戏对着唱，一天三场。此外，还有玩大马戏的、走江湖卖药的、拉洋片的、变戏法的、捏面人的、吹糖人的，等等，各种表演和活动精彩纷呈。

送神仪式：到了十月二十一，要举行送神仪式，其规模比请神更大，整套人马还要游完南关的主要街道，然后再把火神送回火神庙中，供奉起来。

（四）相关习俗与表演

打扇鼓：这是庙会期间的一项重要活动，扇鼓也叫"单鼓""太平鼓"。鼓作蒲扇状，铁框蒙革，鼓柄上套大铁环，表演者左手持鼓，右手捏鼓鞭，边打边舞边唱，跳法不同但节奏一致，腔调各异，唱词多为祈祷神灵保佑、吉祥如意、劝人行善等。

社火表演：南关地区的社火表演是火神庙会的一大亮点，每条街道都有自己独特的社火节目，如靛市街的抬皇杠、北大街的云彩龙、西大街的少林武术、羊市街的排鼓、马市街和花市街的高跷与跑花船等，这些表演各具特色，展现了地方民间文化的多样性和丰富性。

　　邢台火神庙庙会不仅是一场热闹非凡的民俗庆典，更是邢台深厚的历史文化底蕴的生动展现。从古老的火神祭祀仪式，到丰富多彩的民间表演；从熙熙攘攘的商贸集市，到弥漫在空气中的传统美食香气，庙会的每一个元素都承载着先辈们的智慧与情感，凝聚着当地民众对生活的热爱与期盼。在庙会中，传统技艺得以延续，民间艺术重焕生机，社区凝聚力不断增强，人们在欢乐祥和的氛围中感受着文化根脉的力量。尽管时代在进步，社会在变革，但邢台火神庙庙会以其独特的魅力，顽强地坚守着那份质朴与纯真，为现代社会注入了一股浓浓的乡愁与温情。它如同一座桥梁，连接着过去与现在，让后人能够穿越时空，领略邢台独特的民俗风情，也让这片土地的温暖烟火气成为人们心中永恒的文化符号与精神家园。

第十章
邢台传统美食

民以食为天，邢台不仅拥有悠久的历史和灿烂的文化，还孕育了丰富多彩的传统美食，在邢台的饮食文化长河中，成为邢襄大地上烟火人间不可或缺的文化符号。邢台地处温带大陆性气候区，四季分明，日照充足，土壤肥沃，为各种农作物和畜禽的生长提供了得天独厚的条件，使得当地的食材品质优良、种类丰富，这为传统美食的制作奠定了坚实的物质基础。同时，邢台作为历史上的交通要道和商贸中心，不同地域的文化在这里交融碰撞，人们的饮食习惯和烹饪技艺相互影响、相互借鉴，经过岁月的沉淀和传承，逐渐形成了独具特色的邢台传统美食文化。

一、婚宴上的"八大碗"

婚宴嫁娶、烟火人间，一碗碗令人垂涎欲滴的菜肴，不但是婚嫁喜宴上的中心，也是招待贵宾时表达诚意与热情的载体，展示着邢台人民对美食的执着追求与热爱。大家在推杯换盏、品尝美味之间，传递着浓浓的情谊与欢乐，也见证了邢台这片土地上无数的人间烟火与美好故事。在邢台多个县市都有"八大碗"，其中最著名的当属"清河八大碗"和"宁晋八大碗"。

（一）"清河八大碗"

"清河八大碗"是清河地区百姓婚宴、过年过节招待贵宾的名菜。但它不仅仅限于清河，还广泛流传于其周边县市，如威县、临西、南宫等地，具有浓厚的地方文化底蕴和民俗风情。

关于"清河八大碗"的来历还有一个美丽的传说：相传八仙过海时惹怒了龙王，双方交战之后，众仙饥饿难忍，曹国舅不辞劳苦远行至内地，寻得美食后为众仙带回七样菜肴，又为仙姑带回一碗素菜，计八大碗。此后人们为讨吉庆改方桌为八仙桌、坐八客、食八菜，这种习俗一直流传至今，使得"清河八大碗"被赋予了吉祥美好的寓意，在人们的口口相传中不断传承，也让其在各种喜庆场合中被频繁使用。

在清河地区，"八大碗"本来是招待新娘一方客人最高规格的菜肴，代表着对新人的美好祝福以及对宾客的热情款待，体现了当地的婚俗文化和传统礼仪。"清河八大碗"也是当地人过年过节招待贵宾的必备佳肴，象征着团圆、喜庆和富足，是家庭团聚、亲友往来时不可或缺的美食，承载着人们对传统节日的深厚情感和美好期待。"清河八大碗"作为传统宴客美食，延伸到当地的各种社交活动和家庭聚会中，成为人们传递情感、表达尊重和庆祝节日的重要方式，有力地促进了它在当地及周边地区的传播。

"清河八大碗"的菜包括鸡、鱼、猪肉、牛肉、羊肉、藕夹、豆腐夹、鹅脖、红烧丸子、水余丸子、素丸子、假菜、木耳、鸡蛋、海带丝、面筋等16种，可根据客人口味喜好荤素搭配。其菜品多是先炸后蒸再浇高汤，一份地道的高汤要用猪腿骨熬三个小时左右，直到熬出骨油，这种独特的制作工艺使得菜肴味道浓郁、口感丰富，形成了"清河八大碗"独特的风味和口感。而且制作工艺经过代代相传，不断发展和完善，不仅保证了菜品的质量和特色，也让其制作技艺得以传承。如此丰富的菜品选择，如此浓郁丰富的口感，能够满足不同人群的口味偏好和饮食需求，无论是喜欢荤菜的还是偏好素菜的客人，都能在"八大碗"中找到自己喜爱的菜肴，这使得它更易于被大众接受和喜爱，从而得以广泛流传。

（二）"宁晋八大碗"

在宁晋县，八大碗是定亲、贺喜、婚庆等重要场合以及重大节日时招待宾客的必备佳肴。它代表着主人对客人的热情款待和尊重，也是一种传统礼仪的体现，承载着人们对美好生活的向往和祝福。

1. 菜品构成

白肉：选用上好的五花肉，切成厚薄均匀、皮肉相连的肉片，一夹即断，肥而不腻，瘦肉部分鲜嫩多汁，肉皮则软糯而富有弹性。

方肉：同样精选五花肉，切法与白肉有所不同，其肉方正有型，经过独特的烹饪，肉香四溢，口感醇厚，入口即化。

酥肉：将瘦猪肉剁成肉馅，加入适量调料搅拌均匀后，过油炸成肉饼，再改刀成小块。外皮金黄酥脆，内部的肉馅鲜嫩可口，咬上一口，嘎吱作响的外皮与鲜嫩的肉馅形成鲜明对比。

鸡肉：鸡肉切成片，精心摆成花瓣形。鸡肉鲜嫩，富有弹性，搭配独特的调料，香味浓郁，别有一番风味。

肘条：以后肘肉为原料，先切成竖条状，再改刀成片。肘条肉炖煮得十分软烂，肉香与调料的香味充分融合，口感软糯，令人回味无穷。

豆腐：使用卤水豆腐切成方块，过油炸至表面金黄，然后用佐料腌制。豆腐经过油炸后外皮酥脆，内部嫩滑，再加上佐料的调味，味道浓郁，豆香四溢。

丸子：一般由猪肉制成，将猪肉剁碎，加入调料和淀粉等制成丸子，再炸制或蒸制。丸子口感外酥里嫩，肉香扑鼻，一口一个，十分过瘾。

海带：选用大叶海带，经过蒸煮后切成丝炒制。海带丝吸收了调料的香味，口感爽滑，带有淡淡的海洋气息，为"八大碗"增添了一份清爽的口感。

2. 制作工艺

"宁晋八大碗"选料讲究，对食材的选择非常严格，如猪肉要选用新鲜的五花肉、后肘肉等特定部位，以保证菜品的口感和质量；豆腐要选用卤水豆腐，其豆香浓郁、质地紧实，更适合制作"八大碗"中的豆腐菜品。

其刀工精细，切肉时需根据不同菜品的要求，将肉切成均匀的薄片、方块、竖条等形状，如白肉和方肉的切法就各有讲究，这不仅考验厨师的刀工技巧，也影响菜品的最终口感和外观。

其烹饪多样，涵盖了煮、炸、烧、蒸等多种烹饪手法。先将食材进行初步处理，如白肉、方肉等需先煮熟，再进行切片等后续加工；酥肉、豆腐等则要先过油炸制，使其形成独特的口感和色泽，最后将处理好的食材放入碗中，加入秘制汤汁，上笼蒸制，使各种食材充分吸收汤汁的味道，达到色香味俱佳的效果。

3. 传承

"宁晋八大碗"制作技艺是邢台市第八批市级非物质文化遗产代表性项目之一。宁晋县的"任记八大碗"作为宁晋县八大碗的代表，至今已传承了100多年，其制作技艺经过代代相传，不断发展和完善，成为宁晋县饮食文化的重要组成部分，反映了当地人民的生活习俗和饮食传统。

二、黑家饺子馆

在邢台的饮食文化中，黑家饺子馆是必须说的一家老字号清真餐饮连锁企业。

（一）黑家饺子馆的创始与发展

黑家饺子馆是1932年开设的，创始人黑振斌是邢台市临西县人。当年家境贫寒的黑振斌为了养家糊口，在马路街南后小河子搭起了四间席棚的连家店饺子馆。开店初期黑家饺子馆虽然店小简陋，遭大饭庄排挤，生意极为萧条，但凭借着对品质的坚守和独特的制作工艺，生意逐渐好转。

1945年邢台解放后，政府非常重视发展工商业，加之人民群众的生活大大改善，黑家饺子馆也渐渐在邢台饮食行业崭露头角。"文化大革命"期间，包括黑家饺子馆在内的老字号曾被迫关闭，但后来在邢台市委、市政府和各级领导的大力支持下，又得以恢复重生，顾客日益增多，从早到晚宾客满堂，不断发展壮大。目前黑家饺子馆已经发展成为邢台地区饮食行业的知名连锁综合性清真餐饮企业。

1994年黑家饺子馆被评为"全国清真名牌风味食品"；2002年黑家饺子馆被评为"全国绿色餐饮企业"；2014年12月9日，在西安中国饭店协会主办的"首届中国丝绸之路饭店产业大会暨中国清真美食产业峰会"上，黑家饺子馆被评为"中国十佳清真美食"，其所在的光真楼饭庄被评为"中国清真餐饮特色名店"。

（二）黑家饺子馆的饺子特色

黑家饺子之所以长盛不衰，关键在于其对传统工艺的传承与坚守。选料严格是其首要秘诀，只选用生长一至三年的羊的后座、上脑、通脊三个部位的肉，搭配小磨香油，再根据不同时令选取新鲜蔬菜，确保了饺子馅的味道鲜美与营养，做到了香而不腻；而在配料方面，每一种调料的用量按照严格的顺序和比例进行调配。

制作工艺上，从和面、擀皮到包饺子、煮饺子，每一个环节都精益求精，力求做到完美。例如饺子皮要求四边薄中间厚，呈圆片形状，包出的饺子"两面肚"没有阴阳面和双皮现象，外形呈元宝状，造型美观，不开不破。例如羊肉大葱饺子，用鲜羊肉5斤、香油1斤、高级酱油1斤、细盐2两、味精3克、鲜姜1两、大葱1斤、白菜10斤、花椒2克等，按照材料的性质、作用依次放入肉坯等。

（三）黑家饺子馆的其他著名菜品

如今的黑家饺子馆已经不仅仅经营饺子，饺子只是其中的一类主食而已，还经营很多类菜品和其他主食类食品，如清真酱牛肉、扒羊肉条、扒牛肉条、清真羊杂汤、醋溜木须等招牌菜，能够满足不同客人的不同口味，深受当地居民和游客的喜爱，可谓"众口难调调众味，百珍可烩烩百鲜"。

三、威县火烧

据《威县县志》记载，明朝中后期随着山西移民的迁入，原由西域传到山西的吊炉打烧饼的手艺传到威县一带。威县人独出心裁，融合北方的大饼与胡饼工艺，以威县的细白面与小磨香油为原料，佐以细盐、花椒粉，用吊炉烘烤，创制了风味独特的小吃"火烧"。到清朝中叶，威县火烧就以其独特的工艺、香酥的口感而远近闻名，俗称"牛舌头火烧"。

威县火烧具有用料考究、工艺特殊、味美层多、内嫩皮酥的特点，刚出炉的火烧外皮焦黄，外酥内软，香而不腻，口感极好。之所以如此美味是因为它有着严格的选料和制作工序。

威县火烧在用料上，选用冀南的精面粉与小磨香油，再佐以细盐、花椒粉等调味料，以保证火烧的口感和香味。在和面的时候，讲究手光、盆光和面光，即"和面三光"。通常和好的面团还需要醒两次、擩压两次，让面团更加严密坚实，以达到火烧抻条的最佳弹性。在成型过程中，将和好的面擀开，撒上香油和椒盐，然后进行抻条，使面团形成层次，再将抻好的条切成小块，擀成薄皮，包入馅料或直接制成无馅的形状，如将其竖立压开，包入肉馅，再压成直径10厘米左右的圆饼，形似牛舌。采用吊炉烤制，木炭做底火，且柴硬火温，用火外高内低。生坯置炉内，须经四翻七转，才能使火烧外皮焦黄、外酥内软。

目前，威县火烧不断创新，出现了更多新品种，以满足人们日益挑剔的口味，比如有无馅火烧、肉馅火烧、油酥火烧、糖火烧等。随着交通的发达和经济的发展，小风味做出大生意，目前威县火烧已经走出河北，走向全国，在西安、济南、郑州、北京、天津等地都能看到勤劳朴实的威县人做的火烧，甚至在乌鲁木齐都有威县火烧。2016年3月，威县火烧制作技艺被确定为邢台市非物质文化遗产，李柱成为此项遗产的第一代传承人。

四、内丘挂汁肉

内丘挂汁肉是河北省邢台市的一道特色名菜，由内丘县永盛魁饭庄在清朝时期创制，至今已有100多年的历史。它在继承传统烹饪技艺的基础上，经过历代厨师的精心研制和不断创新，逐渐形成了独特的风味和烹饪技艺。

内丘挂汁肉的制作方法特别讲究：要先将肥瘦搭配的猪肉切丁炒熟，然后浇上精心调制的鲜汤汁。具体步骤是：先把猪肉切成小丁，煸炒至变色，接着加入蒸熟的甜面酱和葱花炒出香味，再倒入高汤，滴入老陈醋提升香气，最后以适当的火候进行烹制，以保证肉丁的鲜嫩和汤汁的醇厚。在烹饪上具有"酱香醇厚，咸鲜微酸，精于制汤"的特点。其肉丁肥瘦相间，芡汤以酱香为主，醋酸为辅，间杂蒜姜的香味调和，口感鲜嫩香滑，微酸

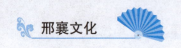

爽口。

近年来，内丘挂汁肉经过历代厨师的精心研制和不断改良，在保持传统风味的基础上，其制作工艺和调料的使用更加精细，受到了更多人的喜爱。2007年1月，内丘挂汁肉被河北省商务厅、河北省烹饪协会授予"河北名菜"称号。2010年12月，在邢台烹饪协会举办的邢台市第二届烹饪技术大赛中，永盛魁饭庄烹饪大师张永刚烹制的挂汁肉，被评为"邢台十大名菜"之一。2022年，入选北京冬奥会张家口赛区的"崇礼菜单"，进一步提升了其在全国乃至国际上的知名度。目前，内丘县结合当地丰富的中药材资源和扁鹊中医药文化，推出了"酸枣仁挂汁肉"等药膳产品，将美食与养生相结合，使内丘挂汁肉这一传统名菜焕发出新的生机与活力。

五、隆尧羊汤

隆尧羊汤被誉为邢台隆尧"第一名吃"，在隆尧当地乃至邢台地区都具有极高的知名度和美誉度，是邢台的特色美食之一，深受当地百姓喜爱，承载着隆尧的饮食文化传统，成为地域美食的杰出代表。

隆尧羊汤历史悠久，这与隆尧当地的地理环境和人文传统息息相关。隆尧一带人们自古就有养羊的习惯，羊在当地的畜牧经济中占比较大。在长期的生活实践中，人们逐渐摸索出了烹制羊汤的技艺。羊汤从最初简单的煮羊肉演变而来，经过数代人的传承和改进，最终形成了具有地方特色的隆尧羊汤。

隆尧羊汤对羊的选择较为讲究，一般选用本地饲养的山羊。这种山羊肉质鲜嫩，脂肪含量适中，膻味较小。羊的各个部位都可用于制作羊汤，如羊骨、羊肉、羊杂（包括羊肚、羊肠、羊肝等）。

隆尧羊汤的关键是熬制羊骨汤。首先将羊骨敲碎，放入大锅中，加入足量的水。通常会加入一些葱姜和花椒等基础调料去腥，用大火烧开后转小火慢炖。这个过程需要较长时间，一般要炖煮几个小时，目的是让羊骨中的营养成分和鲜味充分释放到汤中，使汤变得浓郁醇厚。然后就要放进处理好的羊肉和羊杂。羊肉要切成大小适中的块状，羊杂则需要仔细清洗。例如羊肚要反复揉搓，去除表面的杂质和异味；羊肠要翻面清洗，确保内部干净。处理好的羊肉和羊杂会在羊骨汤煮到一定程度后放入锅中，继续炖煮。最后就进入调味阶段：除了基本的盐之外，还会加入一些特制的香料。这些香料配方通常是店家的秘密，可能包括八角、桂皮、香叶、草果等多种香料，它们的用量和比例经过精心调配，能够提升羊汤的风味。同时，有些地方还会加入本地的特色调料，如隆尧当地的一些中药材，使羊汤兼具养生功效。

隆尧羊汤汤浓、味美、肉嫩，入口时，羊汤没有腥膻味，肥而不腻，浓郁的羊肉香气在口中散开，羊汤的醇厚口感令人回味无穷。如果在羊汤中加入当地特色烙饼或者烧饼，饼会吸收羊汤的鲜美汁液，变得软嫩而不失嚼劲，与羊汤相得益彰。

随着交通和旅游业的发展，隆尧羊汤的知名度逐渐扩大。越来越多的外地游客来到隆尧品尝这一特色美食，当地也出现了许多以隆尧羊汤为招牌的餐馆。一些餐馆在传承传统制作工艺的基础上，还不断改进经营方式和环境，以适应现代消费者的需求。同时，也有一些商家开始尝试将隆尧羊汤进行工业化生产，开发羊汤罐头等产品，让更多人能够品尝到这一地方美食。隆尧羊汤不仅是一种美食，还承载着当地的民俗文化。在隆尧的一些传统节日或者重要场合，羊汤常常是餐桌上必不可少的佳肴。它代表着隆尧人民的热情好客，也体现了当地以农牧业为基础的生活方式。

六、清河菜豆腐

清河菜豆腐是以清河县为主的邢台东部地区一带的传统风味小吃，深受当地人喜爱。

（一）清河菜豆腐的起源

关于清河菜豆腐的起源有众多传说，最主要的传说有三种，别看清河菜豆腐用的都是很平常的食材，这三种最有影响力的起源传说都跟中国古代帝王有关。

起源传说一：王莽新朝末期，天下大乱，刘秀起义军到河北一带安抚百姓，受到王郎大军追杀，逃至清河一位老太太家中，老太太给了他一大碗菜豆腐和两个玉米饼子。刘秀称帝后，敕封老太太为儒人，封菜豆腐为贡品，每年向皇帝进贡一次。

起源传说二：王莽新朝末年，刘秀起兵后一度落难路过清河，向一老妪乞食。老妪把家里仅剩的黄豆磨碎熬煮，加些碎野菜做了一碗"菜豆腐"。刘秀称帝后，将老妪接进皇宫，从此清河菜豆腐声名远扬。

起源传说三：北宋初期，宋开国皇帝赵匡胤率军被困于清河附近，因缺乏粮草，当地百姓用豆腐加上各种菜熬成菜豆腐供给军队食用，让其渡过难关，后菜豆腐被誉为"救驾粥"，代代相传。

（二）清河菜豆腐的制作工艺

清河菜豆腐主要原料为黄豆、小米和叶类蔬菜，如菠菜、红薯叶、榆叶、槐叶、根达菜等，还可加入炒熟的芝麻、花生、大茴香等佐料增加香味。清河菜豆腐制作过程：先将黄豆浸泡数小时，用"小拐磨儿"或豆浆机磨成豆沫；水中加入小米、豆沫熬成粥；再加入剁碎的蔬菜末，放入少许盐调味即可。现在也有一些改进的做法，如在磨豆时加入其他佐料。

（三）清河菜豆腐的风味特点

清河菜豆腐口感丰富，既有小米的清香，又有黄豆的浓香，还有蔬菜的鲜香，微咸的味道将几种香融合得恰到好处，豆米香十足，口感微咸可口。清河菜豆腐富含蛋白质、赖氨酸、维生素及多种人体需要的微量元素，营养丰富均衡。就餐时，常佐以辣椒小菜和肉夹馍，荤素搭配，是经济实惠的美餐。

七、邢台焖饼

邢台焖饼发源于巨鹿一带，其产生与当地的饮食习惯和物产紧密相关。邢台地处华北平原，是重要的粮食产区，小麦产量丰富，面粉制品自然成为当地饮食的重要组成部分。焖饼作为一种利用面饼制作的美食，在长期的生活实践中逐渐形成并在河北南部地区尤其是邢台各县市区广泛传播。

邢台地处华北平原，土地肥沃，四季分明，是冬小麦的重要产区。小麦产量高且品质优良，这使得面粉成为当地居民饮食的主要原料。焖饼以面饼为基础食材，其产生得益于当地丰富的小麦资源。这种气候条件也特别适合豆芽、白菜、青椒、豆角等多种蔬菜的生长。这些蔬菜为邢台焖饼提供了丰富的配菜选择，使焖饼的食材组合更加多样。蔬菜与饼相互搭配，不仅丰富了口感，还增加了营养价值。人们经过不断尝试和改进，逐渐形成了用饼制作焖饼的烹饪方式。

邢台地区的人们习惯食用面食，并且偏爱能够饱腹的食物。焖饼这种以面饼为主，搭配蔬菜和肉类的食物，正好符合当地人的饮食习惯。它可以作为主食，提供足够的能量，同时丰富的配菜也满足了人们对于口味和营养的需求。古代邢台人民在烹饪过程中积累了丰富的经验。这种通过小火慢焖的烹饪手法在当地饮食制作中由来已久，它使食物与汤汁味道相互交融，被应用到饼的制作中。在长期的饮食实践中，人们不断调整配料和制作方法，逐渐形成了独具特色的邢台焖饼。

在过去，邢台的经济以农业为主，人们的生活水平相对较低。邢台焖饼的制作原料主要是面粉、蔬菜和少量的肉类，这些食材价格相对低廉，容易获取。焖饼的制作相对简单，不需要复杂的烹饪设备和昂贵的调料，制作成本较低：用死面饼烙至八成熟切细丝，搭配豆芽、白菜、青椒等蔬菜，以及鸡蛋、猪肉、牛肉等食材先炒至断生，铺一层饼丝，沿锅边淋入半碗清水，盖盖焖3分钟左右即可，饼皮软糯，肉质鲜嫩，香气四溢。这样简单的操作和经济实惠的成本使它成为当地居民的日常饮食选择，深受大众喜爱。在一些集体活动如农忙、庙会、红白喜事等场合，需要为众多人提供食物，邢台焖饼可以批量制作，通过加大食材的用量，使用大锅烹饪，能够满足多人同时用餐的需求。这种特性使得它在集体用餐场景中得到广泛应用，进一步促进了邢台焖饼的传播和发展。

八、邢台大锅菜

在邢台及其周边县市，逢年过节集会，婚丧嫁娶，在招待宾客的宴席中，最少不了的便是这大锅菜了。

（一）邢台熬制大锅菜的传统

邢台大锅菜又叫熬菜，类似于东北乱炖，食材多样，有白菜、冬瓜、猪肉、海带、丸子、豆腐等，少则五六种，多则十几种，口感复合，营养丰富。在过去，邢台地区的人们多以家族、村落为单位聚居，集体活动较为频繁，如修建房屋、打井、祭祀、婚嫁丧娶等，这些活动需要大量的人力参与，大锅菜因其制作量大、食材丰富、营养均衡，能够满足众多人同时就餐的需求。

另外，大锅菜的食材选择较为普通，成本相对较低，而且可以根据季节和当地物产进行调整，制作过程相对简单，不需要过多的烹饪技巧和昂贵的调料，适合普通家庭和大众消费，所以成为集体用餐和大众消费的首选。过去人们熬大锅菜使用大铁锅、土灶等烹饪工具，以煤炭或木材为燃料，能够长时间稳定地炖煮大锅菜，使各种食材充分融合，形成独特的风味，而现在虽然人们使用燃气灶等现代烹饪工具，但农村或一些城镇中每逢办理红白大事，依然会在院里临时架上锅灶，在热热闹闹的氛围中炖煮大锅菜，只有这样炖煮的大锅菜才觉得够味。

（二）邢台大锅菜的食材

肉类食材：常选用五花肉、排骨等，其丰富的油脂能为大锅菜增添浓郁的肉香和醇厚的口感。比如五花肉，肥瘦相间，炖煮后肥而不腻，瘦而不柴，能让整道菜的味道更加浓郁。

蔬菜食材：蔬菜一般按照季节选择，如白菜、冬瓜、土豆、胡萝卜、豆角、茄子等。白菜清甜多汁，冬瓜软烂入味，土豆绵密沙软，胡萝卜香甜可口，豆角则增加了菜肴的口感层次，这些蔬菜汇集一锅，使大锅菜口感丰富、营养均衡。

豆制品食材：豆腐、豆腐泡、素丸子等一类豆制品也常常是大锅菜不可缺少的食材。豆腐吸满了汤汁的鲜美，软嫩入味；豆腐泡内部中空，能吸收大量的汤汁，咬一口汤汁四溢；素丸子则为大锅菜增添了别样的口感和香味。

干货食材：海带和粉条是邢台大锅菜的标配。海带富含碘等微量元素，口感软糯，带有独特的海洋风味；粉条爽滑劲道，吸满了浓郁的汤汁，成为很多人喜爱的精华部分，这些食材和肉类、蔬菜搭配在一起，既让大锅菜营养丰富，又增添了大锅菜的层次感。

（三）大锅菜的熬制工艺

前期准备：先将各种食材洗净、切好备用。肉类切成片状或块状，用生抽、料酒、盐等调料腌制，使其更具风味和口感。

炒制香料与肉类：大铁锅中倒入油，烧至七八成热时，放入花椒、大料等香料炸出香味，接着加入葱、姜、蒜爆香，再放入甜面酱或豆瓣酱等酱料翻炒均匀，炒出红油后，将腌制好的肉类放入锅中翻炒至变色。

加入蔬菜、豆制品炖煮：先放入不易熟的土豆、胡萝卜等蔬菜翻炒，然后加入易熟的白菜、豆制品等继续翻炒均匀。之后锅中加入适量的水或高汤，没过食材，大火烧开后转中小火慢炖，一般需要 30 分钟至 1 小时，让食材的味道充分融合，变得软烂入味。

加入粉条、海带、素丸子：出锅前 10～15 分钟，放入泡软的粉条和海带及素丸子，继续炖煮至粉条软熟、海带入味即可，也有的在放蔬菜的时候直接将干粉条和海带放入，以便更加入味。素丸子一般快出锅的时候放进去，泡时间太长容易失掉原有的嚼劲和香味。

（四）风味特点

口感醇厚：多种食材经过长时间炖煮，相互交融，形成了独特的口感，既有肉类的醇厚、蔬菜的清爽，又有豆制品的软嫩和粉条的爽滑劲道，层次丰富，令人回味无穷。

香味浓郁：香料的香气、肉类的鲜香、蔬菜的清香以及酱料的酱香等相互渗透，共同构成了邢台大锅菜浓郁醇厚的复合香味，老远就能闻到，勾人食欲。

营养丰富：包含了肉类、蔬菜、豆制品等多种食材，提供了蛋白质、维生素、矿物质等多种营养成分，满足人体对各种营养的需求，是一道营养均衡的美食。

邢台自古以来就是交通要道和商贸往来的重要枢纽，不同地域的饮食文化在这里相互交流、融合，邢台的大锅菜就是各地饮食融合的代表。大锅菜融合了中原、关中、河南、山西等地的烹饪特色，吸收了各地菜肴的优点，经过长期的演变和创新，逐渐形成了具有邢台特色的风味和烹饪方式。邢台大锅菜通常在家庭团聚、节日庆祝、婚丧嫁娶等重要场

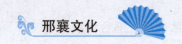

合制作和食用，是人们团聚和共享的象征。大家围坐在一起，品尝着大锅菜，分享着生活中的喜怒哀乐，增进了亲情、友情和邻里情，反映了邢台人民豪爽、热情、朴实的性格，体现了邢襄大地充满烟火气的民俗风情。

　　每一道邢台传统美食都承载着当地人民的情感记忆和生活智慧，它们或是节日庆典中的必备佳肴，或是日常生活中的温馨味道，从热闹非凡的大锅菜，到街头巷尾随处可见的豆腐脑、煎饼馃子，这些美食不仅满足了人们的味蕾，更成为人们情感交流和文化传承的重要纽带。它们以独特的口感、精湛的制作工艺和深厚的文化底蕴，吸引着无数食客，见证了邢台人民的喜怒哀乐，凝聚着人们对生活的热爱和对美好未来的追求，让人们在品尝美食的同时，也能领略到邢台这座城市的独特魅力和风情。

主要参考文献

一、著作类

[1] ［清］雷学淇. 竹书纪年义证［M］. 北京：修绠堂书店，1939.

[2] ［汉］司马迁. 史记.［M］. 北京：中华书局，1959.

[3] 叶林生. 古帝传说与华夏文明［M］. 哈尔滨：黑龙江教育出版社，1999.

[4] ［汉］班固. 汉书［M］. 北京：中华书局，2007.

[5] 周振甫. 诗经译注［M］. 北京：中华书局，2002.

[6] ［汉］高诱注，毕沅. 吕氏春秋［M］. 上海：上海古籍出版社，2014.

[7] ［晋］郭璞. 山海经［M］. 长沙：岳麓书社，1992.

[8] 慕平. 尚书［M］. 北京：中华书局，2009.

[9] ［清］孙诒让. 墨子间诂［M］. 北京：中华书局，2001.

[10] 杨坚. 吕氏春秋［M］. 长沙：岳麓书社，1989.

[11] 毛诗传笺［M］.［汉］毛亨，传.［汉］郑玄，笺.［唐］陆德明，音义. 北京：中华书局，2018.

[12] 丁山. 甲骨所见氏族及其制度［M］. 北京：中华书局，1956.

[13] 朱自清. 诗言志辨［M］. 桂林：广西师范大学出版社，2004.

[14] 叶舒宪. 诗经的文化阐释［M］. 西安：陕西人民出版社，2005.

[15] 钱穆. 国学概论［M］. 北京：商务印书馆，2006.

[16] 李零. 上博楚简三篇校读记［M］. 北京：中国人民大学出版社，2007.

[17] 郭沫若. 郭沫若全集：考古编·第二卷·卜辞通纂·第三七五片［M］. 北京：科学出版社，1982.

[18] 李白凤. 东夷杂考［M］. 齐鲁书社，1981.

[19] ［唐］李鼎祚. 周易集解［M］. 成都：巴蜀书社，2004.

[20] ［汉］班固. 白虎通德论（卷二）［M］. 上海：上海古籍出版社，1990.

[21] 杨伯峻. 论语译注［M］. 北京：中华书局，1980.

[22] ［清］孙希旦. 礼记集解［M］. 北京：中华书局，1989.

[23] 礼记正义［M］.［汉］郑玄，注.［唐］孔颖达，正义. 上海：上海古籍出版社，2008.

[24] 赵辉. 先秦文学发生研究［M］. 北京：人民出版社，2012.

[25] ［法］列维·布留尔. 原始思维［M］. 丁由，译. 北京：商务印书馆，2007.

[26] 中国社会科学院考古研究所. 殷周金文集成［M］. 北京：文物出版社，2007.

[27] 钱穆. 先秦诸子系年［M］. 北京：商务印书馆，2001.

[28] 顾颉刚. 左丘失明［M］. 北京：中华书局，1963.

［29］徐元浩. 国语集解 ［M］. 北京：中华书局，2002.

［30］钱玄，等. 周礼 ［M］. 长沙：岳麓书社，2001.

［31］陈成国. 礼记校注 ［M］. 长沙：岳麓书社，2004.

［32］［汉］伏胜. 尚书大传（四部丛刊本）［M］. 上海：商务印书馆，1919.

［33］吕思勉. 先秦史 ［M］. 上海：上海古籍出版社，2005.

［34］胡平生，陈美兰. 孝经 ［M］. 北京：中华书局，2007.

［35］黄怀信，等. 逸周书汇校集注 ［M］. 上海：上海古籍出版社，2007.

［36］管子 ［M］.［唐］房玄龄，注.［明］刘绩，补注. 上海：上海古籍出版社，2015.

［37］王国维. 观堂集林 ［M］. 北京：中华书局，1959.

［38］［清］焦循. 孟子正义 ［M］. 北京：中华书局，1987.

［39］唐书文. 六韬译注 ［M］. 上海：上海古籍出版社，2012.

［40］高亨. 周易大传今注 ［M］. 济南：齐鲁书社，2009.

［41］［清］朱右曾. 竹书记年辑校 ［M］. 王国维校补本. 沈阳：辽宁教育出版，1997.

［42］［战国］韩非. 韩非子集释 ［M］. 陈奇猷，校注. 上海：上海人民出版社，1974.

［43］刘毓庆，郭万金. 从文学到经学——先秦两汉诗经学史论 ［M］. 上海：华东师范大学出版社，2009.

［44］罗宗强，陈洪. 中国古代文学作品选 ［M］. 北京：高等教育出版社，2004.

［45］袁长江. 先秦两汉诗经研究论稿 ［M］. 北京：学苑出版社，1999.

［46］［晋］郭璞. 穆天子传 ［M］. 长沙：岳麓书社，1992.

［47］陈立. 白虎通疏证 ［M］. 北京：中华书局，1994.

［48］马一浮. 复性书院讲录 ［M］. 济南：山东人民出版社，1998 .

［49］黄霖. 中国文学批评史 ［M］. 北京：高等教育出版社，2016.

［50］袁世硕. 中国古代文学史：上册 ［M］. 北京：高等教育出版社，2018.

［51］徐复观. 两汉思想史：第三卷 ［M］. 上海：华东师范大学出版社，2001.

［52］徐复观. 论经学史二种 ［M］. 上海：上海书店出版社，2006.

［53］崔述. 崔东壁书 ［M］. 上海：上海古籍出版社，1983.

［54］朱彬. 礼记训纂 ［M］. 北京：中华书局，1996.

［55］孙作云. 孙作云文集 ［M］. 郑州：河南大学出版社，2003.

［56］廖名春，邹新明. 孔子家语 ［M］. 沈阳：辽宁教育出版社，1997.

［57］［三国］韦昭. 国语 ［M］. 上海：世界书局，1936.

［58］朱熹. 四书章句集注 ［M］. 北京：中华书局，1983.

［59］杨朝明. 孔子家语通解 ［M］. 济南：齐鲁书社，2013.

［60］［汉］王充. 论衡 ［M］. 上海：上海古籍出版社，2013.

［61］［战国］荀况. 荀子 ［M］.［唐］杨倞，注. 上海：上海古籍出版社，2014.

［62］［三国］何晏. 论语集解义疏 ［M］.［梁］皇侃，义疏. 北京：中华书局，1998.

［63］［宋］朱熹. 诗集传 ［M］. 北京：中华书局，2011.

［64］刘宝楠. 论语正义 ［M］. 北京：中华书局，1954.

［65］胡平生，陈美兰. 孝经 ［M］. 北京：中华书局，2007.

［66］［战国］韩非. 韩非子 ［M］. 长沙：岳麓书社，1990.

［67］［清］纪昀. 影印文渊阁四库全书 ［M］. 台北：台湾商务印书馆，1986.

[68] ［清］王先谦. 荀子集解［M］. 诸子集成本. 北京：中华书局，1954.

[69] ［日］安居香山，中村璋八. 纬书集成［M］. 石家庄：河北人民出版社，1994.

[70] ［魏］宋均，［清］马国翰，辑. 玉函山房辑佚书［M］. 长沙：长沙琅嬛馆，光绪九年.

[71] 张舜徽. 张舜徽集［M］. 武汉：华中师范大学出版社，2004.

[72] ［汉］韩婴. 韩诗外传集释［M］. 北京：中华书局，1980.

[73] ［后晋］刘昫，等. 旧唐书［M］. 北京：中华书局，1975.

[74] 汪中. 述学［M］. 北京：中华书局，1991.

[75] 林耀潾. 西汉三家诗学研究［M］. 北京：文津出版社，1996.

[76] 陈尚君，张金耀. 四库提要精读［M］. 上海：复旦大学出版社，2008.

[77] ［三国］陆玑. 毛诗草木鸟兽虫鱼疏［M］. 北京：中华书局，1985.

[78] ［宋］王应麟. 困学纪闻［M］.《四部丛刊》影印本. 上海：上海书店，1985.

[79] ［宋］朱熹. 论语集注［M］. 北京：中华书局，1983 年.

[80] 毛诗正义［M］. 阮元校刻《十三经注疏》影印本. ［汉］郑玄，注. ［唐］孔颖达，正义. 北京：中华书局，1980.

[81] 春秋左传正义［M］. ［周］左丘明，传. ［晋］杜预，注. ［唐］孔颖达，正义. 北京：北京大学出版社，1999.

[82] 周礼注疏［M］. ［汉］郑玄，注. ［唐］贾公彦，疏. 北京：中华书局，1999.

[83] ［清］皮锡瑞. 诗经原始［M］. 北京：中华书局，2004.

[84] 余英时. 士与中国文化［M］. 北京：中国人民大学出版社，2003.

[85] ［唐］李泰，［唐］萧德言. 括地志［M］. 北京：中华书局，1991.

[86] 张纯一，梁运华. 晏子春秋校注［M］. 北京：中华书局，2021.

[87] ［唐］李延寿. 北史［M］. 北京：中华书局，1974.

[88] ［宋］乐史. 太平寰宇记［M］. 北京：中华书局，2007.

[89] ［南朝宋］范晔. 后汉书［M］. 北京：中华书局，2012

[90] ［唐］房玄龄. 晋书［M］. 北京：中华书局，1974.

[91] ［日］镰田茂雄. 简明中国佛教史［M］. 上海：上海译文出版社，1986.

[92] ［唐］吴兢. 贞观政要［M］. 北京：中华书局，2003.

[93] ［宋］薛居正. 旧五代史［M］. 北京：中华书局，1976.

[94] ［元］脱脱. 宋史［M］. 北京：中华书局，1985.

[95] ［宋］李焘. 续资治通鉴长编.［M］. 北京：中华书局，2004.

[96] 郭朋. 明清佛教.［M］. 福州：福建人民出版社，1982.

[97] 方立天. 中国佛教哲学要义［M］. 北京：中国人民大学出版社，2002.

[98] ［唐］皮日休. 皮子文薮［M］. 上海：上海古籍出版社，2017.

[99] ［宋］沈括. 梦溪笔谈［M］. 北京：国家图书馆出版社，2017.

[100] ［宋］赵彦卫. 云麓漫抄［M］. 北京：文学古籍刊行社，1957.

[101] ［清］毕沅，阮元. 山左金石志［M］. 扬州：广陵书社，2023.

[102] 高洪兴. 黄石民俗学论集［M］. 上海：上海文艺出版社，1999.

[103] 郭兴文. 中国传统婚姻风俗［M］. 西安：陕西人民出版社，2002.

[104] 钟敬文. 中国民俗史（隋唐卷）［M］. 北京：人民出版社，2008.

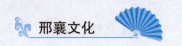
二、期刊文献

[1] 许顺湛. 黄帝居轩辕丘考 [J]. 寻根，1999 (3).

[2] 李民，朱桢. 祖乙迁邢与卜辞井方 [J]. 郑州学报 (哲学社会科学版)，1986 (6).

[3] 杨文山. 商代的"井方"与"祖乙迁于邢"考 [J]. 河北学刊，1985 (3).

[4] 魏振军，王文化. 河北临西"鲧堤"原为宋代黄河大堤 [N]. 人民日报，2004-09-20.

[5] 杨文山.《青铜器麦盉与"邢侯征事"——两周邢国历史综合研究之四》[J].《文物春秋》，2004 (2).

[6] 吴孚琛. 道家、道教缘起说 [J]. 哲学研究，1991 (4).

[7] 黄朴民. 两汉谶纬简论 [J]. 清华大学学报 (哲学社会科学版)，2008 (3).

[8] 付国良. 曹魏集团对各少数民族的政策差异探微 [J]. 牡丹江师范学院学报 (哲社版)，2010 (3).

[9] 陈金凤. 晋武帝民族政策析论 [C]. 中国魏晋南北朝史学会第十届年会暨国际学术研讨会论文集，2011 (10).

[10] 孙鑫.《隋书》史论研究 [D]. 合肥：安徽大学，2010.

[11] 聂顺新. 唐代佛教官寺制度研究 [D]. 复旦大学，2012.

[12] 束有春. 悦古人之行 爱古人之道——说李翱 [J]. 古典文学知识，1998 (3).

[13] 侯倩男. 论刘秉忠的思想及其在元初的重大作为 [D]. 河北师范大学，2014.

[14] 黄海涛. 明初统治者对佛教政策的两重性及明代佛教发展的新趋势 [D]. 云南师范大学，2002.

[15] 吴孚琛. 道家、道教缘起说 [J]. 哲学研究，1991 (4).

[16] 刘春魁. 两汉而兴的清河张氏考 [J]. 邢台学院学报，2018 (3).

[17] 马茂军，张海沙.《二十四诗品》作者考 [J]. 中国社会科学院研究生院学报，2006 (2).

[18] 贾永禄. 内邱出土"翰林"款白瓷 [J]. 考古，1991 (5).

[19] 何立海. 抗日烟火中的冀南抗日根据地 [J]. 党史博采 (纪实)，2015 (9).

[20] 何立海，高荣朝. 抗大——一座不朽的丰碑 [J]. 党史博采 (纪实)，2016 (06).

后　记

多年以来，邢台学院文学院一直想对邢襄大地的文化做一个总结性编写。适逢 2020 年 12 月，邢台学院被列入河北省第二批普通本科高校向应用技术类型高校转型发展试点学校。学校以应用型本科试点院校为契机，紧紧围绕应用型高水平大学办学目标，致力于持续培养应用型人才，提高应用型人才培养质量，推进学校教学高质量发展，服务地方区域经济。而在服务地方区域经济的目标任务中包含普及地域文化在内的校本课程的建设。尹雨晴老师便在多年探索的基础上，以《邢襄文化》为例申请了有关地域文化校本课程教学模式的教改课题，而编纂一部《邢襄文化》教材便是这个任务的目标之一。

2022 年 4 月，尹雨晴老师申请的教改课题获得了省级立项，课题一立项，便得到了文学院领导和老师们的支持。我们召集了各位参编教师和一些熟悉邢襄文化的校外专家如苗庭宽老师、刘顺超老师等一起举行了编写工作会议。各位老师各抒己见，就《邢襄文化》的整体框架、编写方案、编写分工、编写要求等进行了讨论。此后，又几经反复商讨研究，最终确定了《邢襄文化》的编写方案：围绕邢台地域文化发展目标，着眼于地域现场化、项目式"文化育人"模式，在追溯邢台历史文脉中钩沉邢台重大历史节点，在普及邢襄大地具有标识性的优秀传统文化的基础上，深挖邢襄文化精神内涵，对应主题鲜明、沉浸体验感强的文化场景组织教材内容，在"透析文化现象、挖掘文化内涵、体悟文化精神、弘扬文化自信"的层级递进的模式下，达到推动邢台地方院校学生文化素养的提升和培育的总体目标。

在撰写教材期间大家有问题及时沟通解决。本书的编写和审稿、定稿曾几经波折，但终于在大家的共同努力下完成了编写、校对任务，由本教材主编尹雨晴、范爱菊完成终稿审定。

《邢襄文化》是幸运的，不但乘上了应用转型的东风有机会得以编写，还在大家正为资金发愁的时候，收到了河北省普通本科高校应用转型发展试点专项经费的出版资助。向所有为本教材编写、出版给予关心支持、帮助和付出辛勤劳动的领导、专家和同人致以衷心的感谢。

《邢襄文化》编委会

2023 年 10 月 1 日